安徽师范大学教材出版基金资助项目

大学体育教程

DAXUE TIYU JIAOCHENG

雷　震◎主　编
苏小运
许　杰◎副主编

安徽人民出版社

图书在版编目（CIP）数据

大学体育教程/雷震主编．—合肥：安徽人民出版社，2009.8
ISBN 978-7-212-03654-6

Ⅰ．大… Ⅱ．雷…… Ⅲ．体育—高等学校—教材 Ⅳ．G807.4

中国版本图书馆 CIP 数据核字（2009）第 156960 号

大 学 体 育 教 程

雷 震 主编

苏小运 许 杰 副主编

出版发行：安徽人民出版社
地　　址：合肥市政务文化新区圣泉路 1118 号出版传媒广场 8 楼
发 行 部：0551-3533258 3533268 3533292（传真） 邮编：230071
组　　编：安徽师范大学编辑部 电话：0553-3937079 3883579
经　　销：新华书店
印　　制：芜湖新欣传媒有限公司
开　　本：880×1230 1/16 印张：16 字数：452 千
版　　次：2009 年 8 月第 1 版 2009 年 8 月第 1 次印刷
标准书号：ISBN 978-7-212-03654-6
定　　价：24.50 元

前　言

随着生产方式和生活方式的急速转型，人类正步入休闲时代，我们的闲暇时间正在迅速增加，同时，脑力劳动不断增加，体力劳动不断减少，人类逐渐由运动状态的体力劳动者向安静状态的脑力劳动者转化。人本身的发展将向何处去，人能否既享受现代的文明，又保持可贵的“原始素质”，这越来越成为现代人关注的问题。

后奥运时代的到来，全民健身体育的深化，以休闲健身为标志的大众体育将成为今后重要的社会文化活动主题，这从而极大地改变了人类的价值观念和生活方式。

随着终身体育、快乐体育、素质教育等教学观念认识的不断深入，自主教学以人本位和社会本位的双重教学目标更加注重个体的需要。在此教育理念下，为全面贯彻党的教育方针，全面落实科学发展观，认真落实“健康第一”的指导思想，广泛深入地开展“全国学生阳光体育运动”。本教材充分体现了培养大学生自主学习能力和促进休闲体育参与及体育生活化、终身化的导向，反映了体育教学的质量和课外体育活动的开展是实践“阳光体育运动”长效机制的基本保障的理念。本教材的特点主要体现在两方面：理论部分以社会认知理论为基础，注重锻炼价值、原理和方法及生活化等基本知识的介绍；实践指导部分强调休闲体育运动及可操作性技能的练习。

在编写本书的过程中，参考了国内优秀同类教材，并根据大学生自主学习的特点构建了本教材体系。全书分22章，参加编写的有方敏、许杰、李天珍、刘波、孙影、石旅、赵芳、李丽影、牛芳、花家涛、程燕、蒋先军、沈建文、杨向明、张清、赵武、陈建霞、曹中江等同志。本书由雷震教授担任主编，苏小运、许杰担任副主编。苏小运、方敏同志统稿，方敏、许杰同志审校。本书在编写过程中，得到了安徽人民出版社安徽师范大学编辑部的关心和支持，在此表示衷心感谢！限于编者的水平，对本书的不足之处，殷切希望读者给予指正。

本教材可作为普通高等学校大学体育教材，也可作为高校体育实践工作的参考用书。

安徽师范大学《大学体育教程》教材编写组

2009年5月于花津校区

目　录

第一章　体育概述

第一节　体育的含义

一、“体育”一词的产生

“体育”一词的最初产生是起自于“教育”一词，它最早的含意是指教育体系中的一个专门领域。“体育”一词，其英文本是*physical education*，指的是以身体活动为手段的教育，直译为身体的教育，简称为体育。体育虽然有悠久的历史，然而“体育”一词却出现得较晚。在“体育”一词出现前，世界各国对体育这一活动过程的称谓都不相同。进入19世纪，逐渐建立起“体育是以身体活动为手段的教育”这一新概念。直到20世纪初才逐渐在世界范围内统一称为“体育”。

“体育”一词产生和应用的直接原因，主要是教育学说的发展。当时许多教育家和社会学家都倾向于主张从道德、知识、身体三个方面施行教育，而通过身体活动进行的教育自然就是体育。也就是说，狭义的“体育”一词最先是从教育学的角度提出来的，体育被作为教育的一个组成部分。

到19世纪，世界上教育发达国家都普遍使用了“体育”一词。而在我国，直到1898年“戊戌变法”以后，才由一些在日本留学的学生从日本传来了“体育”这一术语。1923年，在《中小学课程纲要草案》中，正式把“体操科”改为“体育课”，从此“体育”一词成了标记学校中身体教育的专门术语。

二、体育的一般含义

体育是人的活动。它的本质属性是对人自身自然的改造，特有属性是以自我的身体活动为基本的活动方式实施改造。因此，体育的最一般含义是以身体活动为基本活动方式的、对自身自然实施改造的人的活动。它的社会本质是对自身自然进行改造的人的活动。体育具有与劳动相区别的特殊的活动特征：优化发展是体育的基本指导思想；主客体同一是体育的基本活动特征；身体活动是体育的基本活动方式；身体力行是体育的基本活动要求。

“体育”一词在含义上也有一个演化过程。它刚传入我国时，是指身体的教育，作为教育的一部分出现的，是一种与维持和发展身体的各种活动有关联的一种教育过程，与国际上理解的“体育”是一致的。随着社会的进步和体育事业的不断发展，其目的和内容都大大超出了原来“体育”的范畴，体育的概念也出现了“广义”与“狭义”解释。用于广义时，一般是指体育运动，其中包括了体育教育、竞技运动和身体锻炼三个方面；用于狭义时，一般是指体育教育。近年来，不少学者对“体育”的概念提出了一些解释，但比较趋于一致的解释为：体育是以身体活动为媒介，以谋求个体身心健康、全面发展为直接目的，并以培养完善的社会公民为终极目标的一种社会文化现象或教育过程。体育的这一定义既说明了它的本质属性，又指出了它的归属范畴，同时也把自身从与其邻近或相似的社会现象中区别出来。但是，体育的概念并非是一成不变的，随着社会的发展和进步，对体育的认识也将有所发展。

第二节 体育的历史生成和发展

一、体育的生成

体育起源于生产劳动。原始人类为了猎取小动物，就要有快跑的能力；为了抵御和擒获大的野兽，就要有使用工具和投掷重物的力量；为了捞取水中的鱼虾，就要学会游泳技术；为了采摘高树上的果实，就要掌握攀登的技巧。当人类认识到这些能力和技术的重要性，并有意识地去学习这些技能时，以强身健体为目的的体育活动就开始萌芽。

人类最初的劳动基本上是一种身体的活动。与人类最初的劳动相比，除了改造、支配自然界这一本质要素不可能改变外，现在人类的劳动无论从形式到内容，都发生了非常巨大的变化。而造成这巨大变化的历史杠杆，是工具的进化。工具的进化，作为活动的中介，深化了人们对自然的认识，也深化了对自身自然的认识，在积极向外扩张的改造自然的活动中，必然会产生一种反向自我改造的内在需要；作为“自我解放的手段”，人不断从劳动过程中被解放，同时也使其在相应的过程中失去了被改造的可能，这客观上为形成一种相对独立的直接的对自身自然改造的活动提供了可能；作为生产力发展的标尺，造就了物质条件的丰裕，促进着人们的生活内容和生活方式不断地发生改变，表现为人的活动形式的丰富。

由劳动伊始的人的活动，逐渐形成了由自发到自觉、间接到直接、个别到群体、分散到有组织地通过身体活动来实现对自身自然进行改造的一种有别于劳动的人的活动，即体育活动。体育的历史生成是人类活动发展的历史必然。体育的产生，不能单纯的看作是人改造他的“无机的身体”，而是改造他有机的身体的十分自然的转换，或是人的身体活动在生产劳动中被逐出而作为补偿形成的相对独立的活动。

总之，体育是随着人类社会的发展而产生和发展的。原始人类在为生存而同自然界进行的斗争中，发展了走、跑、跳、投掷、攀登、游泳以及其他各种技能。这些原始人类的生产和生活技能与现代人的体育活动，都是身体的活动，其区别在于前者主要用以谋生，后者主要用以锻炼身体。体育作为一个专门的科学领域，是在人类社会长期的实践中，随着社会生活和生产的不断发展而逐步建立和发展起来的，它受一定的社会政治、经济的影响与制约，也为一定的社会政治、经济服务。

二、国际大众体育发展的趋势

国际大众体育发展于20世纪中叶的西方发达国家。二战后，西方发达国家的经济迅速崛起，工业化和城市化过程加快，高度的现代文明在给人类带来了许多实惠的同时，也给人类带来了很多困扰。人们在寻求解决面临的难题的同时，进一步认识到体育的独特作用，促进了大众体育的发展。具体而言，国际大众体育兴起和发展的原因主要有这五点：大众体育为丰富余暇时间创造了条件；人口老龄化；大众体育也是人力资本的一种重要投资形式；体育娱乐市场的推动作用；大众体育有利于扼制“文明病”的蔓延。

国际大众体育发展趋势可以概括为四点：大众体育的生活化、多样化、制度化和科学化。大众体育的生活化即大众体育对人们日常生活强大的渗透力，迅速地大范围内进入人们的日常生活，体育将与人们的日常生活息息相关。同时，随着社会老年化及社会进步所带来的体育人口的日益增加，不仅能提高人们的健康水平和生活质量，还能促进体育产业的发展和国家的经济发展，这是必然的发展趋势。

大众体育的多样化是多元化社会和社会分层所必然引发的。大众体育无论是内容，还是人们所追求的价值观以及表现的特征均是多元性的。大众体育的定义充分反映了这点：大众体育是指社会发展到一定历史阶段，在相应的文化背景下所产生的，以体育运动为主要手段的，为人们欢度余暇、增进健康的一种文明、健康、科学的积极生活方式。人们通过参加各种体育运动，可以从中获得各自的各种需求，领悟到身心的愉悦，通过真实情感的流露还能让人们体验到人际快乐、社会关系的和谐。尤其是进入 21 世纪，人口老年化不断加剧，人口年龄分层越来越明显，国际大众体育运动无论其规模还是形式、内容都已大大超过以往。

大众体育的制度化主要体现在政府的积极参与、加强组织管理、重视兴建体育设施、重视社会体育指导员和体育志愿者的培养制度等。联合国教科文组织《体育运动国际宪章》规定："参加体育运动是所有人的权利"。各国为促进大众体育的发展，都制定出一系列法规性文件。进入 20 世纪 90 年代以后，世界各国纷纷推出了大众体育发展计划，都颁布了具体的大众体育实施方案，体现了各国政府高度重视大众体育发展。

大众体育的科学化，随着现代健康科学、流行病学以及体育科学的发展，已经有越来越多的事实表明，高强度、竞争性强的体育活动并不是获取健康的唯一渠道。当今人们更加讲究科学的体育方法，根据不同的人、不同年龄、不同性别、不同职业、不同身份、不同地域、不同场所及当时不同的身心状态，选用不同的运动处方。

国际大众体育发展趋势具体体现为：参加大众体育人数日益增多；政府积极参与，加强组织领导；体育生活更加丰富多彩；体质测试和运动处方促进大众体育科学化；大众体育促进体育产业的发展；各国政府重视兴建体育设施；大众传播媒介为大众体育作广泛宣传；国际大众体育的合作与交流逐步加强。

第三节　体育的功能和分类

体育是社会发展与人类文明进步的一个标志，体育事业发展水平是一个国家综合国力和社会文明程度的重要体现。在现代化建设的进程中，体育伴随着经济、社会的发展而发展。体育能在人类社会连绵不断地存在和发展，得到了不同民族和国家人们的喜爱和广泛地认同，而且发展的活力越来越大，影响和作用也越来越大，这充分说明体育对人类社会有着重要的功能和作用。而且，经济越发展，社会越进步，人们强身健体的意识就越强烈，体育的地位就越重要，作用就越显著。

一、体育的功能

体育这一特殊的社会文化现象，在其产生和发展的历史过程中，逐步构建了以公平竞争为道德核心，以团结、友谊、和平、进步为目标的价值体系和价值标准，并取得了全人类的赞同。在当代中国，体育对维护政治稳定、促进经济繁荣、增强人民体质、培养意志品质、丰富文化生活、振奋民族精神、增进对外交往等诸多方面起着越来越重要和不可替代的独特作用。

体育的功能产生于体育的本质和社会的需要，并从促进社会物质文明和精神文明中表现出来。体育的基本功能可归纳为健身、教育、娱乐和培养社会意识功能。

（一）健身功能

这是体育的本质功能，也是体育能在人类社会中长盛不衰和持续不断存在的原因。通过体育手段来实现增强人的体质的目的，促进人自由、全面地发展。这正是体育的独特之处，也是体育区别于其他社会活动和事物对人和社会作用的根本点，并且具有不可替代的基本特征。

人类在很早以前就已认识：通过身体直接参与体育活动，不仅可以改变自身的生理功能，而且还可以改变自身的心理状态。大量科学实验证明，体育运动可以促使有机体的生长发育，改善各器官系统的机能，培养良好的心理素质，从而增进健康（生理和心理的健康），增强体质，预防疾病，提高有机体的工作效率。

（二）教育功能

作为体育的本质功能之一，从原始社会出现的萌芽体育开始，体育一直是作为教育手段而流传于世的。在我国古代的教育中，以“六艺”（礼、乐、射、御、书、数）为主要内容，其中射、御均有体育教育的内容。在古希腊的学校教育中，奴隶主子弟从小学起就要接受严格的体操和军事训练，学习角力、竞走、跳高、掷标枪和游泳，其目的是把本阶段的子弟培养成军事统治者。今天，在世界任何一个国家或地区中，均强调德、智、体的全面教育。尽管存在教学内容的差异，但体育总是教育不可缺少的组成部分。体育教育在传授生活技能、教导社会规范、培养竞争意识，提高适应能力等方面发挥了巨大的作用。随着现代社会的发展，现代体育并不仅仅局限在学校体育，而在竞技体育和社会体育中均显示出体育的教育功能。竞技体育，通过竞赛培养国人的爱国主义热情，顽强拼搏，无私奉献的精神；社会体育，学习健身、娱乐、保健等各项技能，本身就含有教育的因素，能者为师是这一活动类型的典型教育因素。现代体育教育已不仅是促进生长发育、增强体质，也不仅是锻炼身体、提高素质、掌握技能，而且是重在培养终身从事体育锻炼的兴趣和习惯，以改善生活方式，提高生活质量适应现代社会发展的需要。

（三）娱乐功能

由于体育具有游戏性、大众性、艺术性、惊险性，能满足社会不同人的各种需要，从而起到丰富社会文化生活和愉悦身心的作用，故它具有娱乐功能。娱乐功能与其说是体育的一大功能，不如说是体育的又一个重要本质特点。体育运动能得到广大社会成员的喜爱，一个重要原因就是体育与文化艺术活动一样具有较强的娱乐功能。体育的娱乐功能主要通过两种途径能够实现，即观赏和参与。人们在体育运动的过程中能体验到乐趣和快感，正因为体育有如此的魅力，不仅能常常吸引广大观众锁住频道，聚焦于电视机前，更能牵引人们身体力行，直接参与活动，特别是自己喜爱和擅长的运动项目，能够在完成各种复杂练习的过程中，在征服运动本身所带来的身体困难中，体验到一种非常美妙的快感。这种心理状态可以激发人的自尊心、自信心、自豪感，满足人们与同伴交往、合作的需要。

这种功能体现在不同的领域，具有不同的方式。群众体育通过专门设计的各种各样的身体运动，并根据不同条件、不同年龄、不同身体状况和个人爱好进行体育运动，在运动过程中获得特殊的身体感受，在锻炼身体的同时达到“娱己”的目的。竞技体育通过专门设计的身体运动，在严格规则的条件下，最大限度地表现出个人或团队技、战术和身体能力，在实现自我价值的同时达到“娱人”的目的。特别是以奥运会为代表的各类各层次的体育运动竞赛，在娱乐身心、丰富社会文化生活方面，体育运动带给人类社会的独特作用是其他文化现象所没有的。体育运动正以它独有的方式向人类输送多姿多彩的精神食粮，提高人类的生存和生活质量，改变和改善现代人的生存和生活方式。

（四）培养社会意识功能

这里的社会意识主要是指团结、协作和竞争意识。竞赛是体育运动的一个显著特征。体育竞赛能有效地培养人们的竞争意识和团结协作精神。没有强烈地取胜欲望和良好的团结协作精神，在体育竞赛中不可能取得胜利。体育竞赛，特别是在集体项目的竞赛过程中，要想取得胜利，既要有力争胜利的顽强竞争意识，又要懂得与同伴和队友的团结协作，才可能达到目的。而体育的这种“模拟社会”的功能，将有利于人的“社会化”。

除上述几种功能外，体育还有交流交往、政治、经济、军事等派生功能。

二、体育的分类

在中国，当体育活动在社会上发展起来以后，“体育”一词出现了广义和狭义的两种用法。广义体育是与政治、经济、文化相对而言的，狭义体育是以德育、智育为类比对象。用于狭义时是指身体教育；用于广义时是“体育运动”的同义词，包括身体教育、竞技运动和身体锻炼三方面内容的总称。近几十年来，体育的实践有了很大的发展，出现了身体教育、竞技运动和身体锻炼三个互相区别而又互相联系的内容，并逐渐发展成为一个与教育和文化相并列的新的体系。

《中国大百科全书·体育卷》是这样定义广义、狭义体育以及其他相关术语的：

（一）体育的广义概念（亦称体育运动）

是指以身体练习为基本手段，以增强人的体质，促进人的全面发展，丰富社会文化生活和促进精神文明为目的的一种有意识、有组织的社会活动。它是社会总文化的一部分，其发展受一定社会的政治和经济的制约，并为一定社会的政治和经济服务。

（二）体育的狭义概念（亦称体育教育）

是发展身体，增强体质，传授锻炼身体的知识、技能，培养道德和意志品质的教育过程；是对人体进行培育和塑造的过程；是教育的重要组成部分；是培养全面发展的人的一个重要方面。

（三）竞技运动亦称“竞技体育”

指为了战胜对手，取得优异运动成绩，最大限度地发挥和提高个人、集体在体格、体能、心理及运动能力等方面的潜力所进行的科学的、系统的训练和竞赛。当今世界所开展的竞技运动项目是社会历史的产物。远在公元前700多年的古希腊时代，就出现了赛跑、投掷、角力等项目，发展至今已有数百种之多。普遍开展的项目有田径、体操、篮球、排球、足球、乒乓球、羽毛球、举重、游泳、自行车等。各国、各地区还有自己特殊的民族传统项目，如中华武术，东南亚地区的藤球、卡巴迪等。其发展与国家、地区的政治、经济、文化教育、科学技术密切相关。

（四）娱乐体育

是指在余暇时间或特定时间所进行的一种以娱悦身心为目的的体育活动，具有业余性、消遣性、文娱性等特点。内容一般有球类游戏、活动性游戏、旅游、棋类以及传统民族体育活动等。按活动的组织方式可分为个人的、家庭的和集体的；按活动条件可分为室内的、室外的；按竞争性可分为竞赛性的和非竞赛性的；按经营方式可分为商业性的和非商业性的；按参加活动的方式可分为观赏性活动和运动性活动。开展娱乐性体育活动，有益于身心健康，陶冶情操，培养高尚品格。

（五）大众体育

亦称“社会体育”、“群众体育”，是为了娱乐身心，增强体质，防治疾病和培养体育后备人才，在社会上广泛开展的体育活动的总称。包括职工体育、农民体育、社区体育、老年人体育、妇女体育、伤残人体育等。主要形式有锻炼小组、运动队、辅导站、体育之家、体育活动中心、体育俱乐部、棋社，以及个人自由体育锻炼等。开展群众体育活动应遵循因人、因地、因时制宜和业余、自愿、小型、多样、文明的原则。广泛开展群众性体育活动，是发挥体育的社会功能，提高民族素质和完成体育任务的重要途径。

（六）医疗体育

指运用体育手段治疗某些疾病与创伤，恢复和改善机体功能的一种医疗方法。与其他治疗方法相比，是一种主动和自然的疗法。

国外对体育的分类和表述，在这里仅以两种语言为代表。美国百科全书用的是 *physical education and sport*（体育与运动），释文是：“泛指一切非生产性的体力活动，即从兴趣出发，以竞技为目的和以强健身体为目的的体力活动”。但在英文中还有两个类似的词，一个是美国百科全

书中的 *athletic sports*（直译是“竞技运动”，一般译为“体育运动”），是当体育（身体教育）和运动两个词作为一个词来用时所采用的专门词汇，其含义和这本书中的 *physical education and sport* 相同。另一个是国际体育名词协会出版的《体育名词术语》中的 *physical culture*（直译为“身体文化”，一般译作“体育”），解释为“广义文化的一个组成部分，它综合各种身体活动来提高人的生物学潜力和精神潜力的范畴、规律、制度和物质条件”。在德意志联邦共和国和德意志民主共和国，有与英文 *physical culture* 相对应的词，称为“*Korper kultur*”，也有“身体文化与运动”这个词，称作“*Körper kultur und Sport*”。但近年来又有人主张用“*sport*”作为总概念，其内容是指所有旨在游戏和取得好成绩的，为增强身体和精神灵活性服务的，特别是身体活动领域里的人类活动形式的总称。

复习思考题

1. 体育的一般含义。
2. 国际大众体育发展趋势。
3. 体育的功能。
4. 体育的广义概念。

主要参考书目

周西宽主编．体育基本理论［M］．北京：人民体育出版社，2007

熊晓正主编．体育概论（高等教育体育教材）［M］．北京：北京体育大学出版社，2008

全国体育院校教材委员会审定．体育基本理论教程［M］．北京：人民体育出版社，2004

全国体育院校成人教育协作组《体育概论》教材编写组编．体育概论［M］．北京：人民体育出版社，1999

第二章 奥林匹克运动

第一节 奥林匹克运动的历史沿革

一、奥林匹克运动的诞生

奥林匹克运动的诞生即现代奥运会的兴起。1894 年 6 月 23 日，国际奥林匹克委员会的成立，标志着现代奥林匹克运动的诞生。

现代奥林匹克运动是在资本主义产生和发展的条件下兴起的，它的出现是时代背景孕育的结果。体育的国际化趋势更为奥林匹克运动的产生创造了条件。现代奥林匹克运动的思想基础是三大思想文化运动：文艺复兴、宗教改革和启蒙运动。资产阶级教育方式，特别是在 19 世纪以后，英国开始了一系列教育改革，其中以阿诺尔德拉格比公学的改革最为成功。他创立了“竞技运动自治”制度，充分发挥竞技运动的锻炼价值和教育功能，阿诺尔德的改革牢固地树立了体育在教育中的地位，确立了竞技运动的教育价值和社会价值，为奥林匹克运动的兴起提供了适宜的土壤。

奥林匹克运动的诞生时期，发生了两件具有象征性意义的大事：国际奥委会的成立和第一届奥运会的成功举办。

在现代奥林匹克创始人、法国教育家顾拜旦的大力提倡和积极呼吁下，1894 年 6 月 23 日，“国际体育运动代表大会”通过了顾拜旦提出的复兴奥运会的建议，决定以现代形式每 4 年举办 1 次奥运会；为奥运会的举办建立一个长期存在的委员会，即国际奥委会；规定了国际奥委会的任务是要保证奥运会的准备工作得以顺利进行，并推行奥林匹克运动的原则和宪章；国际奥委会是一个自我选举、自我存在、无党派的俱乐部团体，其成员都是接受聘请而进入该委员会的，他们必须是政治上和经济上独立的人，每个国家只有一名或两名成员，国际奥委会的委员身份特殊，他们并不是各个国家派往国际奥委会的代表，而是国际奥委会在该国家或地区的代表，即“逆向代表”，大会还批准了由顾拜旦草拟的第一部奥林匹克章程。国际奥委会的成立，标志着现代奥林匹克运动的诞生。

第一届奥运会的举办并非一帆风顺，先后遭遇了政治和财经两大难题。在顾拜旦的四处奔走和积极活动下，并在各种场合利用其出色的外交能力说服社会名流支持首届奥运会，最后在举办国希腊掀起了一股奥运热潮。1896 年 4 月 6 日至 15 日，第一届奥运会终于如期在雅典举行。虽然第一届奥运会还很不正规，且暴露出一些缺点，如没有邀请殖民地国家参加、妇女被排斥于奥运会之外等，但奥林匹克运动终于登上了历史舞台。

二、奥林匹克运动的发展

奥林匹克运动初期，其最大的任务是使奥林匹克运动得到社会的承认。在当时的社会环境下，奥林匹克运动并不具备进行国际活动的条件。另外，奥林匹克运动的内部体系还不完善，三大组织支柱除国际奥委会外，国家奥委会和国际单项体育联合会还处于待发展状态。三大支柱组织系统松散，缺乏完整的原则；奥运会的活动内容、组织制度和思想都不成熟；奥运会的组织工作、比赛日程的确定、规则的制定随意性很大，缺乏统一标准；奥运会比赛项目缺乏稳定性等。这种状况到1908年伦敦奥运会才有了一定的改观，运动竞赛有了一定的规范化，为未来奥运会构建了一个基本模式。

二战之后，由于整个国际社会有了一个相对稳定的环境，有力保证了奥林匹克运动的大发展。此时，苏联和东欧国家的积极参加，更是大大推动了奥林匹克运动和奥运会的发展。4年一次的奥运会有力地促进了竞技运动，特别是奥林匹克项目在全世界的普及。越来越多的国家加入了奥林匹克大家庭，奥林匹克运动终于发展成为一个规模宏大的国际活动。奥林匹克组织已不单纯是一个体育机构，他们与政府以及非政府各部门的关系日益密切。1980年萨马兰奇担任国际奥委会主席，他的一系列改革和创新使得奥林匹克运动进入了大发展阶段。

三、奥林匹克运动的未来

度过了改革创新期的阵痛，奥林匹克运动迎来了蓬勃发展的新时期。展望未来，经过了一个多世纪发展的奥林匹克运动，将进入一个相对平稳的发展阶段。奥林匹克运动也将进一步均衡发展，以奥运会为代表的高水平竞技运动将与大众体育相结合，促进大众体育发展，并使大众体育成为奥林匹克运动的有机组成部分。此外，奥林匹克运动在文化、教育、体育科学研究等方面的活动也日益活跃，奥运会的文化色彩更加丰富，各项文化艺术活动也达到更高的水平，更多的城市包括发展中国家的城市申办奥运会，使更多的人认识奥林匹克运动的内涵和作用，奥林匹克运动将更加具有广泛性。

但是奥林匹克运动还存在着一些难以解决的问题，构成了对它未来发展的挑战。比如，政治对奥林匹克运动的干预，这直接影响到国际奥委会的独立性；三大支柱间权利和经济利益的分配矛盾；商业化、职业化的挑战；滥用兴奋剂；奥运会超大规模等。

第二节　奥林匹克运动体系

现代奥林匹克运动从19世纪末创建，时至今日，已基本构成了一个完整的体系。奥林匹克运动体系主要由思想体系、组织体系、活动内容体系三大方面组成。

《奥林匹克宪章》是国际奥委会赖以建立和存在的法律基础，是奥林匹克运动的根本大法。宪章规定了奥林匹克运动的思想、组织和活动体系的基本框架，使之成为有目标、有组织和有具体实践内容的社会运动。

一、奥林匹克运动的思想体系

奥林匹克运动的思想体系包括奥林匹克主义、奥林匹克运动的宗旨、奥林匹克精神及奥林匹克格言等。

“奥林匹克主义是将身、心和精神方面的各种品质均衡地结合起来，并使之得到提高的一种人生哲学。它将体育运动与文化和教育融为一体。奥林匹克主义所要建立的生活方式是以奋斗中所体验到的乐趣、优秀榜样的教育价值和对一般伦理基本原则的推崇为基础的。”奥林匹克主义包含了四层含义：奥林匹克主义的中心思想是人的和谐发展；体育运动是实现人和谐发展的重要途径；体育运动必须与教育、文化相结合；奥林匹克选手榜样的作用。

关于奥林匹克运动宗旨，《奥林匹克宪章》作了明确表述：“通过没有任何歧视、具有奥林匹克精神——以友谊、团结和公平精神互相了解的体育活动来教育青年，从而为建立一个和平的更美好的世界做出贡献。”“和平、友谊、进步”是奥林匹克宗旨的高度概括，是奥林匹克运动最基本的出发点。

奥林匹克精神是奥林匹克运动的实质内容，是互相了解、友谊、团结和公平竞争的精神。奥林匹克精神蕴涵了公正、平等、正义的内容，它承认一切符合公正原则的优胜，唾弃和否定一切不符合道德规范的行为，要求人们具有坚忍不拔的进取精神和克服一切困难的英雄气概。它概括了开展奥林匹克运动的目的。

奥林匹克格言——“更快、更高、更强”表达了奥林匹克运动不断进取、永不满足的奋斗精神，它不仅激励着运动员在赛场上奋力拼搏，争取最好成绩，同时也激励着社会每一个人在生活的各个方面不断超越自我，不断更新。另外，奥林匹克运动还有一句广为流传的名言，即“重要的是参加，而不是取胜”。

二、奥林匹克运动的组织体系

奥林匹克主义的思想体系能够得到贯彻，奥林匹克运动的各种活动能够付诸实施，是因为奥林匹克运动有一个结构完备、功能齐全的组织体系。它主要由国际奥委会、国际单项体育联合会和各个国家或地区奥委会三部分组成。这三者通常被称为奥林匹克运动组织的三大支柱，它们互相配合，相辅相成，使奥林匹克运动得以正常运行。国际奥委会是奥林匹克运动的领导机构；国际单项体育联合会由各个国家或地区的单项体育协会组成，其最高权力机构是定期召开的代表大会，它在奥林匹克运动中负责它所管辖的运动项目的技术方面的工作；国家奥委会是按照《奥林匹克宪章》的规定建立起来，并得到国际奥委会承认的组织，它是唯一有权代表其国家参加奥运会或国际奥委会赞助的地区运动会的组织，并担负着在各自国家或地区发展和维护奥林匹克运动的重大任务。

为了使三大支柱保持一种适宜的结构位置和功能关系，确保奥林匹克运动各项活动的实施，《奥林匹克宪章》明确地以法律条文形式，将各方的权利、任务加以明确的规定：权力高度集中于国际奥委会；在三大支柱组织中保持必要的人员重复；在国际奥委会握有最高权力的前提下加强协商；利益分享。

三、奥林匹克运动的活动内容体系

奥林匹克运动的活动内容是实现奥林匹克理想的具体手段和途径。它包括奥林匹克运动会、大众体育以及与体育有关的教育、科学和文化等活动。一系列活动以奥林匹克主义为贯穿主题，形成一个具有鲜明特色的奥林匹克活动体系。

在奥林匹克运动众多的活动内容中，4 年一度的夏、冬季奥运会是最重要的活动，是奥林匹克运动的主旋律，奥林匹克运动会的活动内容包括竞技运动比赛、奥林匹克仪式、奥林匹克文化节、奥林匹克青年营等。竞技比赛是奥运会的主要内容，所有项目都必须是经国际奥委会承认的；奥林匹克仪式，如圣火传递，开、闭幕式和颁奖等，不仅给奥运会以浓烈的节日气氛，而且大大提高了奥运会的境界，使它庄严、神圣，这些仪式是奥运会的重要组成部分；奥林匹克文化节是奥运会期间的一个重要文化活动，它使不同国家、民族的文化艺术，一同展现在世界人民面前；奥林匹克青年营是使来自世界各地的青年，在奥林匹克的旗帜下，互相交流、互相学习，以深刻了解奥林匹克运动的理想。

奥林匹克运动的其他重要竞赛活动包括各大洲的洲际运动会、伤残人奥运会等国际奥委会承认的竞赛活动；大众体育活动主要是每年都举办的“奥林匹克日”，旨在促进群众体育活动的开展，扩大奥林匹克影响；奥林匹克科学、文化教育活动主要包括开办国际奥林匹克学院、建立奥林匹克博物馆、召开奥林匹克科学大会等。另外还有为表彰一些为发展奥林匹克运动做出贡献的团体和个人而进行的颁奖活动。

第三节 奥林匹克运动与中国

一、擦肩而过的首届现代奥运会

1896年雅典奥运会举办之时，此时的中国正处于内忧外患之中，中日甲午战争爆发后，清政府软弱无能，割地赔款，使得中国社会的半殖民地化进一步加快。社会动荡之下，昏庸的统治者忙于自保，根本无心顾及那远在希腊的奥林匹克运动。

清朝末年，国外某报纸上刊登了一幅漫画，画的是穿着长袍马褂、排成一排的中国运动员，他们个个头蓄长辫、骨瘦如柴、精神萎靡不振。这以后，“东亚病夫”就成为了西方社会污辱中国人的称号，中国人开始背负这个沉重的屈辱的称号长达数十年。如此景象，让中国的许多有识之士悲愤不已，开始发出了“强国强种”、“健壮中华民族体魄”的呐喊，并进行了“强我种族，体育为先”的实践。鸦片战争之后，现代西方体育也随着基督教青年会在中国的建立，而得到了传播。

二、旧中国窘迫的奥运之旅

1915年，上海举办的第二届远东运动会上，中国与国际奥委会取得了最初的联系。1922年，王正廷当选国际奥委会委员，在他的推动下，中国以“中华业余运动联合会”的名义加入了国际奥委会，但是并未真正参加奥运会和奥委会的活动。直到1931年，当时唯一的全国性体育组织——中华全国体育协进会，被国际奥委会接纳为正式成员。就此开始，中国的体育组织与国际奥委会开始了密切的联系，并开始参与国际奥委会组织的一些重大体育赛事。

与现代奥运会的第一次接触，是在1932年的美国洛杉矶第十届奥运会上。我国首次派运动员参加奥运会，当时的运动员只有一人，即中国奥运第一人——刘长春，他参加的项目是男子100米，在预赛时即遭淘汰。在其后的第十一届奥运会上，当时的中国政府派出了庞大的体育代表团参赛，共有运动员69名，参加7个大项的比赛。最后只有符保卢一人获得决赛资格。但在此届奥运会期间，中国武术队的表演取得了巨大的成功，令欧洲人心驰神往、如醉如痴。其后的两届奥运会（1940年、1944年）因“二战”的原因被迫取消。1948年，在与奥林匹克运动中断了12年的联系之后，世界各地的人们又一次相聚到一起。中国代表团第三次参战奥运会，依然空手而归。当时的国民政府面临失去政权的困境，国内战火纷飞，根本无心为参加奥运提供资金保障。运动员们在十分尴尬的处境中坚持完成比赛。参赛的中国运动员甚至都需要自己带大米和榨菜等食物。

三、五星红旗的奥运新篇章

1952年芬兰的赫尔辛基，奥运村上空第一次飘荡着五星红旗的身影和回荡着《义勇军进行曲》的旋律。这是一次迟到的约会，中国人民克服重重困难和障碍，终于在开幕前一天才接到参赛邀请。迟到的中国代表团没能在奥运赛场更好地展现不断进步的自我，但在奥运会期间，参加了当地的很多社交活动，向世界人民展示新中国的形象，在赫尔辛基掀起了小小的“中国热”。正如中国代表团团长荣高棠所说：“虽然我们来迟了，但我们终究来到了。我们带来的是和平的愿望和良好的友情。我们将与各国运动员会见，我们深信这种会见将增进新中国运动员与各国运动员之间的相互了解和友谊。”

1954年中国正式提出参加墨尔本奥运会，那时，国际奥委会承认中华全国体育总会为中国奥委会，但仍以“中华民国奥委会”的名义保留了中国台湾在国际奥委会的席位。并且宣称国际奥委会也允许中国台湾参加墨尔本奥运会。中国奥委会宣布，由于国际奥委会坚持邀请中国台湾单独派遣运动员参加第16届奥运会，在这个问题没有得到合理解决之前，中国运动员不能参加本届奥运会。从1958年6月至8月间，中国先后退出了15个国际单项体育组织。当时的中国国际奥委会委员董守义也毅然辞去了国际奥委会委员的职务。

四、重返奥运后的辉煌

1979年10月25日，国际奥委会执委会在日本名古屋召开会议，讨论解决中国合法席位的建议。大会最终以62票赞成、17票反对、2票弃权，通过决议，恢复中华人民共和国在国际奥委会的合法席位：中国奥委会在参加奥运会时使用中华人民共和国的国旗和国歌，同时允许中国台湾作为我国的一个地方性组织在国际体育组织中占有席位，以“中国台北奥林匹克委员会”出现，即后来的中国“奥运模式”。

1984年7月28日，洛杉矶纪念体育场，第一次全面参加奥运会的中国代表团，共有运动员225名，教练50名。时隔52年后，中国代表团再次踏入这片奥运赛场。他们将以势在必得的气魄，砍断背负了半个多世纪的“东亚病夫”的枷锁。7月29日，第一个比赛日，五星红旗便成功地从奥运赛场升起，《义勇军进行曲》响彻赛场上空。男子自选手枪慢射个人项目，中国运动员许海峰实现了炎黄子孙在奥运会上金牌“零的突破”，将中华民族体育强国的风采展示在世界人民面前。在之后的比赛中，我国选手势如破竹，一次次问鼎奖牌。本届奥运会，第一次全面出征的中国体育代表团，共夺得15枚金牌，8枚银牌，9枚铜牌。金牌数仅次于美国、罗马尼亚、西德，位居第四。

然而，洛杉矶奥运会毕竟是一次不完整的奥运会，前苏联等一些体育强国没有参赛。在四年后的汉城，中国代表团仅获得金牌5枚、银牌11枚、铜牌12枚，金牌榜上退居第11位。中国体育的奥运之路在汉城遭遇了重大挫折，进入了峰期后的低谷。然而不气馁的中国健儿，在经过了重新整合后，又一次充满信心地站到了巴塞罗那奥运赛场。此届奥运会，中国健儿共获金牌16枚，银牌22枚，铜牌16枚。在170个体育代表团中，列第4位，这是中国体育从未有过的辉煌。

悉尼奥运会，中国代表团以28枚金牌、16枚银牌、15枚铜牌，首次跻身奥运金牌榜三甲。本届奥运会后，中国取代德国成为体育第一集团成员。这是中国竞技体育发展史上取得的新突破，是一次巨大的跨越，是对奥林匹克运动的新贡献。

雅典奥运会，中国代表团首次登上金牌榜第2名的位置。以32枚金牌、17枚银牌、14枚铜牌成为第一集团中不容忽视的力量。

五、拨云见日的申奥之路

奥运会，作为世界范围内的体育盛会，在维护和平、增进友谊、促进文明等方面发挥着巨大的作用。中国人很早就有举办奥运会的设想，但一直到1991年2月22日，中国的第一封奥运承办书才由北京市政府正式向中国奥委会递交。3月18日，北京2000年奥运会申办委员会正式成立；12月4日，北京奥申委代表在瑞士洛桑向国际奥委会主席萨马兰奇递交了第27届奥运会的承办申请书；1993年1月，北京奥申委在5个申办城市中第一个向国际奥委会正式递交了《申办报告》，并提出申办的主题口号——“开放的中国盼奥运”。1993年9月23日，蒙特卡洛，北京申奥代表在国际奥委会第101次全会上作陈述报告，随后投票开始了。第一轮、第二轮、第三轮，北京的票数一直领先，形势十分有利，人们都在期待着最终的胜利。北京时间9月24日凌晨2时27分，最后一轮投票结果出来了，43票对45票，2票之差，奥林匹克运动会与我们失之交臂。蒙特卡洛之夜成为了人们不愿再提及，却永远难以忘记的不眠之夜。

然而我们没有放弃，卧薪尝胆了5年之后，北京代表中国，又一次站在了申奥起跑线上。1998年11月25日，北京市政府正式向中国奥委会递交了举办2008年奥运会的申请书。1999年4月6日，北京向国际奥委会递交了承办2008年奥运会的申请书。这一次，我们的重点是：绿色奥运、人文奥运、科技奥运；我们的口号是：新北京、新奥运；我们的会徽是：由五星、五环和太极拳动作幻化而成的“中国结”式的会徽，不仅象征着世界五大洲之间团结协作的友爱之情，更融合了中国传统体育文化的精髓。

2001年7月7日，北京奥申委代表团奔赴莫斯科，出席7月13日在那里举行的国际奥委会第112次全会。2001年7月13日19时整，北京代表团庄重地登上了会场主席台。中国奥委会名誉主席、国际奥委会执委何振梁，国务院副总理李岚清，中国奥委会主席袁伟民，北京市市长刘淇，北京奥申委主任楼大鹏，北京申奥形象大使邓亚萍、杨澜、杨凌依次出场进行了充满感情的陈述。背景的宣传片中雄伟壮阔的万里长城、潇洒俊逸的中国功夫、豪气万丈的威风锣鼓……流动的红色，流动的黄色，流动的黑色，是中华大地的色彩，是中华儿女的色彩，中国5000年历史与文化被演绎得淋漓尽致、完美无瑕。世界被中国征服了！

2001年7月13日北京时间22：00，投票进行到第二轮就将万众瞩目的2008年奥运会举办城市揭晓了。北京以56票的压倒性多数，夺得2008年奥运会主办权。北京终于圆了一个跨世纪的梦。

紧张忙碌的筹备工作开始了。2001年12月13日北京奥组委成立，随后公布了纲领性文件《北京奥运行动计划》，体现了“以发展助奥运，以奥运促发展”的主题。2003年8月3日，2008奥运会徽“中国印·舞动的北京”正式发布。随后，主题口号“同一个世界，同一个梦想”和吉祥物“福娃”等文化意蕴极浓的标志陆续面世。这些精美的标志不仅体现了体育文化的基本元素，而且富含了中国传统文化成分。它们包含着中华儿女的共同期盼，体现了古老的中国对于奥林匹克运动的美好憧憬，表达了13亿中国人民欢迎八方宾客的热情与真诚。

六、无与伦比的北京奥运

梦萦百年，斯夜成真。“给北京一次机会，还世界一个惊喜”。2008年8月24日，北京奥运会胜利落下帷幕。本届奥运会共刷新38项世界纪录和85项奥运会纪录，87个代表团获得奖牌。这些数字都超越了以往任何一届。毋庸置疑，这是一届整体水准相当高的奥运盛会。

“同一个世界，同一个梦想”（*One World One Dream*），集中体现了奥林匹克精神实质和普遍价值观——团结、友谊、进步、和谐、参与和梦想，表达了全世界在奥林匹克精神的感召下，追求人类美好未来的共同愿望。尽管人类肤色不同、语言不同、种族不同，但我们共同分享奥林匹克魅力与欢乐，共同追求着“人类和平”的理想，我们同属一个世界，我们拥有同样的希望和梦想。

一个世纪前，有识之士“中国什么时候能举办奥运”的殷殷期盼；76年前，刘长春英雄落单；29年前，改革开放的中国重返国际奥林匹克大家庭；15年前，蒙特卡洛不眠夜。今天，从奥林匹亚山到万里长城，圣火辉映着文明传播与沟通的征程，历史悠久的奥林匹克与源远流长的东方文明交融汇聚，绿色奥运、科技奥运、人文奥运，13亿中国人用实际行动，为奥林匹克注入了属于自己的梦想。7年筹办，中国人民以最大的热情，鼎力托起当今世界规模最大的体育盛会；7年践诺，古老中华尽最大的努力，精心酝酿这全人类共叙友情、共享和平的节日盛典。

水立方成就了菲尔普斯的数量极限，鸟巢见证博尔特对人类能量极限的挑战。他们让我们知道了，人类的极限居然可以以如此轻松的方式被打破。当然，中国代表团前所未有的51枚金牌的收获，不仅大踏步超越了历史，更超越了所有中国人事先的预想。我们靠着自身的强大实力和稳定甚至超水平发挥，赢得了金牌榜第一的位置，北京奥运同样也是中国体育的巅峰时刻。

和20年前在汉城奥运上演的约翰逊兴奋剂丑闻相比，北京奥运会同样也成为了20年来最干净的一次奥运会，这使得其他的所有超越变得更加纯粹和有意义。一句“无与伦比”，概括了北京奥运的全景，同时，也是对中国人民努力的最好回馈。在中国奥委会名誉主席何振梁看来，北京奥运会是一段历史的终结和走向未来的起点：“通过奥运，中国人要摆脱百年来历史上客观形成的‘我不如人’、缺乏自信心的精神包袱，真正自立于世界民族之林。”

中国做到了，“世界给中国一个机会，中国还世界一个惊喜！”世界微笑了，北京是各国体育健儿佳绩频出的福地，北京是五大洲四大洋来宾尽情同欢的乐园！北京奥运会已成过去，但它对中国的影响远没有结束。13亿中国人民将用激情和行动证明，北京奥运会不仅是一座光荣的纪念碑，更是中华民族的一次伟大出发。

本届奥运会中国军团收获奖牌100枚，金牌51枚、银牌21枚、铜牌28枚。金牌数奖牌数均创历史新高，其中还有两名中国选手6次改写4项世界纪录。金牌总数的超越，同时也说明我们已经成为了真正的体育强国，这是我们在这七年中努力的结果。但成为了体育强国，并不意味着就是体育大国。体育大国注重的是全民体育、全民运动，要真正能够将体育活动作为一种生活态度，一种生活方式，而不是以竞技、以夺取成绩为主，到了那时，体育和奥林匹克才回到了其最纯粹最根本的目的上。而就目前的中国来讲，距离体育大国还有很长的一段路。

复习思考题

1. 奥林匹克运动的思想体系。
2. 奥林匹克运动的组织体系。
3. 奥林匹克运动的活动内容体系。
4. 北京奥运会口号含义。

主要参考书目

吴祚来主编，杜婕编著．阅读奥林匹克·现代卷［M］．南昌：江西美术出版社，2007

吴祚来主编，黄亚玲等编著．阅读奥林匹克·中国卷［M］．南昌：江西美术出版社，2007

任海主编．奥林匹克运动［M］．北京：人民体育出版社，2005

聂东风，王家彬主编．北京奥运会与奥林匹克运动［M］．西安：西北工业大学出版社，2007

吴兆祥主编．奥林匹克运动［M］．合肥：安徽大学出版社，2008

第三章 体质与健康

第一节 健康概述

一、健 康

（一）健康的概念及其发展

健康是人类生命存在的正常状态，是经济发展、社会进步、民族兴旺的保证。实现“人人享有卫生保健”是全人类共同的理想和目标。中国宪法明确规定：维护全体公民的健康，提高各族人民的健康水平，是社会主义建设的重要任务之一。健康的概念是随着人类对客观世界认识的不断深化而改变的。过去由于受到传统观念、世俗文化以及科学技术发展的制约，人民对健康的认识单纯理解为“无病、无伤和无残”或“健康是机体的一种动态平衡状态”等，并将“没有疾病”作为衡量健康的惟一标准。显然，这些观点不能准确反映健康的本质和全部。

1978 年，世界卫生组织（*WHO*）在《阿拉木图宣言》中明确了健康定义：“健康（*health*）不仅是免于疾病和衰弱，而是保持身体、心理和社会三方面的完美状态”。从而使对健康的评价不仅基于医学生物学范畴，而且扩大到心理和社会学领域。在三维健康观的基础上，也有人把健康分为三个层次。第一层次（一级健康）是满足生存条件，其内容包括：无饥寒、无病、无体弱，能精力充沛的生活和劳动，满足基本的卫生要求，对健康障碍的预防和治疗具有基本知识；对有科学预防方法的疾病和灾害，能够做到采取合理的预防措施；对健康的障碍能够及时采取合理的治疗和康复措施。第二层次（二级健康）为满意度条件，包括：一定的职业和收入，满足经济要求；日常生活中能享用最新科技成果；自由自在地生活。第三层次（三级健康）为最高层次的健康，包括：通过适当训练，掌握高深知识和技术并且有条件应用这些技术；能过着为社会作贡献的生活。

由此可见，个体只有在身体和心理上保持健康的状态，并具有良好的社会适应能力，才算是真正的健康。宣言同时指出：健康是基本人权，达到尽可能的健康水平是世界范围内一项重要的社会性目标。可见健康是人类的一项基本需求和权利，也是社会进步的重要标志和动力。宣言要求人们重视健康的价值，树立“社会发展以人为本，人的发展以健康为本”的理念。1986 年 *WHO* 重申“应将健康看作是日常生活的资源，而不是生活的目标。健康是一个积极的概念，不仅是个人身体素质的体现，也是社会和个人的资源”。1989 年 *WHO* 又提出“身体健康、心理健康、道德健康、社会适应良好”四个方面的健康标准。

（二）健康的标志与标准

根据健康的概念要制定普遍适用的健康标准是比较困难的。例如，服兵役的健康检查标准和新生入学、运动员选材的健康标准是不同的，他们有一般要求和特殊要求。即使是制定一般健康指标的标准也是困难的，如心率、血压、肺活量等指标的年龄、性别、地域、种族差异，很难用一个具体标准去衡量。一般地说，人体的健康标志和标准也只是起参考作用。

1. 身体健康　没有病，勿须治疗；身体的正常发育；有良好的食欲，夜间睡眠好；体态脸色好，有精神；能很好地进行日常活动，消除疲劳快。

2. 心理健康　能与家庭成员、朋友、伙伴们协力合作；理解人生的意义，对生活充满希望；有正确的判断能力。

3. 适应健康　具有良好的衣、食、住条件；社会和平，没有犯罪行为发生；死亡率低，大家都能长寿。

WHO 提出了健康的 10 条标志：有足够的精力，能从容不迫地应付日常生活和工作压力而不感到紧张；处事乐观，态度积极，乐于承担责任；善于休息，睡眠好；应变能力强，能适应外界环境的各种变化；能抵抗一般性感冒和传染病；体重得当，身体均匀，站立时头、肩、臀位协调；眼睛明亮，反应敏锐，眼睑不发炎；头发有光泽，无头屑；牙齿清洁，无龋齿，无病态，色泽正常，牙龈无出血症状；肌肉、皮肤富有弹性。

由于其中的一些标志界定不确定，*WHO* 又提出新的健康标准。这一标准包括身体和精神健康两部分，具体可用身体健康的“五快”和精神健康的“三良好”来衡量。“五快”是指吃得快、便得快、睡得快、说得快、走得快；“三良好”是指良好的个性人格、良好的处世能力、良好的人际关系。

二、亚健康状态

根据健康评估的综合判断将健康分为健康状态、疾病状态和亚健康状态。自从人类步入现代文明社会以来，由于社会竞争压力、环境因素的急剧改变，不良个人行为和生活方式（吸烟、酗酒和久坐行为）的出现，以及许多慢性退行性疾病的挑战，都将会促使个体产生身体、心理和精神方面的功能障碍，并由此造成机体始终处于一种不良的状态中。*WHO* 指出：21 世纪威胁人类健康的“头号杀手”就是“生活方式病”（*lifestyle diseases*），即所谓的“亚健康”（*sub-health*）。目前，关于亚健康还缺乏统一的认识，普遍认为身体虚弱、诸多不适和各种症状的非病非健康状态就是亚健康状态，表现为身体活动能力下降、精神欠佳、时感疲劳、工作效率降低、失眠、心情压抑及社交障碍等。*WHO* 估计全世界有约 60% 的人处在亚健康状态，并建议改善亚健康状态最积极有效的手段就是改变个体不良行为、倡导健康生活方式。其中，积极参加体育锻炼就是提高生活质量最有效手段之一。

三、影响健康的相关行为

当前人类面临的主要健康问题是生物因素、社会因素、心理因素、行为和生活方式综合影响的结果。而不良行为和生活方式已经成为慢性非传染性疾病、新传染疾病的主要原因之一。1976 年美国提出一组数字对 10 种主要死因调查分析，由不良生活方式所引起的占 50%。美国卫生总署 20 世纪 90 年代初报告，美国所有死亡的 2/3 与食物和饮食有关。我国对 19 个城乡点调查，死因中不良生活方式和行为（包括过量吸烟、饮酒，偏食，饮食油脂过多，喜吃咸菜，少吃新鲜蔬菜和水果等）在心脏病中占 45. 7%，在脑血管病中占 43. 3%，在恶性肿瘤中占 43. 6%。世界卫生组织提出遗传因素对人的健康的影响只占 15%，社会因素占 10%，医疗条件占 8%，气候条件占 7%，而 60% 取决于自己的行为和生活方式。由此可见，不健康的日常行为模式对人类健康的危害十分严重。美国疾病防治中心建议国民养成不吸烟、少饮酒、合理饮食、经常锻炼四项有益健康的习惯，即可普遍增寿 10 年。美国多年来，每年花费数以千亿的美元用于提高临床技术，却难以使美国人民的预期寿命增长 1 年。而加强了健康教育，提倡健康的生活力式，美国从 1968 年后死亡率开始持续下降，20 年中总死亡率下降了 30% 左右。1979 年出版的美国卫生福利部文件指出，如果一个国家要想增进国民的健康，最重要的工作就是集中医疗及社会资源投资在疾病预防上。因此，提倡健康行为、避免危险行为是促进健康的基本保证。

（一）促进健康的行为

促进健康行为是个人或群体表现出的、客观上有利自身和他人健康的一组行为。对日常生活中的各种促进健康行为可细分为：

（1）日常健康行为，如合理营养、平衡膳食、适量睡眠、积极锻炼等。

（2）保健行为，如定期体检、预防接种等合理应用医疗保健服务，以维护自身健康的行为。

（3）避免有害环境行为，“环境”在此既指自然环境（如环境污染），又指易引起过度心理应激的紧张生活环境。调适、主动回避、积极应对等属此类行为。

（4）戒除不良嗜好，如戒烟、不酗酒与不滥用药物等。

（5）预警行为，指预防事故发生和一旦发生事故后等正确处理的行为，如乘飞机、坐汽车先系安全带，发生车祸后能自救和他救等。

（6）求医行为，指人觉察到自己有某种病患时寻求科学可靠的医疗帮助的行为，如主动求医、真实提供病史和症状、积极配合医疗护理、保持乐观向上情绪等。

（二）危害健康行为

危害健康行为是个体或群体在偏离个人、他人、社会的期望方向上表现的一组行为。危害健康的行为通常可分为以下四类：

（1）日常危害健康行为，主要包括：吸烟、吸毒、过量饮酒、性生活方面的紊乱行为。

（2）致病性行为模式，是导致特异性疾病发生的行为模式。目前研究较多的有 A 型和 C 型行为。A 型行为又叫“冠心病易发性行为”，其核心行为表现有两种：不耐烦和敌意。例如常因别人的微小失误或无心得罪而大发雷霆，产生该行为的根本原因是过强的自尊和严重的不安全感。A 型行为者还有一些重要的外部体征，如语言带有突发性敌意、常匆忙打断别人讲活、眼周有色素沉着等。A 型行为者的冠心病发病率、复发率和致死率均比正常人高出 2 ~ 4 倍。C 型行为又称“肿瘤易发性行为”，核心行为表现是情绪好压抑，性格好自我克制，表面上处处依顺、谦和善忍，内心却是强压怒火，爱生闷气。C 型行为者免疫机能较低，宫颈癌、胃癌、食道癌、结肠癌、肝癌和恶性肿瘤的发生率都比正常人高 3 倍左右。

3. 不良生活习惯，主要含导致各种成年期慢性退行性病变（如肥胖病、糖尿病、心血管疾病）、早衰、癌症等发生。表现有：饮食过度，高脂、高糖、低纤维素饮食，偏食、挑食和过多吃零食，嗜好经长时间高温加热或熏烤食品，不良进食习惯，如进食过快，进食过热、过硬、过酸的食物。

4. 不良疾病行为，疾病行为指个体从感知到自身有病到疾病康复所表现出来的行为。不良疾病行为发生在已知自己患病或病患已被确诊后。常见表现形式为：瞒病、恐惧、自暴自弃行为，把身体不适或疲劳错当为疾病，明知有病却有意拖延，以及悲观绝望等心理状态和求神拜佛等迷信行为。

第二节　体质与体适能

体质是人类生命过程中独有的属性。体质原始定义为：个体一切生物学特征的总和。早在《皇帝内经》对体质和养生就有过详细的论述，明确指出只有经常保持阴阳平衡才是正常体质。而且还阐述了体质与自然、先天和后天因素的相互关系。西方国家对体质研究也有较长历史。在《希波克拉底文集》中，作者提出了“体液学说”。在 1970 年，*Damon* 从不同角度对体质进行了论述，指出体质对不同研究者有不同的含义：对临床而言，它意味着病人的生物学个体特征；对流行病学家而言，它是疾病过程中的宿主因素；对免疫学家而言，它是机体内各组织的特征和适应能力；对人类学家而言，体质意味着体格、环境适应能力、疾病和行为的相互关系。所以，体质研究归属哪一学科范畴，至今众说纷纭。

一、我国学者对体质认识

体质（*constitution*）是人体的质量，它是在遗传性和获得性基础上表现出来的人体形态结构、生理功能和心理因素综合的、相对稳定的特征。该定义充分强调遗传在体质形成中的重要作用，并对其发展提供了可能性；同时，人类生存、发展和变化又与环境有着密切的联系，并受到制约。

体质研究主要包括以下三方面的内容：体格，指人体的形态和结构，包括生长发育水平、体型、姿态、体成分和营养状况等。体能，指人体各器官系统的机能和在肌肉活动中表现出来的能力，包括生理功能（机体的新陈代谢状况和各器官、系统的效能等）、身体素质（速度、力量、耐力、灵敏、柔韧、协调等）和基本活动能力（走、跑、跳、投、爬越、负重等身体活动基本能力）。适应能力，指人体在适应自然环境和社会环境中所表现出来的能力，包括对疾病的抵抗力和对各种应激源的抵抗力。

二、国外学者对体质认识

Physical fitness 的本质是"身体适应能力"，简称体适能，其译文有体质（中国内地）、体适能（中国港澳台）、体能、体力（日本）。美国运动医学学会（*ACSM*）将 *physical fitness* 定义为：机体在不过度疲劳状态下，能以最大活力愉快地从事休闲活动的能力，以及应付不可预测紧急情况的能力和从事日常工作的能力。*ACSM* 认为体适能有健康体适能和技能体适能组成。

（一）健康体适能

与健康有密切关系的体适能，是指心血管、肺和肌肉发挥最理想效率的能力。它不仅是机体维护自身健康的基础，而且是机体保证以最大活力完成日常工作和降低慢性疾病危险因素出现的条件。其主要内容如下：

1. 心肺耐力　指肌肉、神经、循环和呼吸系统维持长时间活动的能力，也称有氧耐力。一般情况下，高水平有氧耐力既可以保持机体在相对疲劳状态下持续工作的能力，又可以协助消除疲劳。有氧耐力被认为是健康体适能中最重要的要素，经常参加有规律的有氧锻炼，将有助于降低许多与运动不足有关的健康危险因子。

2. 体成分　指构成身体各种物质及其比例，一般包括脂肪量和瘦体重，其中瘦体重包括肌肉、骨、水、血液和其它非脂肪组织。体成分一般用体脂百分比表示。

3. 肌力和肌肉耐力　肌力指肌肉在对抗阻力条件下，尽力完成一次最大收缩的能力，如卧推。肌肉耐力指大肌肉群在次最大强度下，保持持续收缩的能力，良好的肌肉耐力可以确保机体在不疲劳状态下，反复从事各种活动，一般采用持续工作的次数、距离、时间来评价，如俯卧撑。

4. 柔韧性　指在无疼痛条件下，关节自如活动的范围，也称为可动性。一般受到关节周围肌肉和韧带伸展性的制约，它是保持运动能力、降低受伤几率和缓解慢性腰腿疼痛的主要条件。一般采用坐位体前屈或站立体前屈评价。

（二）技能体适能

技能体适能是指与动作、舞蹈和体操等表现有关的运动技术能力。一般包括灵敏、平衡、协调、速度、爆发力和反应时间等。这些因素一般受遗传的控制，是从事各种运动项目的物质基础，然而，目前还没有证据表明这些因素与增进健康和预防疾病有直接关系，如身体协调性好的人并不比差的人寿命长或患病机会少。

第三节　健康与体质、体适能关系

一、健康与体质关系

随着人们对健康认识的不断深入，从“生物、心理和社会”三维层面关注健康越来越被人们接受，现代医学对健康的评估模式也证明了人类健康将是多种因素联合干预的结果，健康已成为全世界关注的话题。体质作为人类具有的基本属性，其内涵与现代健康观有许多相似的成分，体质学的创建也是建立在生物学、医学、人类学、心理学和社会学基础理论之上的一门综合性学科。两者既有差异又密切联系。

医学认为体质是生命活动和身体活动之间的对立统一，自然也是健康和体力之间的对立统一。体质一分为二就是健康和体力，健康和体力不能相互代替，只有把体力和健康有机结合，才能完整的反映出体质水平。体育界对体质和健康的认识基本上将医学检查归属健康范畴，将身体发育、机能水平和运动能力归属体质范畴。

总而言之，体质和健康从不同侧面反映了人类的基本特征。体质是人体的质量，而健康则是体质状况的反应和表现，两者不可分割。从体质、健康的概念和内容，我们可以看出，体质与健康两者之间的联系非常密切，但又有所不同。体质的强弱和健康状况的好坏都涉及人体的形态结构、生理机能、运动能力和心理状况等方面。体质是人体的质量，是生命活动的物质基础，也可以说是健康的物质基础，而健康则可认为是体质的外部反映，是评价人的体质状况的起码条件。同是健康的人，其体质可能会有千差万别。所以，人体不应满足于“健康”这种起码的标准，而应在健康的基础上，采用各种有效的科学手段不断增强体质。

二、健康与体适能关系

WHO 对体适能的解释是使肌肉做功达到满意程度的一种能力，属于身体对外界环境的适应能力。其中，健康体适能是评价个体生理能力的常用指标，是健康的基础。在一个人生长、发育和衰老过程中，随着生理机能的逐渐衰退，健康体适能也会随之下降。此外，反映健康体适能的指标还是慢性疾病的预测因子，如冠心病、中风等。健康体适能水平下降会增加慢性疾病的发生率。故此，健康体适能不仅直接反映个体健康状况，也是幸福安宁的重要决定因素之一。

复习思考题

1. 简述健康的概念及其评价标准。
2. 简述亚健康状态及其表现。
3. 简述促进健康行为、危害健康行为的概念及其行为方式。
4. 简述体适能的概念及其分类。

主要参考书目

姚鸿恩主编. 体育保健学［M］. 北京：高等教育出版社，2006
季浏. 体育与健康［M］. 上海：华东师范大学出版社，2000
杨文轩. 体育运动与健康促进［M］. 北京：高等教育出版社，2004

第四章　锻炼的身心效应

第一节　锻炼的身心效应概述

一、适量运动的界定

适量运动是指根据运动者的个人身体状况、场地、器材和气候条件，选择适合的运动项目，使运动负荷不超过人体的承受能力。运动过程中的运动强度、持续时间和运动频率适宜，运动时的心率范围控制在120～150次/分钟之间；机体无不良反应，运动后略觉疲劳，恢复速度快；情绪和食欲良好，睡眠质量高，醒后感觉精力充沛。

研究表明，心率在110次/分钟以下的运动负荷时，机体的血压、心电图等多项指标没有明显变化，健身价值不大；心率在130次/分钟的运动负荷时，每搏输出量接近和达到一般人的最佳状态，健身效果明显；心率在150次/分钟运动负荷时，每搏输出量开始出现缓慢下降；当心率随运动负荷增加到160～170次/分钟之间时，虽无不良的异常反应，然而也未能呈现出更好的健身迹象。因此，只有当运动时的平均心率在120～150次/分钟之间波动，锻炼时间达到20～60分钟，每周至少运动3～5次，才能取得理想的运动锻炼效果，有利于人体的健康。

二、过度运动的界定

过度运动是发生于体育运动中的一种运动性疾病，其发生发展过程既有运动方面的因素，也有运动恢复、营养、心理及其他方面的因素，往往是多种因素的综合作用的结果。过度运动不仅影响运动能力，甚至能严重损害人体免疫系统和人的身体健康。

过度运动包含两方面的含义：一是运动负荷超过人体的承受能力，机体在精神、能量等方面过度消耗，使其无法在正常时间内恢复体力。二是指当身体的某些机能发生改变时，恢复手段无效、营养不良、情绪突变、思想波动等，使正常的负荷变成超量负荷，从而使主动运动变成被动的应激刺激等，过度运动往往会出现运动能力减退、产生某些不正常的生理状态以及心理症状等现象。

三、运动缺乏对人体生理机能的影响

长期缺乏运动，人的新陈代谢机能降低，由此很容易引起各种肌肉关节疾病，如肩周炎、骨质疏松等，同时也会导致心肺机能下降等不良身体反应。久坐不动还是痔疮、坐骨神经痛、盆腔淤血等病症的祸根。运动缺乏或久坐不动可使人体抵抗力下降，易患疾病。运动不足是Ⅰ型糖尿病发病的独立危险因素。运动缺乏可加速衰老，增加老年人的死亡率，且心肌损伤、中风、糖尿病及心绞痛的发病率明显上升。运动缺乏对人体的不利影响突出表现在以下几个方面：

（一）可导致亚健康

运动缺乏的人可出现记忆力减退、注意力难集中、精神不振、对自己的健康担心、多梦、疲劳、情绪不稳定、用脑后疲劳、耐力下降、困倦、烦躁、健忘、虚弱、活动后疲劳、易激怒、失眠、压抑感、总怀疑自己有病、思维效率低、易感冒、嗜睡、四肢乏力、不愉快感、头晕、目

眩、抑郁、头疼、腰膝酸痛及脱发等亚健康症状。

（二）对心血管机能的影响

运动缺乏可导致氧运输能力低下，血管弹力减弱、心脏收缩力不足，心脏机能降低，易引发心血管疾病。久坐不动，使血液黏度易于增高，血流缓慢，容易形成血栓。运动缺乏可使体内动脉壁内淤积大量脂类，影响各组织、器官的供血，加速了心血管系统疾病的发生。

（三）对神经系统机能的影响

运动缺乏可使脑细胞的新陈代谢减慢，使记忆力与大脑工作的耐久力都比较差，大脑皮质分析、综合和判断能力减弱，反应慢、不敏锐，使大脑工作效率降低。

（四）运动缺乏易导致肥胖

缺乏运动可使成人和儿童体内储存过多的脂肪，导致肥胖或体重超出正常。缺乏运动还可发生高胰岛素血症、胰岛素抵抗、高血压、高三酰甘油、低密度脂蛋白、高胆固醇及糖耐量降低等症状，引起代谢紊乱综合征。

（五）对运动系统机能的影响

运动缺乏易导致骨质疏松，使骨量降低、活动机能下降、骨周围肌肉组织肌力减弱和姿势不稳并容易跌倒，从而引发骨折。运动缺乏还可使关节灵活性和稳定性减低，肌肉纤维变细、无力，肌肉收缩能力减退。

（六）对呼吸机能的影响

运动缺乏可使肺通气和换气机能下降，肺血流量减少，气体交换效率下降。呼吸表浅，每分钟呼吸次数增加，呼吸肌的调节能力减弱，进而导致呼吸机能降低。

（七）对胃肠机能的影响

久坐不动者的胃肠蠕动慢，正常摄入的食物聚积于胃肠，使胃肠负荷加重，长此以往可导致胃及十二指肠溃疡、穿孔或出血等慢性顽疾。

第二节　适量锻炼对身体健康的影响

健康、强壮、智慧是人类的美好愿望。从几千年前的上古起，人们就一直在苦苦探求防御疾病、抵抗衰老、延长寿命的奥妙。进入高速发展的现代社会，久坐者和缺乏运动者的数量正日益增加。根据美国 *CDC* 和 *ACSM* 的调查报告，美国有 30.5% 的人不锻炼，有 60% 的成年人不参加规律的身体活动。我国国民体质监测中心（2000）的调查结果也显示，30～55 岁中青年群体中，60.1% 的男性和 64.2% 的女性不参加锻炼。运动不足对慢性病的危险归因（*PAR*）是非常高的，理论上说，35% 的心血管疾病死亡、35% 糖尿病死亡、32% 结肠癌死亡者都能通过体育锻炼来预防。许多研究证实，身体活动不足和久坐生活方式会导致身体产生许多不良反映，从事规律身体活动有助于预防许多慢性疾病和早衰现象，并维持高水平生活质量。

一、锻炼的自觉效果

一般来说运动效果是多种多样的。由于环境条件的限制以及运动条件的差异，即使是同种运动、同一个年龄组的情况下，运动效果也不尽相同。对每个参加者来说，在运动锻炼的早期阶段，运动参加者就会产生一种“精力充沛”的自我感觉，这就是运动带来的自觉效果之一。这种自觉效果的存在，不仅能稳定运动者的情绪，还能提高运动兴趣，坚定运动信念，并为持久运动打下良好基础。

运动带来的自觉效果是加拿大的 *H. Selye* 的应激学说被公认后才被人们所认识。他认为各种疾病都有一些非特异性症状，即疲劳感、食欲不振、头痛、发热等，这些特异性症状是人体对外界的各种应激源的一种防御性反应（应激）。当刺激过强、作用时间过久，机体就会失去适应能力从而潜伏上某种疾病，这些特异性症状就是一种提示信号。运动能不同程度地缓解体内的某种应激症状，提示适宜的运动能给人体带来保持旺盛生命力的一系列非特异性运动效果，使人们从中获益，从而保持健康的体魄。

二、心肺机能的改善

运动的种类和性质不同，引起机体生理学适应性变化也不一致。研究认为，耐力运动对心血管系统影响效果最为显著。

（一）运动时的心率变化

健康成人的心率为：男 65 ~ 75 次/分钟，女 70 ~ 80 次/分钟。当人体发热、神经紧张或运动时心率都会加快，一般说运动强度越大，心率越高，两者呈正比例关系。长期坚持锻炼的人，安静状态下心率可比正常人低一些，可达到 40 ~ 60 次/分钟。为什么心率能保持低水平呢？原因之一是控制心脏活动能力的中枢神经系统对运动的一种适应性反应；原因之二是心脏容量增大，心肌收缩力加强，使每搏输出量增多的结果。因此，每博输出量增加和心率降低是心脏功能提高的重要标志。心脏工作效率的提高且节约能量，从而使心脏得到充分地休息，有效地防止心脏过度疲劳，形成一种自然的防御机制。运动锻炼带来的心率降低，是经过长期训练使心脏功能得到改善的良好反应。这种生理性心率减慢应与临床上常见的房室传导阻滞所致的心率减慢严格区别开。

（二）运动时的心输出量

每博输出量与心率的关系：每分输出量 = 心率 × 每博输出量。下面有两组数据可比较：

安静状态下：一般人：5000ml = 70 次/分钟 ×70ml；锻炼者：4500ml = 50 次/分钟 ×90ml

最大强度运动：一般人：22000ml = 195 次/分钟 ×113ml；锻炼者：37000ml = 195 次/分钟 ×190ml

安静状态下，两者每分钟输出量相差不大，但以最大强度运动时经常锻炼者每分输出量明显提高。由此可见，通过体育锻炼可以增强机体心脏功能。每博输出量的增多说明心脏对锻炼的适应性能力得到了提高，每博输出量与最大摄氧量呈正比例关系，运动时心输出量的变化直接影响机体各器官的有氧代谢，心输出量是决定有氧代谢能力的关键。它是全身耐力的原动力及构成体力的重要因素，运动可使心输出量增大，可以改善全身耐力，进而增加体力，使精力旺盛。这就是人们常说的：生命在于运动的意义所在。

（三）运动员心脏

运动员心脏功能强。人的心脏基本上有三种类型。一种是正常但没有受到锻炼的心脏，另一种是因病而肥大的心脏，还有一种是运动员心脏。运动员心脏增大现象常在职业运动员或长期坚持耐力锻炼的人身上。医学研究者进行了大量的研究得出：病理性增大的心脏是扩张、松弛，收缩时射血能力减弱，心储备能力低下；与此相反，运动性增大的心脏，其外形丰实，收缩力强，心储备能力高，所以说运动员性心脏增大是心脏对长期运动负荷适应的表现。

（四）运动时的血压变化

血压是流动血液对血管壁的侧压力。正常人的血压值是 18.6 ~ 12kp/12 ~ 8kp。血压随年龄增长可稍偏高。运动中血压呈上升趋势，收缩压随强度增加而上升明显，舒张压变化则不大，这种脉压差增大有利于供给全身血液的需要。长期锻炼者运动后血压恢复快。需指出的：在激烈运动前，为防止血压的急剧升高可能带来的身体危害，可先做一些轻度的准备活动，使身体内血管扩张性保持良好状态。如运动中出现血压急剧下降的倾向，是一个危险信号，此时应立即终止运动，进行必要的调整和处理。

（五）运动的呼吸机能变化

人体在运动时，肌肉在活动过程中需要消耗大量得养料和氧气，同时产生很多的二氧化碳，这就要求呼吸器官的工作能力得到提高，以满足身体的需要。经常锻炼呼吸系统的功能得到改善，首先是呼吸肌发达，胸围和呼吸差增大，增大肺活量。资料显示：经常锻炼的人肺活量可以增加 1000～2000ml。经常锻炼的人在呼吸频率和呼吸深浅上也有所不同，一般人呼吸浅快，每分钟 16～20 次，而锻炼有素的人呼吸深缓，每分钟 8～12 次。这种深缓的呼吸方式既可提高换气效率，又可使呼吸器官得到较长时间的休息，适应剧烈运动的能力增强。

三、肌肉机能的改善

运动时，机体内新陈代谢加强，血液循环加快血流量增加，运动器官就可以获得充足的营养物质，从而促进少年的骨骼、肌肉的发育，表现在身高、体重、胸围的增长尤其显著，调查资料表明，经常参加体育锻炼的青少年，比同年不锻炼者的身高平均高 3～5 厘米。适度锻炼可使骨的生长发育加强，骨骼长得更坚固；使关节囊、韧带、肌腱增厚，增加其弹性和伸展性，提高关节的灵活性；使肌肉中营养物质增加，肌纤维增粗，肌肉变得粗壮结实，收缩力量和耐力加强。

四、锻炼与免疫

免疫机能的提高表现为对疾病抵抗能力的适应。免疫系统是人体内一套防御系统，它有免疫器官，如胸腺、脾、淋巴结等；免疫细胞，如 T 细胞、B 细胞、K 细胞、NK 细胞等；免疫分子，如免疫球蛋白和细胞因子等组成。研究表明，适宜的健身运动能提高人体的免疫机能。对练习太极拳的老年人，运动前后外周血 NK 细胞活性和数量进行动态观察，结果显示，运动后即刻 NK 细胞活性、数量均呈显著升高。长期坚持长跑锻炼的运动组血浆 IgA、IgM、IgG 显著高于对照组，患上呼吸道感染的人数显著小于对照组。需指出的免疫系统对运动的反应取决于：运动类型、运动强度和持续时间；运动者的年龄、身体素质和运动水平；环境条件。轻度和适当的锻炼会增强免疫机能，而大强度或长时间剧烈运动会导致免疫抑制，产生过度训练综合症。尽管目前还没有直接的证据证实剧烈运动降低机体对患病的抵抗力，但在发热、肌肉疼痛、感染等症状时最好避免剧烈运动。

第三节　适量锻炼对心理健康的影响

科学的身体活动有利于促进身体健康已是众所周知。有些人在体弱多病时会考虑通过体育锻炼来恢复健康，然而，在学习、工作或生活中出现抑郁、焦虑、情绪低落、或其它心理障碍时，可能很少考虑通过体育锻炼来改善情绪，消除心理障碍。随着对生物—心理—社会三维健康观的不断认识，有关体育锻炼对心理健康的良好效应也逐渐被人们接受。

一、锻炼与情绪改善

身体锻炼的情绪效应可能是迄今为止研究最多的问题。通过体育锻炼可使情绪得到调控。不良情绪是导致生理、心理异常和疾病的重要因素之一，而体育锻炼能直接给人带来愉快和喜悦，并能降低紧张和不安，从而调控人的情绪，改善心理健康。如：麦格曼（*McInman*）等人（1993年）对体育锻炼后的被试者立即进行了测量，发现他们的焦虑、抑郁、紧张等心理紊乱水平显著降低，而在精力和愉快程度上却显著提高。伯格（*Berger*，1993）研究认为，有规律地从事中等强度（最大心率的60%～75%）活动的锻炼者，每次活动 20～60 分钟，有助于情绪的改善。还有些研究人员研究发现，运动可使人减少情绪上的负担，甚至能减轻因精神压力的偶发事件而造成的心理负担，这如同人们在愤怒时摔东西时的迁怒、宣泄作用，通过运动行为的替代作用，可以减弱或消除情绪障碍。在当今的快节奏、高效率、强竞争的时代，人们心理上会产生一定程度的紧张、焦虑、不安，在繁忙的工作中抽出时间坚持体育锻炼，可使紧张、焦虑、不安的情绪状态得到改善，心理承受能力得到提高，适应能力得到增强。

二、锻炼对自我概念的影响

自我概念是个体主观上关于自己的看法和感觉的总和，它由许多自我认识所组成。由于锻炼可增强体质、充沛精力，因而，体育锻炼对于改善身体表象和身体自尊非常重要。

许多研究发现锻炼者比不锻炼者有更积极的总体自我概念，体质好的人比体质差的人倾向于更高水平的自我概念和躯体概念。躯体表象障碍在正常人群中是普遍存在的，据报道54%大学生对他们体重不满意，特别是女性。肥胖的个体更可能有身体表象和身体自尊方面的障碍。对身体表象不满意会使个体自尊下降，并产生不安全感和抑郁症状。研究表明，力量与身体自尊、情绪稳定性、自信心相一致，加强力量训练使个体的自我概念显著增强。

三、锻炼与认知关系

动作技能的学习和掌握过程，不仅通过视觉、听觉来感知动作的形象，还要通过触觉和肌肉的本体感知动作的要领、肌肉用力大小，以及动作过程中的时间和空间关系等，从而建立完整、正确的动作表象。在这个过程中，学习者的感知能力、观察力以及形象记忆、动作记忆能力等都能得到发展与提高。

四、培养情操和意志力

锻炼内容的多样性、复杂性、多变性和趣味性，能使人从中体验到快乐、满足、紧张、兴奋、焦虑等多种不同程度的情感体验。体育活动的团体性和互助互学能启发学生的社会意识，增强自尊、自信及责任感。体育活动中竞争性能激发学生的进取心。同样，体育活动中也有各种各样的困难与障碍，其中有来自内心的，如紧张、害怕、失意等情绪，也有来自外界的，如环境、设备、能力限制等。为了实现目的，就必须发挥意志的作用，克服困难。所以，锻炼的过程就是意志行动实现的过程，可以发展学生自觉性、果断性、自制性等良好意志品质。

五、培养完整人格

社会心理学的研究表明，人格形成及发展与人的行为活动不可分割。体育教学和体育锻炼中，学生是活动主体，并拥有一个较为广阔的空间领域，思维活动与机体活动紧密结合有利于人格的培育和发展；同时活动内容的多样性为学生人格的多元化发展提供了条件。一项元分析结果表明，体育活动对人格培养有积极效应。

六、锻炼的心理耗竭和成瘾

应强调的是科学锻炼才可能促进心理健康，如果锻炼不合理，则损害身体，给心理健康带来负效应。这些负效应主要表现在心理耗竭和成瘾。

心理耗竭指锻炼者在运动中因长期无法克服的运动应激而产生的一种耗竭性心理生理反应。常见心理症状有心境状态紊乱，身体、精神和情绪的筋疲力尽感，自尊心下降，人际关系质量消极变化。研究指出：心理耗竭不仅损害心理健康，而且还直接导致退出锻炼。

锻炼成瘾是对有规律的锻炼生活方式的一种心理生理依赖。锻炼成瘾分为积极和消极两种，有积极成瘾的人能够控制锻炼行为，而有消极锻炼成瘾的人则反受锻炼行为的控制。锻炼成瘾的诊断标准是：活动单一，导致每日锻炼的刻板模式和固定时间表；为保证每日锻炼，日益把锻炼放在优先的突出地位；日益表现出对大运动量承受；有规律锻炼一旦停止，表现出心境状态的紊乱的信号；一旦恢复运动，紊乱现象减轻或消失；主观上意识到自己非锻炼不可；不顾他人告诫运动会加重身体的不良状态而继续运动。锻炼成瘾不能算是一种强迫症状，因为个体主观上并未想摆脱。出于健美、减肥、提高运动技能等目的的锻炼是否易形成锻炼成瘾，目前未见报道。这种心理倾向是否会发展为变态也有待研究。

第四节　适量锻炼的社会效应

人有着生命的生物性，又表现丰富情感和独立人格的社会性。一个社会人扮演着各种各样的社会角色。在不同层次的人际网络之中，个人与社会的适应情况不仅表现在对自己、对他人、对家庭、对集体、对社会的态度，而且还表现在与他人建立联系的方式和程度及对各种事情的处理上。假如一个学生与同寝室其他同学合不来，常抱怨寝室生活、学习环境差，在更换寝室后，人际关系仍然如此，这说明他的适应能力很差。

社会适应不良对人的身心健康会产生消极的影响。社会能力差的人常因人际关系不和而产生心理上的烦恼，并持续出现焦虑、压抑等不良情绪反应，这种情绪可降低免疫机能，增加患病可能。

人际关系是人与人之间心理上的联系，是在一定群体背景下，人们通过相互交往和影响而形成的比较稳定的心理关系。它是一种社会情感的体现，人际关系反映了个体或团体寻求满足其社会需要的心理状态。体育活动相当部分是以群体协作的形式进行，成员之间的沟通方式多数为多向交往。人们通过练习与比赛、协作、保护与帮助，促进人际关系改善，有利于良好身心发展。因此，体育活动对培养锻炼者社会适应能力具有特殊作用，经常参加体育运动者更容易与他人形成亲密的关系，人际交往能力亦更强。

由于许多体育活动以集体活动形式进行，如球类项目，其成员之间必须加强合作、密切配合，才能取得良好的运动结果和锻炼效果。合作是一种集体活动，通过人与人之间、集体之间的协同活动，以实现共同的需要。所以，经常参与集体项目活动能培养自己的群体意识。

体育锻炼能增加人与人之间接触和交往的机会。与他人的交往，可以使人体忘却烦恼和痛苦，消除孤独感，并能提高自己的社会适应性。研究表明，外向性格者比内向性格者的社交需要更强烈，这种社交需要通过打篮球、踢足球、拔河等集体性体育活动得到满足。内向性格者则更应该参与集体性的体育活动，长期以往，可使自己的性格发生变化。体育活动促进人际交往，同时，与他人交往或参与群体活动为坚持锻炼提供了有益的支持。*Stephens* 指出，与同伴一起锻炼是自己坚持体育活动的重要原因之一。

复习思考题

1. 简述缺乏锻炼对健康的危害。
2. 试分析缺乏运动对人的健康影响?
3. 为什么要倡导适量运动?

主要参考书目

姚鸿恩主编．体育保健学［M］．北京：高等教育出版社，2006

国家体育总局职业技能鉴定指导中心．社会体育指导员职业培训教材［M］．北京：高等教育出版社，2005

田野．运动生理学高级教程［M］．北京：高等教育出版社，2003

第五章　促进健康的锻炼方法

第一节　体育锻炼方法的特点及分类

身体活动（*Physical activity*）指身体在骨骼肌收缩下完成身体位移和持续消耗能量高于休息时的新陈代谢水平的人类身体运动。体育锻炼（*Physical exercise*）指有计划、有组织、反复进行的，是以发展身体，增进健康，增强体质，调节精神和丰富文化生活为目的的身体活动。身体活动与体育锻炼对健康和构成体质各因素水平的增强作用有直接关系。从维持健康角度来说这两者可相互代替，但身体活动是促进身心健康的更广泛的活动，而体育锻炼通常与体能维持和提高相符合。一个人如果想提高特定技能或体能并实现目标，就必须从事有频度、强度和持续时间要求的锻炼。

体育锻炼方法是在锻炼过程中，为了促进身心健康、休闲娱乐而专门进行某项健身活动所采用的具体练习形式和手段。在群众健身和养生活动实践中，锻炼方法总是与健身内容手段的发展和创新相伴而生的。人们在锻炼实践中，为了学习掌握动作技能、增强体质、愉悦身心、发展个性或锻炼意志品质，主要通过各种形式的身体活动来实现。因此，强调健身方法的选择设计与运用是否正确，直接关系到锻炼内容项目的实施和健身目标的实现程度。方法合理得当，能激发锻炼者的运动兴趣和积极性，体会运动的成就感与快乐感，达到“事半功倍”的效果。锻炼方法不当，不但收效不大，甚至会对锻炼者身体带来损伤和心理造成不良影响。

一、锻炼方法的特点

体育锻炼方法多种多样，但有其共同特点。主要是：

（1）任何锻炼方法都有一定的练习数量与强度，相应地对练习者机体产生一定的刺激和负荷，这是健身强体的先决条件。例如，散步或慢跑，走或跑的距离长短和速度快慢，都会产生不同的锻炼效果。

（2）每次（组）练习之间要有必要的间歇时间，以便及时消除练习者的身体疲劳，保证锻炼继续进行，直至完成预期的任务。间歇休息以积极性休息的效果为好。

（3）锻炼者在运动中负荷总量取决于练习数量、强度和练习间歇的时间长短。锻炼中运动负荷总量要考虑其构成要素而合理安排，它在根本上决定锻炼的效果。

（4）控制运动中负荷大小，一般依据练习者在锻炼中的负荷外部数据和内部数据来确定。负荷外部数据指在练习中可观测的练习次数、组数、速度、时间、重量、距离等，它反映练习对机体产生刺激大小；负荷内部数据主要以观测练习者的心率、血压变化为标志，它反映外部运动刺激对机体产生的实际效果，即相同的外部负荷对于不同体质的个体产生的刺激效果不同。另外，也可结合锻炼者的呼吸、面色和主观感觉等指标来判断机体对外部负荷的承受能力。

二、锻炼方法的分类

人们在体育锻炼过程中创造和积累了许多练习方法以满足锻炼的需要。从方法学角度对锻炼方法进行归类，以更好地为人们选择和运用锻炼方法服务，指导人们科学地锻炼身体。按锻炼目的与任务可将锻炼分为强身健体型、休闲娱乐型、培养品质型、提高技能型和医疗保健型；按有无练习间的固定间歇分为间歇练习法、循环练习法、比赛法、重复练习法、变化练习法、持续练习法和游戏法等；按健身强体的具体目标需要划分练习方法有：

- 锻炼中能量代谢方式划分
  - 有氧练习法：步行、慢跑、健美操、游泳等
  - 混合练习法：篮球、排球、足球、武术、跆拳道、羽毛球等
  - 无氧练习法：100 米、200 米、拳击、短距离游泳等
- 按健美、减肥、保健的不同目标划分
  - 健美操练习法：组合器械、徒手操、哑铃、杠铃、体操器械等
  - 减肥练习法：长跑、游泳、健身操、散步、登山、羽毛球等
  - 康复练习法：太极拳、散步、矫正体操、医疗体操、游戏等
- 按发展身体素质划分
  - 力量练习法：组合器械、负重练习、哑铃、杠铃、投掷等
  - 速度练习法：短距离跑、立定跳远、跳绳、接力跑等
  - 耐力练习法：跑步、游泳、足球、篮球、登山、网球等
  - 柔韧练习法：健美操、瑜伽、舞蹈训练、艺术体操、武术基本功等
  - 灵敏练习法：拳击、散手、乒乓球、羽毛球、跆拳道等

图 5－1　身体锻炼方法分类

三、选择锻炼方法的依据

体育运动中，虽然存在多种多样的练习方法，但应提倡科学合理的运用锻炼方法。应从具体情况出发，按照一定的科学依据选择和运用锻炼方法，才能达到理想的运动效果。

（一）要考虑大学生参加锻炼的目的

如果是为了强身健体、发展身体素质，则可选择重复练习法、间歇练习法和循环练习法；如为了提高某项运动技能和战术应用能力，应选择变换练习法和比赛法。

（二）要考虑所选择运动项目的性质特点

不同运动项目由于自身的技术环节、动作结构和负荷特点，决定了练习方法。如健美操的练习，主要适合采用重复练习法、分解练习法、变换练习法。三大球运动应采用重复练习法、变换练习法、比赛法和游戏法。

（三）结合运动者的个体特点

应根据运动者的身体状况、体育基础和兴趣爱好选择运动项目。身体状况和体育基础较好者应选择相对激烈的运动项目，对于大学生则可选择竞争性集体项目，以达到促进人际交往、增进友谊、发展个性、培养团队合作和顽强意志品质的锻炼目的。

（四）结合运动场所的运动条件

一般来说，运动者所在的场所较宽阔，光线明亮，器材较充足，可适合于多种练习方法的选

择与运用。反之，活动场所小、器材少，可选择在原地或活动范围小的重复练习法。

四、锻炼身体的内容

现代科学技术的发展，人类正在迈入一个以脑力劳动为特征的信息化时代。人类文明程度提高人们生活质量的同时，也给人们带来了运动不足。人类健康不仅依赖于物质条件，也取决于自身的身心健康。人的活动能力保持与发展是健康身心的重要基础条件。因此，掌握与运用锻炼方法就是促进人类自身的发展。锻炼身体的内容很多。根据不同的目的和要求，大致可以分为以下几类：

（一）健身运动类

指为增强体质、发展身体素质和提高基本活动能力而选用的锻炼身体的内容。其内容一般可以从竞技体育（如田径、球类等）和民族体育项目中选用，也可采用走、慢跑、骑自行车、游泳、划船等以及其它日常生活中有锻炼价值的动作。

（二）健美运动类

为了塑造体型和形成正确姿势而选用的锻炼身体的内容。如为了发展肌肉，采用举重和器械体操练习；为了形成良好的形态和姿势可采用艺术体操、健美操、舞蹈、徒手操、瑜伽等身体练习。

（三）休闲娱乐类

为了调节精神和丰富文化生活，愉快地度过余暇时间而进行的带有娱乐性质的运动，如游戏、放风筝、踢毽子、保龄球、台球、门球、郊游、爬山、旅游等等，这类运动能使人身心愉快，既锻炼身体又陶冶了情操。

（四）格斗性体育

是指掌握和运用某些格斗攻防技术（包括军事体育），可用来强身自卫的项目进行锻炼，如散手、柔道、跆拳道、武术等。

（五）医疗体育类

是为了治疗某种疾病或针对身体有缺陷、功能有障碍，祛病健身与恢复功能等情况而进行的专门性体育锻炼。一般在医生、体育教师的指导下进行。其常见的一些锻炼内容有散步、太极拳、气功、按摩、医疗体操等。

（六）自然力锻炼类

为了改善身体、提高对各种自然环境的适应能力，而在某种特殊自然环境中进行的身体活动。这种锻炼法比较符合人们浪漫、自由的天性。内容有日光浴、森林浴、海水浴、风浴、雨浴、雪浴、沙浴、远足、旅行等，这些对人们来说都是很好的锻炼身体的内容和方法。

（七）运动竞技类

这类手段主要指目前国际通用的竞技体育项目（如篮球、排球、足球、田径等），以及为提高运动竞技能力而采用的一些辅助性练习等。

（八）拓展类

通过较为惊险的身体活动以满足锻炼胆识、气魄、探险等新奇的心理需要的体育内容，如攀岩、悬崖跳水、漂流、跳伞、冲浪等。

第二节 发展身体素质的方法

运动能力是人体进行体育活动的基础，而人体进行锻炼也是为了提高包括运动能力在内的各种身体机能。人体运动能力可表现在力量、速度、耐力、灵敏、柔韧等方面，如果要通过科学锻炼提高自身的生理机能，就必须了解影响人体运动能力的生理基础和发展机能的手段。

一、力量及其锻炼方法

力量是人体肌肉收缩产生的张力，人体的各种活动几乎都是由肌肉收缩克服阻力产生的，力量被认为是体育活动的基础。

（一）影响肌肉力量的生理基础

1. 肌肉体积　肌肉体积可通过肌肉横断面积表示，横断面积越大，肌肉力量就越大。通过力量练习增加肌肉蛋白质含量是增大肌肉体积的重要手段。

2. 肌纤维类型　肌纤维分为红肌纤维和白肌纤维，白肌纤维收缩产生力量大，红肌纤维收缩产生力量小。肌肉中红肌纤维和白肌纤维比例主要由遗传因素决定。

3. 神经调节　神经对肌肉收缩力量的调节作用通过两种方式。一种是神经兴奋性大小，兴奋性越强，参与收缩的肌纤维数目越多，力量就越大；另一种是增加神经中枢发放神经冲动的频率增加肌肉力量，神经冲动频率越高，肌肉力量越大。神经对肌肉力量的调节作用可解释为什么有些人看上去肌肉体积并不大，而肌肉力量却较大的原因。

（二）提高力量的方法

提高肌肉力量方法有很多，锻炼者可根据自己的实际情况选择力量练习方法。

1. 动力性力量练习　肌肉收缩时肌纤维长度发生变化，同时产生张力克服外界阻力的力量练习，称为动力性练习。体育锻炼中多数力量练习属于动力性，如跳跃、哑铃、举重等。动力性练习主要是通过增加外界阻力达到提高肌肉练习的效果。对于一般锻炼者来说，最好采用动力性练习。

在动力性练习中，采用不同阻力提高肌肉力量效果也不同。一般说，采用相当于本人最大力量80%的运动负荷，主要作用是发展肌肉力量和速度，使肌肉增粗，这种方法适用于青年健美爱好者；采用60%左右的最大负荷主要改善神经协调肌肉能力，使肌肉力量和肌肉耐力增加；采用40%的最大负荷练习虽然对提高肌肉力量不明显，但却可以改善肌肉的血液循环，增加肌肉中毛细血管数量，保持已有力量。

2. 静力性力量练习　肌肉收缩时肌肉长度不变，而是维持某一特定位置的肌肉力量练习，称静力性练习。静力性练习主要是发展特定位置的肌肉力量，如站桩。静力性练习比较安全，一般不会出现急性肌肉损伤，因此常用于肌肉康复练习。由于静力性练习时易造成肌肉缺氧，往往伴随憋气动作，因此，老人和儿童尽量少运用静力性力量练习。

（三）力量练习应注意问题

负荷大小根据自己实际水平选择，不论采用何种负荷，都要遵循循序渐进原则，避免突然增大负荷造成运动损伤。动作速度与负荷大小有关，阻力大速度慢，在选择适宜负荷时尽量加快速度。发展肌肉力量应隔日锻炼效果为好，但每次练习时应使肌肉有疲劳感。

二、速度和速度耐力及其锻炼方法

（一）影响速度和速度耐力的生理因素

速度可分为反应速度、动作速度和通过一段距离的位移速度。影响速度主要生理因素是神经系统的反应能力、肌肉组织的兴奋性和肌纤维类型。神经系统的反应能力，主要指感觉神经的敏感程度或大脑对刺激做出快速反应能力，大脑皮层对刺激作出反应的速度越快，表现为整体的反应速度越快。肌肉兴奋性高对外界环境变化作出反应的能力就强，表现为整体的反应速度就快。肌纤维中白肌纤维所占比例大，运动的速度就快，速度耐力指机体长时间快速运动的能力，也称无氧耐力。影响速度耐力的因素有糖酵解能力、机体缓冲乳酸能力和耐酸能力。在速度耐力性运动中，主要依靠糖酵解提供能量，因此，机体糖酵解能力越强，速度耐力素质越好。糖酵解的中间产物是乳酸，乳酸在体内增加会造成机体疲劳，因此，及时消除体内乳酸含量，可使肌肉快速工作时间延长。在耐力运动中，乳酸堆积使大脑工作能力下降，造成身体疲劳，通过速度耐力锻炼的人，大脑耐受乳酸的能力明显增加。

（二）提高速度和速度耐力的方法

1. 提高速度的方法 （1）反应速度的练习，主要提高神经系统的灵活性和对刺激信号快速作出反应的能力。在练习时可采用不同信号刺激，如声音、光等，使机体接受刺激并迅速做出反应。

（2）动作速度练习，发展动作速度的关键是提高每个动作的熟练程度和各个动作之间的相互连接。

（3）位移速度的练习能提高肌肉快速收缩能力和增强肌肉力量及改善柔韧性。

2. 提高速度耐力的方法 速度耐力练习主要是无氧运动练习，其目的是提高机体的糖酵解功能能力、缓冲乳酸的能力和耐乳酸能力。锻炼时心率应保持160次/分钟以上，如300～500米的全速跑、间歇跑等。

三、有氧耐力及其锻炼方法

经常从事有氧运动可以有效地降低慢性心脏病、肿瘤、糖尿病、骨质疏松、肥胖的发病危险，明显改善焦虑等不良心理现象，而且还常产生高水平身体活动能力。所以，具备好的有氧能力是促进健康和增强体质的基础。

（一）影响有氧耐力的生理因素

有氧耐力指长时间从事有氧运动的能力，又称一般耐力。决定机体有氧耐力的生理因素主要是运动中氧气的供应因素和能源物质含量。

1. 肺的通气功能 肺的通气量越大，吸入氧气量就越多，在体育锻炼中采用加深呼吸的方法可有效地提高呼吸效率。

2. 血液的载氧能力 吸入的氧气通过血红蛋白运送到细胞，在生理范围内，血红蛋白含量高，运输氧气的能力就强。

3. 心脏的射血能力 单位时间内心脏射血量越多，输送氧的量越多。影响心脏射血的主要因素是心肌收缩力量或心室容积大小。

4. 肌肉的代谢能力 肌细胞有氧代谢能力是影响有氧能力的重要因素，有氧代谢酶活性高，利用氧气的能力强，肌细胞有氧代谢能力与肌纤维类型有关，红肌纤维含量高，有氧代谢能力就好。现在普遍认为，心脏射血能力或肌细胞有氧代谢能力是影响有氧耐力的最重要因素。

5. 肌糖原含量 肌糖原是肌肉进行有氧代谢的主要能源物质，它的功能特点是相对耗氧少，代谢效率高，代谢产物能及时排出体外，所以，肌肉中糖原含量高，有氧供能的潜力就大，虽然，脂肪也参与有氧运动的供能，但由于脂肪氧化供能时氧气消耗多，代谢产物堆积等因素，容易使机体疲劳。

（二）提高有氧耐力练习方法

美国运动医学学会（*ACSM*）推荐的典型有氧运动模式为：每周3～4次，每次20～60分钟，采用60%～90%最大心率的强度进行，可以采用的运动形式有：快走、跑步、游泳、自行车、登山、跳绳、健身操等。

四、灵敏及其锻炼方法

灵敏是指人体迅速改变体位、转换动作和随机应变的能力，灵敏是人体各种运动能力在体育活动中的综合表现。

（一）影响灵敏的生理因素

由于灵敏是人体各种能力在体育活动中的综合表现，所以多种因素都可以影响身体的灵敏能力，除了大脑皮层的灵活性、肌纤维的类型外，影响因素还包括：

1. 年龄和性别　在儿童到青年阶段，身体的灵敏性是自然增加的，到20岁左右，灵敏能力趋于稳定，老年后灵敏能力明显下降。在青春期后，男孩的灵敏性明显高于女孩。

2. 体重　身体过重导致身体惯性增加，降低肌肉的收缩速度，表现为身体的灵敏性下降。

3. 条件反射的巩固程度　运动技术掌握得越好，灵敏性越好。

（二）提高灵敏能力的练习方法

提高人体灵敏能力的方法主要有两种：一种是固定的转换体位的练习，如各种穿梭跑、8字跑和折返跑等，这是发展人体基本灵敏能力；另一种是给练习者突然信号，练习者迅速做出反应，这种方法主要是提高人体应用灵敏的能力。

五、柔韧及其锻炼方法

柔韧性是健康和体质的重要组成部分，它是人们完成日常工作和进行锻炼必备的能力。保持良好柔韧性对维护健康和提高锻炼效果是有益的。值得注意的是，随着现代社会不断进步，老年化和久坐行为日渐突出，造成软组织弹性和肌肉伸展性明显下降，结果导致人们活动效率大大降低，可能还会引发伤害事故。比如，困扰现代人的“腰背痛”就是因为腰背部和大腿后肌群伸展性不足，肌肉耐力差造成的。所以，良好的柔韧性不仅为身体活动提供重要的保障，而且对降低疾病的威胁也有益处。但是，柔韧性发展过度，也会造成关节结构不稳，易发运动损伤。

（一）影响柔韧性因素

影响柔韧性因素主要有这样几方面：两关节面积大小差别越大，关节活动幅度越大；关节周围组织越多，限制关节活动度的因素就越多；关节周围肌肉、肌腱、韧带的伸展性越好，柔韧性就越好，发展关节周围软组织伸展性是提高柔韧素质的主要途径；提高神经系统对肌肉收缩和放松能力的调节，可以改善对抗肌肉的协调能力，从而使柔韧性提高。

（二）提高柔韧性的练习方法

提高柔韧性的主要方法是做牵拉练习，牵拉练习分为动力性和静力性两种。

动力性练习是利用肌肉反复收缩使关节尽量伸展到最大活动范围，如踢腿。该方法尽管对发展柔韧素质很有效，但是，由于动作速度较快，肌肉张力较大，如果施加负荷或动作幅度过大，将会造成不必要的损伤。尤其不适合不经常锻炼的人群和中老年人群。

静力性练习是采用缓慢的速度，逐渐拉长肌肉，使关节活动逐渐达到较大范围，并持续保持该姿势的一种练习，如压腿。练习时，不要产生明显的疼痛感（可有适度酸痛、紧张感）。练习时间一般保持30秒左右，重复练习数次。静力性练习一般不易拉伤软组织，还有利于肌肉放松，因此，在准备活动和放松活动中做柔韧练习时一般以静力性方式进行。

从事专门的柔韧性练习时，最好两种方法结合使用。但必须做到伸展练习前要充分热身，注意练习幅度和频率的循序渐进性。

第三节　体育锻炼的科学安排

一、体育锻炼原则

体育锻炼方法虽然简单易学，但要想科学地安排体育锻炼，提高锻炼效果，避免伤病事故，就必须遵循体育锻炼的基本原则。

（一）循序渐进原则

循序渐进是指在学习体育技能和安排运动负荷时，要由小到大，由简到繁，由易到难，逐渐进行。许多人开始锻炼时，兴趣很高，活动量也很大，但坚持几天，因出现各种不良反应，就失去了锻炼热情。产生的原因可能有以下几种：开始活动量大，机体无法很快适应，身体疲劳反应也很大，锻炼者受不了这么大的“苦”而放弃锻炼；对锻炼价值的期望过高，认为只要锻炼就会立竿见影，发现锻炼几天后，未见明显变化，结果大失所望；开始运动负荷过大，导致运动损伤等。

基于上述原因，人们在进行锻炼时，要逐渐地增加运动量。以跑步为例，开始时可先做步行或走跑交替等运动量小的练习，活动二周后，待身体机能适应后，再逐步增加跑步的速度和距离。另外，锻炼者也要充分认识到，锻炼效果一两个月后才能显现，只要坚持下去，就会取得理想效果。

（二）全面发展原则

对大多数锻炼者来说，锻炼并不是单纯发展某项运动技能和提高某一器官功能，而是在获得某一需要的基础上，能获得整体机能全面协调发展。所以，锻炼时，要注意运动内容的多样性和身体机能的全面提高。如果仅发展某一局部机能，不仅提高效果不明显，而且还会对身体产生不利影响。如青年人采用引体向上发展力量，日久天长，就会出现上肢增粗、背肌强壮现象，而胸、腹肌却显得瘦弱，导致类似“驼背”现象。

全面发展原则有两层意思：一是锻炼的项目要丰富多样，不同项目对身体机能的影响作用不同，选择多样化的锻炼，有助于身体机能的全面提高，以免由于不合理的单一练习造成身体畸形发展。二是如果由于锻炼兴趣和锻炼条件的限制，不可能选择较多的运动项目，那么，在确定锻炼内容时，就应当选择一种能使身体较多部位得到练习的运动形式，以确保整体机能的全面提高。

（三）个别对待原则

锻炼时应根据锻炼者的年龄、性别、爱好、身体条件、锻炼基础等因素的不同做到个别对待，使锻炼更具有针对性。因此要做到以下几点：一是根据年龄选择项目，青年人可进行一些对抗性强、活动较剧烈、有竞争性的项目，以增加锻炼兴趣；老人可选择一些较舒缓的运动，如太极拳、步行等。二是根据性别选择项目，男子可进行一些体现阳刚之气的锻炼，如力量练习；而女子可选择一些节律性较强的练习，如健美操等。三是根据身体情况选择锻炼项目，对体质较弱的人来说，运动量不宜大，如散步、低对抗的羽毛球、乒乓球等；对于有慢性疾病的人来说，在专业人员指导下，选择一些针对性练习以达到辅助治疗的效果。

（四）经常性原则

经常参加体育活动，锻炼效果才明显、持久，所以锻炼要经常化，不能三天打鱼、两天晒网。虽然短时间锻炼也能对身体机能产生一定影响，但一旦停止体育锻炼，这种良好效应会很快消失。以控体重为目的的锻炼更应坚持不懈，因为一旦有了减体重效果，就停止效果锻炼，会使体重反弹，出现“超量恢复”现象，结果使体重更大。经常参加体育锻炼应注意以下几点：参加体育锻炼应注重坚持，活动内容和项目可更换，但锻炼不能停止；每周应有 3 次以上锻炼，时间间隔过长，就不能保持锻炼效果的延续；如果一次不能抽出充足的时间锻炼，那么可以利用零散时间进行活动，一天进行数次短时间体育活动同样会取得一定的健身效果。

（五）安全性原则

从事任何形式体育锻炼都应做到安全第一，如果锻炼安排、组织不合理，违背科学原则，就可能出现伤、病事故，甚至危及生命。为了保证锻炼的安全，锻炼者应做到以下几点：充分准备活动，各器官系统的机能进入活动状态后，再进行较剧烈的运动；锻炼要全身心投入，有时稍有疏忽就可能受伤；锻炼时，最好不要在水泥地面上进行，以防长期运动后出现关节劳损，如不可避免，则选择穿弹性好的运动鞋；对于身体虚弱或慢性疾病患者进行锻炼时，切忌盲目增加运动量或运动强度。

二、一次锻炼安排

一次体育锻炼是否合理，将直接影响锻炼的效果。人体进行一次体育活动，一般都要经过准备活动、运动强度逐渐增加、保持相对稳定的活动时间、身体疲劳与恢复等阶段，因此，锻炼者应学会科学地安排每次锻炼，以获得理想的健身效果。

（一）充分的准备活动

每次锻炼都要进行充分的准备活动，通过准备活动可以提高锻炼效果，又可减少运动伤病。准备活动分为一般性和专门性。一般性准备活动指在正式练习前所进行的活动量较小的全身性体育锻炼，运动形式主要是慢跑、伸展性体操和牵拉性练习，主要目的是使全身各器官机能“动员”起来，为即将开始的练习做好适应。活动时间一般 5 ~ 10 分钟，天气冷时间可长一些，天气热时间可短一些，如果正式练习是一些运动强度较小、技术动作较简单的项目，如跑步、健身操等，则可以不再进行专项准备活动。但如进行一些较激烈、或技术性较高的运动，如球类、武术、田径等，则需进行专项准备活动，如篮球的运球、投篮，武术的踢腿、劈叉等。

（二）运动强度逐渐增加

在正式练习时，活动量也要遵循循序渐进的原则，不要一开始就突然增加运动强度，这样会使身体出现一系列不适反应。这是因为人体器官都有一定的生理惰性，特别是内脏器官，在运动开始后的一段时间有一个逐步提高的过程，否则，会出现各种不适症状。

（三）起码的正式锻炼时间

以健身为主要目的的体育锻炼，应当以有氧运动形式为主，因此，强度不要过大，但锻炼时间必须保证，这样，才能取得良好的锻炼效果。美国疾病控制和预防中心（*CDC*）建议：每次应持续 10 ~ 15 分钟中等到大强度活动，注意活动和休息的交替；或维持中等强度的 20 ~ 60 分钟的体育活动；或每天累积完成 30 ~ 60 分钟缓和的体育活动（如步行），也会取得同样的健康效应。需要指出的是：一次锻炼时间并不是越长越好。即使是小强度活动，如散步，时间也不要超过 2 小时。体质好的人也是如此。因为，过长时间练习会引起身体疲劳，这是健身锻炼所忌讳的。

（四）锻炼后放松

锻炼结束后会产生一定的疲劳，要使处于高负荷的心肺和肢体活动逐渐“安静”下来，必要的放松活动不可缺少。运动后放松主要包括两部分：慢跑和徒手体操，其主要目的是改善血液循环，加速下肢血液回流，促进代谢产物的消除；肌肉和韧带的伸展练习，这种方法对减轻肌肉酸痛和僵硬，促进肌肉中乳酸的清除有良好的作用，伸展练习一般主要以活动肌肉和韧带为主，常采用静力性拉伸方式。

三、长期锻炼安排

锻炼只有持之以恒，才能取得理想的健身效果。因此，锻炼者根据自身条件、锻炼目的，制定一个长期、切合实际的锻炼计划。锻炼目的是人们安排锻炼计划的重要依据。如为了提高健康水平，那么，安排锻炼的内容和时间就比较灵活，可以跑步、打球等，时间可长可短，如为了发展肌肉力量和肌肉块，就应以力量练习为主，每周练习 3 次。如以减肥为主要目的，就应该进行有氧运动，运动时间相对较长，使体内脂肪充分消耗，通过锻炼减肥，每月减体重 1 ~ 2 千克较合适。如为了保持优美的身材和体形，还要做一些健美操和柔软体操的练习。

但在实际生活中，往往由于各种原因而中断一定时间的锻炼。重新恢复锻炼时，要根据中断锻炼的原因、时间长短和锻炼者的身体情况，再制定一个短时间的恢复性锻炼计划。由于身体状况而中断锻炼，如生病、受伤等，在恢复锻炼时要注意活动量相对较小一些，恢复锻炼时多做一些轻微活动，恢复时间可长一些。如果是由于非身体条件而中断锻炼，如意外事件，活动量可大一些，适应性时间可短一些。中断锻炼时间越长，恢复时间就越长。在恢复锻炼过程中，主要进行小强度锻炼，运动形式有步行、慢跑、太极拳等，运动时心率以100～120次/分钟为宜。对于青年人，由于身体机能好，代谢旺盛，恢复锻炼时间可短一些，一般一星期左右就足够了。

第四节　体育锻炼效果的生理评定

体育锻炼最主要目的是促进健康，提高各器官系统的机能能力，要验证体育锻炼对身体机能的良好影响，就要对锻炼进行客观评价。这里主要介绍容易测定而又客观的生理指标。

一、安静状态下锻炼效果的评定

（一）评定锻炼效果的安静状态

用于评定锻炼效果的安静状态分为两种，一种是人体相对不运动的安静状态，是评定运动效果常用的一种机能状态，在测定某项指标时，应排除各种活动、情绪波动、疾病等因素的影响。另一种是清晨清醒、空腹、卧床时的安静状态，由于这种状态下接近人体的基础状态，所以测定时受外界影响因素较少，能更客观反映锻炼对人体机能的影响。安静状态下常用的锻炼效果指标有：

1. 心率的评定　心率（*HR*）是指心脏每分钟跳动的次数，正常成人心率为60～100次/分钟。在体育运动中心率次数一般用脉搏次数表示，脉搏可用手在桡动脉、颈总动脉直接测定。用心率监测运动强度是一项比较灵敏的指标，而短期锻炼的效果不可能通过心率表现出来，只有长期从事锻炼取得明显的效果时，心率的良好变化才能显现出来。在安静状态下心率的下降表现心脏的收缩功能明显提高，但应用心率评定锻炼效果，仅适合于从事有氧运动为主的人，速度练习和力量练习对心率的作用并不明显。

2. 血压的评定　血压是指血液流动对动脉血管壁的侧压力。正常成人的收缩压为90～140mmHg，舒张压60～90mmHg。体育锻炼时血压变化很大，但这是血压对运动的应激反应，而不是锻炼后血压的适应性变化。长期的有氧运动可以降低安静时舒张压，这对于防治高血压有一定的效果，但对于高血压患者和老年人，要注意观察运动中血压的变化，防止运动的应激反应引起的血压过高。

3. 肌肉力量的评定　肌肉力量是指肌肉收缩产生的张力，不同肌群、不同关节角度和不同收缩速度产生的肌肉力量不同。但对某一块肌肉来说，一般情况下肌肉力量相对稳定。以肌肉力量作为评定锻炼效果指标时，多采用测力计测定肌肉最大肌力，也可用身体承受一定负荷的重复次数测量。短时间锻炼后，特别是有针对性的力量练习后，肌肉力量会明显增加。应用肌力评定锻炼效果，最好在力量练习后的几天进行，因为力量练习后的一两天内，可能会由于身体疲劳或肌肉酸痛而影响评定效果。

4. 呼吸的评定　锻炼后呼吸频率的变化可以在很大程度上反映肺通气功能的变化，呼吸频率可以通过胸廓起伏次数测定。人体安静时呼吸频率为16～18次/分钟，剧烈运动时呼吸频率可增加到30～40次/分钟，但长期运动者安静时呼吸频率一般在12～14次/分钟，甚至更低。由于呼吸频率受意识控制，因此测量时最好在转移受测者注意力或不知情的情况下测定。

（二）定量负荷后评定

安静状态下锻炼对身体机能的良好作用并不能完全显示出来。因此，施加运动强度不大的定量负荷，如30秒20次起蹲、原地15秒快速跑等，测量运动后心率、血压的恢复情况，可更客观、全面地评定锻炼效果。评定时应注意以下一些问题：

1. 运动项目的特点　不同运动项目对身体机能的影响不同，所以在评定时应考虑锻炼项目的特点。力量性活动主要是发展肌肉力量和体积，对心血管系统的影响并不明显。有氧运动主要是发展心肺功能，长期锻炼后安静时心率会明显下降。在评定锻炼效果时，应选择与锻炼形式相适应的、较敏感的生理指标。

2. 锻炼期限的特点　有些指标，经过短期锻炼后就发生较明显的变化，如肌肉力量；另一些指标的变化则需要长期锻炼才能出现，故不要用短期的效果评定。

3. 评定方法的一致性　在评定锻炼效果时，不同时期测定指标的方法要前后一致，包括测定时间、运动负荷、测定部位等。测量方法统一，测量结果的前后比较才有意义。

4. 指标的变异性　任何指标在锻炼初始阶段提高都比较容易，而提高到一定程度后，就不再继续提高。如男生的立定跳远成绩从2.00米提高到2.20米较容易，若要从2.60米提高到2.80米则较难，若要达到3.00米，即便系统锻炼也很难实现。所以，不要认为只有不断提高才说明锻炼效果好，保持指标在较高的水平，也是锻炼效果好的表现。

复习思考题：

1. 简述锻炼方法的分类和内容。
2. 简述发展身体素质的练习方法。
3. 举例说明在体育运动中为什么要遵循体育锻炼原则？
4. 一次锻炼安排有哪几个部分组成？
5. 如何对体育锻炼健身效果进行评定？

主要参考书目

季浏．体育与健康［M］．华东师范大学出版社，2000

张力为，任未多．体育运动心理学研究进展［M］．北京：高等教育出版社，2000

杨静宜，徐峻华．运动处方［M］．北京：高等教育出版社，2005

田野．运动生理学高级教程［M］．北京：高等教育出版社，2003

第六章 体育锻炼卫生

第一节 锻炼自我监督

一、自我监督定义

自我监督是体育活动参加者，在体育锻炼或训练过程中，对自己的健康状况和身体功能状况进行观察的一种方法。在运动中通过自我监督可以间接评定运动量和运动强度的大小，为制订运动负荷，及时发现过度疲劳，预防运动损伤提供依据。

二、内容和方法

自我监督可分为主观感觉和客观检查两方面，主观感觉包括运动心情、不良感觉、睡眠、食欲、排汗量，客观检查包括心率、体重和运动成绩。

（一）运动心情

状况好：心情愉快，乐于运动；状况差：运动不感兴趣，表现冷淡和厌倦，情绪不稳定。

（二）不良感觉

运动后出现肌肉酸痛，四肢无力，这是正常的，如有心悸、头昏、头痛、气喘、恶心甚至呕吐说明身体状况较差。

（三）睡　眠

状况好：入睡快、睡得沉，不做或少做梦；状况差：失眠、多梦、嗜睡、反复易醒。

（四）食　欲

正常：食欲正常，有饥饿感，想进食，随运动量增加食量增加，运动后立即进食则食欲较差；异常：食欲不振，食少。

（五）排汗量

排汗量受许多因素制约，正常情况下，随运动量增加，出汗增多。但小运动量时出汗多，或大运动量时出汗少或皮肤出现盐迹，为异常。

（六）脉搏（或心率）

基础脉搏（晨脉）：清晨清醒状态下卧床时脉搏。健康成人 60 ~ 80 次/分钟。基础脉搏受年龄、性别、机能状况、训练水平、身体姿势、体温等影响。正常情况下，晨脉一般不超过 3 次/分钟以上波动。数天内，如无紧张、失眠、饥饿、心理压力等原因，出现晨脉波动大，则预示身体状态不好。

（七）体　重

在锻炼的前几周，由于体内多余水分和脂肪的消耗，会出现一定程度的体重下降，一般 3 ~ 4 周后体重就会维持或轻度上升。如体重出现持续性下降，并伴随其它异常现象，可能是健康状况不良或过度运动的表现。一般一次大运动量运动后，由于体液的丧失，会有一时性体重下降，但 1 ~ 2 天后体重就会恢复。

此外，合理的运动，竞技状态或运动成绩应保持稳定或逐步提高。如果成绩没有提高或下降，出现动作不协调，可能是身体状况不良的反映。

第二节　锻炼疲劳的判断和消除

一、疲劳定义

疲劳系指由于活动使工作能力及身体机能暂时性降低的现象。一般来说，这是一时性的，经过适当休息就可逐渐恢复。它的出现告诉人们机体所承受的负荷已达到了相当大的程度。如果在主观上和客观上都有明显的疲劳感时仍继续给予机体负荷，就可引起过度疲劳，导致机体的病理性损害。因此，疲劳是一种生理现象，归纳起来，有以下特征：由体力或脑力活动引起；全身或局部器官、细胞产生暂时性机能降低；这种机能降低现象是可逆的，经过休息可以消除；伴有主观上的疲劳感。常见的疲劳有：

（一）肌肉疲劳

肌力下降，肌肉收缩速度减慢，严重时肌肉出现僵硬、肿胀、疼痛，这可能与肌肉纤维损伤，乳酸积累所致。

（二）神经疲劳

大脑皮层功能下降，反应迟钝，判断失误，注意力不集中，动作不协调。

（三）内脏疲劳

呼吸肌疲劳使呼吸表浅，节律紊乱，气体交换能力下降，心率细速。

（四）心理疲劳

情绪不稳定，易怒或消沉，记忆力下降

二、疲劳判断

（一）自我主观感觉

主观感觉是根据自我表现评定身体疲劳的重要依据，锻炼后虽然机能下降，但自我感觉身体轻松、舒畅，食欲和睡眠良好，特别是运动后往往有继续运动的愿望，说明这是适度运动的表现。如果运动后，感到头晕、恶心、胸闷，肌肉僵硬、酸胀，食欲不振，睡眠不好，特别是厌恶运动，则表示身体疲劳程度较深，超过机体的承受能量，应及时减少运动量，或暂时停止运动，待自我症状消失后，再进行运动。

（二）一般观察法

表 6－1　疲劳自觉症状测定表

A. 症状		B. 精神症状		C. 神经感觉症状	
1	头痛	1	头昏眼花	1	眼睛疲劳，眼无神
2	头晕	2	思想不集中，厌于思考问题	2	眼发涩、发干
3	全身懒倦	3	不爱动，不爱说话	3	动作不灵活，动作错误多
4	身体局部无力	4	针扎似的痛	4	脚发软，步态不稳
5	肩发酸	5	困倦	5	味觉改变，嗅觉厌腻
6	气短	6	精神涣散	6	眩晕
7	腿无力	7	对事情不积极	7	眼皮或肌肉跳动
8	口干	8	记忆力减退	8	听觉迟钝，耳鸣
9	打哈欠	9	做事没信心，出错多	9	手脚发颤
10	出冷汗	10	对事情放心不下，事事操心	10	不能安静下来

运动者可根据疲劳自觉症状测定表确定疲劳程度。一般来说体力活动后，A 项内容较多，脑力活动后 B、C 项较多。可以根据体力或脑力疲劳的不同特点，参考表中指标，总数越多，疲劳程度越深。

三、常用消除疲劳手段

（一）充足的睡眠

每天应保持有 8 小时的睡眠，大运动量运动和比赛期，睡眠时间应延长。少年运动员每天应有 10 小时以上的睡眠时间。

（二）温水浴和局部热敷

温水浴可促进全身血液循环和新陈代谢，加速代谢产物排除，有利营养物质的运输。水温一般在 40±2℃，每次 10～15 分钟，勿超过 20 分钟，浴后睡眠最合适，温水浴一天不要超过 2 次。局部热敷加快局部血液循环，对神经末梢有按抚作用，热敷温度 47℃～48℃，一般持续 5～10 分钟，运动前热敷可推迟疲劳出现，如持续比赛，则赛后温水浴时间和热敷时间应比平时短些。

（三）按 摩

按摩是消除疲劳的重要手段，有加快血液循环，提高内啡肽效应，缓解肌肉僵硬状态。

（四）积极性休息

对因紧张比赛或大运动量训练后的精神疲劳有很好的缓解作用，可采用疗养、旅游、欣赏文艺、音乐等方法。

（五）合理营养

大量的热能消耗，糖和蛋白质等能源物质消耗是疲劳产生的主要原因，赛后或大运动量训练后，加强糖的补充，还有 V_C 和 V_B、P 等物质元素。

第三节 常见运动损伤的预防和处理

一、运动损伤的预防

（一）克服麻痹思想，培养安全意识

树立“宁失一分，勿伤一人”的优良体育作风。同学之间要团结友爱、互相帮助、互相保护，遵守锻炼纪律和比赛规则，服从裁判。

（二）做好充分的准备活动

准备活动的内容和量的安排，要根据学生的特点、气候条件和教学训练内容而定。一般认为兴奋性较低，训练水平高，运动持续时间短或天气寒冷时，准备活动量可大些。相反，则准备活动量小些。特别要加强在运动中负担较大的部位或易伤部位的准备活动，绝不能马虎敷衍。准备活动要循序渐进，准备活动结束与正式活动开始的间隔时间以 1～4 分钟为宜。

（三）培养稳定的心理状态

要以愉快、轻松、平和的心理状态去进行体育锻炼；锻炼时要注意力集中、思想不要开小差。

（四）加强自我监督 安排适宜的运动负荷

运动应遵守科学锻炼原则，不能急于求成，技术难度和运动负荷都要适合自己的健康、体能基础，盲目加大运动负荷或局部负担过大对身体都会带来不利。身体疲劳时要休息，避免在身体机能不良时进行剧烈的体育活动。

（五）加强保护与帮助

在进行器械练习或难度较大的动作时，应该有熟悉保护方法的人在场保护与帮助，还要掌握自我保护方法。如摔倒时，要立即以肩背着地顺势团身翻滚，切不可直臂撑地；从高处跳下，要用前脚掌着地，两腿屈膝缓冲。

（六）检查场地设备　穿适宜的服装

锻炼前，要注意场地器材卫生，清除砖头、小石子或玻璃碎片，不要在固定不牢的器械上练习；锻炼时，身上不能佩带尖利物件，服装质地要柔软、通气、吸水性能好，鞋子大小要合适，不穿塑料鞋或皮鞋进行锻炼，尽可能穿运动服和运动鞋；锻炼后，汗湿衣服要及时换掉。

（七）加强医务监督

做好自我监督，根据自身状况，调节训练内容和运动负荷。禁止带病、带伤训练和比赛，注意病愈或伤后训练安排。

二、常见损伤的处理

（一）擦　伤

擦伤指皮肤受到外力摩擦所致，皮肤表面有组织液渗出和出血点。对创口浅、面积小的擦伤，可用生理盐水（条件不允许时可采用冷开水或自来水）清洗创口，创口周围用75%酒精药棉螺旋擦拭消毒后，创口表面涂抹红药水或紫药水，一日三到四次，无须包扎，关节部位擦伤后不宜使用紫药水，以免影响活动。一般用消炎软膏涂抹，并用无菌敷料覆盖包扎。对于创口较深、面积大的擦伤，要用生理盐水或清水冲洗干净，以免留有异物，创口表面用双氧水、创口周围用75%酒精消毒，然后用凡士林纱布覆盖，或撒上消炎粉后用无菌敷料覆盖并包扎，若创口较深污染严重时，应注射破伤风抗毒血清（*T. A. T*），并以抗菌素治疗。

（二）急性闭合性软组织损伤的处理

运动中急性闭合性软组织损伤常指挫伤、肌肉拉伤、关节扭伤等，这类损伤在运动中最为常见。根据病情发展过程，此类损伤可分为早期、中期和后期，应分别给予不同处理。

1. 早期　指伤后24～48小时内，损伤局部出现红、肿、热、痛及功能障碍等征象。其处理原则主要是制动、止血、防肿、镇痛及减轻炎症，伤后立即采用*RICE*法进行处理：*R*（*rest*，休息）、*I*（*ice*，冷敷）、*C*（*compression*，绷带加压包扎）、*E*（*elevation*，抬高伤肢）。具体方法是受伤后尽早进行冷敷，轻伤一般15～30分钟，严重者1小时左右，冷敷结束后用绷带加压包扎并抬高伤肢休息，以后每隔4～6小时冰敷20分钟左右。24小时后打开绷带，观察伤部查看情况，重新评价，以便进一步处理。如急性症状没有缓解或进一步消除，可外敷新伤药，或内服非甾体化合物（如水杨酸，芬必得），以缓解炎症和止痛；或口服三七片、云南白药、跌打丸。

2. 中期　指损伤48小时后到急性炎症逐渐消退，但伤部仍有淤血和肿胀。处理原则主要是改善伤部血液循环和淋巴循环，促进肿胀吸收，防止粘连形成。可采用热敷、按摩、针灸、封闭、外敷或洗药等疗法。并尽早开始适度活动，促进功能的尽快康复。

3. 后期　肿胀、压痛已基本消失，损伤基本修复，但功能障碍仍然存在，运动时感到酸胀无力，个别出现伤部僵硬。处理原则主要是恢复和加强肌肉、关节功能。治疗方法是以按摩、理疗、支持带保护下的功能锻炼为主，并适当配以中草药熏洗。

第四节 常见运动疾病的处理

一、运动性腹痛

（一）症状和特点

发生部位多在上腹部，呈钝痛、胀痛，有的还出现在左上腹部或下腹部疼痛，有以下特点：多数安静时不痛，运动时痛。疼痛程度与负荷量大小和运动强度成正比，一般运动量小或慢速度运动时疼痛不明显；随着负荷量加大，运动速度加快和强度的增加，疼痛逐渐加剧。有的运动员仅在比赛时出现疼痛，减慢比赛速度，减小强度，深呼吸或按压腹部，疼痛可减轻。除腹部疼痛外，一般不伴随其它特异性症状。腹痛性质一般与病因有关。

胃肠道痉挛引起的腹痛，轻者胃钝痛、胀痛，重者绞痛。胃过饱或过空，可引起胃痉挛，疼痛部位在上腹部。运动前吃冷凉或不易消化食物，受凉引起肠疼痛，疼痛部位在脐部。

肝脾郁血所致的腹痛多为胀痛或牵扯痛，准备活动不充分或运动强度增加过快，使下腔静脉血回流受阻，致使肝脾发生肿胀，被膜张力增加，牵扯被膜神经产生疼痛，肝痛在右上腹部，脾痛在左上腹部。

呼吸肌痉挛引起的腹痛多在左右季肋部和下胸部；腹部器官慢性疾病较常见的有慢性肝炎，认为与肝被膜受炎症刺激有关，胆道疾病、肠炎、阑尾炎等也可引起腹部疼痛。

（二）处理和预防

1. 处理　出现运动性腹痛时，应减慢运动速度，降低运动强度，并做深呼吸，调整呼吸节奏，用手按住疼痛部位，或弯腰慢跑一段距离，胃肠道痉挛引起的腹痛可饮些热水缓解疼痛。如症状无改善，就应停止运动，点按足三里、内关、大肠俞等穴位。如无效，应请医生处理。

2. 预防　加强身体的全面锻炼，提高身体机能水平；遵守训练的科学原则，运动前充分准备活动，注意呼吸节奏；运动前不要吃得过饱，不要吃平时不习惯的食物，不宜空腹剧烈运动；如果经常发生腹痛要请医生检查。

二、肌肉痉挛

肌肉痉挛（抽筋）是肌肉不自主的强直收缩。常发部位是小腿腓肠肌、屈趾和屈拇肌。

（一）病因与症状

寒冷刺激使肌肉兴奋性增高，运动时大量出汗使体内电解质大量丢失，肌肉舒缩失调或肌肉微细损失是造成肌肉痉挛的主要原因。痉挛的肌肉僵硬、疼痛难忍，局部不能活动。

（二）预防和处理

1. 预防　加强锻炼，提高机体的适应能力；剧烈运动前做好准备活动；游泳前用水刺激头、颈、背等部位，做好冷适应；夏季运动时及时补充水、电解质和维生素；疲劳或饥饿时，不宜进行剧烈运动，特别是游泳。

2. 处理　缓慢牵伸痉挛肌肉，并配以局部按摩，如重压痛点，揉捏等。

三、运动性中暑

运动性中暑指肌肉运动时产生的热超过身体散发的热而造成体内过热状态。夏季运动易发生中暑。

（一）中暑的临床表现及分型

1. 先兆中暑　患者大量出汗、口渴、头昏、眼花、恶心、全身乏力、注意力不集中、定向力障碍等。

2. 轻度中暑　除有先兆中暑症状外，还具有下列征候群之一者，均属轻度中暑。体温上升到38℃以上；面色潮红、皮肤灼热；面色苍白、呕吐、皮肤湿冷，脉搏细速、血压下降等循环衰竭表现。

3. 重症中暑　以下类型均属重症表现：中暑衰竭，主要表现为皮肤苍白，出冷汗，肢体软弱无力，脉细速，血压下降（收缩压至80mmHg以下），呼吸浅快，体温变化较小，意识模糊；日射病，主要表现为剧烈头痛、头晕、耳鸣、呕吐、面色潮红、头温40℃以上，体温一般正常，严重者昏迷；中暑高热，主要表现为体温高达40℃～42℃，皮肤干燥灼热，头痛、恶心、全身乏力、脉快，神志模糊，严重时引起脏器损害而死亡。

（二）现场急救措施

（1）迅速将患者抬到通风、阴凉、干爽的地方，使其平卧并解开衣扣，松开或脱去衣服。

（2）患者头部可捂上冷毛巾，可用50%酒精、白酒、冷水或冰水全身擦拭，然后扇风，加速散热。当体温降至38℃以下时，要停止一切冷敷。

（3）患者意识清醒时，可给一些清凉饮料，在补充水分时，可加入少量盐或小苏打。切记，千万不可急于补充大量水分，否则会引起呕吐、腹痛、恶心等症状。

（4）病人失去知觉，可让其嗅氨水，或指掐人中、合谷等穴，使其苏醒。如呼吸停止或心跳停止，应立即实施人工呼吸或心脏胸外挤压术。

（5）轻度中暑者，经上述处理后，一般休息2～3天，即可恢复健康。重症病人须立即送医院诊治。

（三）中暑的预防

（1）在炎热季节安排好练习时间。每小时的活动中至少安排10分钟休息时间，多安排早晚活动，延长午休时间，保证充足的睡眠，避免在一天中最热时间（10:00～16:00）安排活动。

（2）安排好活动期的营养和供水，适当增加蛋白质的供给量，设法提高食欲。多吃新鲜的水果和蔬菜，通过电解质饮料、菜汤或咸菜等方式补充无机盐。

（3）加强个人防护。在烈日下运动应戴有遮阳帽，穿浅色、宽敞、通气性良好的运动服；在室内运动时，室内应有良好的通风、降温设备，室内活动人数不宜过多。平时注意在较热的环境中活动，逐步提高机体的耐热能力。

（4）加强医务监督。当运动中出现先兆中暑的症状时，应立即停止运动，到阴凉通风的地方休息，并给予清凉饮料和解暑药物。对于耐热能力较差、身体疲劳、饮水不足、饥饿或失眠的人，此时不宜参加体育活动。

（5）活动时必备防暑药物，如人丹、解暑片等，并可选用薄荷、乌梅、荷叶等制成的饮料。

四、低血糖症

正常人在早晨空腹时血糖浓度一般在80～120mg/100ml之间，当血糖低于55mg/100ml时，就会出现一系列症状称为低血糖症。在体育教学中易发生本症。

（一）发生原因与临床表现

运动中发生低血糖症，主要是由于长时间的剧烈运动使体内消耗大量血糖；其次是运动前或运动时饥饿，体内糖原储备不足，而又没有及时补充糖类物质，这是学生体育课中发生低血糖的主要原因。此外，赛前神经过于紧张、赛后强烈的失望情绪或患病等，都有可能导致低血糖症。

当出现低血糖症时，轻者有强烈的饥饿感、疲乏无力、心慌、头晕、皮肤苍白及出冷汗等。重者神志模糊、语言不清或神经错乱、手足颤抖、步态不稳，最后甚至昏倒。检查时脉搏浅快，呼吸急促，瞳孔扩大。

（二）处理和预防

1. 处理　发生低血糖症时，首先让患者平卧、保暖，神志清醒者可供给糖水或进食少量流质物质，一般短时间后症状消失。对昏迷者可指掐人中、合谷等穴促其苏醒。此外，还可进行下肢按摩，以促进血液循环，加速乳酸转变为糖原。

2. 预防　对平时缺乏锻炼、患病未愈及饥饿者，不容许他们参加长时间的剧烈运动；进行长时间的耐力运动前和运动中要适量补充糖饮料。

第五节　体重控制与体育锻炼

一、肥胖的判定标准

（一）标准体重

成人标准体重计算有多种公式，按 Broca 公式，我国专家认为中国成人标准体重可使用下列公式：

标准体重＝身高（厘米）－100（适用于 165 厘米以下者）

标准体重＝身高（厘米）－105（适用于 166～175 厘米者）

标准体重＝身高（厘米）－110（适用于 176 厘米以上者）

女性体重比男性相应组别减去 2.5 千克。

$$肥胖度\% = \frac{实际体重 - 标准体重}{标准体重} \times 100\%$$

评定：肥胖度在 ±10% 为正常；大于 10%～20% 为过重；超过 20% 以上为肥胖。

（二）体重指数法（BMI）

体重指数 BMI＝实际体重（kg）/身高^2（m）。此种方法确定的人体标准体重为 BMI＝22，这是从免疫学角度通过各种资料制定出来的。评价的方法为：BMI＜20 为偏瘦，20≤BMI＜24 为正常体重，24≤BMI＜26.5 为偏胖，BMI≥26.5 为肥胖。

二、肥胖成因及有关影响因素

肥胖的种类很多，这里指的是无明显内分泌代谢性疾病的肥胖，也称为单纯性肥胖。主要是食物摄入过多和运动不足的结果，生活中 90% 以上的肥胖属于单纯性肥胖。对于肥胖症的发病机理，许多学者从不同角度进行了广泛的研究，提出了各种假说，但目前还没有一个学说能较完善地解释肥胖的成因，但各种研究普遍认为：肥胖是多因素作用引起的综合征，这些因素包括年龄、性别、能量摄入量、体力活动水平、安静代谢率、脂肪组织蛋白酯酶活性和社会及行为因素的差异等。

三、肥胖者营养

营养是影响身体健康的重要因素之一，科学合理的营养不仅能够增进健康水平，还是防止疾病发生和延缓疾病发展的手段。对于肥胖者来说导致肥胖的重要原因是过度膳食、缺乏运动，也就是摄入的热量大于消耗的热量。控制肥胖首先应从合理膳食入手，对于肥胖者来说除了注意热能平衡，还应注重各种营养的合理搭配，既达到减肥的目的，又可维持身体健康。因此，对于单纯性肥胖者来说，正确的饮食是控制体重的重要方式之一。

每天摄取营养素平衡的低热能膳食，依据肥胖者每天的热能消耗计算出每天的热能摄入量，一般每天热能摄入量在 1000～2000 千卡，可根据个体的具体情况适当调整。蛋白质以选用禽肉、鱼肉及大豆为佳，限制猪肉、鸡蛋的摄入。养成良好的饮食习惯，做到少吃多餐，晚餐少吃。减少主食和脂肪的摄入量，少吃坚果类或油炸食品，增加水果和蔬菜的摄取量，确保充足的维生素供应。保证足量的奶制品、豆制品的摄入，确保充足的无机盐和微量元素的供应。应增加食物纤维的摄入，因为食物纤维具有饱腹感而不提供热量，同时还能减少热量的吸收。食物纤维含量高的食物有全麦制品、粗粮、蔬菜和水果等，因此在主食中应增加粗粮和粗加工粮食比例。少吃刺激食欲的食物，如辣椒、调味品等。饮食清淡，减少盐的摄入量，保证充足水的摄入。

需要注意的是，市场上出售各种快速减肥的药物，如能量消耗增强药、食欲抑制药、抑制吸收药、影响脂类代谢药等都有一定的副作用，影响机体正常功能和健康，有的还有成瘾性，停药后往往体重反弹更大，因此，对于超重或轻度肥胖者来说不提倡服用这类药物。此外，市场上出售的各类减肥茶、减肥服装、减肥器械，多是经济利益的驱动，其宣传的减肥效力缺乏科学依据。

四、运动减肥机理

防治肥胖的基本原则是使人体长期持续地处于能量摄取与消耗的负平衡状态。就是说，通过限制饮食和增加运动量使能量的消耗超过能量的摄取，因此，对于单纯肥胖者的防治，针对其发生主要原因的对策，一是饮食方法，二是运动方法。但肥胖的预防比治疗更有效。在婴儿期、青春发育期、妇女产后及绝经期、男性中年以后都容易发生肥胖，应积极预防。运动加饮食是近年来研究一致的结果，运动减肥的主要作用表现在以下几方面：

（一）运动调节代谢功能，促进脂肪分解

研究表明，肌肉运动时其能量物质的选择与肌肉收缩持续的时间、强度、营养状况有关。健康人在安静时肌肉组织的能量来源以游离脂肪酸为主（约占96%）。在肌肉收缩初期（5～10分钟），肌肉利用的主要能源物质是肌肉中的糖原，其次是利用血液中的葡萄糖（占30%～40%）；当持续运动达60分钟以上时，利用的总能源明显上升，而其中游离脂肪酸占50%～70%。

肌肉运动需要大量的能量，供应肌肉能量的脂肪酸有血浆中脂质、细胞内的甘油三酯。当运动时肌肉对血液内游离脂肪酸和葡萄糖的摄取和利用增多，它一方面使脂肪细胞释放出大量游离脂肪酸，使脂肪细胞缩小变瘦，另一方面使多余的血糖被消耗而不能转变为脂肪，结果体内脂肪减少、体重下降。有报道在40%最大摄氧量强度运动时，脂肪氧化功能约占肌肉能量来源的60%。

（二）运动可降低血脂

体育运动可改善脂质代谢。运动时肾上腺素、去甲肾上腺素分泌增加，可提高脂蛋白酯酶的活性，加速富含甘油三酯的乳糜和极低密度脂蛋白的分解。因此，可以降低血脂而使高密度脂蛋白量升高。

（三）耐力运动使胰岛素受体功能增强

经常的耐力运动能使肌细胞的胰岛素受体功能增强，改善组织与胰岛素的结合能力。胰岛素具有很强的抑制脂肪分解的作用，胰岛素减少伴有儿茶酚胺和生长激素的升高，结果加快了游离脂肪酸的利用。

（四）改善心肺功能，提高机体耐受性

运动加强了心肌的收缩力量，增加血管的弹性和发展血液循环的心外因素，从而提高对体力劳动的耐受力，据说在某种意义上这比减肥更为重要。

五、肥胖者的体育锻炼

单独依赖减少膳食量来达到控制或减少体脂的效果并不好，体育锻炼和控制饮食是减肥最理

想的方式。但是，应当注意的是，并不是只要进行体育锻炼就会减肥，只有科学合理的进行体育锻炼才能达到较为理想的减肥效果。因此，为控制体重的人制定锻炼方法时要遵循以下原则：

（一）运动强度

减肥运动时一定要注意运动强度，因为锻炼的目的是减少身体内脂肪含量，此时选择的运动强度应以脂肪代谢功能为主，以中等负荷强度即运动时心率一般控制在120～140次/分钟为宜。运动强度过大，即心率超过160（或170）次/分钟时，能量消耗以糖为主，此时反而抑制脂肪组织中脂肪的分解和脂肪酸的释放，不利体内减少脂肪量；运动强度过低，机体能量消耗不多，达不到热能消耗的负平衡，从而起不到减肥的作用。应当注意的是，肥胖者往往运动较少，体质较差，因此，开始采用运动减肥时应遵循由小到大、循序渐进的原则。

（二）每次运动时间

当运动强度确定后，每次运动时间对于控制或减少体脂就显得非常重要。体内脂肪从分解、释放到运输到肌肉组织需要一定时间，一般至少20分钟。因此，消耗体内脂肪的运动时间应在30分钟以上，运动时间越长，消耗脂肪越多。当持续运动超过1小时后，体内脂肪分解供能将占到能量消耗总量的70%。当然，运动持续时间多长还应根据运动者的体力和健康状况，一般每次持续运动时间不宜超过2小时。

（三）运动频度

运动减肥的效果由每次运动效果的积累显示出来，经常运动可使体内生理生化过程发生一系列适应性变化，使氧化脂肪酸和酮体的能力增强，从而有利体内脂肪的消耗。运动频度最低2次/周，运动频度过小就不能取得减肥效果。安排运动频度时，应根据个体的身体功能和健康状况、体力状况来适当调整，一般每周3～5次，对于体力较好的个体也可以每天一次。

（四）运动方式

运动方式可根据运动场地、器材和设施条件以及自己的爱好来选择。长距离步行或远足、球类、爬山、慢跑、健美操、骑车、游泳、逛街等方式均可，但要以有氧运动为主。

（五）运动时间段

运动时间段指一天中什么时间进行体育锻炼为好。早晨进行减肥运动容易出现低血糖症，而且这种大运动量运动容易产生身体疲劳，不利上午学习；饭后运动能量消耗主要来源于肠道吸收的能源物质，如糖、脂肪酸等，体内脂肪得不到有效的分解，不利消耗体内脂肪，而且此时运动还易出现腹痛。从学习和能量代谢的角度分析，大学生进行减肥锻炼的最适宜时间应在下午课外活动时间。

（六）减肥运动处方案例

（1）锻炼目的减少体内多余脂肪、保持和增强体力；主要运动项目：如慢跑、健美操、或走跑结合；运动强度：心率保持120～150次/分钟；运动时间和频度：每次30～60分钟，每周3～4次。

（2）处方程式和锻炼方法：准备活动5分钟，可做腰、腿等关节的轻微活动；慢走和快走交替20分钟，或走和慢跑交替20分钟；基础体力活动15分钟，仰卧起坐20个，俯卧撑20个，立卧撑20次，抱膝跳20个，俯卧两头起20次；整理活动5分钟，如为青年人，则可增加一些游戏和球类活动，时间20～30分钟；以上全部活动共消耗热量约300～400kcal，相当于体内50g左右脂肪所释放的热量。

（3）注意事项：锻炼时感觉轻松或过于吃力，可调整运动内容和锻炼次数；锻炼后第二天不宜出现明显的疲劳感为度；身体感到不适时，应调整运动量或暂停；运动疗法必须和饮食治疗相结合；运动减肥是一渐进过程，不应急于求成，对于轻度肥胖或超重的学生，每月减脂应在1～2kg，而中度或重度肥胖者的减肥应在医生的指导下进行减肥。

六、增加肌肉的体育锻炼与营养

一些学生因身体肥胖而苦恼，同时，还有一些学生却因身体“苗条”而发愁。合理的体育锻炼和膳食不仅能使肥胖者瘦身，还能使身体单薄者健壮。身体健壮就要增加肌肉体积，力量练习是最有效和简单易行的方法。

（一）力量练习的方法

力量练习的方法有多种，较为常见的方法有等张抗组练习（动力性练习）、等长抗阻练习（静力性练习）。增加肌肉体积最常用方法是等张抗阻练习。根据练习者实际负荷能力，分级增加负重练习，直至达到最大负荷的抗阻练习方法。练习前要了解锻炼者的 *RM*（*RM* 指负荷某一重量时所能完成的最大重复练习次数）。例如，某人尽最大努力能够连续举起某一重量 5 次，那么这个重量就是 5*RM* 负荷；如果负重增加，最多可连续举起某一重量 3 次，这一负荷就为 3*RM*；如果负重减轻，可以连续举起 15 次，此负荷为 15*RM*。可见，*RM* 只反映能够最多重复重量的次数，而不是反映负荷重量的绝对值。如甲练习者的 10*RM* 负荷重量为 50 千克，而乙练习者的 10*RM* 负荷重量为 60 千克，因此，在进行负重练习时，应根据自己的实际情况找到自己最佳的 *RM*，取得最佳的锻炼效果。一般情况下，选择 5～10*RM* 力量练习，对于壮大肌肉效果最佳；10～15*RM* 力量练习可使肌肉收缩速度、力量和耐力得到有效提高，但肌肉体积增加不明显。

（二）增加肌肉体积的营养

增加肌肉体积，提高力量练习效果，就必须增加营养。膳食中蛋白质的摄入量应达到 2.0～2.5g/kg/d。其中 2/3 是动物蛋白质，1/3 是植物蛋白质，另外增加奶制品的摄入量。应当注意的是，肌肉体积增加主要依赖蛋白质的构建，但是单纯增加蛋白质以达到肌肉体积的增加是无效的，还应增加维生素的摄入，我国传统饮食烹饪方法会造成大量蔬菜中维生素的失活，因此，做到能够生吃的蔬菜尽量生吃，增加水果或果汁的摄入量。此外，蛋白质过度摄入后不能被机体利用就会转化成脂肪使人发胖，因此，蛋白质摄入量应与力量练习相结合，不要认为高蛋白摄入就会增加肌肉。

复习思考题

1. 在体育运动中，如何运用自我监督的方法评定自己的身体状况？
2. 体育运动中，如何判断疲劳？消除疲劳的常用方法有哪些？
3. 简述常见损伤的处理方法。
4. 运动中为什么会出现腹痛？如何预防和处理？
5. 如何判断肥胖？为什么运动可以减肥？如何安排肥胖者的体育锻炼？

主要参考书目

杨锡让．运动生理学进展［M］．北京：北京体育大学出版社，2000

杨文轩．体育运动与健康促进［M］．北京：高等教育出版社，2004

季浏．体育与健康［M］．上海：华东师范大学出版社，2000

第七章 篮 球

第一节 篮球运动概述

一、篮球运动的起源与发展

篮球运动起源于美国东部马萨诸塞州斯普林菲尔德市（春田市），由当时的基督教青年会干部学校的体育教师詹姆斯·奈史密斯于1891年设计发明。他受当地儿童从树上摘桃子扔入桃筐的启示而设计了一种互相向桃筐内投皮球，并按投掷的准确性来计算得分和胜负的游戏。由于最初使用的是装桃子的篮子，故取名为“篮球游戏”。经过一个较短时期的传播，篮球运动便从学校走向社会，由美国传向国外。1895年前后由天津中华基督教青年会传入中国。至1940年前，篮球运动伴随着美国的文化、宗教等的扩张，通过基督教青年会组织以及教师、留学生间的交往，先后向世界各地传播推广。伴随着篮球活动的游戏性、健身性和娱乐性等特性，篮球竞赛应运而生并逐渐完善。1908年美国制定了全国统一的篮球规则并用多种语言出版，发行全世界。这样，篮球运动逐渐传遍美洲、欧洲和亚洲，成为世界性运动项目。1932年国际业余篮球联合会在瑞士日内瓦成立。1936年第十一届奥运会将男子篮球列为正式比赛项目，1976年第二十一届奥运会，女子篮球被列为正式比赛项目。1986年国际业余篮球联合会正式改名为国际篮球联合会（*FIBA*）。目前，已有近200个国家和地区成为国际篮球联合会成员，篮球运动已真正成为国际体育组织中单项运动人口最多、最受世界人民喜爱的体育项目。

篮球运动一百多年的发展历程，先后经历了初创时期、完善时期、普及时期和全面提高时期。尤其是20世纪80年代中期以来，随着职业篮球进入奥运赛场，更是推动世界篮球运动跨入了一个崭新的创新发展阶段。四年一届的奥运会篮球赛、世界篮球锦标赛，美国NBA职业联赛，代表着世界篮球运动的最高水平。现代篮球运动将沿着“智博谋高、身高体壮、凶悍顽强、积极快速、机敏多变、全面准确”的同一个方向和不同流派、风格及多种多样打法并存的方向发展。即篮球运动继续向着“智、悍、高、快、全、准、变”和技、战术运用的“智谋化、精练化、技艺化”方向发展，并且将更富有新意。人们愈发感到篮球竞赛的场地越来越小、竞赛时间越来越短、攻防变化越来越快、队员身体对抗越来越激烈、队员的明星效应越来越强、比分越来越高及女子篮球越来越男子化。总之，积极主动拼搏、攻守全面兼顾、高度与速度结合、个体与群体统一、帅与星有机相辅是现代篮球运动发展的总趋势。

二、*CUBA* 简介

CUBA 是中国大学生篮球联赛（*China University Basketball Association*）的简称。中国大学生篮球协会与恒华（国际）集团有限公司于1997年11月28日，联手推出了 *CUBA* 中国大学生篮球联赛，这是继1995年中国篮协推出 *CBA* 职业联赛以来的国内篮坛两大赛事之一。*CUBA* 以育人为宗旨，弘扬篮球文化为特色，推动中国篮球运动的普及与提高为己任，促进高校素质教育和校园体育产业化发展为目标，为中国篮坛开辟了一方新绿。1998年开始第一届比赛，现已举办

了11届。随着*CUBA*联赛的不断完善和发展，其内涵和外延也不断扩大，已成为文化素质最高、比赛场次最多、现场观众最多、赛期跨度最长、地域分布最广、媒体支持强劲、社会形象最佳的篮球赛事。*CUBA*的主题口号大多语言生动、文字精练、格调清新、寓意深刻，从各个角度折射出*CUBA*联赛的特色、主张和文化气息。主要口号是“中国篮球新感觉”、“上大学是我的梦想，打篮球是我的梦想，*CUBA*是我圆梦的地方”、“我要打篮球，我更要受教育”、“让篮球插上知识的翅膀腾飞”、“领悟篮球、领悟体育、领悟文化”等等。

第二节　篮球基本技术与练习

一、移　动

移动是队员在比赛中为了改变速度、方向、位置和高度所采用的各种脚步动作方法的总称，它是篮球技术中攻防技术运用的基础。其基本站立姿势要求：两脚前后或左右开立，与肩同宽或略宽于肩，两膝微屈，重心在两脚之间，上体微前倾，两臂屈肘自然下垂于体侧，两眼平视前场，随时准备起动（图7－1）。

（一）起　动

起动是队员在球场上由静止状态变为运动状态的一种起始动作，是获得位移初速度的方法。动作方法：从基本站立姿势开始，起动时，身体重心向跑动方向移动，以后脚（向前起动）或异侧脚（向侧起动）的前脚掌内侧突然有力地蹬地，同时上体迅速前倾或侧转，手臂协调地摆动，充分利用蹬地的反作用力，迅速向跑动方向迈出（图7－2、7－3）。动作要点：移重心，猛蹬地，快跨步，快频率。

图7－1

图7－2

图7－3

（二）跑

跑是队员在球场上改变位置、发挥速度的重要方法，具有快速、多变的特点。

1. 变速跑　是队员跑动中利用速度的变换来争取主动的一种方法。动作方法：加速时，两脚短促有力的连续蹬地，同时上体稍前倾和手臂相应地摆动加以配合；减速时，脚前掌用力抵地以减缓快跑的前冲力，同时上体直起，保证身体重心的后移，从而降低跑速。动作要点：掌握快慢节奏，速度变化明显。

2. 变向跑　是队员跑动中突然改变方向来摆脱防守或堵截进攻队员的一种方法。动作方法：以从右向左变向为例，最后一步右脚着地，脚尖稍内扣，用前脚掌内侧用力蹬地，屈膝，腰部随之左转，上体向左前倾，快速移重心，左脚向左前方跨出，然后加速前进。动作要点：蹬地移动重心，转肩跨步要快。

3. 侧身跑　是队员向前跑动中为了观察球场上的情况，侧转上体，进行攻守行动的一种跑动方法。动作方法：跑动中头部和上体侧转向球的方向，而脚尖朝着前进方向，既要保持跑速或加速，又要完成攻守的动作。动作要点：上体前倾自然侧转，脚尖朝前。

4. 后退跑　是队员为了观察场上攻守情况，背对前进方向的一种跑动方法。动作方法：后退跑时，两脚提踵，用脚前掌交替蹬地提膝向后跑动，上体放松直起，两臂屈肘相应摆动，保持身体平衡，两眼平视场上情况。动作要点：脚跟提起，脚前掌用力蹬地。

（三）急 停

急停是队员在跑动中突然制动速度的一种动作方法，也是各种脚步动作衔接和变化的过渡动作。

1. 跨步急停（两步急停） 动作方法：在快速跑动中急停时，先向前跨出一大步，用脚跟先着地过渡到全脚抵住地面，并迅速屈膝，同时身体微向后仰，后移重心，然后再跨出第二步，脚着地时脚尖稍向内转，用脚前掌内侧蹬住地面，两膝弯曲，身体稍有侧转，微向前倾，重心移至两脚之间，两臂屈肘并自然张开，帮助控制身体平衡（图7－4）。动作要点：第一步大，身体后仰降重心，第二步跟得快，用力抵住地面，体稍内转。

2. 跳步急停（一步急停） 动作方法：队员在跑动中，用单脚或双脚起跳（一般离地面不高），上体稍后仰，两脚同时平行落地。落地时全脚掌着地，用脚前掌内侧蹬住地面，两膝弯曲，两臂屈肘微张，以保持身体平衡（图7－5）。动作要点：落地时，迅速屈膝降重心，保持身体平衡。

图7－4

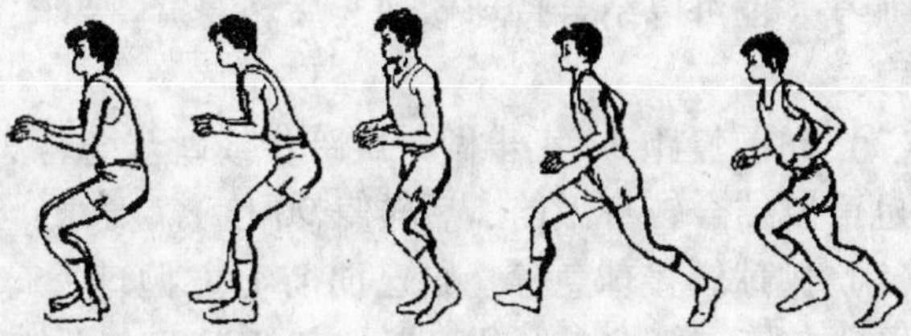

图7－5

（四）转 身

转身是队员以一脚蹬地向前或向后跨出的同时，另一脚做中枢脚进行旋转而改变身体方向的一种运动方法。动作方法：转身时重心移向中枢脚，另一只脚的脚前掌蹬地，同时中枢脚以脚前掌为轴用力碾地，上体随着移动脚转动，以肩带动向前、向后改变身体方向。移动脚蹬地，在中枢脚前方（身前）进行弧形移动的叫前转身。移动脚蹬地，在中枢脚后方（身后）进行弧形移动的叫后转身。动作要点：腰胯带动躯干旋转，蹬跨有力，重心平稳。

（五）滑 步

滑步是防守移动的一种主要方法，易于保持身体平衡，可向任何方向移动。滑步可向侧、向前和向后进行滑动来阻截对方的移动。

1. 侧滑步 两脚平行开立，两膝较深弯曲，上体略前倾，两臂侧伸，扩大防守面积。向左侧滑步时，右脚前脚掌内侧蹬地，左脚向左跨出，落地的同时，右脚紧随滑动，向左脚靠近，两脚保持一定距离，左脚继续跨出（图7－6）。滑步时，保持屈膝低重心的姿势，身体不要上下起伏，重心保持在两脚之间，眼要注视对手。向右侧滑步时脚步动作相反。

图7－6

2. 前滑步 两脚前后开立，向前滑步时，后脚的前脚掌内侧蹬地，前脚向前跨出一小步，着地后，后脚紧随着向前滑动，保持前后开立姿势。

3. 后滑步 动作方法与前滑步相同，只是向后方移动。滑步的动作要点：蹬跨协调，身体平稳，两臂伸展。

（六）后撤步

后撤步是变前脚为后脚的一种起步方法。队员为了保持有利位置，特别是当进攻队员从自己前脚外侧持球突破或摆脱时，常用后撤步移动堵截，并与滑步、跑步结合运用。动作方法：后撤步时，前脚掌内侧蹬地，腰部用力向后转体，前脚后撤，同时后脚的脚前掌碾地，当前脚后撤着地后，紧接滑步，保持身体平衡与防守姿势。后撤角度不宜过大，动作要迅速，身体不要起伏（图 7－7）。动作要点：前脚蹬地后撤要快，后脚碾地、扭腰转髋要猛。

图 7－7

（七）移动练习方法

1. 基本站立姿势、起动和跑的练习　方法：听信号或看信号向不同方向起动快跑，可结合各种情况（蹲在地上、原地各种跑步中、原地起跳落地后、滑步中、急停后等等）。要求：起动要突然，反应要快，起动后要加速快跑。

2. 急停和转身练习　（1）成基本站立姿势，分别以左、右脚为轴，做前后转身 90 度、180 度的练习（也可以结合持球做前、后转身）。要求：降低重心，一只脚蹬地，另一只脚碾地，保持平稳。

（2）向前慢跑 3～4 步做一次跨步或跳步急停，逐渐过渡到快跑中看信号或听信号做急停动作（也可以结合转身做前、后转身 90 度）。要求：认真体会动作要领，急停时重心下降，停稳。

（3）抛球、接球急停。自己向前上方抛球、球落地前将球接住；也可向左、右、前、后抛球、接球急停。要求：抛球远近、高低根据个人的能力而定，不能走步违例。

3. 防守步法的练习　听和看手势做向左、向右、向前、向后滑步的练习；向前或向后滑步，接上步变后撤步、接侧滑步的练习；按规定路线或标志物做之字形、三角形、小 8 字形滑步和后撤步练习。

4. 移动技术综合性练习　由攻转守综合性脚步练习；半场摆脱与防守摆脱练习；全场一对一徒手攻防练习。

二、传接球技术

传接球是队员之间有目的地支配球、转移球的方法，它是组织战术配合的纽带。准确、及时、隐蔽、多变的传球能直接助攻得分，传球也是密切队员之间的联系纽带。

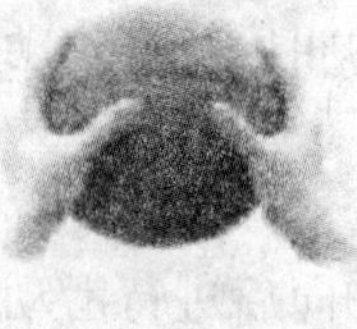

图 7－8

（一）传球技术

1. 双手胸前传球　是比赛中最基本、最常用的传球方法，传出的球快速有力，可在不同方向、不同距离中运用，而且便于和投篮、突破等动作结合运用。动作方法：双手持球的方法是两手手指自然分开，拇指相对成八字形，用指根以上部位持球，手心空出（图 7－8）。两肘自然弯曲于体侧，将球置于胸腹之间的位置，身体成基本站立姿势。传球时，后脚蹬地发力，身体重心前移的同时前臂迅速向传球方向伸出，拇指用力下压，手腕前屈，食、中指用力拨球将球传出（图 7－9）。动作要点：双手手腕前屈，食指和中指用力拨球和抖腕。

图 7－9

2. 单手肩上传球　这是一种常用于中、远距离的传球，传球力量大、速度快、多在长传快攻时运用。动作方法：以右手传球为例。传球时左脚向传球方向迈出半步，同时将球引至右肩上方，肘部外展，上臂与地面近似平行，手腕后仰。右手托球，左肩对着传球方向，重心落在右脚上，右脚蹬地、转体、前臂迅速向前挥摆，手腕前屈，通过食指、中指拨球将球传出（图7－10）。动作要点：转体挥臂，扣腕，自下而上发力。

3. 单手胸前传球　这是一种动作幅度小、隐蔽性强、出手快，便于和其他技术动作结合的传球方法。动作方法：以右手传球为例。从持球基本姿势开始，传球时，上体稍右转，右手腕后屈转至球的后方，同时左手离球，右臂迅速前伸，屈腕、手指拨球，将球传出（图7－11）。动作要点：与上体虚晃假动作结合运用，前臂发力，屈腕、手指弹拨球，动作小而迅速。

图7－10

图7－11

4. 双手头上传球　这种传球方法的传球点高，摆臂动作幅度小，便于与假动作结合，但不利于与投篮、突破结合。动作方法：双手持球于头上，传球时两肘和手心向前，近距离传球时，前臂前摆同时外旋，手腕前屈外翻的同时，拇、食、中指用力向前拨球。远距离传球时，要加大蹬地力量，收腹带动前臂迅速前摆，腕、指用力抖拨，将球传出（图7－12）。动作要点：前臂前摆，急促向前抖腕，手指用力拨球，将球传出。

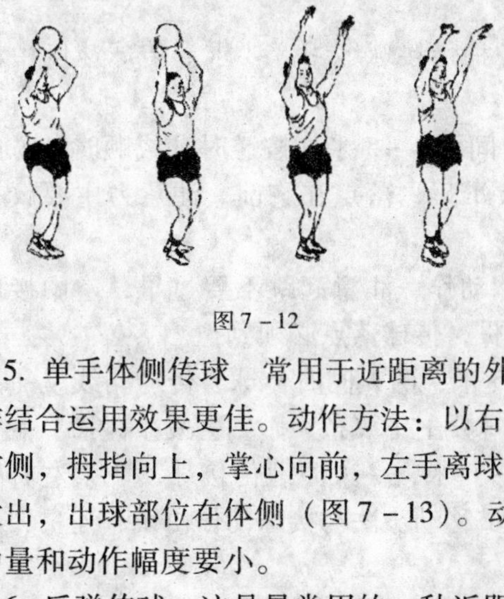

图7－12

图7－13

5. 单手体侧传球　常用于近距离的外线队员向内线队员传球，与传球方向相反的上体虚晃动作结合运用效果更佳。动作方法：以右手传球为例。左脚向左前方跨出半步，右手将球引至身体右侧，拇指向上，掌心向前，左手离球。臂向前做弧线摆动，手腕前屈，用食、中指的力量将球拨出，出球部位在体侧（图7－13）。动作要点：跨步、摆臂、引球，动作连贯，屈腕，拨球的力量和动作幅度要小。

6. 反弹传球　这是最常用的一种近距离隐蔽传球方法，是小个队员对付高大防守者的有效传球手段。可用双手胸前，单手胸前、单手体侧等方法反弹传球给同伴。动作方法与各种传球相似，但反弹球的击地点宜在传球人与接球者间2/3处，球弹起高度应在接球者的腹前。动作要点：手臂向斜前下方，腕指急促抖动用力，出球快，击地点适当。

（二）接球技术

1. 双手接球　是最基本的接球方法，优点是握球牢稳，易于转换其他动作。动作方法：注视来球，两臂伸出迎球，手指自然分开，两拇指成“八”字形，手指向前上方，两手成一个半圆形。当手指触球后，两臂随球后引缓冲来球的力量，两手握球于胸腹之间（图7－14）。来球的高度不同，两臂伸出迎球的高低也有所不同。接高部位球时，两臂必须向前上方迎球伸出。接低部位球时，跨步迎球及时，上体前倾，手臂向前下方伸出。动作要点：伸臂迎球，在手触球时，手臂后引缓冲，握球于胸腹之间。

2. 单手接球　动作方法：右手接球时，右脚向来球方向迈出，注视来球。接球时，手掌成勺形，手指自然分开，右臂向来球的方向伸去。当手指触球时，手臂顺势将球向后下引，左手立即握球，双手将球握于胸腹之间，保持基本持球姿势（图 7－15）。动作要点：手指分开伸臂迎球，触球后引要快，另一手及时扶球。

图 7－14

图 7－15

（三）传接球练习方法

1. 球性练习　（1）胯下绕球练习：持球围绕自己的单腿或双腿膝下快速绕球；双脚开立比肩宽，持球围绕自己双腿膝下呈"∞"绕球。

（2）体前向侧挥摆球：双脚左右开立，双手持球于体前，左手将球推交右手，右手顺势将球引摆至体侧，然后再将球拉回在体前交左手，向左侧挥摆。

（3）向上抛球后击掌：双脚左右开立，双手持球于胸腹前。向上抛球后双手在头上、体前或体后击掌，在球未落地前将球接住，看谁击掌次数多。

（4）过顶抛接球：双脚左右开立，双手持球于背后。利用提肘抖腕、小臂外旋的力量将球抛起，经头上在体前落下，双手将球接住。

2. 原地传接球练习　（1）两人相距 5 米左右做各种传接球练习。要求：传球速度由慢到快，重点掌握正确的手法。

（2）三人两球快传练习：三人成等边三角形站立，间距 4～5 米，按逆时针或顺时针方向传接球，熟练后也可以尝试三人三球传法。要求：传球要准确，落点在胸前，注意力主要放在接球上。

（3）原地跳起传接球练习：在空中完成接球和传球动作，注意起跳不要过早，空中接球后要快出手，空中收腹以延长落地的时间。要求：动作连贯，传球落点必须到位。

（4）两人两球对传练习：两人各持一球，间距 4～5 米，两人同时传球，传球路线呈一高一低，一人传至对方头部，另一人传至对方腰部，传出的球要上下飞行，否则会发生碰撞。

3. 移动传接球练习　（1）两人一组一球，相距 5～6 米，一人原地传接球，一人左右移动传接球。亦可两人都在移动中做传接球。要求：接球队员移动步法与接球动作协调、连贯，不走步违例。

（2）迎面跑动传接球练习。迎面成纵队站立，相距 6～7 米，连续进行迎面穿梭传接球。要求：传球力量适中，传接球时不走步违例，可以和急停结合起来练习。

（3）三角传接球练习（图 7－16）。要求：接球队员上步接球，传接球动作连贯，不走步违例。

（4）两人全场跑动传接球练习（图 7－17）：两人一球，间距 4～5 米，脚尖对准前进方向，身体侧向传球方向做双手胸前传接球，要不断观察前方与传接球方向，重心不要高，传接球动作连贯，传球要有提前量。要求：传斜线球，传在接球人身前一步左右的胸部高度，传接球的动作要连贯、迅速，步法协调、不走步违例。

4. 在有防守的情况下传接球练习　（1）一防二传接球练习（图 7－18）：④和⑤相距 5～6

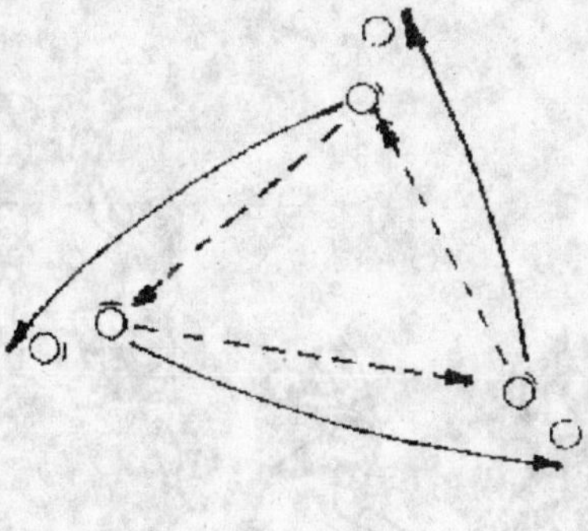

图 7－16

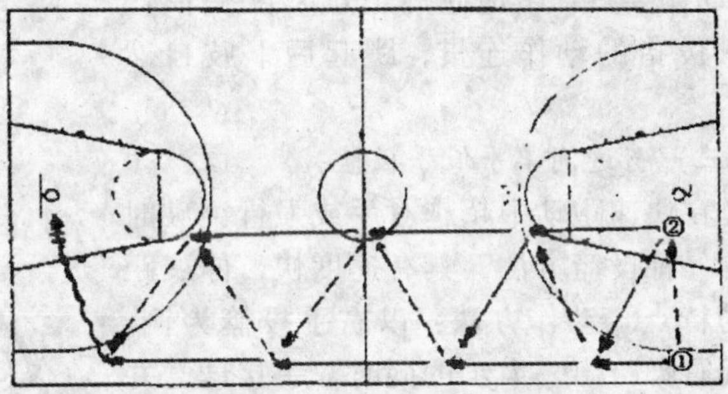

图 7－17

米，相互传球，△在中间防守，△触球即算防守成功，然后和传球失误的队员交换攻守。要求：防守从消极到积极，挥臂上前封堵传球。传球队员要利用假动作迷惑防守人，抓住防守的弱点，运用快速而又恰当的传球方法。不能传超过手臂上举高度（高吊球）的球。

（2）二防三传接球练习（图 7－19）：圈内两人积极防守，圈外三人做快速传接球，△触球即算防守成功，与传球失误的队员交换位置。

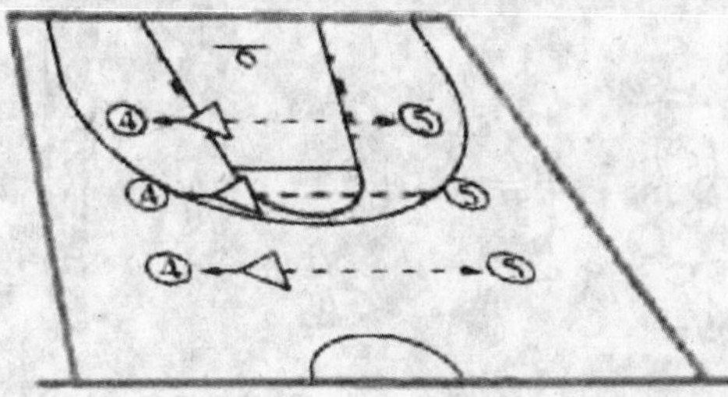

图 7－18

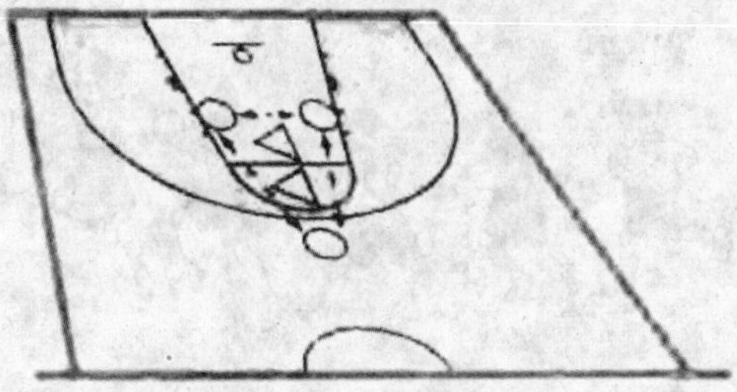

图 7－19

三、投篮技术

投篮是进攻队员将球投入对方球篮而采用的各种专门动作方法的总称。投篮是篮球比赛中唯一的得分手段，是一切进攻技、战术的最终目的和全部攻守矛盾的焦点。

（一）原地单手肩上投篮

是最基本的投篮方法，是行进间投篮和跳起投篮技术的基础。动作方法：以右手投篮为例。双脚原地开立，右脚稍前，重心在两脚之间，两膝微屈，屈肘，手腕后仰，掌心向上，五指自然张开，持球于右肩前上方，左手扶球侧，目视瞄篮点。投篮时下肢蹬地发力，腰腹伸展，抬肘伸前臂，手腕前屈，食、中指用力拨球，通过指端将球投出，球离手后右臂应有自然跟随动作（图 7－20）。动作要点：上下肢协调用力，蹬伸、展腰、屈腕、手指柔和地拨球。

图 7－20

（二）行进间单手肩上（高手）投篮

是比赛中广泛应用的一种投篮方法，多在快攻或突破篮下时运用。动作方法：以右手投篮为例。当球在空中运行时，右脚向来球方向或投篮方向跨出一大步的同时接球，左脚向前跨出一小步，并迅速蹬地起跳，右腿屈膝上提，双手举球于右肩前上方，腾空后，上体稍后仰，当身体接近最高点时，右臂向前上方伸展，手腕前屈，食、中指用力拨球，通过指端将球投出（图 7－

21）。动作要点：蹬地起跳充分，举球伸臂、屈腕、拨指的动作连贯，跳起后下肢自然放松。

图 7－21

（三）行进间单手低手投篮

是在快速跑动中超越对手或强行突破时使用的一种投篮方法，具有速度快、伸展距离远的特点。动作方法：以右手投篮为例。行进间右脚跨出一大步的同时双手接球，并用身体保护球，接着左脚迈出一小步同时用力蹬地起跳，随之充分伸展身体，右臂外旋伸直向篮圈方向举球（手心向上）。当举球手接近篮圈时，做以中间三指为主的向上拨球动作使球通过指端投出（图 7－22）。动作要点：腾空时身体向前上方充分伸展，投篮出手前托球要稳，指腕上挑动作柔和，使球向前旋转投出。

图 7－22

图 7－23

（四）原地跳起单手肩上投篮

是实战中运用价值极高的一种投篮方法，可以在不同距离、各种角度下运用。动作方法：以右手投篮为例。双手持球于胸腹之间，两脚左右（或前后）开立，两膝微屈，身体重心落在两脚之间，上体放松，眼睛注视篮圈。起跳时，两膝迅速弯曲，脚掌用力蹬地向上起跳，提腹伸腰，同时双手迅速摆臂举球至肩上，右手持球，左手扶球左侧。当身体接近最高点时，左手离球，右臂向前上方伸展，同时突然发力屈腕，以食、中指拨球，使球通过指端投出（图 7－23）。动作要点：蹬地充分，起跳、举球要同步，当身体接近最高点时球出手。

（五）投篮技术练习

1. 原地投篮练习　徒手模仿练习要求：注意持球手法，下肢先发力，体会蹬、伸、拨球的动作；不同距离、角度的投篮要求：根据不同距离体会用力的大小。

2. 行进间投篮练习　要求：用低手或高手投篮的动作方法，步法要正确。

3. 两人一组，全场传接球投篮　要求：传接球动作协调，传球推进有一定的速度，上篮步法正确、熟练。

4. 移动投篮练习　（1）两点移动投篮。一人传球，一人投篮。要求：移动迅速，接球时做好投篮准备，投篮时不要再调整。

（2）跑动接球投篮。要求：跑动时要侧身看球，接球后要面向篮，投篮动作连贯协调。

5. 跳起投篮练习　要求：持球下蹲、起跳和举球动作连贯，控制好身体重心，在接近最高点时出手。

四、运球技术

运球是持球队员在原地或行进中用单手连续按拍由地面反弹起来的球的一种动作方法，是篮球比赛中个人进攻的重要技术。它不仅是个人摆脱、吸引、突破防守的进攻手段，也是组织全队战术配合的桥梁，并且对发动快攻、突破紧逼防守都起着极大的作用。

（一）原地高、低运球

1. 高运球　通常在没有防守队员时运用，特点是球反弹较高，便于观察场上情况。动作方法：运球时两腿微屈，上体稍前倾，目平视。以肘关节为轴，前臂自然屈伸，手腕和手指柔和而有力地按拍球的上方。球的落点控制在运球手同侧脚的外侧前方，球的反弹高度在胸腹之间。行进间高运球时，手触球的部位要向后移，用力要稍加大，球的落点离脚要远些。动作要点：在手型正确的基础上，主动迎球，随球上引，手按拍和脚步移动协调配合。

2. 低运球　在高运球行进过程中遇到防守队员时，常用低运球摆脱防守队员的抢截。动作方法：两腿深屈，降低重心，上体前倾，用上体和腿保护球，手短促地按拍球，使球反弹高度控制在膝关节以下，以便控制球和摆脱防守继续运球。动作要点：重心降低，上体前倾，手按拍球短促有力。

（二）体前变向换手运球

在快速行进间运球中，当对手堵截运球前进的路线时，突然向左或向右改变运球方向，借以摆脱防守。动作方法：以右手运球为例，运球队员欲从对手右侧突破时，先向其左侧运球，当对手移动堵截运球时，突然向右侧变向，用右手按拍球的右侧后上方，使球经自己体前向左侧前方反弹。同时右脚迅速随球向左侧前方跨步，用肩、腿和上体挡住对方，接着迅速换左手按拍球的后侧上方，超越防守（图 7－24）。

图 7－24

（三）运球转身

当对手逼近不能用体前变向运球突破，而且距离又较近时，可迅速用运球转身来突破防守。动作方法：以右手运球为例，左脚前跨一步为中枢脚，右手按拍球的右侧前方，随着后转身动作，将球拉至身体的侧后方，同时换左手运球，从对手右侧突破后加速前进（图 7－25）。动作要点：后转身迅速，重心平稳，拉球有力。

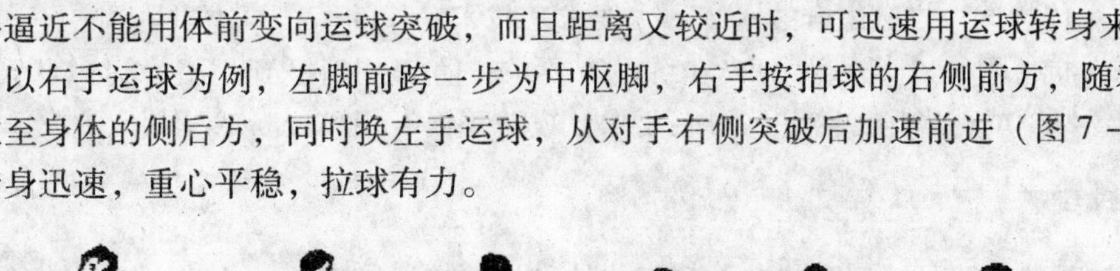

图 7－25

（四）背后运球

当对手堵截运球一侧，距离较近，不便于运用体前变向运球时，可用背后运球，改变方向突破防守。动作方法：以右手运球为例，变向时右手按压球的前上方，手臂逐渐外旋，手指迅速向下，手心向前，在背后直臂按拍球的右侧后上方，使球拍至左脚的侧前方，并立即换左手运球，左脚迅速向前跨出，加速超越防守（图7－26）。动作要点：拍球部位正确、跨步及时，重心跟上。

图7－26

（五）运球技术练习

1. 原地运球练习　（1）高运球练习。要求：站立姿势和运球手法正确，重点体会主动迎球、随球上引（粘球）的动作。

（2）低运球练习。要求：两膝弯曲降重心，运球高度在膝部以下，快速按拍球。

（3）体前侧（拉）、后（推）运球练习。要求：按拍球部位正确，力量适中，落点好，重心下降，控制好球。

（4）原地体前变向换手运球。要求：大臂带动小臂，手腕、手指拨球，球的落点在两腿之间，目视前方。

2. 行进间运球练习　（1）直线高运球练习。要求：抬头目视前方，速度由慢到快；控制球的落点、速度，手、脚要协调配合。

（2）绕障碍物或弧线运球。要求：绕圆运球时，身体重心内倾，拍球的侧后上方；两手交替练习运球。

（3）运球急停急起练习。要求：急停稳，起动快；变速时注意掌握好运球的节奏，球反弹高度。

（4）体前变向运球、运球转身、背后运球。要求：速度由慢到快；拍球部位正确；手脚配合协调。

3. 运球、传接球、投篮组合技术练习　要求：技术动作的衔接要连贯协调，不走步违例。

4. 运球对抗练习　全场一对一攻守练习。要求：防守从消极到积极，运球队员变化要多、突然，并注意保护球；半场二防三练习。要求：攻防积极、积极抢断球。

五、持球突破

持球突破是持球队员运用脚步动作和运球技术快速超越对手的一项攻击性很强的技术。持球突破不仅能创造良好的个人攻击机会，而且能造成对方犯规，打乱对方的防守部署。持球突破若能巧妙地与投篮、传球假动作有机结合起来运用，能使进攻技术更加灵活、机动，富有攻击性。

（一）交叉步持球突破

动作方法：以右脚做中枢脚为例，突破时，两脚左右开立与肩同宽，两膝微屈，重心控制在两腿之间，持球于胸腹之间。突破时，左脚前脚掌内侧用力蹬地，同时上体右转探肩，贴近对手，左脚交叉步前跨抢位，同时向左脚左斜前方推放球，右脚用力蹬地跨步，加速超越对手（图7－27）。动作要点：蹬地跨步有力，起动突然，动作连贯。

（二）同侧步持球突破

动作方法：以左脚做中枢脚为例，突破前，两脚左右开立稍大于肩，两膝微屈，重心控制在

图 7－27

两腿之间，持球于胸腹之间。突破时，右脚向右前方跨一大步，同时转体探肩，重心前移，右手放球于右脚侧前方，左脚迅速蹬地向右前方跨出，加速运球超越对手（图 7－28）。动作要点：起动突然，跨步加速连贯，中枢脚离地前球要离手。

图 7－28

（三）前转身持球突破

动作方法：以左脚做中枢脚为例，背向球篮站立，两脚平行开立，两膝弯曲，重心降低，两手持球于腹前。突破时重心移至左脚上，右脚前掌内侧蹬地，左脚为轴，右脚随着前转身向球篮方向跨出，左肩在前，重心落在右脚上。推放球在身体右侧，左脚蹬地跨出，右手运球加速超越对手（图 7－29）。动作要点：移重心，蹬地运球动作连贯。

图 7－29

图 7－30

（四）后转身持球突破

动作方法：以左脚做中枢脚为例，突破前的准备动作与前转身准备动作相同。突破时以左脚为轴转身，右脚向右侧后方撤步，脚尖指向侧后方，上体随之向右转，右肩在前，推放球在身体左侧，左脚前掌内侧迅速蹬地，左手运球突破防守（图 7－30）。动作要点：重心平稳，撤步、转体时紧靠防守人，与运球动作连贯。

（五）持球突破技术练习

1. 原地持球模仿练习　交叉步、同侧步跨步突破练习。要求蹬跨动作有力，做出转体探肩护球动作；前转身、后转身突破步法练习。要求蹬地、转体、跨步动作连贯，重心平稳。

2. 完整动作练习　（1）自抛球，跳步急停接球后，做交叉步或同侧步突破动作。要求蹬、转、探、拍各环节动作连贯，中枢脚不要移动。

（2）背对篮，自抛球，跳步急停接球后，做前转身、后转身突破动作。要求动作连贯，重心平稳。

3. 摆脱接球后的突破上篮练习　要求接球后要控制好身体重心，突破前要做瞄篮、传球假动作。

4. 各种位置上的一对一练习　要求进攻者从摆脱接球开始，接球后根据防守人的情况实施突破；投篮后双方积极拼抢篮板球；进攻者抢到篮板球发动二次进攻，防守人抢到篮板球后快速传球给教师。

第三节　篮球战术与练习

一、战术基础配合

战术基础配合是指在篮球比赛中两三人之间有目的、有组织、协调行动的简单攻守配合方法。它是组成全队战术配合的基础，任何一种整体战术配合都离不开基础配合。

（一）战术基础配合

1. 传切配合　是进攻队员之间利用传球和切入技术组成的简单配合。它包括一传一切和空切配合。一传一切配合：⑤传球给④后，立刻摆脱对手向篮下切入，接同伴④的回传球投篮（图7－31）。空切配合：④传球给⑤时，⑥乘其对手不备，突然横切或从底线切向篮下接⑤的传球投篮（图7－32）。

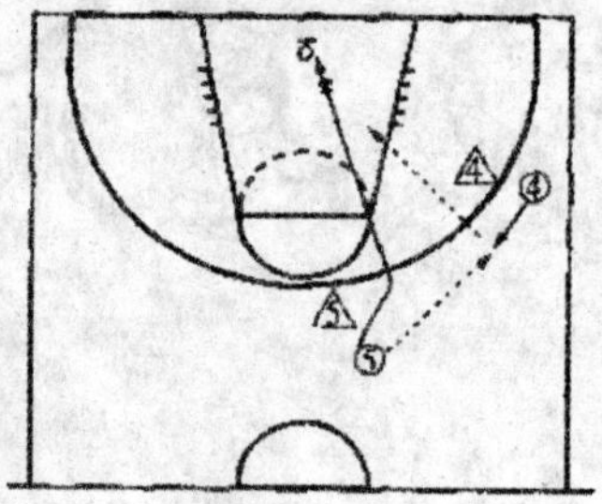

图7－31

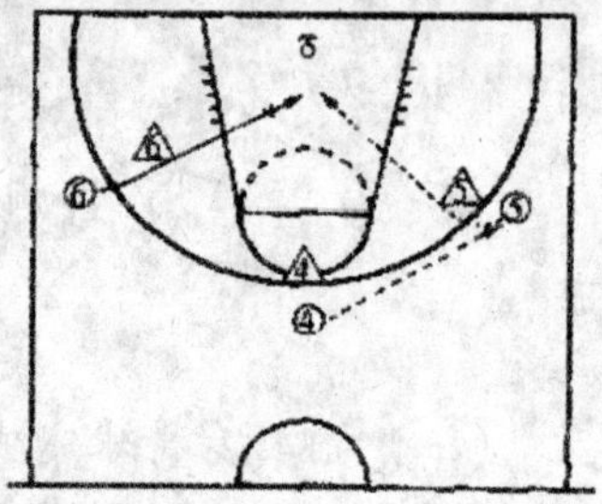

图7－32

运用提示：切入队员首先要掌握好切入时机，根据对手的防守情况，利用假动作摆脱，及时、快速切入篮下，并随时准备接球；传球队员要利用假动作吸引、牵制对手，并采用合理的传球方法及时、准确地将球传出。

2. 掩护配合　是掩护队员采用合理的行动，用自己身体挡住同伴的防守队员的移动路线，使同伴借以摆脱防守的一种配合方法。

（1）侧掩护配合：是掩护者站在同伴的防守者的侧（略靠后）方，用身体挡住该防守者的移动路线，使同伴摆脱防守获得进攻机会的一种配合方法。

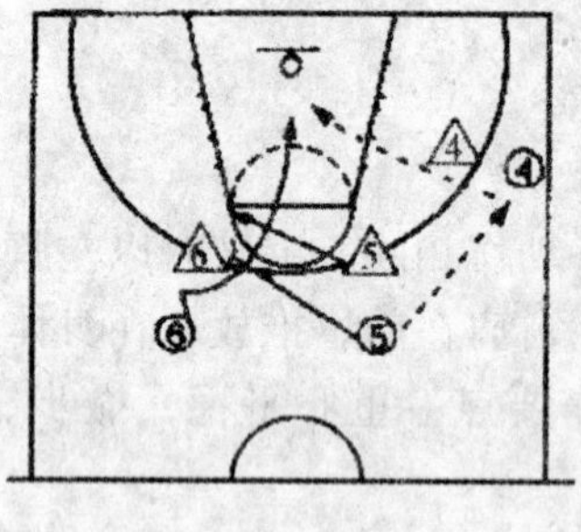

图7－33

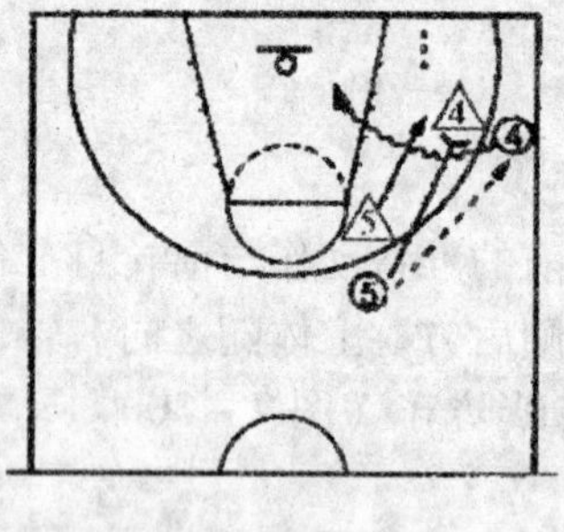

图7－34

示例一：给无球队员做侧掩护（反掩护），⑤传球给④后，即向相反方向跑动给⑥做侧掩护，当⑤跑到△6侧面掩护到位时，⑥摆脱防守者切入篮下接④的传球投篮（图7－33）。

示例二：给持球队员做侧掩护，⑤传球给④后跑到△4的侧面做掩护，④接球后做投篮或突破的动作，吸引△4的防守，当⑤掩护到位时，④从△4的右侧突破投篮。⑤掩护后及时移动到有利的位置接球或抢篮板球（图7－34）。

（2）后掩护配合：是掩护者移动到同伴的防守者的身后（略靠一侧）做掩护的一种配合。

示例一：⑤传球给⑥时，④跑到△5身后给⑤做后掩护，⑤传球后做向左切入假动作吸引△5的防守，当④掩护到位时⑤突然向右侧切入篮下接⑥的传球投篮（图7－35）。

示例二：④给⑤做后掩护时，△5与△4换防，④及时转身切向篮下，接⑥的传球投篮，这是掩护后出现的第二次进攻机会（图7－36）。

（3）前掩护配合：掩护者跑到同伴防守者身前，用身体挡住防守者向前移动路线，掩护同

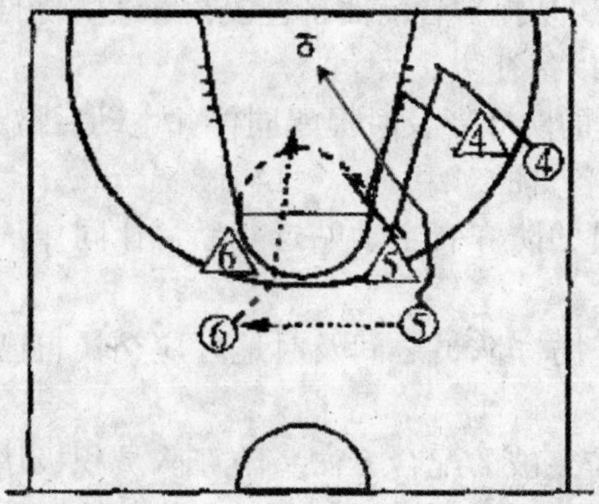
图 7－35

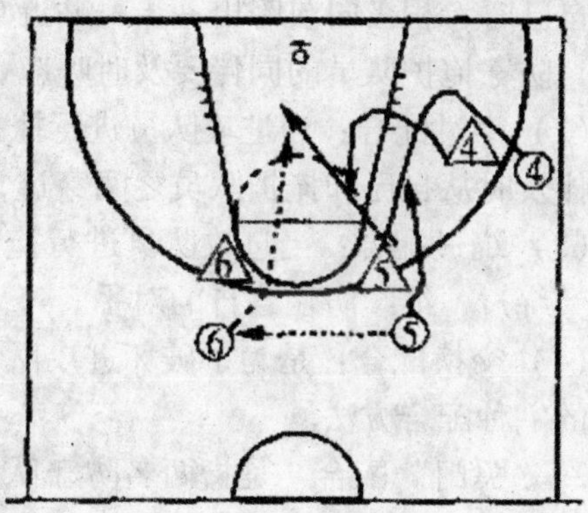
图 7－36

伴中、远距离投篮。

运用提示：掩护要符合规则的规定，不能有推、拉、顶等不合法的动作，与对方队员发生身体接触时不能再用跨步等动作去阻挡：如果掩护建立在静立对手的视野之外，掩护队员必须允许对手向他迈出正常的一步而不发生接触；掩护队员的动作要突然，被掩护队员要用假动作吸引自己的防守队员，不让对方发现同伴的掩护意图；掩护时同伴之间的配合时机非常重要，过早或过迟行动都会使掩护失败。掩护配合时队员配合要默契，注意动作果断，并根据临场变化，争取第二次机会。

3. 策应配合　是进攻队员背对或侧对篮接球，以他为中枢，与同伴配合形成的一种里应外合的配合方法。

示例一：④摆脱防守插到罚球线作策应，⑤将球传给④，并立即空切篮下，接④的策应传球投篮（图 7－37）。

示例二：④传球给策应者⑤，并从⑤身边切入篮下，⑥向底线下压后绕出，⑤可将球传给④篮下进攻或传给⑥外围投篮，也可以自己进攻（图 7－38）。

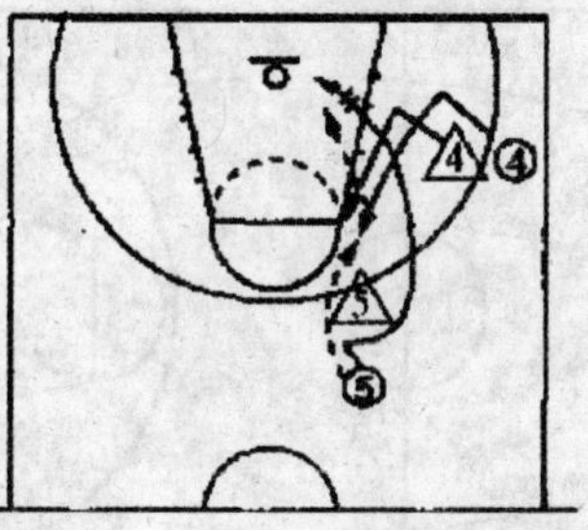
图 7－37

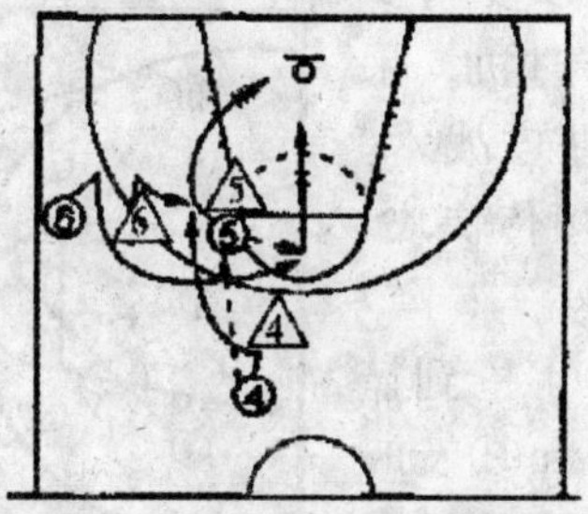
图 7－38

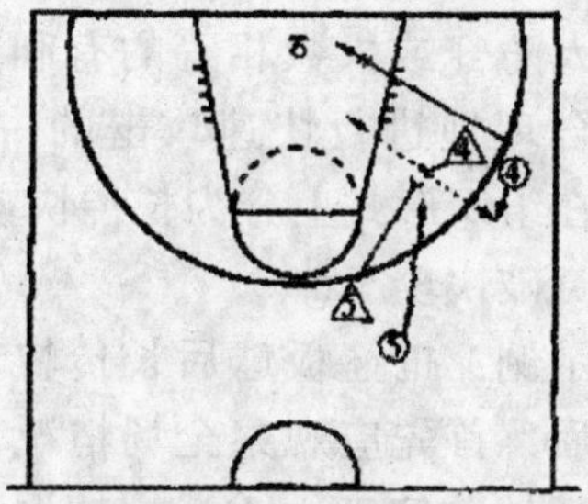
图 7－39

运用提示：策应队员及时抢位要球，两手持球于胸前，身材较高的策应者可将球持于头上。接球后结合转身、跨步等动作协助同伴摆脱防守或个人进行攻击；外围队员要根据策应者的位置和机会，及时准确地传球给策应队员做到人到球到，传球后迅速摆脱切入篮下，创造进攻机会。

4. 突分配合　是持球队员突破对手后，主动或应变地利用传球与同伴进行攻击的一种配合方法。

示例：⑤持球从防守队员的左侧突破，遇到④协防时，⑤及时传球给插入篮下到有利位置的④投篮（图 7－39）。

运用提示：进攻队员突破时要快速和突然，突破过程中随时观察场上攻守队员位置变化，及时准确地传球；接球队员要把握时机，摆脱对手，迅速抢占有利位置接球投篮。

（二）防守战术基础配合

1. 防守掩护的方法　（1）挤过配合：是破坏掩护配合的积极有效方法。防守者在掩护队员临近自己时，积极向前跨出一步，贴近自己的防守对手，从掩护者前面挤过去，继续防住自己的对手，防守掩护队员的同伴要及时呼应，并配合行动，以备补防。

（2）穿过配合：当进攻队员进行掩护时，掩护队员的防守者及时提醒同伴并主动后撤一步，让同伴及时从自己和掩护队员之间穿过，以便继续防住各自的对手。

（3）绕过配合：当进攻队员进行掩护时，掩护队员的防守者主动贴近对手，让同伴从自己的身旁绕过，继续防住各自的对手。

（4）交换配合：是为了破坏进攻队员的掩护配合，防守队员之间及时地呼应交换自己所防对手的一种配合方法。

2. “关门”配合　是指两名防守队员靠拢协同防守突破的配合方法。防守队员积极堵截对手突破的移动路线，临近一侧的防守队员及时向同伴靠拢进行“关门”，不给突破者留有空隙。

3. 夹击配合　是指两名防守队员有目的地同时采取突然的行动，封堵和围夹持球者的一种配合方法。它是一种攻击性和破坏性极强的防守配合。首先选择好夹击的位置和时机，当对方埋头运球或运球停止时，是夹击的好时机。最佳夹击位置是边角和中线附近。夹击时，贴近对手身体要适度，不能推、顶，以免造成犯规。形成夹击后，其他队员随时轮转补位，严防对方近球区域队员接球，远球区域的防守队员要以少防多，选好断球位置。

4. 补防配合　是指防守队员在同伴漏防时，立即放弃自己的对手，去补防那个威胁最大的进攻者，而漏人的防守队员及时换防的一种协同防守配合方法。防守时要随时观察本队的防守情况，补防意识要强，一旦发生漏防，邻近队员果断补防。补防后及时调整防守位置，仍然保持人球兼顾的位置。

二、快攻与防守快攻

（一）快　攻

快攻是由防守转入进攻时，全队以最快的速度、最短的时间，乘对方防守立足未稳，力争造成人数上或位置上的优势，或创造以多打少或无人防守或人数相等的有利攻击时机，果断而合理地进行快速攻击的一种进攻战术。快攻在组织形式上分为长传快攻、短传快攻、运球突破快攻三种。

示例：抢篮板球后长传快攻。④抢到篮板球后，首先应观察全场情况，⑦和⑧及时快下超越防守者，④根据情况，长传球给⑦或⑧进行投篮，④⑤⑥应随后插空跟进（图7－40）。

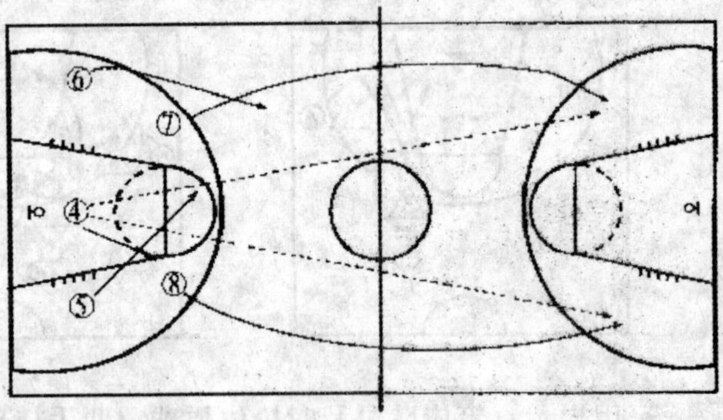

图7－40

（二）防守快攻战术的方法

由攻转防时，队员有组织地运用个人战术行动和几个人之间协同配合，主动堵截对手，积极抢断球，破坏对方快攻战术，力争控制对手转攻的速度。在此基础上迅速组成阵地防守战术。防守快攻的方法很多，包括队员提高投篮命中率，拼抢前场篮板球；积极封堵第一传和接应；堵截接应点；防守快下的队员；提高以少防多的能力。

三、半场人盯人防守和进攻半场人盯人防守

（一）半场人盯人防守

半场人盯人防守战术是在每名防守队员分别防守一名进攻队员的基础上相互协作的一种全队

防守战术。根据防守区域的大小，分为半场扩大人盯人防守和半场缩小人盯人防守两种。

1. 半场扩大人盯人防守 这种防守方法控制区域比较大，一般是距篮 8～9 米，用来对付中远投较准但突破和控制能力较差的队是比较有效的。防守的重点任务是阻挠和破坏对方外围的传、运配合，封堵外围的投篮，要紧紧盯住有球的队员和距球近的队员，对离球远的队员则可以稍防远些，以利于协同防守。一般要做到“三人紧，两人松”或“四人紧，一人松”。

2. 半场缩小人盯人防守 这种防守方法控制的防区比较小，一般距篮 6 米左右，防守队员主要是占据和控制三分线以内的区域，重点是防对方的篮下进攻。因此，防守中锋的队员要紧紧地盯住对方的中锋，外围队员要协助防守中锋。防持球队员时要防紧，防其突破和向篮下的传球，防距球远的队员时，离远些，这样可以夹击对方的中锋，或协助外围同伴防住对方的突破。采用这种防守方法，伸缩性要强，做到防有球时立即紧贴对手，防无球时，及时调整位置，做到“人球兼顾”，控制对手的移动，阻止和破坏其进攻。

（二）进攻半场人盯人防守

进攻半场人盯人防守是指综合运用传接球、运球、突破等个人技术和传切、掩护、策应及突分等战术基础配合所组成的全队进攻战术。进攻战术的选择和运用，应根据本队的技术条件和特点，发挥每个队员的技术特长争取进攻的主动权，攻破防守。要求合理组织进攻队形，在运动中配合，有目的地穿插换位，内外线结合，正面进攻与两面进攻结合，扩大攻击面，造成局部防区以多打少的机会，并注意进攻节奏，讲究快慢、动静结合、拼抢篮板球，注重攻守平衡。

四、区域联防与进攻区域联防

（一）区域联防

区域联防是由攻转守时，防守队员迅速退回后场，每名队员分工负责防守一定的区域，严密防守进入该区域的球和进攻队员，并以一定的形式把每个防守区域的同伴有机地联系起来的全队防守战术。它的基本要求是在分工负责防守区域基础上，队员间协同一致，积极随球移动，以防球为主，人球兼顾。防持球队员，按照人盯人防守的要求进行。防无球队员时，离球近的防守队员要抢占有利的防守位置，减少对手在有威胁的区域内接球，同时要协助同伴进行“关门”、“补防”等防守配合。离球远的防守队员要防进攻队员“背插”、“溜底线”。

区域联防的战术队形常用的有“2－1－2”、“2－3”、“3－2”。其中“2－1－2”联防是区域联防的基本形式（图 7－41）。图中椭圆形的虚线表示每名队员防守的区域，各个防区衔接的地方为两名队员共同防守的区域。五名队员的位置分布均匀，移动距离短，便于相互协作，适用于防守外围运球突破和夹击中锋，同时也便于控制后场篮板球、发动快攻，防守的薄弱环节是防区的衔接处。

（二）进攻区域联防

指在了解和掌握区域联防的特点和规律，针对其薄弱环节，结合本队情况所组织具有针对性的进攻战术配合。进攻区域联防的战术队形常用的有“1－3－1”、“1－2－2”、“2－3”等。其中，“1－3－1”进攻队形，队员分布面广，攻击点多，便于内外联系，左右配合，利于拼抢篮板球和保持攻守平衡，是进攻“2－1－2”区域联防的基本阵式（图 7－42、7－43）。进攻区域联防的要求：获球后乘对方尚未部署好防守队形前，积极发动快攻，这样易于奏效。对方部署好防守队形后，采用与防守队形相应的进攻队形，占据防守的薄弱地区，通过球的转移和人的移动，争取在局部地区内，集中优势兵力，造成以多打少的有利局面，加强和提高中、远距离投篮命中率，拉大防区，以便篮下进攻，同时充分运用个人技术和战术基础配合，进行进攻。进攻中，应注意拼抢篮板球及攻守平衡。

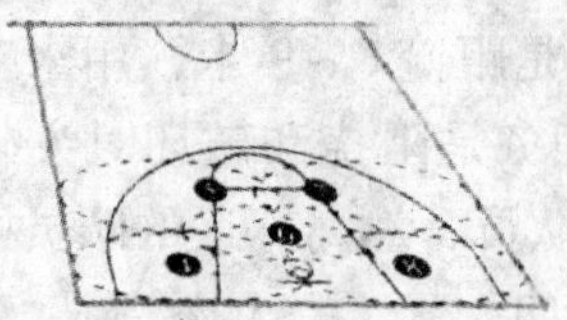

图 7－41

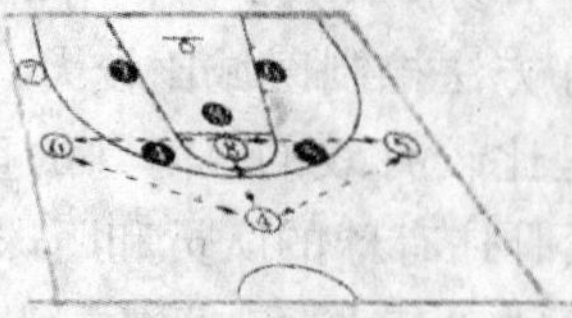

图 7－42

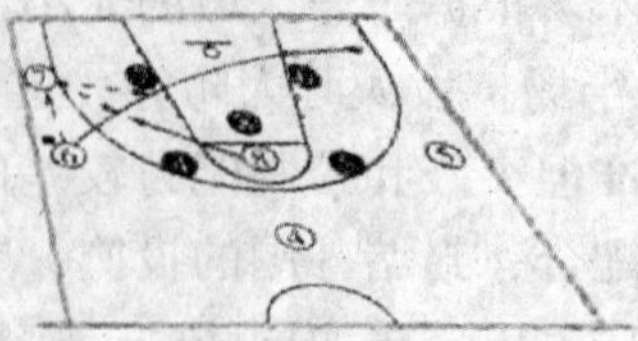

图 7－43

第四节　篮球竞赛规则简介

一、场地与设备

（一）场　地

篮球场为长 28 米，宽 15 米的长方形，球场的丈量从界线的内沿量起，场地各线的宽为 0.05 米。篮球场地分为若干个区。三分投篮区：以篮圈中心点的投影为圆心（距离端线中点的内沿 1.575 米），以 6.75 米为半径，划半圆弧，弧线两端接两条平行于边线的线，与端线交接。线包括 6.75 米以内。罚球区：在球场两端，在纵轴上以距端线 5.80 米的点为圆心，以 1.80 米为半径，划出罚球弧，在罚球弧内划一条平行于端线的直径，即为罚球线。限制区：是从端线中点两侧各 3 米的地方画两条与边线平行的线，与罚球线的延长线相交，所构成的矩形地面区域（图 7－44）。

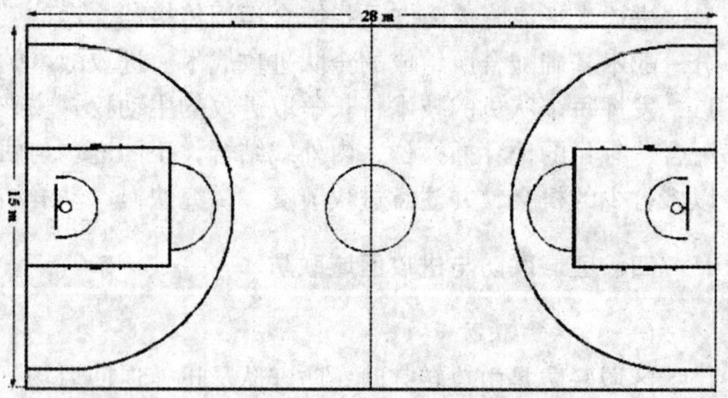

图 7－44

（二）设　备

篮板的尺寸是横宽为 1.80 米，竖高 1.05 米。篮板四周的边沿应画出 0.05 米的线条，如果篮板是透明的，则画白线，若不透明，则画黑线。板面上篮圈后画长 0.59 米，高 0.45 米（从外沿量起），线宽 0.05 米的长方形，其底边的上沿与篮圈上沿齐平。篮板应牢固地垂直安置在球场两端的地面上，并与地面平行，下沿距地面 2.90 米。篮板的支柱距离端线外沿至少 2 米。球篮包括篮圈和篮网，篮圈内径 0.45 米，圈条直径 0.02 米，篮圈应牢固安装在篮板上，呈水平状态，离地面 3.05 米。篮网悬挂在篮圈上，长 0.40 米。球是圆形的，为认可的暗橙色，外壳用皮、橡胶或合成物质制成。球的圆周不得小于 0.723 米，不得大于 0.749 米，重量不得少于 567 克，不得多于 625 克。

二、比赛通则

（一）比赛队员和时间

每队由 10～12 名运动员，1～2 名教练员组成。比赛时，每队上场 5 人。比赛由 4 节组成，每节 10 分钟，在第一节和第二节（第一半时）之间、第三节和第四节（第二半时）之间以及每一决胜期之前应有 2 分钟的比赛休息期间。每半时之间的休息期间应为 15 分钟。在比赛预定的开始时间之前，有 20 分钟的比赛休息期间。每一决胜期的时间为 5 分钟。

(二) 比赛的开始与结束

第一节，比赛双方任一队员站在中圈内，由主裁判员执行跳球开始比赛。当主裁判员抛出的球被一名跳球队员合法拍击时为第一节比赛开始。其后所有的各节比赛则以队员掷球入界的形式开始。由拥有掷球入界权的队在记录台对面边线中点处外掷球入界开始比赛，当掷出的球触及一名场上队员或被场上队员合法触及时为该节比赛开始。第三节比赛开始前，双方球队应交换比赛场地，然后同样由拥有掷球入界权的队，掷球入界开始比赛。一节或决胜期的比赛，当结束比赛时间的比赛计时钟信号响时，为比赛结束。

三、暂停与替换

(一) 暂 停

在第一个半时的任何时间，每队可准予 2 次要登记的暂停；在第二个半时内，可准予 3 次要登记的暂停，以及每一决胜期的任何时间可准予 1 次要登记的暂停。未用过的暂停，不得遗留给下一个半时或决胜期。每次暂停为 1 分钟。每次暂停必须由教练员亲自到记录台事先提出。遇到下列情况之一，记录台可立即发出信号允许暂停：当球成死球，比赛计时钟停止时；或当投篮得分时，非得分队已在投篮前提出了暂停请求时；因特殊情况裁判员可以鸣笛暂停，但教练员不能进行场外指导。

(二) 替 换

已达第五次犯规的队员或已被取消比赛资格的队员在 30 秒内被替换。替补队员必须做好准备，亲自到记录台前报告被替补队员的号码，坐在替补队员席上，经球场裁判准许后，方可进入场地替换。遇到下列时机之一，记录台可发出信号允许替换：当球成死球，比赛计时钟停止，裁判员报告犯规或违例已结束了与记录台联系时；或在第四节的最后两分钟或每一决胜期的最后两分钟内，投篮得分时，非得分队的队员请求替换。

四、违例及罚则

违例是违犯规则的行为。在比赛中，常见的违例有：使球出界；运球违例；带球走；掷界外球违例；球回后场；干扰球；拳击球和有关违反时间方面规定的违例等。罚则是违例队失去控制球权，由对方在发生违例的最近地点从界外掷球入界，直接位于篮板后面的地方除外。

(一) 运球违例 (两次运球)

运球后停球在手，未经投篮或其他队员转手又再次运球，即判违例。下列情况不算两次运球：连续的投篮；一次运球的开始或结束时漏接球，即接球不稳；在抢球时利用连续挑拍动作试图获得控制球；拍击另一队员控制的球后再运球；只要不发生带球走违例，将球在两手抛接并在球触及地面前允许在手中停留。

(二) 带球走

运球时，在球离手前，中枢脚不准离地；投篮或传球时，中枢脚可以提起，但在脚落地前，球必须离手，否则判违例。但当一名队员持球跌倒在地面上或在地面上滑动将是合法的。

(三) 球回后场

控制球的队员在前场控制了球而又使球进入后场，该队员或该队的同队队员在后场又首先接触了球，即判违例。但一名队员如果从本队前场起跳，在空中获得球权，然后落入本队后场，不再被判定为球回后场违例。

(四) 拳击球与脚踢球

故意用脚踢球或用腿的任何部位阻拦球以及用拳击球都是违例，球偶然地触及或碰及脚或腿不算违例。

（五）违反时间规则的违例

3秒违例是某队控制球时，持球队员或其同伴在对方限制区内停留超过3秒；5秒违例有三种情况，一是掷界外球的队员可处理球时5秒内未将球传给场内队员。二是执行罚球的队员可处理球时5秒内未将球出手。三是持球队员被严密防守时5秒内未传球、投篮或运球；8秒违例是指一个队从后场控制球开始，未能在8秒内使球进入前场；24秒违例是指一个队在场上控制球时，未能在24秒内投篮出手。

五、犯规及罚则

犯规是对规则的违犯，含有与对方队员的非法身体接触或违反体育道德的举止。犯规按照不同的性质分为：侵人犯规、双方犯规、违反体育道德的犯规、技术犯规和取消比赛资格的犯规等。

（一）侵人犯规

是指比赛中与对方队员发生身体接触的犯规，无论球是活球或死球期间，一旦出现，应及时判罚。规则明确指出，比赛中，队员不得通过伸展他的手、臂、肘、肩、膝或脚来拉、阻挡、推、撞、绊、阻止对方队员行进，以及不应将其身体弯曲成“反常的”姿势（超出他的圆柱体）；也不应放纵任何粗野或猛烈的动作。否则可判该队员侵人犯规，情节严重的可判为违反体育道德的犯规。罚则：应给犯规队员登记一次侵人犯规，然后做相应判罚。如果是对未做投篮动作的队员发生侵人犯规，应由非犯规的队在最靠近犯规地点的界外掷界外球重新开始比赛；如果犯规队累计犯规次数已达到全队犯规处罚状态时（每节累计犯规超过四次），则由被侵犯队员执行两次罚球；如果是对正在做投篮动作的队员发生侵人犯规，投球中篮，应计得分并判给1次追加的罚球；如果投篮未中，应按投篮的区域，判给投篮队员2次或3次罚球。

（二）双方犯规

双方犯规是指两名攻防队员大约同时相互发生侵人犯规的情况。罚则：应给每一犯规队员登记一次侵人犯规，不判给罚球。如果在投篮得分或最后一次或仅有一次罚球得分的同时发生双方犯规应将球判给非得分队从端线掷球入界；如果某队已控制了球或拥有球权，应将球判给该队在最靠近犯规的地点掷球入界；如果任一队都未控制球也没有球权，可视为一次争球情况发生，按交替拥有箭头方向开始比赛。

（三）技术犯规

任何故意的、或不遵守规则的言论与行为，应判为一次技术犯规。技术犯规是包含（但不限于）行为性质的队员非接触性犯规。如可对过度挥肘的队员（无接触）判罚技术犯规。技术犯规按其对象和时间分为：场上队员技术犯规；场外教练员或助理教练员以及替补队员、随队人员技术犯规；比赛休息期间的技术犯规等。不同的对象和时间发生的技术犯规其罚则也有所不同：应判给对方队2次罚球以及随后中场的球权。如队员技术犯规，应登记一次技术犯规，并作为全队犯规计数；如场外相关人员技术犯规，均登记为教练员一次技术犯规，但不作为全队犯规之一计数。

（四）违反体育道德的犯规

根据裁判员的判断，一名队员不是在规则的精神和意图的范围内合法地试图去直接抢球而发生的接触犯规是违反体育道德的犯规。确定场上队员的犯规是否是违反体育道德的犯规，裁判员应运用以下原则进行判断：裁判员必须根据动作来判断，如果一名队员不是努力去抢球而发生的接触，这可能就是一起违反体育道德的犯规；如果一名队员在努力抢球中造成过分的接触（严重犯规），则该接触也应被判定是违反体育道德的犯规；如果一名队员在试图阻止对手进行快攻时，从后面或侧面发生的接触，且进攻队员与篮筐之间没有其他的进攻队员，则该接触将被判为违反体育道德的犯规；如果一名队员做合法的努力去抢球（正常的争抢）而发生了犯规，这不是违反体育道德的犯规。罚则：应给犯规队员登记一次违反体育道德的犯规，判给被侵犯的队员2次罚球以及随后该队中场的球权。如果是对正在做投篮动作的队员发生的犯规，如中篮，应计得分并追加1次罚球；如投篮未中，应视投篮区域判给2次或3次罚球；无论罚中与否，均由被侵犯的队在记录台对面边线中点处掷球入界。

（五）取消比赛资格的犯规

队员、替补队员、教练员、助理教练员或随队人员的任何恶劣的违反体育道德的行为是取消比赛资格的犯规。罚则：应给犯规者登记一次取消比赛资格的犯规，并要求他立即离开比赛场馆，判给对方队两次罚球以及随后中场的球权。如果是对正在做投篮动作的队员发生的犯规，如中篮，应计得分并追加1次罚球；如投篮未中，应视投篮区域判给2次或3次罚球；无论罚中与否，均由被侵犯的队在记录台对面边线中点处掷球入界。

第五节 篮球运动竞赛的欣赏

一、篮球运动竞赛欣赏的意义

篮球竞赛是一项综合性的运动，普及于世界许多国家和地区，凝集世界各国数亿人观赏与参与，是一项开展最广泛、最具群众性和特殊社会影响的体育项目，以其丰富的体育文化内涵和变化多端、精彩纷呈的比赛，吸引着世界各国人民。一场高水平的篮球比赛，是健、力、美融为一体的展现过程，精湛的技艺、卓越的表演给人们带来无穷的乐趣、愉悦的心情和巨大的美感，同时其隐含的文化价值对促进人们形成健康的人生观和产生良好的社会效应有着重要意义。

（一）调节情绪与丰富情感

现代篮球运动的迅速发展，促使攻防双方的争夺越来越激烈，一场高水平、势均力敌的篮球赛，其胜负往往在最后时刻方见分晓。场上运动员和场外的观众情感无不随着战局的变化而变化，或欢乐、或焦虑、或惊叹、或惋惜，这种情感的变换，对人是一种乐趣、是一种魅力、是一种心理需求，它丰富了人们的情感世界，有利于人们的身心健康。在比赛中，运动员健美的身材、精湛的技艺，教练员的指挥艺术等不仅能给人们带来无穷的乐趣、愉悦的心情和强烈的美感，而且还能使人发现一些人生的永恒价值，达到了对人生哲理的领悟。所以，欣赏篮球比赛能调节情感、愉悦身心、陶冶品性，满足人们的情感需求。

（二）体验竞争带来的刺激

现代社会在演进过程中，在一定程度上压抑了人类情感的正常发展，单调的工业生产给社会带来许多情感问题。欣赏篮球比赛可以有效解决这类问题。篮球运动的特点是竞争激烈，对抗性强，成败胜负立见分晓。在激烈的竞争中，战术、技术、思想、风格都表现得十分鲜明、突出，运动员的素质、技艺、胜败观、内心世界都暴露无遗。在篮球运动中，以争夺、控制球为前提，进攻与防守在场上是同时出现的一对矛盾，进攻队员和防守队员之间也存在竞争，不仅体现在篮球的技术上，在篮球的战术和心理素质方面也存在竞争。进攻队员投篮得分，体验成功的快乐，防守队员防住对方同样体验成功的喜悦，同时也刺激攻防队员更加努力，不断提高自己的竞争能力，在拼搏中找到自己的立足之地，感受竞争带来的刺激。

（三）缓解工作和生活方面的压力

现代社会的高速运转，人的学习、生活和工作压力不断增加，人们需要以适当的方式来缓解压力，不断地提高自己的生活质量。在观看篮球比赛或自己进入比赛时，篮球场上那种有张有弛、张弛有序，让你感觉到节奏的变化美，张弛统一的和谐美。比赛的结局悬念，往往使人遗憾或欢乐。在运动中你可以释放压力，体验美，而观众在观赏中也可以感受美。因此，风靡世界的美国 *NBA* 篮球比赛展现出的技艺精湛、作风好、格调高的精彩镜头，无疑会使人愉悦身心，陶冶情操，丰富精神生活，从而有利于人们减轻身心压力，提高生活品质。

（四）通过观赏篮球比赛了解世界

通过大学生篮球方面的知识和动态信息的获得渠道进行研究发现，那些观赏能力较好的学生，他们比较注重与外界的交流，其获得篮球方面的知识和动态消息来自于大众传媒。经常观赏篮球比赛的人知道，*NBA* 球队名称如爵士队、火箭队、马刺队、公牛队、湖人队、太阳队……又如巨星绰号“空中飞人”乔丹、“魔术师”约翰逊、“重型坦克”巴克利、“天勾”贾巴尔、“冷面杀手”斯托克顿、“滑翔机”德雷克斯勒、“小皇帝”詹姆斯、“闪电侠”韦德等等，通过了解球星、球队，有助于我们了解各国、各洲整体技、战术水平的发展趋势以及各洲篮球运动的特点等，所以在观赏篮球的同时，有助于我们了解世界。

二、篮球运动竞赛的欣赏内容

（一）欣赏身体美

身体美是通过体育运动使骨骼、肌肉等人体组织得到正常发育后所具有的形体和姿势上的美。其具体可以表现出身体、线条、姿态的造型美，筋骨、肌肉、肤色的机体美和生命活力的生气美，其内容由体型、皮肤、毛发、形体构成。观赏篮球比赛，映入眼帘的首先是运动员的身体形态，他们往往身材高大，身体各部分发展均衡并与整体比例得当，体型完美，展现出一种身体的和谐美。他们骨骼发达，肌肉丰满结实，剽悍健美，肤色富有光泽，气度轩昂，富有朝气，浑身有使不完的劲，有惊人的弹跳能力，表现出一种体格的健壮美。

（二）欣赏运动美

1. 技术美的欣赏　篮球运动技术美是指运动员在比赛中完成技术时所表现出的准确性、协调性、连贯性、实效性、稳定性的有机结合。篮球技术所以能给人以美感，是因为它是体态美、素质美、动作造型美的综合展现。一个出色的篮球运动员可以通过跑、跳、投等朴素、单调的基本动作向人们展示变化莫测、丰富多彩的动态美。在激烈的比赛中，*NBA* 球星的跳起空中盖帽、摆脱抢位、空中转体扣篮，以及一连串令人分辨不清的假动作等，无不使观众为之高超的技艺而叹服，同时也使观众享受着一种篮球运动特有的运动美。魔术师约翰逊的“神出鬼没”，神奇的“米勒时刻”，艾弗森的“千里走单骑”，小巨人姚明的“太极篮球”，乔丹锋利多变的突破、出神入化的高空扣篮，征服了观众，也征服了时代。

2. 战术美的欣赏　篮球运动战术美是比赛中队员个人技术的合理运用和队员之间相互协调配合时所表现出来的美。它是运动员根据比赛双方的情况，把各自的技术通过战术配合巧妙联系到一起，采取合理行动，发挥己方特长，限制对方优势，夺取比赛胜利的一种艺术。如奥运会上美国“梦之队”的参赛，将篮球运动带入了一个梦幻般的境界，梦之队的进攻战术简洁，善于单兵作战，个人进攻中伴随着同伴的插上和跟进，有拉开、有接应，如一部精美的机器运转自如。防守时抢、打、断、盖等技术广泛运用，气势凶猛的全场区域夹击、区域紧逼或半场扩大盯人防守战术交替使用，气势如虹、咄咄逼人，锋芒所向、所向披靡，充分显示了他们进攻与防守的威力，让人们欣赏到短兵相接、激烈争抢的动态美和勇猛拼搏、团结一致、意志坚强的精神美。战术要求球员们具有配合和牺牲的精神，必须顾全大局、齐心协力、密切配合。战术的结构有分、有合；有动、有静；有易、有难；有攻、有守；有单一、有综合；有个人活动、有整体配合，整队战术意识得到充分的发挥。

3. 风格美的欣赏　风格美包括思想风格和技术风格两个方面的美。其中，运动员在比赛中体现出的思想觉悟、意志品质、道德修养、战斗作风等属于思想风格美。人们在观赏篮球比赛时，运动员所表现出的良好社会道德，为集体利益而拼搏的精神，胜不骄、败不馁的优良品质以及竞赛中个体服从整体、尊重裁判、尊重教练、尊重观众的行为品德给观众以美的感染和熏陶，对于形成良好的人际关系和社会风尚有着积极的促进作用。技术风格美是技术的个性之美。只有根据自身的条件和特点，创造出与众不同的风格，才能构成自己独特的风格。例如，以美国为代表的南美打法体现出热情奔放、独立自主、富于想象的个性；欧洲打法表现出团结、认真、顽强、追求完美的民族特点；亚洲打法体现出机智灵活、奋发向上的民族风格。

现代篮球运动已将技术与艺术的融和表现得淋漓尽致，将比赛升华到了艺术化的境界。观赏一场高水平的篮球比赛，运动员展示出强健体魄、高超技巧、多变战术以及激烈对抗，既给人以艺术的享受，又给人以健康向上的启迪。

复习思考题

1. 你掌握了哪些篮球基本技术的练习方法？
2. 篮球战术基础配合有哪些？请你对常用的一种基础配合进行分析。
3. 你了解了哪些篮球竞赛规则？
4. 如何欣赏一场精彩的篮球比赛？

主要参考书目

宋志平．篮球·排球·足球教程［M］．北京：人民体育出版社，2006

周志俊，吴峰主编．大学体育［M］．合肥：安徽人民出版社，2006

孙民治．篮球运动教程［M］．北京：北京体育大学出版社，2007

全国体育院校教材委员会编．篮球运动高级教程［M］．北京：人民体育出版社，2002

第八章 足 球

第一节 足球运动概述

足球运动是以脚支配球为主，两个队在同一场地内进行攻守的体育运动项目，它是目前世界上开展最广泛、影响最大的体育运动项目，被誉为“世界第一运动”，深受世界各国人民所喜爱。目前已有203个国家和地区的足球协会加入国际足球联合会。据不完全统计，现在世界上经常参加比赛的球队约80万支，登记在册的运动员约4000万人，职业运动员约10万人。国际足坛赛事频繁，其中举世瞩目的世界杯足球赛至2006年已举办18届。一场精彩的足球比赛，能吸引数万名现场观众和数以亿计的电视观众，若把现场观众和电视观众累计起来可突破几亿甚至十几亿。世界足球运动已发展成为一种产业，球员走向职业化，有些国家把足球定为“国球”。

一、足球运动的起源与发展

足球最早发源于中国，古代中国的蹴鞠就是现今足球运动的雏形。早在2300多年前，蹴鞠就已诞生并流行于中国临淄（今山东省淄博市临淄区）。最早确切可信的文字记载这项运动者，当属《战国策》和《史记》，当时它以具有军事性和娱乐性两种面貌的活动而被记录下来。其后经过改良令蹴鞠慢慢普及，到了隋、唐时代，蹴鞠和佛教一起传到了日本，今日韩语及日语中仍可见称足球为“蹴球”的用法，后因战争而传入西方。

现代足球运动起源于英国，最早的职业联赛也在同地开始。1863年10月26日，世界上第一个正式的足球组织英格兰足球协会在伦敦成立，这一天也被作为现代足球运动的诞生日。而现代足球运动的比赛规则，皆基于当时的英格兰足球协会比赛规则演化而成。随着国际交往的增多，足球运动在全球得到了广泛传播。特别是英国的海员、牧师、商人、士兵、学者以及政界人士在世界各地的活动，从而把现代足球运动传播到世界各地，并相继成立了足球俱乐部和足球协会。他们都沿用英国人制定的比赛规则和踢球的模式，开展了现代足球运动。随着足球运动在世界各国迅速的发展，为了便于各国国家间的相互交流、比赛，迫切需要成立一个世界性的组织。1904年5月21日由法国、瑞士、瑞典、比利时、西班牙、荷兰、丹麦等国足球协会的代表在巴黎发起成立了“国际足球联合会”，法文缩写为“*FIFA*”。1909年英国足协加入了国际足联。国际足联的宗旨是促进国际足球运动的发展和各国足协之间的友好关系。从此，世界足球运动在国际足联领导下得到了迅速发展。

二、现代足球运动的主要流派与重要的国际赛事

足球运动发展过程中由于历史、文化等多种因素的共同作用产生了不同的流派。目前国际足坛公认的有欧洲派、南美派、欧洲拉丁派三种不同风格的流派。

欧洲派的特点：注重整体配合，打法硬朗、简练、实用，防守逼抢凶狠，队员身体素质好。该流派的代表是德国、英格兰等国。

南美派的特点是：个人技术娴熟细腻，传、接、控以及突破能力非常出色，打法上注重短传

渗透，个人应变能力强，善于即兴发挥令人防不胜防。该流派的代表是巴西、阿根廷等国。

欧洲拉丁派的特点：队员灵巧，速度快，个人技术熟练、细腻，具有良好的身体素质，全队讲究整体配合，长短结合，防守稳固，善打快速反击。该流派的代表是法国、意大利等国。

目前各种流派之间互相学习，取长补短，使各流派之间的差异逐渐缩小，但仍保留了各自的鲜明特点。

现在，由国际足联组织的世界性比赛有六种：世界杯足球赛、奥运会足球赛、世界青年足球锦标赛、世界少年足球锦标赛、世界女子足球锦标赛、世界室内足球锦标赛。其中世界杯足球赛和奥运会足球赛水平最高，影响最大。

三、现代足球运动的发展趋势

（一）足球的攻守矛盾促进足球竞技水平的不断提高

足球运动是由攻与守这一对矛盾所组成，从足球发展的历史来看，进攻能力的提高必然导致防守能力的加强，而防守能力的提高对进攻又提出了新的要求。它们相互制约、互为促进，不断地提高足球竞技水平。

（二）全攻全守型打法是现代足球发展的必然趋势

全攻全守的打法，既对运动员的身体、技战术、心理的全面发展提出了更高的要求，又要求运动员有自己擅长的位置，并要适应其他位置，这样就使整体的力量和个人的特点都能得到充分的发挥。在未来的时间里，全攻全守型打法仍将主导着足球运动发展的走势。

（三）各种流派相互学习、取长补短，不断完善

随着比赛的日益增多和足球运动员在世界范围内的流动，各流派间通过相互学习与借鉴，促进了各流派之间的融合，使各流派之间的差异逐渐缩小。虽然融合是一种趋势，但各自的特点仍比较鲜明。

（四）速度越来越快，对抗越来越激烈

现代足球比赛的进攻速度大大加快，带动防守速度的加快。攻守之间的转换十分迅速这种高速度的比赛节奏使攻守双方的对抗越来越激烈。

第二节　足球技术与教学

一、足球技术概念及分类

足球技术，是指运动员在比赛中所采取的合理动作的总称，它是在比赛的实践中逐步形成、发展和完善起来的。足球运动是一项技术动作相当复杂的运动项目。根据运动员的位置分工，足球技术可分为锋卫队员技术和守门员技术两大类；从运动员技术运用的特点看，足球技术又可分为有球技术和无球技术。

二、足球技术

（一）无球技术

无球技术是指运动员在比赛中，在不控球的情况下所完成各种技术动作。据相关研究表明：优秀足球运动员在90分钟足球比赛中，真正控球的时间只有2~3分钟，而其他时间是在无球的情况下活动的，这些活动都是要靠无球技术来完成。无球技术主要方法有：

1. 跑　足球跑的技术和正常跑的技术有所不同。因为足球比赛要求运动员快速向前跑动、向后跑动、向侧跑动、弧线跑动、折线跑及有快慢结合的变速跑动等。

2. 起动　起动是指运动员由静止或活动中突然加速快跑，占据有利空间或地域的一种技术。

3. 急停　急停是由快速运动状态突然转换成静止状态的一种制动方法。

4. 转身　转身是利用脚步的移动和身体的转动来改变自己原来所处状态的一种方法。一般分前转身、后转身两种。

5. 跳跃　跳跃是为了取得有利的空间位置而采用的一种移动方法。分为单足跳、双足跳和跳跃三种。

6. 移动步　移动步是指运动员在比赛中为了抢占有利位置，采用适当的步法进行移动，一般有跨步、撤步、滑步、交叉步等，应多种步法结合使用。

7. 假动作　假动作是指以肩、腿、臂的虚晃移动，来扰乱防守或进攻队员的意图，使其产生错误的判断而采取错误的行动。

（二）有球技术

有球技术是指在快速和激烈对抗条件下，最能够体现完成攻守任务的技术。它是足球运动中个人技术的主要部分，是足球运动的主体。有球技术主要有：踢球、接球、运球及运球过人、头顶球、抢截球、掷外球等。

1. 熟悉球性　球在头顶或脚踢等外力作用下所表现的各种性状（滚动快慢、力量大小、旋转、反弹、来球角度、方向、飞行等），称为球性。对各种性能的球的支配能力，便为球感。只有大体掌握球性，建立起球感．才能更好、更快、更有成效地掌握技术，达到事半功倍的效果。

（1）拨球：是用脚背内侧或脚背外侧击拨球的后部或侧后部，使球向前或侧前方滚动，脚背内侧拨称“里拨”（图8－1），脚背外侧拨称“外拨”（图8－2）。

图8－1

图8－2

图8－3

（2）拉球：是用前脚掌踏在球上部或侧上部，支撑脚站于球侧把球由前向后或由左（右）向右（左）拉的动作方法（图8－3）。

（3）扣球：是以脚背内侧或脚背外侧向里（外）扣球的侧后部，方法与拨球相近，扣球的用力是突然的，并伴随着突然的转身。脚背内侧扣球称“里扣”（图8－4），脚背外侧扣球称“外扣”（图8－5）。

（4）挑球：是用脚背触球下部并突然将球向前上方挑起，挑球时脚尖翘起，挑球不宜过高（图8－6）。

（5）击球：是指用脚内侧、外侧击球侧后部的动作方法。如：双脚内侧跨下往返击球（图8－7）。

图8－4

图 8－5

图 8－6

图 8－7

（6）颠球：①正脚背颠球：脚尖微微翘起，以脚背正面向上击球的底部中心部位，小腿折叠甩动或膝关节上下转动，左右脚交换连续进行（图 8－8）。

图 8－8

图 8－9

②大腿颠球：支撑腿保持身体平衡，颠球腿抬到与地面平行高度并向上摆动，以腿中段平面部位触击球的底部（图 8－9）。

2. 踢球　踢球是指运动员有目的地用脚的某一部位将球击向预定目标。踢球的方法主要有脚内侧踢球、脚背内侧踢球、脚背正面踢球、脚背外侧踢球等。尽管这些踢球的方法不尽相同，但这们的整体结构却是一致的，均由助跑、支撑脚站位、踢球腿摆动、脚触球、踢球后的跟随动作等五个环节组成。其中脚触球是决定踢球质量的重要环节。

（1）脚内侧踢球：其动作特点是触面积大，可控性强，出球平稳准确，但出球力量较小，主要适用于短传及近距离射门。动作要点：直线助跑，支撑脚落在球的侧方（15 厘米），踢球腿以膝关节为轴，膝踝外展，踝关节紧张固定，用脚的内侧击球的后中部。击球后身体自然跟进（图 8－10）。

图 8－10

（2）脚背内侧踢球：其动作特点是踢球腿摆幅大，摆速快，出球平稳有力，且性能和线路富于变化，主要用于中长距离传球和射门。动作要点：斜线助跑（跑动方向与出球方向成45度角），支撑脚落在球的侧后方（25厘米），踢球脚以髋关节为轴、大腿带动小腿由外后向前内略呈弧线摆动，用脚背内侧击球的后中下部，击球后踢球腿顺势前摆（图8－11）。

图8－11

（3）脚背正面踢球：其动作特点是摆踢动作顺畅且便于发力，但球的路线和性能缺乏变化。主要用于远距离传球和射门。动作要点：直线助跑，支撑脚踏在球的侧方（15厘米），踢球脚以髋关节为轴，大腿带动小腿，当膝关节摆至球体上方时，小腿加速前摆，脚背绷直，五指后扣，以脚背正面击球后中部，踢球后身体自然跟进（图8－12）。

图8－12

（4）脚背外侧踢球：其动作特点是踢球腿摆腿幅度小、摆速快且方向变化较多，快速隐蔽，主要用于短传和射门。动作要点：其动作方法类似于脚背正面踢球，只是摆腿时脚趾向内扣紧斜下指，用脚背外侧击球的后中部，击球后，身体自然跟进（图8－13）。

图8－13

3. 接球　是指运动员运用身体的有效部位，将运行中的球有目的地接控在所需的位置上的动作方法。接球按身体部位可分为脚部、腿部、腹部、胸部、头部接球几类。尽管这些接球的方法不尽相同，但它们的整体结构却是一致的，均由判断选位、支撑、接球动作和接球后跟进等四个环节组成。

（1）脚内侧接球：其技术特点是接球平稳，可靠性强，动作灵活多变，用途广泛。

动作要点：用脚内侧接地滚球时准确判断来球的方向和速度，选好支撑脚位置，接球大腿外转，当脚内侧触球的刹那迅速后撤，把球缓冲在脚下（图8－14）。用脚内侧接空中球时应根据来球的速度及飞行轨迹，及时移动到位，接球刹那，采用引撤动作，将球缓冲于所需要的位置上

(图 8－15)。

(2) 脚底接球：其技术动作特点是动作简单，控球稳定可靠，适合接迎面来的地滚球和反弹球。

图 8－14

动作要点：接地滚球时，接球腿抬起，脚尖翘起，上前压推球，顺势将球运走（图 8－16）。脚底接反弹球时，在球落地及球反弹瞬间，用脚前掌向前推压球的后上部，然后顺势将球调整到所需要的位置上（图 8－17）。

图 8－15

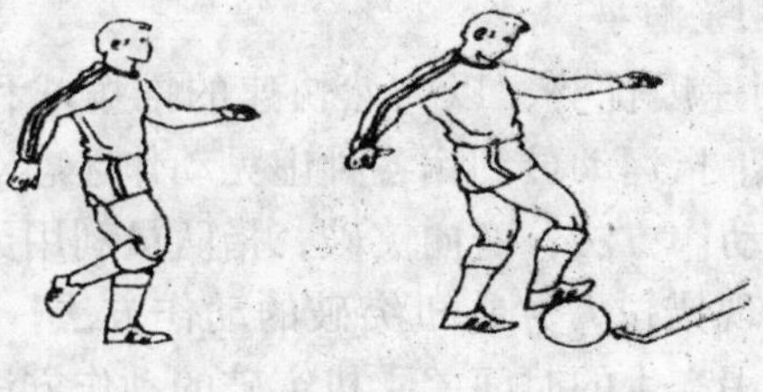

图 8－16

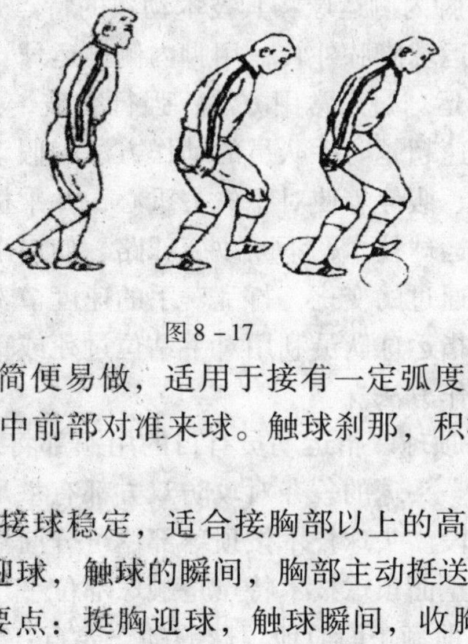

图 8－17

(3) 大腿接球：其技术特点是接球面积大，动作简便易做，适用于接有一定弧度的落降高球。动作要点：准确判断来球的速度和线路，以大腿中前部对准来球。触球刹那，积极引撤下放，使球触腿后落于体前。

(4) 胸部接球：其技术特点是触球点高、面积宽接球稳定，适合接胸部以上的高空球。挺胸接球要点：上体稍后仰与来球成一定的角度。挺胸迎球，触球的瞬间，胸部主动挺送，使球触胸后向前上方弹起落于体前（图 8－18）。收胸接球要点：挺胸迎球，触球瞬间，收胸、收腹，臂部后移，使球落在体前（图 8－19）。

图 8－18

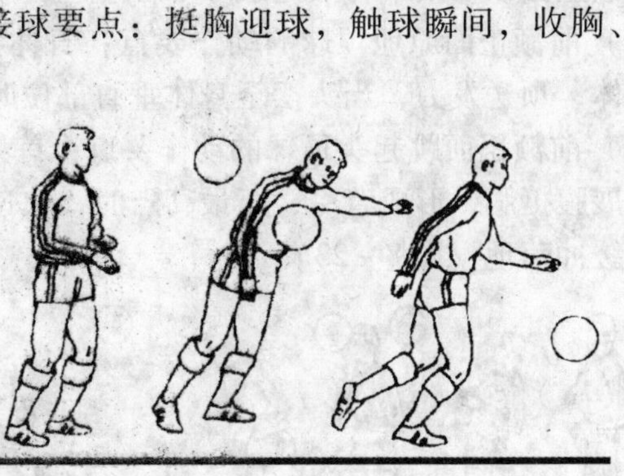

图 8－19

4. 运球及运球过人运球　是指运动员在跑动中为控制球而用脚部进行推拨球的动作。采用运球方法超越防守队员称为运球过人。运球技术基本上包括：脚背正面运球，脚背外侧运球、脚背内侧运球、脚内侧运球等。运球过人技术主要包括强行突破、假动作突破、变向突破、变速突破、人球分离突破。熟练掌握运球及运球过人技术，对调控比赛节奏，掌握进攻时机，破密集防守，创造射门机会有实际作用。

（1）脚背正面运球：其技术动作的特点是直线推拔，速度快，但不能灵活变化运球方向。动作要点：自然跑动，运球腿屈膝提起前摆，脚背绷紧，在着地前用脚背正面推拨球前进。

（2）脚背外侧运球：其技术动作的特点是运球动作灵活，可变性强，便于控制球的方向和发挥速度，有利于身体掩护球。动作要点：自然跑动，在触球刹那，用脚背外侧推拨球的后中部，重心迅速跟上，对球施以有效的连续控制（图 8－20）。

图 8－20

图 8－21

（3）脚背内侧运球：其技术动作的特点是控球稳，运球速度较慢，便于掩护运球和运球变向。动作要点：自然跑动，脚背内侧对着运球方向，在运球脚落地前用脚背内侧推拨球。

（4）脚内侧运球：其技术动作的特点是容易控制球，但速度慢，适合掩护运球。动作要点：运球时，运球脚膝外转，用脚内侧推运球（图 8－21）。

（5）运球过人常用方法：强行突破，是指利用速度优势，以突然快速的推拨球和爆发式的起动，加速超越防手队员的动作方法；假动作突破，指运动员利用各种虚晃动作迷惑对手，如假射、假传、假停等使对手失去重心，并乘机突破的动作方法；变向突破，指队员利用灵活的步伐和娴熟的运球技术，不断改变球路，使对手重心出现错位，并乘机突破的动作方法；变速突破，指运动员通过的变化，打乱对手的速度节奏，并利用产生的时间差乘机突破的动作方法；人球分离突破：指运球队员利用对手站位过死或重心移动过猛时，突然推球从其胯下或体侧越过，实现突破的动作方法。

5. 头顶球　指运动员有目的用额部将球击向预定目标的动作方法。现代足球比赛是一种立体攻防战。头球的争夺对攻防双方都有举足轻重的意义，它是一种快速简练，适用于进攻和防守的技术手段。头球技术按顶球部位可分前额正面和前额侧面顶球。

前额正面顶球技术特点是触球部位平坦；动作发力顺畅，容易控制出球方向。

（1）前额正面原地顶球的动作要点：身体正对来球，随球临近，身体自下而上地蹬地、收腹、摆体、顶送发力，当头摆至身体垂直部位时，用额正面击球的后中部（图 8－22）。

（2）前额正面跳起头顶球的动作要点：首先判断好来球落点，起跳分原地和助跑起跳两种。起跳后展腹挺胸，形成背弓，至最高点时，快速收腹，下颏收紧，前额积极迎球顶送发力，顶球后屈膝缓冲落地（图 8－23）。

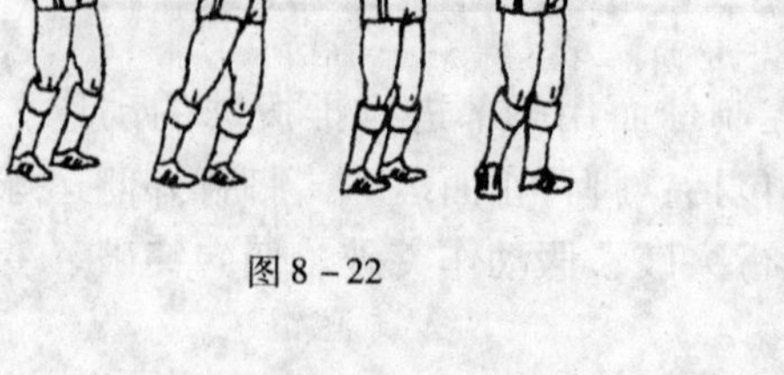

图 8－22

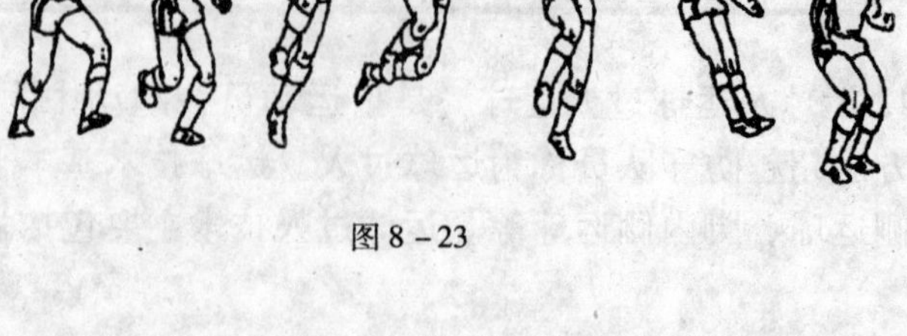

图 8－23

（3）前额侧面顶球技术的特点是变向突然、出球线路难以预测，但动作难度较大，出球方向较难控制。前额侧面顶球动作要点：原地顶球时，身体侧对来球，顶球时，后腿向出球方向猛力蹬伸，身体随之转动侧摆，同时颈部侧甩发力，用前额侧面将球顶出。跳起顶球动作类似前额正面跳顶，只是在起跳上升阶段，上体应向出球的相反方向回旋转体，当重心至最高点时，上体向出球侧加速转动，摆体侧甩，用前额侧面将球顶出。

6. 抢截球　是指在规则允许的范围内，使用身体的合理部位，将对手控制下或传递中的球夺过来、踢出去或破坏掉。抢截球技术基本方法有三种：正向抢球，侧面合理冲撞抢球，侧后铲球。这里我们只介绍正面抢球，侧面合理冲撞抢球技术。

图 8－24

（1）正面抢截球：对手从正面运球来时的抢截方法。动作要点：面对控球者两脚前后开立，当控球人运球出脚触球落地刹那，快速上步，用脚内侧将球捅走；如与对手同时触球相持，可向前上方顺势做提拉动作，使球从对手脚向上滚过，身体重心同步跟进（图 8－24）。

（2）侧面合理冲撞抢球：防守队员与控球者平行跑动或从后面追成平行时采用的抢截球方法。动作要点：当与对手平行跑动时，趁对方靠近自己一侧的脚离地一刹那，用肩肘部冲撞对方相同部位，使对方失去身体平衡，达到控制球的目的（图 8－25）。

图 8－25

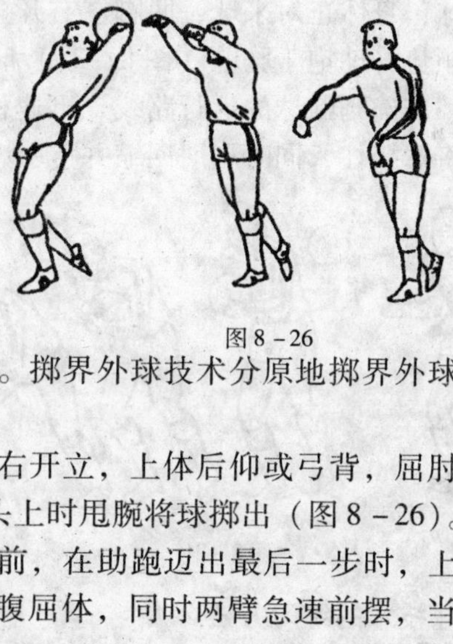

图 8－26

7. 掷界外线　在比赛中越出边线的球为界外球。掷界外球技术分原地掷界外球和跑动掷界外球两种。

（1）原地掷界外球的动作要点：两腿前后或左右开立，上体后仰或弓背，屈肘将球置于头后；掷球时，收腹屈体，两臂急速前摆，当球摆至头上时甩腕将球掷出（图 8－26）。

（2）助跑掷界外球的动作要点：双手持球于胸前，在助跑迈出最后一步时，上体后仰，并将球举至头后，借助跑的冲力，后腿用力蹬地，收腹屈体，同时两臂急速前摆，当球摆至头上时，用力甩腕将球掷出。

8. 守门员技术　守门员技术是比赛中守门员所采取的各种有效防御动作和接球后所做的助攻动作的总称。守门员基本技术包括位置选位、准备姿势、移动、接球、运球、掷球、踢球等。

（1）选位：通常情况下，守门员选位应站在两球门柱与射门时所处的位置形成的分角线上；当对方近射时，守门员应靠前些，以缩小对方的射门角度；当对方远射时，站位可稍后移，以防对方吊球进门（图 8－27）。

（2）准备姿势：两脚左右开立，约与肩同宽，两膝自然弯曲并稍内扣，脚跟稍提起，上体稍前倾，两臂于体前自然屈肘，五指自然张开，掌心相对，注视来球（图 8－28）。

（3）移动：守门员应根据来球的方向而相应调整自己的站位；左右移动，一般采用侧滑步和交叉步，前后的移动一般采用跑动和跨步。

（4）接球：包括直腿接地滚球、单腿跪撑式接地滚球、接平直球、接高球等技术。

直腿式接地滚球：两腿自然开立，上体前倾，两臂自然下垂，两手小指靠近，在手触球的一刹那，立即后引、屈肘、屈腕，两臂靠近将球抱于胸前（图 8－29）。

图 8－27

图 8－28

图 8－29

单腿跪撑式接地滚球：身体正对来球，两腿前后开立，成跪撑动作，并靠近前脚脚踵，在手触球的一刹那，两手后引、屈肘、屈腕，两臂靠近将球抱于胸前，然后起立（图 8－30）。

图 8－30

接平直球：身体正对来球，两脚左右开立，两臂下垂屈肘前迎，当手触球的一刹那，两臂后引、屈肘，顺势将球抱于胸前（图 8－31）。

接高球：准确判断球的运行路线，迅速移动并跳起，两臂上伸迎球，当手触球时，手腕和手指适当用力将球接住，同时屈肘回缩并下引，顺势翻掌，将球抱于胸前（图 8－32）。

图 8－31

图 8－32

三、足球技术的练习方法

（一）踢球技术主要练习方法

各种踢球技术的无球模仿练习。两人一组一人踩球另一人做踢球的模仿性练习；利用足球墙进行各种踢球技术练习；由踢静止球开始，过渡到滚动球，力量由小到中等，距离由近到远，从注意技术环节的正确与否到练习将球踢向各角度的目标；各种脚法的一抛一踢空中球练习，两人一组，相距 5～10 米，一抛一踢练习，距离由近到远逐步进行。半场或四分之一场地的传抢球练习，在半场或四分之一场地内，的组队员每组 7～11 人，进行长、短传的传球和盯人抢截练习；各种射门练习。

（二）接球技术主要练习方法

一人一球对墙踢地滚球，并前迎用脚的各部位接各个方向来球；两人一球，相距约 15 米，相互踢地滚球，并进行前迎接球练习；两人一球，相距 10 米左右，一人抛球，一人迎上接反弹球或胸部接球；两人一球，相距约 25 米，在相互传球中进行接反弹球或空中胸部球的练习。

（三）运球及运球过人技术主要练习方法

慢跑中的有节奏的匀速练习；沿规定路线做匀速、变速、变向运球；听、看信号做转身、变向运球；圆圈技巧运球，即在一个圆圈内，所有队员每人一球进行各种运球技巧练习力争眼多观察球不丢失；练习运球过障碍；障碍物标志可多可少，控制好过障碍的运球力量与方向。

（四）头顶球技术主要练习方法

头顶颠球练习。每人一球，连续头顶颠球体会用力与顶球动作要领；无球模仿练习。原地做两脚前后或左右开立的顶球动作、跳起和跑动顶球动作；两人一组的抛顶球练习。两人一组，相距 5 米，一抛一顶，连续 10 次交换；熟练后进行前后、左右移动中顶球，抛高球进行原地起跳和跑动起跳顶球练习。

（五）抢断球技术主要练习方法

正面跨步抢截双人练习：两人相距 2～5 米，距离由近到远，力量由小到大，一人运球接近，一人跨步堵抢；合理冲撞练习：两人同向慢跑，用适当力量进行冲撞练习；两人距离 3～5 米，进行跑动中冲撞对抗，抢截原地球；两人追抢向前滚动的球，进行合理冲撞对抗练习。

（六）守门员技术主要练习方法

无球条件下的准备姿势、选位、移动练习：在门前，看信号做各种移动练习；接球练习：练习者坐在地上，双臂上举前迎，掷球人距其一米外，向其左右、胸前、头上抛球；互抛、接地滚球、平定球、高球练习：2 人相距 10～15 米，互相掷、接球。熟练后可向左右移动接球或前后移动中接球。

第三节　足球战术与练习

一、足球战术概念与分类

足球战术是指在足球比赛中，为了战胜对手，根据主客场的实际情况，所采取的个人和集体配合方法、手段及形式。足球战术分为进攻和防守战术两大系统，其中又分别包含着个人和集体攻守战术两类（图 8－33）。

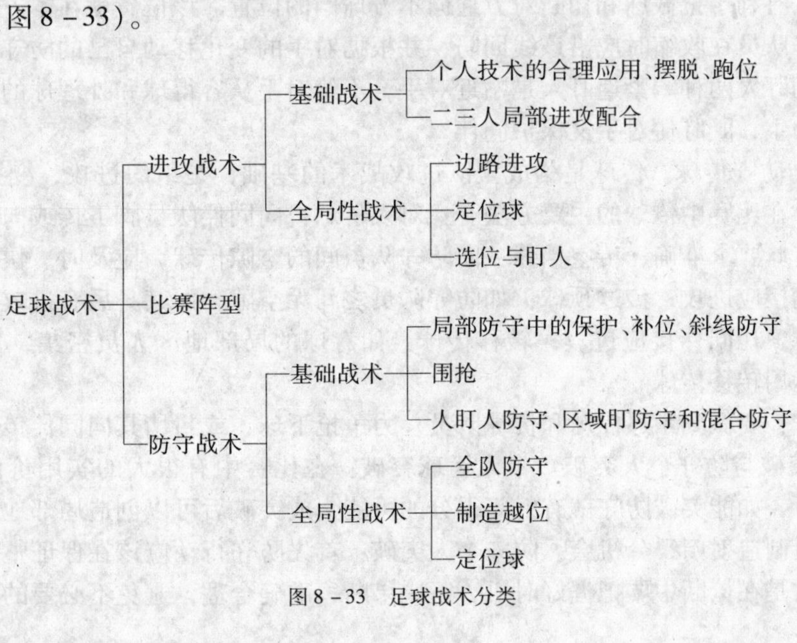

图 8－33　足球战术分类

（一）足球比赛阵型

所谓比赛阵型是指为了实现预定的比赛任务，而将各种类型的运动员有机而协调地排列在比赛场上。阵型的人数排列一般从后卫排向前锋，根据队员排列的层次分成：后卫线、前卫线、前锋线。目前在足球比赛中常用的阵型主要有：4－3－3阵型、4－4－2阵型、3－5－2阵型、5－3－2阵型。

1. 4－3－3阵型特点　它是由4－2－4阵形演变而来其区别在于，撤回一个前锋，加强中场。这一阵形的位置比较灵活，它要求队员能根据战势机动调整位置。从防守上看，该阵形至少有7个防守者，而一般队只有6名队员参与积极进攻。当进攻时，由于前锋和前卫总是受到严密盯防，这样，该阵形特别强调后卫突然插上进攻。

2. 4－4－2阵型特点　该阵形是英格兰队教练拉姆塞在20世纪60年代发明，对足球的发展起着里程碑似的作用，它几乎成为所有职业队在20世纪采用的阵形。首先，它确保防守有足够的人数；其次，中场有更多的主动权，为两名前锋提供充足的支持，而且该阵形对两名前锋的个人能力要求更高。

3. 3－5－2阵型特点　随着全攻全守打法的兴起，世界足球的一个趋势是夺中场者夺天下的论调占主导地位。由于1986年世界杯在墨西哥举行，阿根廷教练比拉尔多针对本队特点，设计出3－5－2阵形打法。该打法由于中场人数增加至五人，形成了牢固的防守屏障。中场五人可随时插上进攻和撤回防守，机动性更大，五名前卫同时投入进攻或防守，将会增强全队的攻守力量。

4. 5－3－2阵型特点　该阵型在防守时可以迅速形成多人组成稳固的防线，进攻时可以迅速形成3－5－2阵型施展攻击，两个边后卫可沿边线攻守或与同侧边前卫纵向换位，以增加攻守的力量。

（二）足球战术（攻防）

1. 个人战术　（1）跑位与选位、盯人。跑位是指在比赛中运动员无球时，通过有意识的活动，为自己或同伴创造得球机会。跑位的主要方法有：摆脱跑位：在紧逼的情况下跑到空档位置；切入跑位：在摆脱或无人盯防的情况下切入到有利的位置；扯动跑位：有意识地引开防守而进行跑位；牵制跑位：有意识地拉开与防守队员间的距离，制造空档的跑位。

选位、盯人是指防守队员为占据合理的防守位置及限制进攻队员所采取的行动总称。选位时防守队员应占据有利于抢截球和切断对方通向本方球门的位置。该位置就在本方球门与对方之间的直线上，防守队员在收缩时应沿该线回防，并根据对手的变化移动自己的防守位置。盯人分为紧逼盯人和松动盯人两种。紧逼盯人是贴近对手，不给对手从容得球和外理球的机会。松动盯人是以区域站位为主，既盯住对手又保护同伴。

（2）传球与防守传球。传球是构成全队进攻战术的基础，是组织进攻，变换战术和创造射门的重要手段。在比赛中传球的主要方法有：对人传球：向同伴队员脚下传或向离防守队员较远的同伴传球，传球要求准确；传空档球：向防守队员间的空隙传球，应及时、快速传出低平弧线球，以利同伴随接应进攻；传过顶球：如防守队员之间无空隙，而其身后有进攻空隙，控球队员应及时传过顶球，让同伴接应进攻；转移传球：如有球的局部地区人员密集，传球的线路被封死，则应及时运用转移传球。

对传球防守：要做到紧逼控球和传球队员，力争抢下球，或封堵其向同伴传球路线。

（3）个人突破与防守个人突破。个人运球突破：在比赛中有很大的实用价值，尤其在前场一对一的情况下，如能突破防守就有射门得分的可能，或突破后可以创造局部地区以多打少的局面及为本方队员制造射门得分机会。防守个人突破：首先防守行动应该在保证整体稳固防守的前提下进行；其次是在抢断中要把握好时机，坚决果断，准确合理，避免不必要的犯规动作。

(4) 射门与防守射门。射门是决定一切比赛胜负的关键。比赛中球队一切进攻行动都是围绕着射门这一中心环节进行的。射门应做到快、准、狠、变。快：射门动作速度要快，要抢先于对手完成射门动作；准：射出的球要避开守门员，选择好角度；狠：要有冒险精神，敢于强行射门和抢点射门；变：根据门前瞬间的情况变化，及时改变射门方法。

对射门的防守首先要防对方直接射门，可采用封堵其射门路线和角度；其次要防对方运球突破射门，防守队员应果断地抢球或破坏掉射门球。

2. 局部战术　(1)“二过一”与“一防二”：“二过一”战术配合：指在局部地区两名进攻队员，通过传球、跑位配合突破一个防守队员的方法。一般常用的“二过一”配合方法有：

斜传直插二过一配合：由进攻队⑩或⑦向前运球，吸引防守者②或⑨的注意力，然后做突破斜传球。由⑪或⑧队员快速直插接球，突破防守（图 8－34）。

直传斜插二过一配合：由进攻队员⑩或⑦队员做直传球，同队的⑪或⑧队员都做斜线插上接球（图 8－35）。

图 8－34

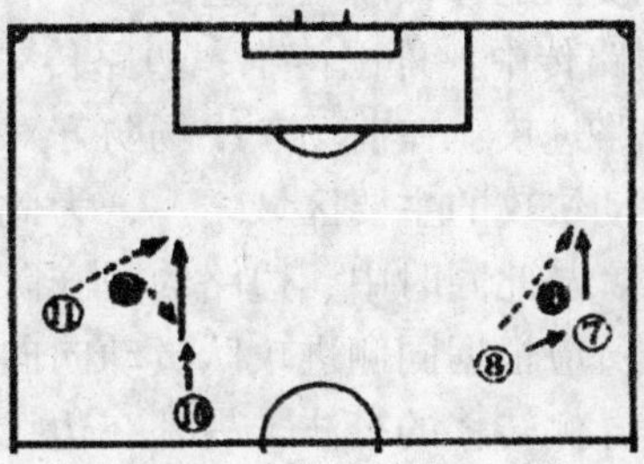

图 8－35

回传反切二过一配合：由⑪队员回撤迎球，回传给⑩队员，拉出防守队员身后空档。⑪队员突然反切，⑩队员将球传向防守者身后（图 8－36）。

交叉掩护二过一配合：由⑨队员向侧带球，同⑩队员交叉跑动，在二人贴近时候，由⑩队员带球快速切入突破（图 8－37）。

踢墙式二过一配合：由⑧队员快速向前运球，在防守队员②阻击时，及时向⑨队员脚下传球，⑨号队员像墙一样，一次出球将球反弹至防守者②身后，⑧队员快速插上接球（图 7－38）。

运用二过一战术配合要求：抓住战机；传球适当；避免越位；注意纵深。

图 8－36

图 8－37

图 8－38

(2)“一防二”：一防二是一个防守队员在局部地区防守两个进攻队员所采取的方法。进行一防二时应注意：以堵为主，正确选位，不使对方轻易突破，以赢得同伴回跑的时间，改变以少防多的不利局面。集中力量防守要害地区，不让对方将攻势推进至中路以直接威胁球门地区，可采取“堵中放边”的策略，迫使对方去边线，减少其进攻的威胁。

3. 整体攻防战术　整体攻防战术是一个球队在比赛进攻和防守过程中，所采取的统一行动方法及步骤。

(1) 整体进攻战术主要有中路进攻战术、边路进攻战术和转移进攻战术。每种进攻战术的发展过程，一般分为三个阶段，即开始进攻阶段、组织阶段、结束阶段。开始阶段：牢固地控制住球，拉开、创造空间，组织反击；组织阶段：无球跑动、交叉换位、转移传球、运球渗透、保持队形、攻击防守人身后；结束阶段：传中抢点射门、远射、传切配突破射门。

（2）整体防守战术主要有盯人防守战术、区域盯人和综合防守战术三种。通常一次完整的防守战术过程分三个阶段，即防守开始阶段、组织阶段、结束阶段。防守开始阶段：丢球即抢，就地阻击延缓对手推进速度，积极回防保护；防守组织阶段：抢占有利防守空间，对攻击者施加压力，加强中场防守，缩小防守范围，夹击和围抢，行动统一，保护球门；防守结束阶段：紧逼盯人，重点防范不让对手轻易攻击球门。

4. 边路进攻与防守边路进攻　边路进攻的特点是充分利用场地的宽度，拉开对方的防线。边路场区防守队员较少，防守的纵深保护较差，可利用的空当较大。较容易突破对方防线然后采用传中等手段，创造中路射门得分的机会。边路进攻在战术上的要求：

（1）边中并进；上下结合；相互策应。

（2）运球突破：边锋或跑位到边路的队员运球突破；边锋与中锋或前卫二过一配合；边锋与中锋交叉换位配合；前卫套边配合；后卫插上套边配合。

（3）边路传中：外围传中；边路传中；下底回扣传中；两肋楔进传切配合射门。

防守边路进攻：在前场、中场防守对方的边路进攻应以延缓其快攻为主。后场、中场边路地区是对方发动快攻的主要区域之一，为此防守时靠近球的防守队员要堵截、延缓进攻队员快速向前传、运球。与此同时中、边路的防守队员应快速抢占对手可能传球或运球突破的地区。而另一侧的防守队员应根据同侧进攻队员动向向有球的一侧移动，以便有效的防范对方因为边路进攻受阻而采用的异侧转移的打法。另外在边线、边角地区还应积极地进行夹击和围抢。在后场防守对方的边路进攻应以制止传中或减弱传中的威胁为主。

5. 中路进攻与防守中路进攻　（1）中路进攻是指在对方半场中部发展与结束的进攻。中路进攻的特点是进攻投入的人数多，层次深，配合点多、面广，射门角度大，破门机会多。中路进攻的主要方式有运球突破、踢墙式二过一配合、运球交叉掩护配合、回撤反切突破、横扯插上突破、头球摆渡的定位球配合等。

（2）防守中路进攻：在前场防守中路进攻应以堵中防边、伺机断抢为主。在中场防守中路进攻应以延缓其快攻为主。在后场防守对方中路进攻应采用有效控制，针锋相对的措施，如争顶高球射门与防争顶高球射门；运球突破射门与防运球突破射门；二过一、传切、掩护插上射门与盯防二过一，传切、掩护插上射门；另外抢先触球、大脚解围等。除此之外，还应对组织核心、优秀射手，采取专人盯防战术抑制其水平的发挥。

二、足球战术练习方法

（一）个人战术练习方法

技术是战术的基础，各种技术的合理运用，反映个人战术能力。因此个人战术的训练应该贯穿在各种练习中，根据技术掌握的程度，提出战术要求。

1. 跑位与传球练习方法　按教师信号要求和手势作各种跑位练习；摆脱接球练习。两人一组，一人传球，另一人坐各种技设有防守的跑位接球练习；在对手盯抢下摆脱接球练习；前后移动的传球练习；两人向前跑动传球练习；两人交叉换位跑动传球练习；两人一组接运传球练习。

2. 选位与盯人练习方法　移动中选位与盯人练习；无球的结合球门联系；诱导性有球练习；结合位置的诱导性练习；一对一选位与盯人练习；一防二练习。

（二）局部战术练习方法

局部战术配合能力是个人战术能力的发展，整体战术的基础。在练习二过一战术配合时，教师应对各个战术环节完成方法用简明的语言随时提醒学生。同时在练习中，要培养学生观察力、时机选择和战术行动的合理性。主要的练习方法有：固定防守二过一战术配合练习；固定第二传球者二过一配合练习；固定第二传球者往返二过一配合练习；回传反切直插二过一配合练习；连续二过一配合练习；连续二过一配合射门练习；有防守的二过一配合射门练习。

（三）整体攻守战术练习方法

整体战术练习是一种有明确位置分工和攻守方向并联系几个位置区域的各种组合练习。练习的主要目的是发展每个位置队员全面灵活的以攻守战术原则为指导，将合理有效的各种个人战术行动和局部战术配合服务于全队战术打法的整体攻守能力。练习中，要求每个队员既要按照全队整体战术设计练习，又要注意发挥队员的创造性。同时要求加强各位置之间，各条线之间的了解和配合。增强和不断丰富整体战术意识。其主要练习方法有：诱导性防守练习；边路传中和中路射门练习；边路进攻练习；快速反击练习；半场攻守练习；全场攻守练习。

第四节　足球竞赛与欣赏

一、足球竞赛规则简介

（一）比赛场地

标准国际比赛场地长度为110～100米，宽度为75～64米。

（二）比赛用球

皮革或其他适当的材料制成；圆周不长于70厘米、不短于68厘米；重量在比赛开始时不多于450克、不少于410克；压力在海平面上等于0.6～1.1个大气压力。

（三）队员人数

一场比赛应有两队参加，每队上场队员不得多于11名，其中必须有一名守门员。如果任何一队少于7人则比赛不能开始。每场比赛最多可以使用3名替补队员。

（四）裁判员

1. 裁判员的权力　每场比赛由一名裁判员控制，他被任命具有全部权力去执行与比赛有关的竞赛规则。

2. 权限和职责　执行竞赛规则；与助理裁判员及当有第四官员时，和他们一起控制比赛。

3. 裁判员的决定　裁判员根据与比赛相关的事实所作出的决定是最终的。

4. 助理裁判员　应依据竞赛规则协助裁判员控制比赛。

（五）比赛时间

比赛分为上下两个半场，每半场45分钟。中场休息不得超过15分钟，特殊情况经裁判员和双方同意另定除外。任何改变比赛时间的协议（如因光线不足每半场减少到40分钟）必须在比赛开始之前规定，并要符合竞赛规程。在全场90分钟内打成平局，需打加时赛，加时赛分上、下两个半场（各15分钟，共计30分钟），中场不休息，只交换场地，采用突然死亡法，如仍为平局，则罚点球决出胜负。

（六）越　位

判罚越位犯规应依据三个条件：进攻队员传球一刹那，同队队员在对方半场内所处的位置比球更接近对方端线；接球队员与对方端线之间少于二名防守队员；直接从越位位置获得利益或干扰比赛，也应判罚越位犯规。

对于任何越位犯规，裁判员应判给对方在犯规发生地点踢间接任意球。

（七）犯规与不正当行为

1. 直接任意　裁判员认为，如果队员草率地、鲁莽地或使用过分的力量违反下列六种犯规中的任何一种，将判给对方踢直接任意球：踢或企图踢对方队员；绊摔或企图绊摔地方队员；跳向对方队员；冲撞对方队员；打或企图打对方队员；推对方队员。如果队员违反下列四种犯规中的任何一种，也判给对方踢直接任意球：为了得到对球的控制而抢截对方队员时，于触球前触及对方队员；拉扯对方队员；向对方队员吐唾沫；故意手球（不包括守门员在本方罚球区内）。

2. 间接任意球　如果守门员在本方罚球区内违反下列五种犯规中的任何一种，将判给对方踢间接任意球：当手控制球时，在发出球之前行走四步以上；在发出球之后未经其他队员触及，再次用手触球；用手触及同队队员故意踢给他的球；用手触及同队队员直接掷入的界外球；拖延时间。裁判员认为，如果队员在下列情况时，也将判给对方踢间接任意球：动作具有危险性；阻挡对方队员；阻挡对方守门员从其手中发球；在犯规发生地点踢间接任意球。

二、足球竞赛观看与欣赏

足球比赛是体育观赏活动中内容最为丰富、最吸引人、最具悬念和最精彩的，观众既能感受到异域文化的交融与碰撞，又能领略到赛场上充满激情魅力和震撼。足球比赛精彩异常，战术变化繁多，球星表演引人入胜，教练员临场指挥斗智斗谋，裁判员执法如山，阵形布局捉摸不透。如此这般，一场高水平的足球赛，将给球迷带来全方位的享受。那么，怎样从各不相同的角度观赏、品味足球比赛呢？

（一）赛前了解以下情况

1. 弄懂比赛规　国内外的比赛规则的执行大体分为两类：一类是由国际足联统一组织的比赛，比赛规则是严格按照国际足球联合会所制定的内容去执行。另一类则属于双边友好往来所进行的比赛，这类比赛在每方上场的替补队员人数、比赛时间、最后决胜的方式上，可经双方协商，以期达到增进感情、切磋球技的目的。

2. 了解双方出场人员　高水平的足球比赛总是紧张激烈、精彩纷呈的。不论观赏什么样的精彩镜头或场面，首先要了解双方出场人员，首发上场是哪些队员、有何特长、擅长什么位置和打法。

3. 了解比赛双方的技术风格　风格是一个球队的概貌和特征，包括技术和战术、身体和心理素质、思想作风等，不同的球队有不同的风格。一般来讲，两支不同风格的球队交锋，比同居一种风格两支球队的对垒要精彩得多。

4. 了解对阵双方的球星情况　一支球队中有无球星助阵，关系比赛的上座率及比赛的精彩程度，同时，真正的世界级球星也会以自己出众的球技使他所在的球队在竞争中处于有利的位置。

（二）赛中抓住比赛重点进行观赏

1. 看双方排出的阵形　双方的阵形对了解双方的攻防意图、整队实力及战术风格大有好处。最常见的进攻阵形有“四三三”“四四二”“三五二”等。防守阵形有“五三二”“五四一”等。阵形在比赛中不是固定不变的，教练员、运动员会根据比赛中的具体情况灵活的运用。

2. 看双方攻防特点　进攻时，球队主要是采用边路进攻、中路进攻，还是以转移进攻战术为主，整体的推进速度是快还是慢，是着重整体战术还是采取突出球星战术。防守时，球队在防守时主要采用盯人防守、区域防守还是综合防守，后半场队员之间的协防配合及后卫与守门员之间配合防守情况等。

3. 看球星的表演　欣赏球星的球技，感觉是非常绝妙的。4 年一度的世界杯之所以有那么大的吸引力，很重要的一点就是每次都有足坛的新人涌现出来。世界杯造就了球星，为球星提供了表演舞台。同时，球星也塑造了世界杯，为大赛增光添彩。

4. 看教练员的临场指挥水平　球队比赛的胜负，与教练员的临场指挥水平有极大的关系。

因此，临场指挥能力是衡量教练员水平的一个重要参考依据。教练员的临场指挥水平主要反映临场战术的改变及场上队员的调遣上。

5. 看裁判员执法是否合理　裁判员的水平高低和执法是否合理将起到至关重要的作用。一名高水平的、执法公正的裁判员，应是一名善于处理赛场复杂情况的能手．能控制双方的过激情绪，及时判罚那些违反规则的队员，另外，裁判员还应该是一名心理学家，能及时洞察犯规队员是有意还是无意。球迷在观察的时候，不要忘了观察一下裁判员的执法是否合理，起到一个舆论监督的作用。

(三) 赛后做出自己的评价，提高观赏水平

有人曾说：真正的球迷，足球给他带来的乐趣，三分之一在赛前，三分之一在赛中，还有三分之一是在赛后。赛前，展望双方的获胜前景；赛中，细心观察双方的水平发挥；赛后，对成、败双方得失的因果关系作出自己的判断，并大胆预测双方下一轮的比赛情况。逐步提高自己的分析、观赏水平。

复习思考题

1. 足球技术、战术的概念。
2. 试分析踢球、接球、运球、头顶球的技术动作过程及主要的练习方法。
3. 何为越位？其判罚的标准是什么？举例加以说明。
4. 谈谈在比赛中如何合理地运用“二过一战术”配合？
5. 浅析如何去观赏一场足球比赛？

主要参考书目

宋志平．篮球·排球·足球教程［M］．北京：人民体育出版社，2006
王崇喜主编．球类运动——足球［M］．北京：高等教育出版社，2002
周志俊，吴峰主编．《大学体育》［M］．合肥：安徽人民出版社，2006
全国体育院校教材委员会编．足球球运动高级教程［M］．北京：人民体育出版社，2002

第九章 排 球

第一节 排球运动概述

排球运动于1895年诞生于美国，由美国马萨诸塞州霍利沃克城的基督教青年会干事威廉·莫根创造了排球运动的雏形。为了迎合人们对运动量大小的不同要求，威廉·莫根结合当时盛行的网球和篮球运动，将网球的网挂在篮球场中间，采用篮球的内胆，让游戏双方用手将球像网球那样打来打去，后来规则逐渐完善，每方击球次数不得超过3次。当时的排球圆周为63～69厘米，重量为0.255～0.340千克。现今人们常用的排球虽然在工艺方面做过多次改进，但改动不大。

排球是在1905年通过教会传入我国，在发展的过程中先后经历了16人制、12人制、9人制的比赛形式及相应的规则，直到20世纪50年代初才正式开展6人制排球运动。

排球比赛是两队以中间球网为界，通过发球、垫球、传球、扣球、拦网等动作来组织进攻与防守的球类活动。

排球运动是一项在我国和世界开展得比较普遍的体育运动项目之一，深受各阶层的人们特别是广大青少年的喜爱。尤其是我国女排在20世纪80年代取得五连冠，2003年在日本重夺世界杯冠军，2004年在雅典重夺奥运冠军，2008年在北京奥运会中获得第三名，使得排球运动项目在国人心目中一直保持较高地位。“女排精神”一直激励着各个阶层的人们，为社会主义现代化建设贡献力量。

第二节 排球基本技术与练习

排球技术是指在排球规则允许的条件下，运动员所采用的各种合理的击球动作和其它配合动作的总称。垫球、传球、发球、扣球和拦网等称为有球技术；而各种准备姿势和移动称为无球技术。

一、准备姿势

运动员在起动、移动和击球前所采用的合理的身体姿势，称为准备姿势。分为稍蹲、半蹲和深蹲。稍蹲用于扣球、拦网，半蹲用于接发球，深蹲用于后排防守和前场的保护。

二、移 动

运动员从起动到制动之间的位移和动作称为移动。其目的是及时接近球，保持好人与球的位置关系，以便于击球。移动的步法很多，并步、滑步、交叉步、跨步、跨跳步、跑步、后退步等。

三、制 动

由快速移动转为突停状态的过程称为制动。制动是移动的结束，也是击球的开始。制动的方法有一步制动法和两步制动法。

四、发 球

发球是排球比赛的一项重要的进攻性技术，它随着排球运动的发展而不断的创新与提高，其目的在于直接得分和破坏对方的进攻，从而给对方造成心理上的压力。发球技术分为正面下手发球、侧面下手发球、正面上手发球、正面上手飘球、跳发球等。无论哪种发球，其动作都是由准备姿势、抛球、挥臂、击球等几部分组成。

（一）正面下手发球（以右手发球为例）

正面下手发球是指发球队员面对球网，手臂由后下方向前摆动，在体前腹部高度击球过网的一种发球方法。其特点是动作简单，容易掌握，准确性大。但由于击球点低，球速慢，攻击性不强。这种发球方法，在比赛中已很少采用，适合初学者。初学者学习这种技术后，有利于进行接发球练习和教学比赛时使用。

1. 动作方法（图9－1） （1）准备姿势：面对球网、两脚前后开立，上体前倾，左手持球置于腹前。

（2）抛球：左手将球轻轻抛起于体前右侧，球离手约一个球的高度，右臂以肩为轴向后摆。

（3）击球：右脚蹬地，身体重心随着手臂由后向前摆动而前移，用掌根击球后下部，击球后，身体重心随击球动作前移，迅速进场比赛。

图9－1

2. 技术分析 击球手臂应以肩为轴向后摆起，再以肩为轴直臂向前摆动，在击球前手臂不应有屈肘动作，这样有利于加快挥臂速度和控制击球出手角度以及路线并加强发球准确性和攻击性。手触球时，手指、手腕要紧张，手成勺形，以掌根部位击球。

（二）侧面下手发球

用于女子初学者。发球失误少，但攻击性不强。

1. 动作方法（图9－2） （1）准备姿势：左肩对网，两脚左右开支，约与肩同宽，两膝微屈，上体稍前倾，重心落在两脚之间，左手持球置于腹前。

图9－2

（2）抛球：左手将球平稳上抛于胸前，距身体约一臂远，球离手高度约一个半球。抛球同时，右臂由右侧后下方向前摆。

（3）挥臂击球：利用脚蹬地向左转体的力量，带动手臂向前上方摆动，在腹前用全掌、虎口或掌根击球后下方。击球后，身体转向球网，并顺势进场。

2. 技术分析　利用蹬地转体动作带动手臂挥摆由体侧后下方向斜前上方挥动；击球点不应超过肩的高度，并注意控制击球出手的角度和路线；出手时仰角大，球飞行就高，仰角太小，则不易过网。

（三）正面上手发飘球

正面上手发飘球是指采用近似正面上手发球的形式，击球力量通过球体重心，使发出的球不旋转而不规则地飘晃飞行的一种发球方法，这种球使接发球队员难以判断其飞行路线和落点。该发球队员是面对球网站立，便于观察情况和瞄准目标，所以攻击性和准确性较高。目前此发球技术在各类水平的比赛中均被男女队员广泛采用。

1. 动作方法（图 9－3）　（1）准备姿势：近似正面上手发球，但左手持球的位置较高，约在胸前。站在离端线的距离变化较大，可站在靠近端线处，也可站在离端线 8 米左右处发。

（2）抛球与引臂：左手将球平稳的抛在右肩前上方，高度应稍低于正面上手发球，并稍靠前些。在抛球的同时，右臂上举后引，肘部适当弯曲并高于肩，两眼盯住球的击球部位。

（3）挥臂击球：与正面上手发球一样做鞭甩动作，但击球前手臂的挥动轨迹不呈弧形，而是由后向前作直线运动。击球时，手指并拢，手腕稍后仰，用掌根的坚实平面击球的中下部，使作用力通过球体重心。击球用力要快速，击球面积要小，触球瞬间，手指、手腕要紧张，不加推压动作，击球结束，手臂要有突停动作。

图 9－3

2. 技术分析　为了击准球，抛球要平稳且不宜过高。抛球时，左手应将球向上托送一段距离，抛球高度以略高于击球点为宜；发球仰角的大小，主要根据队员身材的高矮来变化。身材高、力量大、爆发力强的队员，发球的仰角应小些；反之，仰角应大些；发飘球的用力，不像大力球那样全身用力，主要靠挥臂动作。动作幅度可小一些，但发力要突然、快速、短促；为了升高击球点，提高攻击性，可采用跳起发飘球。

（四）正面上手发球

正面上手发球是指发球队员面对球网站立，利用收腹转体动作带动手臂加速挥动，在头的右前上方用全手掌击球过网的发球方法。这种发球击球点高，可充分利用胸腹和上肢的爆发力，加之运用手掌的推压动作使球呈上旋飞出，不易出界，因此它具有较大的攻击性和准确性。

1. 动作方法　（1）准备姿势：面对球网，两脚自然开立，左脚在前，左手托球于体前。

（2）抛球和引臂：左手将球平稳地抛于右肩的前上方，高度适中，同时右臂抬起，屈肘后引，肘与肩平，上体稍向右侧转动，抬头、挺胸、展腹、手掌自然张开。

（3）挥臂击球：利用蹬地，使上体向左转动，同时收腹，带动手臂向前上方快速挥动。在右肩前上方伸直手臂，在最高处用全掌击球的后中下部。击球时手指和手掌要张开和球吻合，手腕要迅速做推压动作，使球呈上旋飞行。击球后，随着重心前移，迅速入场。

2. 技术分析 （1）准备姿势和发球的取位：准备姿势应把左脚置前，这样便于引臂和身体自然右转。发球的取位应根据对方接发球布阵情况和攻击目标以及发球队员自身的特点来选定，在端线后9米宽的区域内，可以站在左右两侧，也可站在中央发球。前后距离要根据个人发球特点和性能变化来确定，一般可分远、中、近3种位距，离端线6米以上为远距离发球；离端线3米以内为近距离发球；离端线3～6米为中距离发球。

（2）抛球与引臂：抛球应以手臂上抬、手掌平托上送的动作将球抛在身前30厘米处，球离手约1米左右高度为宜。球一定要平稳上抛，不要屈腕，以免球体旋转和偏离上抛垂直线，造成击球不准。抛球过前，会造成手臂推球而不易过网；抛球过后，不能充分发挥转体收腹力量；抛球过高，不易掌握动作节奏和击球时机；抛球过低，不能充分发挥击球的力量和提高击球点。右臂后引时，应有屈肘上抬的动作，要充分拉长胸腹和肩关节前侧的肌肉，便于增加工作距离和击球的力量。

（3）挥臂击球：挥臂时，发力是从两足蹬地开始，上体迅速向左侧旋转，同时收腹，以腰胸带动肩、肩带动大臂、大臂带动前臂、前臂带动手腕，最后将力量传送到手上。

击球时，前臂和手腕动作要稳定，不要左右转动。手腕推压动作的大小，应根据击球点的位置进行调整，击球点高或离身体近时，手腕向前推压的动作要稍大，击球偏前或较低时，手腕向前推压动作要稍小，以免击球出界或入网。

（五）跳发球

跳发球是指发球队员在端线后，利用助跑跳起在空中，像扣球似的将球击入对方场区的一种发球方法。跳发球是近年来世界排球劲旅越来越普遍采用一种攻击性很强的发球技术。由于队员跳起在空中身体能充分展开并向前游动，不仅可以升高击球点，而且缩短了击球点与球网的距离，从而增强发球的力量和攻击性。但与其他发球技术相比，跳发球的技术难度和体力消耗较大。

跳发球的动作同远网扣球相似，它可运用一步、两步或多步助跑起跳的方法，可正对网助跑或斜对网助跑。现将正面助跑跳发球技术介绍如下：

1. 动作方法（图9－4） 准备姿势：队员面对球网，站在离端线3～4米处，以右手或双手持球置于体侧或腹前。

图9－4

（1）抛球：将球抛至右肩前上方，抛球高度一般为肩上方2米左右，落点在端线附近。

（2）助跑起跳：随着抛球动作，队员迅即向前做2～3步助跑起跳。起跳时，两臂要协调而积极地摆动，摆幅要大。

（3）挥臂击球：挥臂击球动作似正面扣球。

（4）落地：击球后，尽量使双脚同时落地，两膝顺势弯曲缓冲，迅速入场。

2. 技术分析 （1）抛球是发好跳发球的基础。球一定要抛在助跑方向的前上方，离身体太近，不利发挥助跑速度，影响起跳高度；离身体太远，容易引起踏端线犯规或击不到球。抛球的高度和距离应根据队员的具体情况而定，个子高、冲跳能力强的队员，可将球抛得高一点，离身体远一点，这样更可以发挥队员点高力大的优势。一般宜用击球手臂单手抛球，这样有利于助跑动作的协调配合。

（2）空中击球动作近似远网扣球，但身体展开的幅度应更大一些，全掌包球和手腕推压的动作也应更充分些，这样才能更好地发挥击球力量又不致使球不过网或飞出界外。

（六）发球的练习方法

1. 徒手抛球练习　学生每人一球，首先做不离手的抛球动作，同时做引臂和摆臂击球练习，学生可按教师的口令集体做，以控制节奏。

2. 离手抛球练习　自抛，也可找一固定参照物自抛，要求平稳地上抛，要求抛出的球不旋转且高度固定。

3. 击固定球　一人持球于击球点高度，另一人击球。体会击球点和挥臂动作。

4. 抛球配合挥臂动作练习　抛球后做挥臂动作练习。

5. 单手掷球比赛　分若干组，画一条线作为掷球目标，看哪一组掷得准，命中率高的为胜。

6. 对墙近距离发球练习　离墙 6 米左右开始发球，逐渐拉远距离至 9 米左右。

7. 距网 6 米发球练习　两人一组，各距网 6 米练习发球，逐渐拉远距离。

8. 在发球区内发球练习　为提高发球的稳定性，规定每人连续发 5 个或 10 个攻击性强的球，失误 1 个则扣除 1 个球，无攻击性的球不算，直至完成任务。全队分成 2 ~ 4 个小组依次发球，按攻击性强的球得 2 分，一般球得 1 分，失误为 0 分，比哪一组先获得规定分数。

五、垫　球

垫球技术是排球运动中运用最多、用途最广泛的基本技术。垫球技术在比赛中主要用于接发球、接扣球、接拦回球以及防守和处理各种困难球。垫球包括正面垫球、体侧垫球、背垫球．前仆垫球、鱼跃垫球等。

（一）正面双手垫球

正面双手垫球是指运动员用双手在腹前将球垫起的动作方法。它是最基本的垫球方法，是各项垫球技术的基础，适合于接各种发球、扣球和拦回球，有时也用于垫二传。

1. 动作方法（图 9 – 5）　（1）垫球手形（叠指式）。两手掌根相靠，两手手指重叠，手掌受握，两拇指平行向前，手腕下压，两前臂外翻成一个平面。

图 9 – 5

（2）垫球动作。当球飞到腹前约一臂距离时，两臂夹紧前伸，插入球下，同时配合蹬地、伸腰、提肩、顶肘、压腕、抬臂等全身协调动作迎向来球，身体重心随着击球动作向前上方移动。

（3）击球点。保持在腹前高度。

（4）球触手臂部位和击球部位。用前臂的手腕关节以上 10 厘米左右的两小臂桡骨内侧所构成的平面击球的后下部。

（5）击球后动作。在击球瞬间，两臂要保持稳定，身体重心继续协调地向抬臂方向伴送球。垫击动作结束后，立即松开双臂做好下一动作的准备。

2. 技术分析　（1）准备姿势和移动要根据不同情况而有所变化：垫击一般的轻球，身体重心可稍高。接扣球和吊球时，应采用半蹲或低蹲准备姿势，两膝的弯屈度和重心的高低应根据来球的高度和角度以及腿部力量大小而定，要求在不影响快速起动的前提下，重心适当降低，这样有利于快速插入球下垫低球，也便于高点挡球。

（2）正面双手垫球的击球点位置应尽量保持在腹前高度，离身体不宜太远或太近：这样便于控制用力，也便于调整手臂角度和垫出球的方向、落点。如果来球高于腰部以上时，可用高位正垫，垫击球时利用蹬地伸膝提高身体重心，必要时还可跳起在腹前用小臂垫出。

（3）常用的双手垫球手形有三种：叠指式、抱拳式和互靠式（图9－6）。

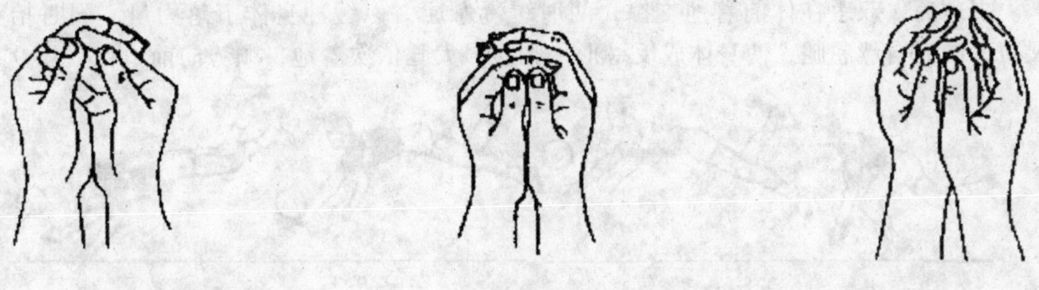

叠指式　　抱拳式　　互靠式

图9－6

抱拳式：两手抱拳互握，两拇指平行向前，两掌根和小臂外旋紧靠，手腕下压，使前臂形成一个垫击平面；互靠式：两手腕紧靠，两手自然放松，手腕下压，两臂外翻，前臂形成一个垫击平面。

上述三种垫球手形中，普遍常用的是叠指式和抱拳式。它们适应范围广，便于初学者掌握，在接发球、接扣球以及接一般球时都可采用。

（二）背垫球

背对垫球目标，从身前向背后双手垫球称为背向双手垫球。在接应同伴起球后，球飞得较远而又无法进行正面垫球时，以及须将球处理过网时运用较多。其特点是垫击点较高，准确性稍差。

图9－7

动作方法：背垫球时，要判断好来球的方向，快速移动到球的落点处，背对垫出球的方向，两臂夹紧伸直。击球时，用蹬地、抬头挺胸、展腹和上体后仰的动作带动两臂向后上方摆动抬送，以前臂触球的前下方，将球向后上方击出。背垫的击球点一般应在肩前上方（图9－7）。

（三）体侧双手垫球

在身体侧面用双手垫球称体侧双手垫球。当来球飞向体侧，队员来不及移动对正来球时，可采用体侧双手垫球。其特点是伸臂动作快，控制范围大，但不易控制垫球方向，准确性不及正面垫球。

1. 动作方法　左侧垫球时，先以右脚前脚掌内侧蹬地，左脚向左跨出一步，重心移至左脚，保持两膝弯曲，同时，两臂向左侧伸出，左臂高于右臂，右肩微向下倾斜。击球时，用右转体和收腹的动作，配合提肩抬臂在身体左侧稍前的位置截住来球，用两前臂垫击球的后下部。来球在右侧时，以相反方向的动作击球。

2. 技术分析　体侧垫球的击球点应在体侧前方，双臂要抢先在体侧稍前的位置截击来球，不能当球飞到体侧时再摆臂去击球，这样容易造成球触手后向侧方飞出。垫球时，要注意调整和控制好两臂组成的垫击面，使球准确地垫向目标。

（四）鱼跃垫球

在来球低而远，来不及移步垫球时、采用向前猛然跃出，在空中完成击球动作，然后双手撑地缓冲，使胸腹部着地向前滑行，称为鱼跃垫球。鱼跃垫球的特点是防守的控制范围大，但动作难度较大，需要队员有勇敢精神和较强的腹背、手臂肌肉力量和灵敏素质。

做鱼跃垫球时，应用半蹲准备姿势，上体前倾，前脚掌用力蹬地（大多是在向前移动一至二步后再蹬地），使身体向来球处腾空跃起。在空中手臂向前伸展插入球下，用单手或双手击球后下部。击球后，双手在体前着地支撑，两肘缓慢弯屈．以缓冲身体下落力量，同时抬头、挺胸、展腹，向后自然屈腿，使身体成反弓形，胸腹、大腿依次着地，顺势向前滑行（图9－8）。

图9－8

为了防止受伤，在落地动作时，两手着地的支撑点应在身体重心向前下方运动方向的延长线上。支撑点太后，易造成身体前翻折腰；支撑点太前，易造成身体平落，使腹部或膝部碰地受伤（图9－9）。

图9－9

（五）挡　球

来球高，速度快，力量大，不便于传球和垫球时，用双手或单手在胸部以上挡击来球称为挡球。其特点是伸手动作快，挡击胸、肩部以上高度的来球较方便，可扩大防守范围，是垫球的重要补充。但挡球不便于协调用力，因而控制球的落点和方向比传、垫球差。挡球有双手挡球和单手挡球两种（图9－10）。

1. 双手挡球　多用于挡击胸部以上力量大、速度快的来球，手形有抱拳式和并掌式两种。抱拳式是由两肘弯屈，一手半握拳，另一手外抱，两手掌外侧所组成的平面朝前；并掌式是由两肘弯屈，两手虎口交叉，两手掌外侧合并成勺形的击球面朝前，挡球时，手臂屈肘上举，肘部朝前，手腕后伸，以手掌外侧和掌根所组成的平面挡击球的后下部。击球瞬间，手腕要紧张，用适度的力量将球向前上方挡起，击球点在前额或两肩的前上方。

2. 单手挡球　击球点高，便于挡头部上方或侧上方的高球，有时对飞向身后的高球，也跳起用单手将球挡回。

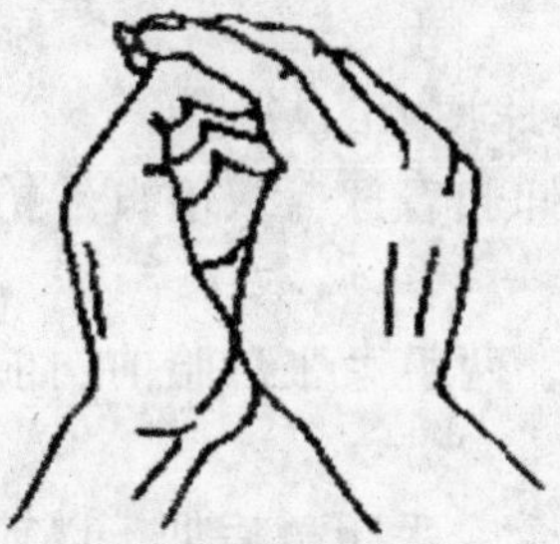

双手挡球

单手挡球

图 9－10

（六）其他部位垫球

当来球速度快、突然性大，防守队员来不及移步、降低重心、伸臂击球和侧身让垫时，可采用身体其他部位来垫球（图 9－11），例如，体侧屈肘垫球（主要利用大臂外侧部位）、胸部垫球、头顶球等击球技术在比赛中时常可见。自规则允许球可触及身体任何部位以来，脚垫球技术也逐渐发展起来，其运用情况有日益增多之势。

图 9－11

（七）垫球的练习方法

1. 持球接力　练习时分成若干组，面对面并相隔一定距离，持球者把球放在垫击位置上，用走或跑前进到规定距离后，将球交给对方。练习时手臂要伸直，球不能掉地，走或跑得快者为胜。

2. 连击球次数比赛　练习时用单手或双手连续击球，连击次数多者为胜。

3. 垫固定球　练习时分成两人一组，一人持球于腹前，另一人用垫球动作击球，体会击球动作。

4. 垫抛球　两人组，一人抛球，另一人垫球。

5. 自垫球　连续自垫球练习。

6. 对垫比赛　4～6 人一组对垫，可隔网或不隔网。

7. 移动垫球　在前、后、左、右移动中垫回同伴的抛球。

8. 连续对墙垫球练习　对墙距离由近而远。

9. 对垫练习　两人一组对垫练习，距离由近而远。

10. 三人垫球练习　三人一组，三角连续垫球练习。

11. 发垫练习　相距4～6米，一人发球，另一人垫球。

12. 垫传交替练习　两人一组，一垫一传，两人交替进行。

13. 三人半场接发球练　三人分别站在1、5、6号位接发球练习。

六、传　球

（一）正面上手传球（图9－12）

正面上手传球是传球中最基本的方法，也是掌握和运用其他传球技术的基础。

1. 准备姿势　用稍蹲的准备姿势，身体重心平稳，上体适当仰起看球，双手自然抬起置于脸前。

2. 迎球和击球　当来球接近额前时，开始蹬地、伸膝、伸臂、两手微张从脸前向前上方迎球。击球点在额前上方约一球距离处。

3. 手型　当手触球时，两手自然张开呈半球，使手指与球吻合，手腕稍后仰，以拇指、食指和中指托住球的后下部，手指、手腕保持适当的紧张，以承担球的压力，两拇指相对接近“一”字，两手间要有一定距离（不超过球的直径）。用拇指内侧、食指全部、中指的二三指节触球，无名指和小指在球的两侧辅助控制传球方向。两肘适当分开，两前臂之间约成90度。

4. 用力　传球动作是由多种力量合成的，如伸臂力量，手指、手腕的反弹力量，身体伸腿蹬地的力量，主动屈指屈腕的力量以及球的弹力等。正面传球主要靠伸臂的力量，配合蹬地的力量，通过球压在手上使手腕所产生的反弹力将球传出。

运用正面双手传球，可以传正面一般拉开球、传正面集中球（包括传小夹角球、传大夹角球、传平冲来球、传近网高球、传低球等）。

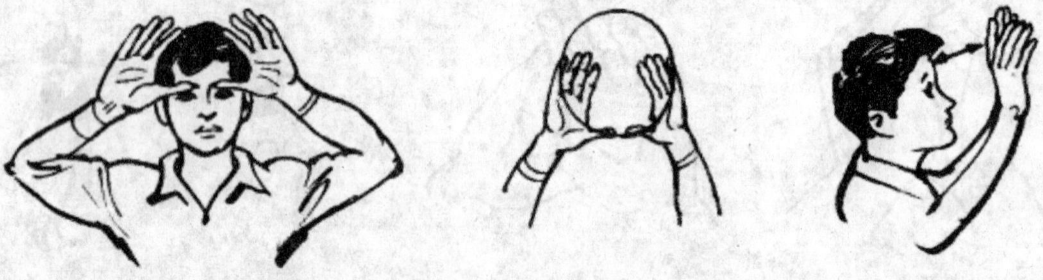

图9－12

（二）调整传球

将一传不到位或离网太远的球，调整成便于扣球队员进攻的球，称为调整传球。在比赛中，场上每个队员都有做调整传球的任务。调整传球以传高、远球为主，所以要充分利用蹬地伸膝、伸臂及屈指腕的全身协调力量将球平稳传出。调整二传应根据扣球队员的位置来调整传球的角度、弧度和落点。传球路线与球网形成的夹角越小越利于进攻队员扣球，一般来说，调整二传时，传球的落点应在扣球队员的前方，离网不宜太近或太远，也不宜太拉开。

（三）背向传球

背对传球目标的传球称为背向传球。在背传时，上体比正面传球是稍后仰，抬上臂、挺胸、上体后屈，击球点在头的上方，比正面传球略偏后，手型与正面传球相同，但触球时手腕要稍后仰，掌心向上，拇指托在球下，击球的下部，利用身体的协调用力，将球向后上方传出。

（四）传球的练习方法

（1）两人一组额前上方抛击球，也可接球后看手型。

（2）两人一组单手传击球：动作不限，击球次数越多越好。

（3）徒手模仿练习：练习者做传球前的准姿势、传球时身体协调伸展动作和传球手型的模仿练习。

(4) 传固定球：两人一组，一人按传球手型持球于额前，向前上方做推送动作；另一人用单手压住球，给球以一定的力量，体会传球手型和身体的协调用力。

(5) 两人一组，一人做传球的手型接住同伴抛来的球，体会传球手型。

(6) 对传：可用10个手指传，也可用6个手指传。

(7) 抛传球：可一抛一传，或一抛一接，也可传（接）对地反弹球，着重看手型。

(8) 近距离对墙传球，体会传球手型。

(9) 自抛自传练习：用双手由胸前向上抛球，高约1米左右，准备自传，当球下落到手中时，手指、手腕弹拨，使球轻轻地反弹起来，逐步过渡到连续向上自传。

(10) 传由同伴抛来的球：两人相距4米，同伴用双手抛球，练斗者将球传回。

(11) 对传练习：两人相距3~5米，连续传球。

(12) 对墙传球练习：与墙相距3米左右，连续对准墙上的目标传球。

(13) 传不同高度的球：相距4~6米，传高球和平球交替进行，距离逐渐增大。

(14) 移动后传球：2人一组，由同伴抛球，练习者移动后传球，抛球人可将球抛至传球者的左右侧或前后方。

(15) 三人三角传球练习：3人一组，分别在三个角处互传练习。

七、扣　球

(一) 正面扣球

1. 动作方法（图9-13）

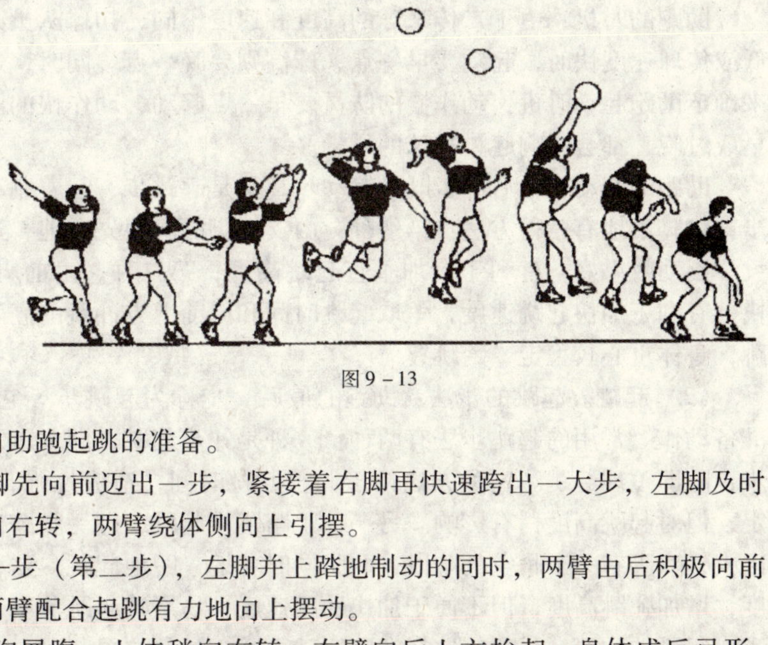
图9-13

(1) 准备姿势：扣球助跑前采用稍蹲姿势，两臂自然下垂，站在离网3米左右处，身体转向来球方向，观察来球，做好向各个方向助跑起跳的准备。

(2) 助跑：助跑开始时，左脚先向前迈出一步，紧接着右脚再快速跨出一大步，左脚及时并上，踏在右脚之前，两脚尖稍向右转，两臂绕体侧向上引摆。

(3) 起跳：在助跑跨出最后一步（第二步），左脚并上踏地制动的同时，两臂由后积极向前摆动，随着双腿蹬地向上起跳，两臂配合起跳有力地向上摆动。

(4) 空中击球：起跳后，挺胸展腹，上体稍向右转，右臂向后上方抬起，身体成反弓形。挥臂时，以迅速转体、收腹动作发力，依次带动肩、肘、腕各部位关节向前上方成鞭甩动作挥动。击球时，五指微张，以掌心为主，全掌包满球，在手臂伸直的最高点的前上方击球的后中部，同时主动用力屈腕屈脂向前推压，使扣出的球呈上旋（图9-14）。

图9-14

(5) 落地：落地时，以两脚前脚掌先着地再迅速过渡到全脚掌着地，同时顺势屈膝、收腹，以缓冲下落的力量，立即做好下一个动作的准备。

2. 技术分析　(1) 助跑：助跑的目的，一是为了接近球，选择恰当的起跳点；助跑的水平速度配合起跳，起到增加弹跳高度的作用。助跑的步法种类很多，有一步、两步、三步和多步法；有向两侧的跨跳步和并步；有原地踏跳步和后撤步等。步法的运用要因球而异，因人而异，力求灵活，适应性强。但无论采用几步助跑，第一步要小，最后一步应大。现以两步助跑右手扣球为例，分析如下：

第一步：以左脚向来球的落点方向自然迈出，其主要作用是确定助跑方向。第一步应小，但要对正上步的方向，使静止的身体获得向前起动的速度，故有方向步之称。

第二步：步幅要大，步速要快，使支撑点落在身体重心之前，身体后倾，重心自然后移和降低，从而有利于制动。第二步即最后一步，要以右脚的脚跟先着地，再过渡到全脚掌着地，这样有利于制动身体的前冲力，增加腿部肌肉的张力，提高弹跳高度。这一步起着调整身体与球的距离、决定起跳点的重要作用。

助跑的路线：由于二传来球的落点不同，扣球队员助跑的方向和路线也不相同，以4号队员扣球为例，其主要的助跑路线有三种：扣集中球采用斜线助跑；扣一般球采用直线助跑；扣拉开球采用外绕助跑。

助跑的时机：由于二传来球的高度和速度不同，扣球队员必须掌握不同的起动时机。二传球低或传球速度快时，起动要早一点，球高则要晚一点。同时，还要根据扣球队员的个人动作特点来确定助跑起动时机，动作慢的队员要早一点起动，动作快的队员则应晚一点起动。助跑起动过早或过晚，都会影响起跳扣球的质量。

助跑的制动：最后一步既是制动步，又是起跳步，起着制动和起跳方面的作用。助跑最后一步，双脚落地有三种方法：第一种，由支撑脚的脚跟先着地，过渡到全脚掌蹬地起跳，动作幅度大．制动效果好，有利于增加垂直起跳高度；第二种，由前脚掌着地迅速蹬地起跳，起跳动作快，有利于加快起跳速度，争取起跳时间和向前上方冲跳的高度；第三种，由全脚掌着地蹬地起跳，身体重心较稳定，踏跳有力。

(2) 起跳。起跳的步法：助跑的最后一步称为起跳步．它既是助跑的结束步法又是起跳的准备动作。常用的起跳步法有两种：一种是并步起跳，即一脚跨出一大步后，另一脚迅速向前并步，随即蹬地起跳。这种方法便于调整起跳时间，适应性强，制动效果好，身体重心易保持稳定，但对起跳高度稍有影响。另一种是跨跳步起跳，即一脚跨出一大步的同时，另一脚也跟着跨出去，双脚有一个腾空的阶段，两脚同时着地，蹬地起跳。这种方法能利用人体下落的重力加速度，增加弹跳高度，但不便于加快助跑速度，易影响起跳节奏，不利于快攻起跳。

起跳的位置：一般应选择在距离球一臂之远的位置起跳。这样才能保持好身体和球合理的位置关系，便于充分发挥全身的协调力量，保持较高的击球点。

起跳的摆臂。起跳时的手臂摆动一般有两种方法。一种是划弧摆臂：方法是以肩关节为轴，两臂经体侧向后再向前上方划弧摆动。这种摆臂可根据需要来变化划弧的大小，动作连贯协调，便于调整摆臂速度和节奏，适应性强，运用较普遍。另一种是前后摆臂：方法是两臂由体前先向后摆动，然后再由后向前上方直接摆动，这种摆臂振幅较大，摆动较有力，有利于提高弹跳高度，但因动作大，使空中的转体动作不便，对及时快速起跳有影响。

(3) 空中击球。挥臂方法：当起跳身体腾空后，左臂摆至身体前方，协助保持上体的空中平稳。此时，击球手臂应该屈置于头侧，肘高于肩，身体成反弓形。挥臂前合理的屈肘功作，可以缩短挥臂时以肩为轴的转动半径，减少转动惯量，提高挥臂的初速度。随之边挥臂边伸肘，加长转动半径，增加挥臂的线速度。在挥臂转动的角速度不变的情况下，上臂甩得越直，挥动半径越大，线速度也越快，扣球越有力。这种挥臂方法，既能扣高弧度球，也能扣低、平弧度球，适应范围较广。

击球动作：击球时，要求击球的手有巨大的动量和速度，而扣球中全身协调的击球力量是由于手臂的鞭打式动作，最后通过手腕的甩动和加速，由全手掌作用于球体的。因此，只有用全手掌击球，手腕关节才能很好地参与整个鞭打动作，传递并加大击球的力量。

击球点：扣球的击球点在起跳最高点和手臂甩直的最高点的前上方。手臂与躯干的夹角约为160度。也可利用击球点附近的垂直空间和水平空间来扩大击球范围，增加扣球路线和角度的变化。一般近网扣球的击球点应略靠前，远网扣球的击球点应保持在头的上方。

（二）扣快球

1. 扣近体快球　扣球队员在二传队员体前或体侧约一臂距离处扣的快球叫近体快球。这种快球一般在一传到位而靠近网的情况下进行，动作方法与正面扣球大致相同，特点是二传距离短、速度快、节奏快，因而实扣效果和掩护作用好。

助跑路线宜与球网保持45～60度之间的夹角。助跑起动时间较早，跑速要快，一般是随一传球同时跑到网前，也可早于一传助跑。在二传队员传球出网时或出手前瞬间快速起跳。要浅蹲快跳，以便于加快起跳速度，跳起在空中等球。击球手臂后引动作要小、主要利用含胸、收腹的动作，带动前臂和手腕快速鞭打式挥动，用全掌击球的后上部。

2. 扣短平快球　在二传队员体前2～3米处，扣二传队员传来的快速平弧度球，称扣短平快球。由于这种球飞行速度快、弧度平，因而进攻节奏快，进攻区域宽，有利于避开拦网。扣短平快球一般采用外绕弧形助跑或正对网的直线助跑，与二传队员传球出手的同时起跳。起跳后，左肩侧对球网，当球飞行至击球点时，截住球的飞行路线，利用迅速的含胸动作带动前臂和手腕加速挥动，以全掌击球的后上方。根据对方拦网的位置．还可提前或错后击球。

3. 扣背快球　在二传队员背后约50厘米处扣的快球称扣背快球，其扣球方法与扣近体快球相同。但因二传队员看不见扣球队员助跑起跳的情况，需要扣球队员主动配合，去适应二传。

4. 扣背平快球　在二传队员背后2米左右处扣背传来的快速平弧度球，称扣背平快球（又称背溜）。这种扣球的特点与扣短平快球相似，击球点一般在2号位标志杆附近。

5. 扣4号位平拉开球　指在4号位标志杆附近，扣二传队员在2、3号位之间近网传过来的快速平弧度球。这种扣球速度快，进攻区域宽，有利于摆脱对方的集体拦网。在二传队员传球前，4号队员就要开始作外绕助跑，待二传队员传球出手后，扣球队员即在标志杆附近起跳，截击来球。扣球动作与短平快相同，但不能提前挥臂，要看准来球后再挥臂击球。这种扣球既可跳起前冲截打小斜线球，也可等球飞到标志杆附近后再作正面扣斜线或直线球。

（三）扣球的练习方法

扣球练习方法主要有：原地起跳摆臂练习，熟练起跳和摆臂动作；一步起跳摆臂练习，二步起跳摆臂练习；徒手模仿挥臂击球练习，体会鞭打动作；助跑起跳，学生先练习助跑起跳动作，找准起跳点，熟练步法；对墙练习，学生对墙自抛自扣，体会挥臂动作和手型；快速挥臂打一定高度的树叶或甩小石子；扣固定球练习，2人一组，一人举球至头上，另一人扣球；两人一组，一抛一助跑扣球练习；连续对墙扣反弹球；4号位扣抛球练习，熟练后扣二传球。

八、拦　网

拦网是排球比赛中的第一道防线，也是第一道进攻线。现代排球比赛中网上精彩激烈的争夺战就是扣球与拦网这一对矛盾的展开。高水平的排球比赛中如果没有有效的拦网，后排防守将是非常困难的。拦网不仅可以将对方的扣球拦回、拦起，减轻后排防守的压力，而且可以将球拦死，使之成为得分的重要手段。此外，拦网还能干扰和破坏对方进攻战术的组织，削弱对方进攻的锐气，动摇对方的信心，给对方造成心理上的威胁。因此，拦网水平的高低，直接影响着比赛的胜负。

1. 单人拦网（图 9－15） （1）准备姿势：队员面对球网．两脚平行站立，距离网 30～40 厘米，约与肩同宽，手在胸前自然屈肘。

（2）移动：运用并步、交叉步、跑步移动。

（3）起跳：起跳时重心降低，两膝弯曲，用力蹬地，使身体垂直起跳，起跳技术要与移动技术相结合。

（4）空中击球：起跳时两手从额前贴近并从平行于球网上沿的前上方伸出，两手伸直，尽量上提。前臂靠近网，两臂保持平行。拦网时，两臂尽力过网伸向对方上空，两手自然张开，屈指、手腕呈勺形。当手触球时，两手要突然紧张，手腕用力下压盖住球的前上方。

（5）落地：如已将球拦回，可面对对方，屈膝缓冲，双脚落地。如未拦到球，则在下落时就要随球转头，转身面对后场，作下一个动作的准备。

图 9－15

2. 集体拦网　有双人和三人拦网两种。集体拦网技术动作除要求具备个人拦网技术外，还应着重注意互相配合。

第三节　排球基本战术与练习

排球战术是运动员在比赛中根据排球竞赛规则和排球运动的规律、比赛双方的具体情况和临场竞赛的变化，合理运用个人技术及集体配合所采取的有意识、有组织的行动。它按照战术的组织形式可以分为进攻战术和防守战术。

一、阵容配备、交换位置、及“自由防守队员”的运用

（一）阵容配备

1. 概念　阵容配备是参赛队根据比赛的任务、本队战术组织的特点及队员的身体情况，有针对性的、合理的安排出场队员及位置分工，充分的调配力量，科学的组合人员的筹划过程。

2. 原则　（1）择优原则：选择思想作风顽强，心理品质过硬，身体素质好，技术全面和临场经验丰富的队员组成主力阵容，同时考虑到每个位置上替补队员的安排。

（2）攻守均衡原则：每个轮次，力争做到攻守力量相对均衡，尽量避免弱轮次的出现。

（3）相邻默契原则：要注意把平时合作默契的传、扣队员安排在相邻的位置上，使之能运用娴熟的配合，产生一定的战术效应。

（4）轮次针对原则：根据对方队员的位置，轮次安排要有针对性。如拦网能力强的队员对准对方攻击力强的队员，以遏制对方的进攻；遇对方进攻强的轮次时，可安排发球攻击性强的队员发球，以破坏对方的一传，阻止对方进攻战术的组成，取得先发制人的效果。

（5）优势领先原则：轮次的安排要注意发挥本队的优势。如把攻击力量强的队员安排在最

得力的位置上；把发球攻击性最强的队员安排在最先发球的位置上，争取开局，以鼓舞本队士气等。

3. 形式阵容配备的基本形式 （1）“四二”配备（图9－16）：由四名进攻队员（两名主攻队员与两名副攻队员）和两名二传队员组成，他们分别站在对角的位置上。这样每个轮次前后排都能保持有一名二传队员、两个进攻队员，便于组织和发挥本队的攻击力量。目前在水平一般的球队中，采用这种配备形式的较多。

图9－16

“四二”配备的优缺点：优点是前排每一个轮次都有一个二传队员和两名进攻队员，便于组织“中二三”、“边二三”进攻。战术配合有一定的稳定性。缺点是前排进攻点相对较少，隐蔽性差，不能适应高水平球队的要求。

（2）“五一”配备：由五名进攻队员和一名二传队员组成。队员位置的站位与“四二”配备基本相同。只是一名二传队员作为接应二传主要承担进攻任务，这样可以加强拦网和进攻力量。接应二传也可弥补主要二传队员有时来不及传球所出现的被动局面，但主要还是承担进攻任务。目前在水平较高的队中普遍采用这种配备形式。当二传轮转到后排时，可采用插上进攻形式，组织前排进行三点进攻。

“五一”配备的优缺点：优点是加强了拦网和前排进攻力量，使全队的进攻队员只需要适应一名二传队员的技术特点，有利于统一指挥、相互配合，能够更好地控制比赛的进行，使进攻战术富于变化。缺点是当二传队员轮转到前排时，有三轮次前排只有两名进攻队员，进攻点过于暴露，影响了前排整体进攻的威力。

（二）交换位置

1. 概念 为了最大限度地发挥每个队员的特长，调动一切积极因素，加强攻防力量，弥补阵容配备上的某些缺陷，在规则允许的条件下，交换场上队员的位置用以组织战术的方法。

2. 目的 充分发挥每名队员的特长，以取得扬长避短的效果；便于进攻和防守战术的组织，发挥攻、防战术的优势；采用专位分工的进攻和防守，以提高攻防战术的质量。

3. 方法 （1）前排队员之间的换位：为了便于组织进攻战术，把二传队员换到2号位或3号位；为了加强进攻力量，把进攻力量强的队员换到便于扣球的位置上，如右手扣球队员换到4号位，左手扣球队员换到2号位，扣快球的队员换到3号位等；为了加强拦网，抑制对方的重点进攻，把身材高大或弹跳力好及拦网能力强的队员换到3号位或与对方主攻队员相对应的位置上。

（2）后排队员之间的换位：为了发挥个人特长，后排队员各自换到自己熟悉的防守区进行专位防守。

为了在比赛中便于运用行进间“插上”战术，把二传队员换到1号位或6号位，以缩短插上时的距离。根据临场情况，把防守能力强的队员换到防守任务较重的区域，把防守能力弱的队员换到防守任务较轻的区域。

（3）前、后排队员之间的换位：后排的二传队员插上时，可从1号位、6号位、5号位插上到2、3号位之间的位置，准备作二传，前排的2、3、4号位队员则后退，准备接球或进攻。

4. 注意事项 换位前的站位，既要防止“位置错误”犯规，又要考虑缩短换位距离；当发球队员击球后，即开始换位，应力求迅速地换到预定位置，立即准备做下一个动作；在对方发球时，应首先准备接对方的来球，然后再换位，避免造成接发球混乱；换位时，队员之间要注意配合行动，防止相互干扰，做到相互弥补；换位后，当该球成死球时，应立即返回原位，各自做好下次接球或进攻的准备。

（三）“自由防守队员”的目的和运用

1. 自由防守队员　指不经裁判允许、不受换人次数限制，可以替换后排任何一名队员完成防守任务，并在规则允许的范围内可以自由进出比赛场地参加比赛的队员。

2. 目的　是加强后排防守和一传，促进攻守平衡，使排球比赛更加精彩激烈。

3. 运用　替换场上进攻能力强而防守能力较弱的队员；替换因进攻、拦网而体力消耗大的主力队员；替换上场后，适时传达教练员的临场指挥意图。

二、进攻战术

（一）“中二三”

“中二三”进攻阵型：在后排进攻大量和广泛运用之前，称为“中一二”阵型，是指由3号位队员作二传，将球传给4、2号位或后排队员进攻的组织形式（图9－17左）。

（二）“边二三”

“边二三”进攻阵型：在后排进攻大量和广泛运用之前，称为“边一二”阵型。是指由2号位队员作二传，将球传给4、3号位队员或后排队员进攻的组织形式（图9－17右）。

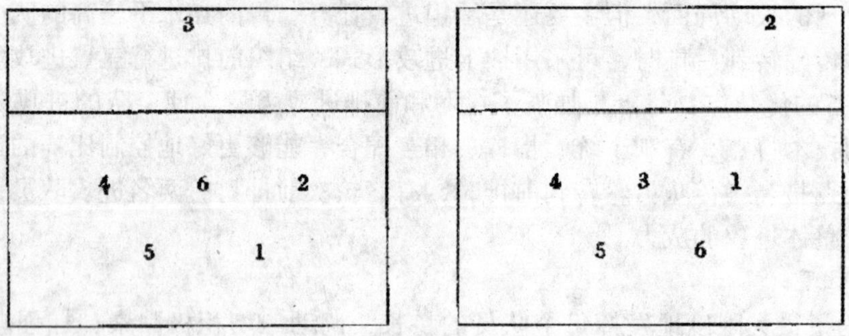

图9－17

（三）“插三二”

“插三二”进攻阵型：又称为“后排插上”阵型，是指由后排队员插到前排2、3号位之间担任二传，将球传给前排任何一名队员或后排队员进攻的组织形式，分1、6、5号位插上三种方法。这种进攻阵型多被高水平的球队所采用。

（四）进攻战术的练习方法

教师在沙盘上演示：学生了解战术的过程；控制发球的演练战术；进行实战演练。

三、防守战术

（一）单人拦网下的防守阵型

一般是在对方进攻威力不大，路线变化不多，轻打吊球较多时，或因受对方战术迷惑，来不及组织集体拦网时采用。其优点是增加后排防守人数，便于组织反攻；缺点是当对方攻击力较强时，单人拦网力量薄弱。单人拦网下的防守阵型有以下两种：

（1）与对方扣球队员相对应位置的队员进行拦网的防守阵型。以对方4号位进攻为例，由本方2号位队员单人拦网，3号位队员后撤防吊球，4号位队员后撤与后排3人组成半弧形防守圈，每人防守一个区域（图9－18左）。

（2）固定由3号位队员专门拦网的防守阵型。无论对方从任何位置发动进攻，均由3号位队员拦网，2、4号位队员后撤与后排3人组成防守阵型（图9－18中）。如对方3号位队员进攻时，可由6号位队员突前防吊球，2、4号位队员后撤防守（图9－18右）。

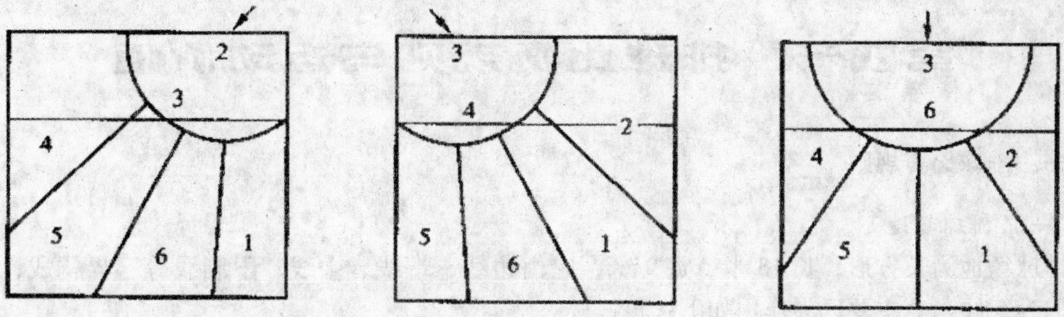

图 9 - 18

（二）双人拦网下的防守阵型

当对方进攻威力较大，进攻路线变化较多，单人拦网不足以阻拦对方进攻时，多采用双人拦网防守阵型，它是接扣球防守中最主要的战术阵型。根据不同后排队员跟进防守的情况和前排不拦网队员的不同取位，双人拦网下的防守阵型有以下 4 种：

（1）“心跟进”防守阵型：固定由 6 号位队员跟进防吊球及前区球，称为“心跟进”防守阵型，或称为“6 号位跟进”防守阵型。这种防守阵型多在对方采取以扣吊结合为主的进攻战术，为了解决“心”空问题时所采用。其优点是加强了网前的防守能力；缺点是后排防守队员之间的空当较大，防守力量减弱。以对方 4 号位进攻为例，本方由 2、3 号位队员拦网，4 号位队员后撤到 4 米左右防守，6 号位队员跟至拦网队员身后 3 米附近防守，5 号位队员防守后场，每人负责一个防区（图 9 - 19 左）。

（2）“边跟进”防守阵型：由 1 号位或 5 号位队员跟进防吊球及前区球，称为“边跟进”防守阵型，也称为“1、5 号位跟进”防守阵型（图 9 - 19 中）。这种阵型一般是在对方进攻力量比较强，战术变化比较多时采用。这种防守阵型被目前国内外强队广泛采用。

（3）“边跟进”防守阵型有“死跟”和“活跟”两种不同的运用形式。以对方 4 号位进攻为例。“死跟”的基本站位形式：1 号位队员跟进到拦网队员身后防吊球及前区球，如果 1 号位队员是二传队员，则便于随时插上接应防起的球，组织反攻，6 号位队员向右移位补防扣向 1 号区的直线球，5 号位队员防后场 6 号区，4 号位队员后撤防斜线球（图 9 - 19 右）。“活跟”的基本站位形式：1 号位队员防后场直线球，当判断对方吊球或拦网后球落在前区，则及时跟进防守，同时，6 号位队员注意弥补 1 号区的空当，4、5 号位队员防斜线，4 号位队员还要负责防守吊到前场左区的球。

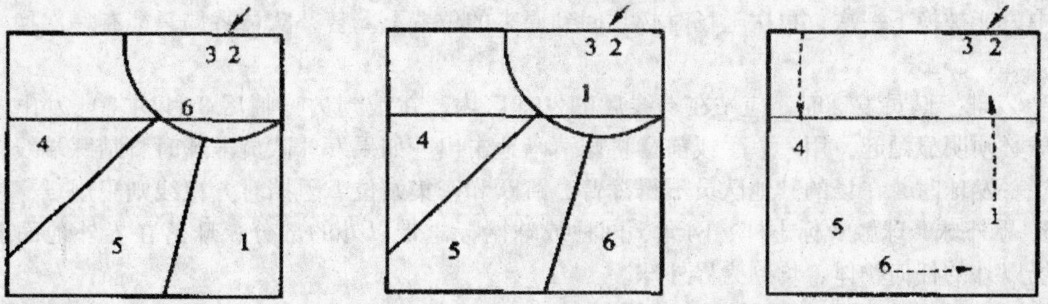

图 9 - 19

（三）防守战术的练习方法

教师在沙盘上演示：学生了解战术的过程；控制来球的战术演练；轻扣球的战术演练；进行实战演练。

第四节　排球比赛规则与运动价值

一、排球比赛规则

（一）排球场地

排球场地为长方形，长 18 米、宽 9 米，它由边线、端线、中线、限制线等区界构成，各条线宽均为 5 厘米。主要区界作用如下：

1. 中线　位于球网下面，连接两条边线的中点，叫中线，中线把球场分为均等的两个场区。

2. 限制线　在中线两侧 3 米位置，连接两条边线叫限制线也叫三米线，中线与限制线以内的区域为进攻区。

3. 发球区　两场区端线后。

4. 标准排球网高　男子 2. 43 米，女子 2. 24 米。

（二）排球比赛方法

在排球场上空 7 米高的范围内，不得有障碍物。比赛开始时，双方各上场 6 名队员，按照场上区域站位，前排为 4（左）、3（中）、2（右）号位。先由发球的 1 号位队员在发球区内发球，球越过球网进入对方场区，每队可击球 3 次（拦网除外），使比赛连续进行，直至球落地、出界或某一方不能合法地将球击回对方场区为止。排球比赛中防守队胜球需换发球，换发球方按顺时针方向轮转一个位置。

正式比赛采用五局三胜每球得分制，前四局每局为 25 分，先得 25 分并领先 2 分得胜，决胜局为 15 分，先得 15 分并领先 2 分得胜。如比分为 24∶25 或 14∶15（决胜局），比赛继续进行，直至某队领先 2 分为止。比赛采用每球得分制，胜球即得分，当接发球队胜一球时，该队得一分并获得发球权。比赛中某队犯规，犯规队的对方胜一球并得一分，如犯规队为发球队，则对方得发球权并得一分。

（三）排球比赛规则

1. 比赛间断　比赛的正常间断有暂停、换人和局间休息。当比赛成死球时，双方教练员和场上队长可向裁判员请求暂停或换人。

（1）暂停：每队每局最多请求 2 次暂停，每次 30 秒。

（2）换人：每队每局换人不得超过 6 人次，每次可换一人或多人。每局开始上场队员在同一局中只能被换下一次，再次上场时必须回到原来的位置上。替补队员每局只能有一次换上场的机会。

2. 发球　队员发球时，应站在端线后的发球区内，在裁判员鸣哨后 8 秒内将球发出。发球时，球必须明显抛起，用一只手或前臂将球清晰地击出。如果发球队员击球时脚踏踩端线，为发球犯规。发球时，在场的其他队员不得挥臂、跳跃和密集站位、阻挡对方视线则犯规。

3. 界外球　球触及标志杆、网绳、网柱或球网标志带以外的部分；球落在界外地面上或触及球场以外的任何物体，均判为界外球。

4. 比赛中的击球　（1）持球：比赛中，击球队员身体任何部位都允许触球，但必须清晰地将球击出，不允许球停滞（如持球、推掷、携带等），否则判为持球。

（2）连击、4 次击球：一名队员不得连续击球两次，全队不得超过 3 次，但拦网的队员碰球不计次数。

5. 进攻性击球　除发球和拦网外，所有直接打向对方的击球都是进攻性击球。

（1）前排队员可以在本方场区对任何高度的球完成进攻性击球。

（2）后排队员在限制线前、或踏在限制线上，将高于球网上沿的球、直接击入对方场区，应判该队后排进攻犯规。

6. 过网击球　队员不得过网击球，但击球点在本方场区，球离手后，手随球过网是允许的。

7. 拦网　只有前排队员可以进行单人或集体拦网。拦网时队员可以将手或手臂伸过球网，但不得影响对方击球。对发球的拦网是不允许的，否则判为拦网犯规。

8. 过中线　比赛中，队员身体的任何部位都不允许接触对方场区。但在不影响对方比赛的情况下，队员的脚或手越过中线触及对方场区的同时，其他部位还接触中线或置于中线上空是允许的，不判为犯规。

9. 触网　比赛中，队员触网为犯规，但队员未试图进行击球偶尔触网除外，击入球网而造成球网触队员，不应判为触网犯规。

10. 不良行为及判罚　（1）非道德行为：争辩、恫吓等行为，可用语言或手势进行警告。

（2）粗鲁行为：违背道德原则和文明举止，有侮辱性表示的行为第一次红牌判失一球，第二次判罚出局，不得继续参加该局的比赛。

（3）冒犯行为：诽谤、侮辱的言语和手势。第一次判罚出局，第二次判罚出场。

（4）侵犯行为：人身侵犯或企图侵犯。判取消全场比赛资格。

11. 自由防守队员　为了使比赛攻守平衡，设自由防守队员，俗称“自由人”，但要受以下规定限制：自由人必须穿与其他队员不同颜色的上衣；自由人仅限为后排队员参加比赛，不得参与进攻（包括后排进攻）；自由人不得发球、拦网或试图拦网；自由人在前场进行上手二传，球高于网时，其他后排队员不能进行攻击性击球；自由人的换人不计入正规的换人次数，也不必经裁判同意。但其在上下两次之间必需经过一次发球比赛过程。其受伤时，可以由任一名队员来替换，但不得在该场比赛中上场。

二、排球运动的健身价值

经常参加排球运动，对改善人的身体状况、提高身体素质、增进人体基本活动能力和提高对自然环境的适应能力均大有裨益，同时对大脑皮层特别是中枢神经系统的反应速度和协调性有明显的提高，对人的思想和意志品质产生积极的影响。

青年人的身体在形态发育上已趋于完成，正是提高身体素质的大好时期。排球是一项身体活动很全面的运动项目，它能给人的身心带来全方位的锻炼价值，而且这种价值在人的每一个发展阶段都是有效的，使人终身受益。排球运动要求参与者在参加活动过程中注意力集中，人体重心随各种来球做各种方向的迅速变换，同时要求具有快速敏捷的反应与应变的能力，这对学生的观察、思维、分析能力的提高，养成反应及时、当机立断的习惯都是有好处的。

排球运动对改善学生的心理状况，发展个性心理素质也具有独特的作用。许多人出于自我期望值过高，一旦遇到难题利挫折，就会闪失去自信心而陷入困惑，产生自卑心理，害怕失败，不敢面对竞争。排球运动在不断的对抗和竞争过程中，每方都可能获胜或失败，在多次成功的鼓舞和失败的磨练下，可使参与者通过正确对待成功与失败而认识自我，充分发挥自己的潜力，提高自信心和承受挫折的能力。

三、排球运动的娱乐价值

排球运动是一项隔网对抗项目，多元变异组合的动作结构不论是发球、扣球或是拦网，还是变化多端的立体进攻，都是那么令人赏心悦目。它是力量的体现，也是美的化身。观赏郎平、汪嘉伟等名将的精湛技艺，会有一种难以置信的超凡审美体验。这种审美观赏性不仅表现在高水平、高层次上，而且广泛存在于各个层面。各种比赛活动能满足不同层次排球爱好者的审美需求，其审美效应对排球爱好者来说，无疑起到动机与行为上的强化作用。因此，这项运动既安全又趣味无穷，娱乐性强，男女皆宜，能使参与者轻松、欢快、休闲、娱乐。通过排球比赛，在比赛的对抗个斗智、斗勇，在与同伴的默契配合中，在战胜自我中得到美妙的快感和心理满足。它使人产生自信、自尊，满足彼此交往、合作的需要，使过剩的精力得到宣泄，紧张的学习压力得到消除，不安的心理情绪得到调节，学习和生活的质量得到提高。

复习思考题

1. 你掌握了哪些排球基本技术的练习方法？
2. 排球战术怎样分类？请你对常用的战术配合进行分析。
3. 你了解了哪些排球竞赛规则？

主要参考书目

全国体育院校教材委员会编．排球运动高级教程［M］．北京：人民体育出版社，2002
周志俊，吴峰主编．大学体育［M］．合肥：安徽人民出版社，2006
宋志平．篮球·排球·足球教程［M］．北京：人民体育出版社，2006

第十章 羽毛球

第一节 羽毛球运动概述

一、羽毛球运动的起源

据《大不列颠百科》载，“原始的羽毛球游戏活动至少于两千年前，在中国、日本、印度、英国、瑞典等国就流行了”。不过，由于民族、地区及语言的差异，对这项游戏活动的叫法不一，如我国叫“打鸡毛球”或“打手毽”，法国称“羽毛球”（*Feather ball*），印度称“普那”（*Poona*），英国、瑞典、丹麦等国则叫“毽子板球”（*Battledore and Shuttlecock*），这些就是现代羽毛球运动的前身。

现代羽毛球运动起源于1873年，那年在英国伯明顿镇，有一位鲍费特公爵，在他的庄园组织了一次游艺活动，由于天公不作美，户外活动只能改在室内进行，应邀来宾中有好几位是英国驻印度退役军人，他们建议进行普那游戏，当时室内场地呈葫芦状，他们在场地中间拉了一根绳子代替网，每局比赛只能有两人参加，有一定的分数限制，大家打得非常热闹。于是，羽毛球作为一种高雅的娱乐性活动迅速传遍英国，为了纪念此项运动的诞生地，伯明顿（*badminton*）被命为羽毛球的英文名字而流传于世界。

二、羽毛球运动发展沿革

1875年，世界上第一部羽毛球比赛规则出现于印度的普那。3年后，英国又制定了更趋完善和统一的规则，当时规则的不少内容至今仍无太大的改变。

1893年，世界上最早的羽毛球协会——英国羽毛球协会成立，并于1899年举办了全英羽毛球锦标赛。

1934年，由加拿大、丹麦、英国、法国、爱尔兰、荷兰、新西兰、苏格兰和威尔士等国发起了国际羽毛球联合会，总部设在伦敦。从此，羽毛球国际比赛日渐增多。1934～1947年，丹麦、美国、英国、加拿大等欧美选手称雄于国际羽坛。

在1948～1949年举行的首届世界男子羽毛球团体锦标赛——“汤姆斯杯”赛中，马来西亚队荣获冠军，从而开辟了亚洲人称雄国际羽坛的时代。在1948～1979年间的11届汤姆斯杯赛中，印度尼西亚队夺得7次冠军，马来西亚队夺得4次冠军。20世纪60年代前期，中国队后来居上，1963年、1964年打败世界冠军印尼队，1965年又全胜北欧诸强，被誉为“无冕之王”（因当时我国未加入国际羽联，不能参加世界性锦标赛）。

世界女子羽毛球团体锦标赛——“尤伯杯”赛于1956年开始举行，前3届冠军均被美国人夺得。从60年代后期起，优势转移到了亚洲，日本和印尼队包揽了历届比赛的冠亚军。

20世纪70年代以来，男子羽毛球技术处于领先地位的是印尼队和中国队。1982年中国队首次参加汤姆斯杯赛就荣获冠军，中国队的技术受到了世界羽坛的普遍赞扬。70年代后期，日本、韩国、巴基斯坦、泰国、马来西亚等国家和地区的羽毛球技术也有了长足的进步，在国际比赛中取得了较好的成绩。欧洲的丹麦、英国、瑞典等国在发挥原有特点的基础上，广泛吸取了亚洲人的技术和经验，技术水平稳步提高，至今仍不失为羽坛劲旅。女子方面，可以说是中国、印尼、日本三强鼎立。

1978 年 2 月，世界羽毛球联合会于香港成立。1981 年 5 月，国际羽毛球联合会和世界羽毛球联合会正式合并。目前，国际羽联已拥有 100 多个会员国。

1982 年中国队首次参加全英锦标赛，即获得了女子单打冠亚军和双打冠军。到了 80 年代后期，马来西亚队、韩国队有了长足的进步，多次获得国际羽毛球大赛的男子团体冠军、双打冠军。女子方面，中国、印尼继续保持领先，韩国女队迎头赶上，是近年来中国队、印尼队的主要对手。

在 1988 年汉城奥运会上，羽毛球被列为表演项目，1992 年巴塞罗那奥运会列为正式比赛项目。从此，羽毛球运动进入新的发展时期。

为缩短比赛时间，使羽毛球比赛更有利于电视转播，提高项目吸引，开拓市场，国际羽联自 2001 年 6 月起，正式开始在各类国际大赛上试行 7 分制。在试行期间，7 分制引发的争议持续不断，最终 7 分制草草收场，重新采用 15 分制。但国际羽联并没有因为此次改革的失败而停下改革的步伐。

2005 年，国际羽联推出 21 分每球得分制，在中国益阳世界杯赛中首先被采用，并获好评。

2006 年，试行了 3 个月的羽毛球新规则正式实施，在该年汤、尤杯赛中首先采用。

2007 年，国际羽联改革以往传统的赛事模式，把国际羽联的赛事划分为四个级别：第一级是五项顶级大赛（奥运会、世界锦标赛、苏迪曼杯、汤姆斯杯/尤伯杯、世界青年锦标赛）；第二级是超级系列赛（共 12 站），只供达到资格标准的球员参赛；第三级是大奖赛；第四级是国际挑战赛及各州锦标赛。

在 2008 年北京奥运会羽毛球项目的所有代表队中，中国国家羽毛球队的实力无疑是最强大的。主场作战的中国队最终获得了三金、两银、三铜共八枚奖牌，其中男单金牌和铜牌、女单金和银牌、女双金牌和铜牌、男双银牌、混双铜牌，创下历届奥运会参赛之最。此外，奖牌覆盖了全部五个单项也是历史首次。

三、世界羽毛球重要赛事简介

（一）世界羽坛男子团体赛的最高荣誉杯赛——汤姆斯杯

1934 年国际羽联成立时，英国人汤姆斯被选为主席。5 年后，汤姆斯在国际羽联会议上提出，组织世界性男子团体比赛的时机已成熟，并表示将为这一比赛捐赠一个奖杯，称为“汤姆斯杯”。国际羽联终于在 1948 年至 1949 年间，在苏格兰举办了第一届汤姆斯杯赛，马来西亚成为第一个名称刻在汤杯上的国家。

从 1982 年起，该项团体赛改为每两年举办一届，而且赛制也从以往两天 9 场 5 胜（5 单 4 双）改为一天 5 场 3 胜（3 单 2 双）。至 2000 年，该项杯赛已举办了 21 届，冠军杯一直在亚洲的印度尼西亚、马来西亚和中国队之间流动。中国队是从 1982 年开始参加汤姆斯杯赛的，并在参加的 9 届比赛中 4 次把汤杯捧回。

（二）当今世界羽毛球最高水平的女子团体赛——尤伯杯

从 1956 年至 2000 年间，国际羽联共举办了 18 届尤伯杯赛。如同汤姆斯杯一样，尤伯杯从 1984 年起改为每两年一届。

虽说羽毛球运动起源于英国，而且汤、尤杯赛都是由英国人发起的，国际羽联主要领导人也多是英国人，可英国羽毛球队却没有夺得过一次汤、尤杯赛的奖杯，倒是美国姑娘在前三届来了个“三连冠”。自 1966 年的第四届起，尤伯杯就一直留在了亚洲。其中，日本和印尼队各获得 5

届和3届。中国女队自1984年开始参加尤伯杯赛，并创纪录地连续把这座冠军杯保留了10年之久。但在1994年和1996年，冠军杯连续两届由一代“羽后”王莲香挂帅的印尼队夺得。1998年，中国女队又将阔别4年的尤伯杯夺回，并在2000年蝉联了尤伯杯。

（三）世界羽毛球混合团体锦标赛——苏迪曼杯

苏迪曼杯是代表羽毛球整体水平的最重要的世界大赛，与汤姆斯杯赛和尤伯杯赛齐名。

苏迪曼杯羽毛球赛按各个国家和地区球队的实力分为A至G等7个级别，每个级别6支队伍，只有参加A级比赛的6个队可以争夺冠军。B至G组的小组第一名在下届比赛中升到上一组，最后一名降到下一组。采用五场三胜制，由男子单打、女子单打、男子双打、女子双打和混合双打等五个项目组成，

该项杯赛自1989年设立，之后每两年一届，前八届苏迪曼杯比赛安排在与世界锦标赛同一时间和地点举行（先进行苏迪曼杯比赛，紧接着进行世界锦标赛）。从2005年第九届苏迪曼杯开始，苏迪曼杯比赛将和世界锦标赛分开不同时间和地点举行，苏迪曼杯保持每两年举办一届，而世界锦标赛则改为每年一届。逢双数年是汤、尤杯赛，单数年为苏迪曼杯赛。

第一届苏迪曼杯赛于1989年5月在苏迪曼故国印尼的雅加达举行，中国派队参加了比赛，最后只名列第三。而东道主印尼队凭借天时、地利、人和的主场之利，在决赛中以3比2战胜韩国队，成为第一个苏迪曼杯的得主。

（四）奥运会

羽毛球项目自1992年以后才进入奥运会，比赛只设单项比赛，没有团体比赛。1992巴塞罗那奥运会年未设混双项目，1996年亚特兰大奥运会起增设混双项目。1992年比赛进入半决赛后只决出冠亚军，而1996年起，决出前一、二、三、四名。

（五）世界羽毛球锦标赛

世界羽毛球锦标赛是国际羽毛球联合会在继汤、尤杯赛后，为了适应世界羽毛球运动日益发展的需要而设立的一种以个人单项为竞赛项目的羽毛球锦标赛。

1981年，两个国际性羽毛球组织宣布联合，名称仍为国际羽毛球联合会。在联合会（1996年6月底会员国、地区为124个）上协商决定，每两年举行一次世界羽毛球单项比赛，即世界羽毛球单项锦标，并延续两个国际羽毛球组织以前的届数。1983年在丹麦首都哥本哈根正式举行了第三届世界羽毛球单项锦标赛。此项赛事只进行5个单项的比赛，即男女单打、男女双打和混合双打。1988年国际羽联决定世界羽毛球单项锦标赛与新设立的苏迪曼杯赛同时同地举行。国际羽联根据当时的世界排名，国际羽联邀请每个项目中的前16名（对）运动员直接参加比赛。国际羽联的每个会员国和地区可以在每个项目中报名的运动员不得超过4名（对）。从2003年开始，国际羽联决定将世界羽毛球单项锦标赛与苏迪曼杯赛分开不同时间和地点举行，并且从2005年开始将世界羽毛球锦标赛由两年一届改为每年一届。

（六）超级系列公开赛

超级系列公开赛只供达到资格标准的球员参赛，共设12站比赛，每站总奖金不少于20万美元。它们是马来西亚公开赛、韩国公开赛、全英公开赛、瑞士公开赛、新加坡公开赛、印尼公开赛、中国大师赛、日本公开赛、丹麦公开赛、法国公开赛、中国香港公开赛和中国公开赛。作为超级赛事，首圈正赛的人数限定为32人参加，每个国家最多可派4名运动员参赛，东道主国家可获得2张外卡的资格。

第二节　羽毛球基本技术

一、握拍法

（一）正手握拍法

一切在身体右侧的正手正拍面击球及头顶后场击球叫正手击球，正手击球时的握拍方法为正手握拍法。握拍时，先用左手拿住拍杆，使拍面与地面垂直，展开右手，像握手式握住拍柄，使手的小鱼际肌靠在拍柄底托处，虎口对准拍柄的内侧小边棱，拇指和食指贴在拍柄两侧的宽面上，其余的三指自然握住拍柄。拍柄与掌心不要握紧，应留有空隙。握拍力度适宜，恰似握着一个生鸡蛋，重则破损，轻则滑落（图10－1、10－2）。

（二）反手握拍法

一切在身体左侧的反手反拍面击球叫反手击球，反手击球时的握拍方法为反手握拍法。在正手握拍法的基础上，拍柄稍向外转，食指稍向下靠，拇指第二指节顶贴在拍柄内侧的宽面上，其余三指并拢握住拍柄，击球时，靠小指无名指和中指三指紧握拍柄，同时拇指前顶发力击球。为了便于发力，掌心与拍柄间要留有充分的空隙。

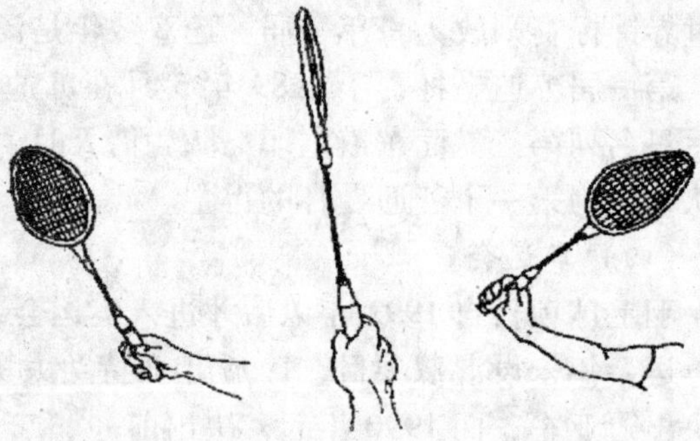

图1　　图2　　图3

图10－1、10－2　正手握拍　图10－3　反手握拍

对于握拍来说并不是我们一定要怎么握的，无论哪种握法，最终目的也就是使自己的手腕能更加灵活转动，手指能最大限度地发挥力量。但需注意一点：握法不能限制或影响手腕的活动，不能影响手指发力；否则，握法就是错误的，要尽快改正，一旦定型就不好改了！

握拍练习方法：①按照正确的技术动作要领，由握拍手独立完成正、反手握拍的相互转换；②通过反复练习，逐渐过渡到全凭手上的感觉便可完成正确地正、反手握拍；③在实战中，根据来球的不同角度和方向，握拍手可自如地呈正手或反手握拍法击球，握拍力度应适宜。

二、发　球

（一）正手发球

1. 正手发高远球　用正手握拍法，从低手位以正拍面将球击得又高又远，球飞行到对方的底线上空后突然改变其方向，垂直落至底线附近的一种发球，由于球处于对方底线，可有效地调动对方并削弱其进攻的威力。在单打中这种发球被普遍采用（图10－4）。

1　2　3　4　5

图10－4　正手发高远球

动作要领：（1）准备姿势：两脚自然分开，左脚在前，脚尖对网，右脚在后，脚尖稍向右侧，重心放在右脚上；左手持羽毛球，置于胸前方；右手正手握拍自然屈肘举至身体的右后侧，呈发球前的准备姿势。

（2）击球动作：持球手松开，使球自然下落，右手持拍臂自下而上沿半弧形做回环引拍动作，同时开始转体，当拍挥至身体右侧前下方击球点上的瞬间，前臂迅速内旋带动手腕闪动展腕发力，用正拍面将球击出，身体重心随转体动作逐渐由右脚移至左脚上。

（3）击球后的动作：身体重心完全移至左脚上，持拍手随击球动作完成后的自然惯性向左上方挥动。在发球的过程中，双脚均不能离开地面或移动。

2. 正手发平高球　基本上同正手发高远球动作。把球发得不太高，使球迅速地越过对方场区空中而落至底线附近。比赛当中，这种发球可以迫使对方快速移动到底线，从而没有充裕的准备时间去还击来球。发平高球的质量好的话，有时可以限制对方发挥大力扣杀和其他一些进攻技术。发平高球也可以作为进攻的一个手段。

发平高球时，准备姿势同高远球一样，击球时，其动作比发高远球的动作小。当球落到击球人腰部稍下的一刹那，紧握球拍，手腕向前上方、以向前方为主鞭打击球。

3. 正手发平快球　把球发得又平又快，击出的球在空中飞行的弧度不高，而迅速越过对方场区并落到底线附近。发平球是抢攻的主要技术之一，由于球的速度快而角度平，可以造成对方措手不及、忙于应付。在与反应较迟钝动作较慢、动作偏大的对手相遇时，发平快球往往可以占据主动或直接得分。发平快球的准备动作与发高远球、平高球的准备动作应力求做到一致，整个动作过程及球拍挥动方向，也大体相似，只是在发平快球的时候，当球落到腰部稍下的一刹那，在手臂的快速带动下，靠手腕与手指的突然向前发力将球击出。

4. 正手发网前球　把球发到对方发球区内的前发球线附近叫做发网前球。比赛中发网前球可以避免对方接发球时往下压球，限制了对方的一些进攻技术。发网前球时，站位稍前。由于网前球飞行距离短、弧线低、用力轻，因此前臂挥动的幅度和手腕后伸的程度要比发高远球小；球拍触球时，拍面从右向左斜切击球，使球刚好越网而过，落在对方前发球线附近（图 10－5）。

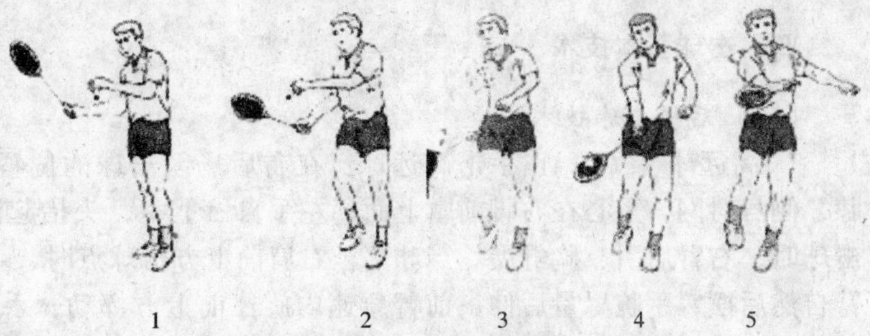

图 10－5　正手发网前球

（二）反手发球

由于动作结构、解剖因素和力量等原因，一般只是通过反手来发网前球和平球。反手发球多用于双打比赛当中。

1. 反手发网前球　站位靠近前发球线，左脚或右脚在前均可，身体重心在前脚，上体前倾后脚跟提起。右手反握在拍柄稍前部位，肘关节部位提起，手腕稍前屈，球拍低于腰部，斜放在小腹前。左手持球在球拍面前方。发球时，球拍由后向前推送击球，使球的最高弧线略高于网顶，通过拍面的切削动作使球落到对方场区的前发球线附近（图 10－6）。

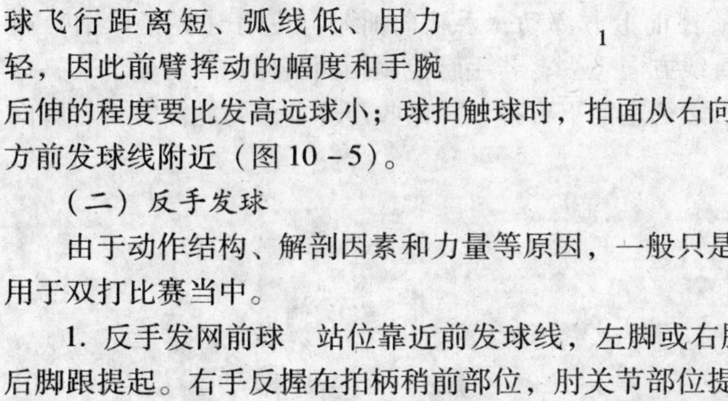

图 10－6　反手发网前球

2. 反手发平球　发球时，球拍的挥动方向与反手发网前球一样，只是在击球的一刹那，手腕采用弹击力量的方法，拍面角度接近垂直将球击到双打后发球线以里附近。

发球练习方法：①首先学习正手发后场高远球，依照先分解后连贯的顺序，按照技术动作的要领做挥拍练习，直至熟练；②对墙做发球练习，离墙一定距离，对准墙上的某一高度，反复做发球挥拍击球动作练习，体会球与拍之间的感觉及前臂内旋带动手腕由伸腕到展腕的发力过程；③在场地上练习发球，重点注意发球时的拍面和击球点的正确性，观察自己发出的球在空中飞行的高度及落点的位置要又高又远；④按照以上的练习步骤，进一步作其他各种发球的练习，注意各种发球动作的一致性和落点的多样性。

三、接发球的站位和姿势

单打站位一般是在离发球线 1.5 米处，站在发球区中间的位置；在右发球区则站在中间偏左的位置，这样站主要是防备对方直接进攻反手部位。一般左脚在前，右脚在后，双脚微屈，收腹含胸，身体重心放在前脚上，后脚脚跟稍抬起，身体半侧向球网，球拍举在身前，双眼注视对方（图 10－7）。

双打站位由于双打发球区比单打发球区短 0.76 米，发高远球易被对方扣杀，所以双打发球多以发网前球为主，接发球时要站在靠近前发球线的地方。双打接发球准备姿势和单打姿势基本相同，只是身体前倾较大，身体重心可前可后，球拍举得高些，在球飞行到网上最高点时击球，争取主动，但是应注意对方在右场区发平快球突袭反手部位。

图 10－7 接发球姿势

四、击球基本技术

（一）后场击球技术

1. 高远球 （1）正手击高远球：在右后场区击球的位置上，左脚在前，右脚在后，稍屈膝，侧身对网，重心在右脚前掌上面，左手自然上举，头抬起注视来球，右手持拍于身体右侧，击球时，右臂后引、胸舒展。当球落至右肩前上方击球点时，上臂往右上方抬起，肘部领先，前臂自然后摆，手腕尽量后伸、前臂急速内旋往前上方挥动，手腕向前鞭打发力（握紧球拍）在手臂伸直的最高点击球托的后部，球即朝直线方向飞去；若手腕控制拍面击球托的右侧下部，球则向对角方向飞行。击球后，手臂随惯性自然往左前下方挥动并回收至体前。与此同时，右脚向前迈出，左脚后撤，身体重心由后移到前。

图 10－8 正手击高远球

（2）反手击高远球：看准对方的来球落向左后场区的时候，迅速把身体转向左后方，移动到适合的击球位置，背对球网，并用反手握拍法握拍，最后一步右脚跨向左后方，球拍由身前举到左肩附近，以大臂带动前臂转动，击球时前臂由左肩上方往下绕半弧形，最后一刹那时手指紧握球拍，击球点应在右肩上方为好，以手腕往右后上方或者根据还击的需要掌握好球拍的角度鞭打进行击球，把球击向后上方。击球后，转身手臂回收至胸前。

2. 吊球　把对方击来的高球，从后场轻击或轻切、轻劈到对方的近网附近，叫做吊球。吊球从其动作方法，球的飞行弧线的不同可分为轻吊、拦吊、劈吊（其中每项都包括正手、头顶、反手等方法）。

正手吊球：击球前动作同正手击高球。击球的一刹那，前臂突然减速，用手腕的闪动向前下切击球托的右侧后下部。关键是用力方向向前下，使球越网后即下落。击球后，手臂随惯性自然回收到胸前。

图 10－9　正手吊球

3. 杀球　杀球是把高球用力向前下方重击、重切或重“点”击球，这种球速度快、力量大。比赛中，杀球可以直接得分，也可以使对方处于被动防守，这一技术是羽毛球进攻中的主要技术之一。扣杀球从击球点距身体的位置可分为：正手扣杀、头顶扣杀和反手扣杀；从击球力量的大小分：大力杀、轻杀、劈杀、点杀、开网大力杀等。

（1）正手扣杀球：准备姿势与正手击高球相似。不同之处是右脚起跳后，身体后仰成反弓后收腹用力，靠腰腹带动大臂、大臂带动前臂、前臂带动手腕，形成向下鞭打的用力，球拍正面击球托的后部，无切击，使球沿直线向前下方快速飞行。击球后立即成还原准备姿势。

（2）腾空突击扣杀：击球前，右脚稍前，左脚稍后，身体稍前倾、屈膝，重心落在右脚上，准备起跳。起跳后，身体向右后方腾起，上身右后仰成反弓形，右臂右上抬，肩尽量后拉。击球前臂快速举起，手腕从后伸至前臂旋内跟着屈收压腕鞭打高速向前下击球。杀球后，屈膝缓冲，右脚右侧着地，重心在右脚前；左脚在左侧前着地，并迅速还原。

后场击球技术的练习方法：①按照技术动作要领，做原地挥拍练习，注意握拍要正确、合理，前后脚及转体收腹等动作协调，在最高点击球等规范要求；②原地进行起跳转体挥拍练习，着地后即返回原地；③多球式喂球或一对一陪练式喂球，让练习者移动到位击球。逐步提高要求，可由原地完成动作，到起跳完成动作；④固定回击一点直线球，到回击两点直线加斜线球等；⑤两人分边，用高吊、高杀直线或斜线球进行对练。要求开始速度慢些，逐步加快，注意到位击球，提高稳定性、准确性；⑥强调高、吊、杀动作的一致性，即在准备另一拍、挥拍到击球前期动作的一致性。只是在击球的瞬间各有所不同：其一是击球点不同。高远球是在右侧前上方，吊球比高球的击球点靠前，杀球比吊球更靠前。其二，高球是以肩关节为轴，大臂带小臂，小臂带手腕，向前上方用力击球。杀球也是肩关节为轴，大臂带小臂，小臂带手腕，但更强调手腕积极向前下方重压。吊球则是以肘关节为轴，手腕积极下压，切削球的右侧后下部。

（二）前场击球技术

前场技术包括网前的放、搓、推、勾、扑、挑球等。其中搓、推、勾、扑属进攻技术，要求击球前期动作有一致性，击球刹那间产生突变；握拍要活，动作细腻，手腕、手指要灵巧，以控制好球的落点。网前进攻威胁较大，因球飞行距离短，落地快，常使对手措手不及而直接得分。

即使不能直接得分，也能迫使对方被动回球，创造下一拍进攻的机会。若网前进攻和中后场进攻能紧密地配合起来，则能发挥前后场的连续进攻，掌握主动权。

1. 放网前球　（1）正手放网前球：当对方将球击至自己正手网前时，以正手握拍法，用球拍轻轻切、托，将球向上弹起恰好一过网就朝下坠落，其一般的动作要求为：侧身向球的方向移动，上身稍前倾，右手握拍于体前；步法移动的最后一步是右脚向来球方向，跨大弓箭步，身体重心要提高，前臂伸向来球，要往前上方举，稍上仰，斜对网；争取高点击球，握拍放松稍收腕，向球托斜侧提击或搓切；击球过程中左手要向后平举以协调动作。挥拍的力量、速度和拍面角度的大小，主要取决于来球离网的远近和速度的快慢，来球离网远，速度快些，则放球时的力量要大些，反之则力量要小些；放网后，身体还原准备姿势。

图 10－10　正手放网前球

（2）反手放网前球：击球前的动作要领同正手放网前球动作，只是方向相反。反手握拍，反面迎球，击球时，主要靠小臂的前伸、外旋和手腕由内收至外展的合力，轻托底部把球轻松过网。击球后，整个动作还原成下次击球的准备姿势。

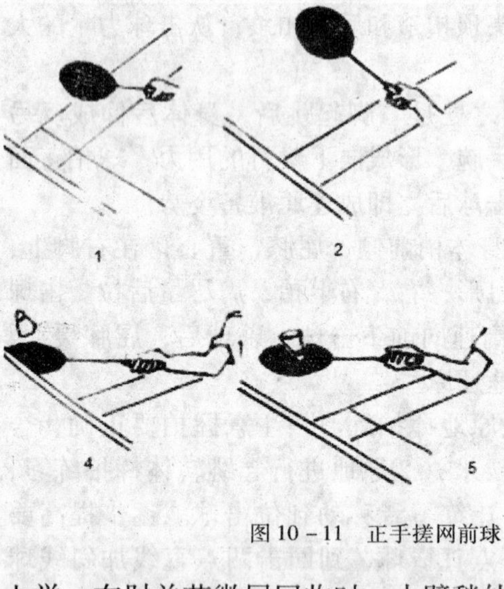

图 10－11　正手搓网前球

2. 网前搓球　（1）正手网前搓球：击球前，小臂稍外旋，手腕由后伸至稍内收闪动；击球时在正手放网前球动作基础上，加快挥拍速度，搓切来球的右下部，使球旋转滚过网。

（2）反手网前搓球：击球前，小臂前伸外旋，手腕由内收至外展状；搓击球的右侧后底部，使球侧旋滚动过网。另外还可以小臂稍伸直，手腕由外展到内收，带动球拍向前切送，击球托的后底部，使球下旋滚动过网。

3. 网前推球　（1）正手推直线：站在网前，当球飞过来，球拍向右侧前上举。在肘关节微屈回收时，小臂稍外旋，手腕稍后伸，球拍也随着往右稍下后摆，拍面正对来球。小指和无名指稍松开，使拍柄稍离开手掌鱼际肌。拇指和食指稍向外捻动拍柄，拍面更为后仰。

（2）反手推直线球：在网前较高的击球点上，以反手握拍法，用推击的方法向对方底线击出弧度较平、速度较快的球。其击球动作是：用反手握拍法，前臂伸时稍外旋，手腕由外展至伸直闪腕，中指、无名指和小指突然握紧拍柄，拇指顶压球拍，往前挥拍，推击球托的左侧面。

（3）正手推对角线球：推对角线技术的准备姿势和击球前动作与推直线相同，但是击球时击球点在右肩前，要推击球托的右侧后部，使球沿对角线方向飞去。这时，手腕控制拍面角度，闪腕时手臂不要完全伸直。

（4）反手推对角线：反手推对角线的击球动作基本与推直线相同，区别点是：在击球一刹

图 10－12 正手网前推球

那要急速向右前方挥拍，推击球的左侧后部，使球沿对角线方向飞行。

4. 网前勾球 （1）正手网前勾对角线球：勾球一般采用并步加蹬跨步上网的步法。在步法移动的同时，球拍随着前臂往右前上方举起。前臂前伸的同时，稍有外旋。手腕微后伸，这时的握拍稍有变化——将柏柄稍向外捻动，使拇指贴在拍柄的宽面上，食指的第二指节贴在与其相对的另一个宽面上，拍柄不触及掌心。击球时，靠前臂稍有内旋往左拉收，手腕由稍后伸至内收。球拍拨击球托的右侧下部，由手腕和手指控制拍面角度，击球后，球拍回收至胸前。

图 10－13 正手网前勾对角

（2）反手网前勾对角线球：随着步法移动的同时，手臂向左侧前方平举（注意手臂不要伸直，稍弯即可）。击球时，随着肘部下沉，前臂回收外旋的同时，食指和拇指协调用力捻动拍柄，使拍面拨击球托的左侧后部，将球沿对角线飞越过网，击球后，球拍回收至胸前，为下次的来球做积极的准备。

5. 扑球 扑球是当来球在网顶上方时，能以最快的速度上网扑压来球的技术动作。扑球可分为正手扑球和反手扑球两种，其路线有直线、对角线和扑随身球三种。扑球在网前进攻技术中是威胁较大的一种技术。扑球的关键在于“快”，首先取决于判断快，一经作出判断，即要求起动快并采用蹬跨步或跳步上网，同时出手快，抓住来球在网顶的最高点机会出手，以迅雷不及掩耳之势，将球扑杀到对方场区。

（1）正手网前扑球：身体腾空跃起或右脚蹬跨的同时，前臂往前上方举起，球拍正对来球方向。击球时。随着手臂由屈至伸，手腕由后伸至向前闪动及手指的顶压，将球扑下。其中手腕是控制力量的关键，挥拍距离短，动作小，爆发力强。扑击的球才会具有一定威胁。如果球离网顶较近，就采用“滑动式”扑球方式，用手腕从右向左将球扑压下去，这样可以避免球拍触网犯规。扑球后，注意腿上的缓冲，控制重心，以免身体触网。

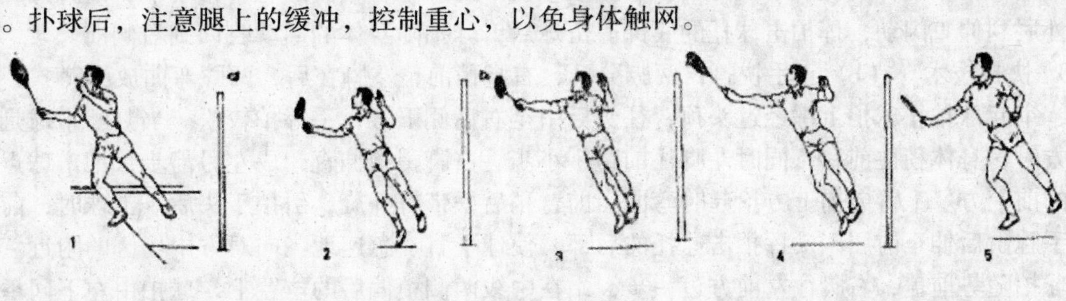

图 10－14 正手网前扑球

（2）反手网前扑球：反手握拍，持于左侧前。当身体跃起或蹬跨上网时，球拍随前臂前伸而举起，手腕微屈，拇指顶压在拍柄宽面上，其他四指自然并拢，拍面正对来球。击球时，手臂由屈至伸，手腕由微屈至后伸并用力闪动，拇指顶压，加速挥拍扑击。击球后，球拍随手臂回收至体前。

6. 挑球　（1）正手网前挑球：准备动作同正手放网动作。击球前前臂充分外旋，手腕尽量后伸。击球时，从右下向右前方至左前方挥拍击球。在此基础上，若球拍向右前上方挥动，挑出的是直线高球；若球拍向左前方挥动，挑出的则是对角高球。

图 10－15　正手挑球

（2）反手网前挑球：准备姿势同反手放网动作。击球前右臂往后拉抬肘引拍。击球时前臂充分内旋，手腕由屈至后伸闪动挥拍击球。若球拍由左下向左前上方挥动，则球向直线方向飞行；若球拍由左下向右前上方挥动，则球向对角线方向飞行。

前场击球技术的练习方法：①首先对搓、推、勾、扑每一个技术动作的结构、规范要求，有明确的概念和清晰的表象，能识别和熟记它们之间的相同点和不同点。②熟练掌握正、反手握拍上网前的基本动作：正手握拍上右网前，反手握拍上左网前；③一步垫步上网，两步跨步上网，三步交叉跨步上网；④两人隔网对练搓球或勾球；⑤多球上网搓、推、勾对角球练习；⑥吊上网搓、推、勾对角组合练习；⑦杀上网搓、推、勾对角组合练习。

（三）中场击球技术

1. 挡直线网前球技术　该技术多用于接对方杀球。接球前用接杀球的步法移至右场边线，身体右倾，手臂右转，前臂外旋、手腕外展。击球时，前臂内旋稍翻腕带动球拍由右下向前上方推送击球，把球挡向直线网前；也可以在击球时前臂由外旋到内收，带动球拍由右向前切送挡直线网前。击球后，身体左转成正面对网，然后右脚上前一步，球拍随身体向左转收至体前。

2. 抽球技术　（1）正手平抽球：两脚平行站立稍宽于肩，右脚稍向右侧迈出一小步，同时上体稍往右侧倾，右臂向右侧上摆，球拍随着上举，肘关节保持一定角度，击球前肘关节前摆，前臂稍往后带外旋，手腕稍外展至后伸，引拍至体后。击球时前臂内旋，手腕伸直闪动，手指抓紧拍柄，球拍由右后往右前方高速平扫来球。

（2）反手平抽球：右脚前交叉在左侧前，重心在左脚上，右手反手握拍在左侧体前。击球前肘部稍上抬，前臂内旋，手腕外展，引拍至左侧。击球时，在髋的右转带动下，前臂外旋，手腕由外展到伸直闪动，挥拍击球托的底部。击球后，球拍随身体的回动收回到右侧前。

3. 快打技术　（1）正手快打：两脚分开，右脚稍前，左脚在后，两膝弯曲成半蹲式，正手握拍，举起球拍，球拍上举经过头顶，往头后引至右后侧下方，手握拍较松。当判断来球是在头顶上方时，身体稍往前移，同时左脚往前跨一小步，右脚稍微伸直，成左弓箭步，把击球点选在右肩的前上方。上臂向前上方抬起时弯曲，前臂稍后摆带有外旋，引拍于头后。击球时，前臂向前，手腕由后伸至前屈闪动挥拍击球托的后部，使球平直、急速地飞向对方中场区的附近。击球后，球拍随势前盖，右脚往左前方迈一步，站在中线两侧稍偏后的位置上，球拍由左下回举至前上方，准备迎击下一次的来球。

（2）反手快打：右脚前交叉在左侧前，重心在左脚上，右手反手握拍在左侧前。击球前肘部稍上抬，前臂内旋，手腕外展，引拍至左侧。击球时，在髋的右转带动下，前臂外旋，手腕由外展到伸直闪动，挥拍击球托的底部。击球后，球拍随身体的回动收回到右侧前。

中场击球技术的练习方法：①多球挑、多球定向挑、接吊挑；②正反手交替练习；③多球接杀放网，两人对练杀与接杀放网；④进一步明确击球点应在体前的概念，准备姿势的持拍应略抬高，拍框应翘起，有利于快举拍击球；⑤多练以脚为轴，以前臂带动手腕作小幅度快速挥拍练习（不要作以肩为轴的大幅度挥拍），这样有利捕捉击球时机；⑥多作连续挥拍练习，或多球半蹲快打练习，打网前一拍之后，立刻准备打第二拍，提高反应速度。

五、基本步法和场上步法的基本环节

（一）基本步法

1. 垫步　当右（左）脚向前（后）迈出一步后，后脚跟进，紧接着以同一脚向同一方向再进一步，为垫步。势步一般作为调整步距用。

2. 交叉步　左右脚交替向前、向侧或向后移动为交叉步。经另一脚前面超越的为前交叉步，经另一脚后面超越的为后交叉步。交叉步一般在后退打后场球时后退得较多。

3. 小碎步　以小的交叉步移动的称为小碎步。由于步幅小，步频快，一般在起动或回动起始时用。

4. 并步　右脚向前（或向后）移动一步时，左脚即刻向右脚跟并一步，紧接着右脚再向前（向后）移动一步，称为并步。

5. 蹬转步　以一脚为轴，另一脚作向后或向前蹬转步。

6. 蹬跨步　在移动的最后一步，左脚用力向后蹬的同时，右脚向来球的方向跨出一大步，称为蹬跨步。它多用于上网击球，在后场底线两角移动抽球时也常采用。

7. 腾跳步　起跳腾空击球的步法为腾跳步，它可分为两种，一种是上网扑球或向两侧移动突击杀球时，以领先的脚（或双脚）起跳，做扑球或突击杀球；另一种是对方击来高远球时，用右脚（或双脚）起跳到最高点时杀球。

（二）场上步法的基本环节

1. 起动　对来球一有反应判断，即从个心位置上准备接球姿势转为向击球位置出发，称为起动，一场比赛要起动几百次（基本上是每回击一拍起动一次）。要做到起动快，必须反应敏捷、判断准确和起动的准备姿势正确。

2. 移动　主要指从中心位置起动后到击球位置的移动方法，移动的基本步法有垫步、交叉步、小碎步、并步、蹬转步、蹬跨步和腾跳步等，运用这些方法，构成了从中心位置到场区不同位置击球的组合步法——后退步法、两侧移动步法和上网步法。自中心位置到击球点的步数，一般用一步、两步或三步，这必须根据当时球离身体的远近来决定，影响移动速度的因素有步数的多少、步频的快慢和步幅的大小。

3. 回动（回中心位置）　击球后，应尽力保持（或尽快恢复）身体平衡，并即刻向中心位置移动，以便在中心位置上做好迎击下一个来球的准备，称为回动。初学者往往缺乏“回中心”的意识，哪里打完球就停在哪里，这是必须改正的。当然，运动员随着比赛经验的积累，逐渐体会到并非千篇一律地每击一次球都必须回中心，而应根据比赛当时的实际情况，根据双方技、战术的特点，选择最合理回击对方来球的回动路线和回动位置。

4. 上网移动步法　从中心位置移动到网前击球的步法，称为上网步法。上网步法可根据各人习惯采用交叉步、并步、垫步或蹬跨步。

右边上网前步法：可采用两步或三步交叉步加蹬跨步移动的方法，也可采用垫一步再跨一大步移动的方法上网。

左边上网的步法：同右边上网，只是移动方向是朝左边网前。

5. 两侧移动步法　从中心向左右两侧移动到击球点上击球的步法，称为两侧移动步法。它一般用于中场接杀球，起跳突击。

向右侧移动步法：离中心较近时用力蹬跨一大步到位击球，如离中心较远时则垫一小步后右脚再跨一大步。

向左侧移动步法：与向右侧移动步法相同，但方向相反。

6. 后退移动步法　从中心移动到后场各个击球点的位置上击球的步法、称为后退步法。

正手后退（右场区）步法：从起动开始，右脚向右后侧移动，髋部带动身体转向右后场，以并步或交叉步向后移动到接近底线的位置，然后起跳（单、双脚均可）击球。

头顶击球（左场区）步法：从起动开始，右脚向左后方移动，髋部带动身体转向左后方，以并步或交叉步移动到位。右脚起跳，随即左侧髋部迅速转向左后方，带动左腿后摆到身后落地，缓冲并支撑身体重心。当右脚落地时，身体前倾，重心移向右脚，左脚开始回动。

步法练习方法：①单个基本步法练习，可进行单个基本步法（垫步、并步、蹬步、交叉步、跨步）的反复练习；②上网步法练习，由中心位置、上右网前、回中心位置、上左网前、回中心位置可持拍模仿各种击球；③正手后退右后场步法练习，完成击球后回中心位置再多次重复练习；④后退左后场区正手头顶击球步法练习，回中心位置后再多次重复练习；⑤综合后退步法练习，将以上后退步法练习串连起来，依次重复练习；⑥两侧移动步法练习，由中心位置向右侧移动步法，回中心位置向左侧移动步法回中心位置多次反复练习；⑦后场至前场连贯步法练习：在后场完成击球动作，身体姿势复原后，以交叉跨步冲向网前做上网动作。

第三节　羽毛球运动的基本战术

一、单打战术

（一）发球战术

发球不受对方干扰，只要在规则允许的范围内，发球者可以随心所欲地以任何方式发到对方接球区的任何一点。采用变化多端的发球战术，常常能起到先发制人、取得主动的作用。因此，发球在比赛中占有重要地位。

在采用发球战术时，眼睛不要只看自己的球和球拍，应用余光注视对方的情况，找出薄弱环节。发各种球的准备姿势和动作要注意一致性，给对方的判断带来困难，处于消极等待的状态。发球后应立即把球拍举至胸前，根据情况调整自己的位置，两脚开立，身体重心居中，但一定注意身体重心不要站死。眼睛紧盯对方，观察对方的任何变化，积极准备还击。

（二）接发球战术

接发球虽然处于被动、等待的状态，但由于发球时受到规则诸多的限制，使发球不能给接发球者带来太大的威胁。发球者发球只能发到对角线的接发球区内，而接发球者只需防守半个不到区域，却可还击到对方整个场区。所以，接发球者若能处理好这一拍，也可取得主动。

（三）逼反手

就所有的运动员而言，后场的反手击球总是或多或少地弱于正手击球，进攻性相对不强，球路也较简单（由于生理解剖结构的限制），有的运动员还不能在后场用反手把球打到对方端线，所以，对于对方的反手要毫不放松地加以攻击。

（四）平高球压底线

用快速、准确的平高球打到对方后场两角，在对方不能拦截的前提下尽量降低球的飞行弧线，把对方紧压在底线，当对方回击半场高球时，就可以扣杀进攻。使用平高球压底线时，如配合劈吊和劈杀可增加平高球的战术效果。一般情况下，平高球的落点和杀、吊的落点拉得越开，效果越好。

（五）拉、吊结合杀球

此战术是把球准确地打到对方场区的四个角上，使对方每次击球都要在场上来回奔跑。使用这种战术时，对不同特点的对手要采用不同的拉、吊方法。对后退步法慢的可以多打前、后场；对盲目跑动满场飞的可使用重复球和假动作；对灵活性差的应多打对角线，尽量使对方多转身；对后场反手差的仍通过拉开后攻反手；对体力不好的可用多拍拉、吊来消耗其体力，然后战胜之。

如能熟练地使用平高球、劈吊和网前搓、推、勾技术，快速拉开对方，伺机突击扣杀，则这一战术能收到更好的效果。

（六）吊、杀上网

先在后场以轻杀、点杀、劈杀配合吊球把球下压，落点要选择在场地两边，使对方被动回球。对方还击网前球时，迅速上网以贴网的搓球或勾对角或快速平推创造半场扣杀机会；若对方在网前挑高球，可在其向后退的过程中把球直接杀向他的身上。

二、双打战术

双打比单打每方增加一名队员，而场地宽度仅增加 92 厘米，接发球区还比单打缩短了 76 厘米，因此，双打从发球开始就形成短兵相接的局面。由于进攻和防守都加强了，这就更加要求运动员技术全面，能攻善守，反应灵敏。特别是对发球、接发球、平抽、挡、封网、扑、连续扣杀、接杀挑高球及防守反击等诸多技术，要求更高。两名队员配合默契，相互信任，打法上攻守衔接及站位轮转协调一致，是打好双打的关键。

（一）发　球

由于双打的后发球线比单打短，在双打中若发高远球，接发球方可以大力扣杀，直接争取主动，同时又较少有后顾之忧，因此，站位往往压在靠近前发球线处，对发球者造成很大的心理上和技术上的威胁。所以，发球质量、路线的配合、弧线的制造、落点的变化对整个双打比赛的胜负意义极其重大。可以毫不夸张地说，比赛的双方若水平差不多则胜负取决于发球质量。

（二）接发球

接发球虽然受发球方的牵制，属于被动等待，但由于规则对发球作了击球点不能过腰、球拍上沿须明显低于手、动作必须连续向前挥动（不许做假动作）、不能迟迟不发等等的诸多限制，所以使发球者发出的球不能具有太大的威胁。接发球方如果判断准确，启动快，还击及时，就能在对方发球质量稍差时杀、扑得手或取得主动；反之，也会接发球失误或还击不利使自己陷入被动。

（三）攻　人

这是双打中常用的一种战术，就是以人为攻击目标。对付两名技术水平高低不一的对手时，一般都采用这种战术。对付两名队员实力相当也可采用这一战术。它集中攻势于对方一名队员，常能起到“集中优势兵力打歼灭战”的作用；在另一队员过来协助时，又会暴露出空档，可在其仓促接应、立足不稳时偷袭。

（四）攻中路

1. 守方左右站位时把球打在俩人的中间　这种战术可以造成守方两人抢接一球或同时让球，彼此难于协调；限制对手在接杀球时挑大角度高球调动攻方；有利于攻方的封网，由于打对方中路，对方回球的角度也小，网前队员封网的难度就小了。

2. 守方前后站位时把球下压或轻推在边线半场处　这种战术多半是在接发网前球和守中反攻抢网时运用。这种球守方前场队员拦截不到，后场队员又只能以下手击球放网或挑高球，后场两角便会露出很大空档，因而有隙可乘，攻击对方的空档或身体位。

（五）攻后场

这种战术常用来对付后场扣杀能力较差的对手，把对方弱者调动到后场后也可以使用。此战术多采用平高球、平推球、挑底线把对方一人紧逼在底线，使其在底线两角移动击球，在其还击出半场高球或网前高球时即可大力扣杀，取得该球的胜利或主动。如在逼底线两角时对方同伴要后退支援，则可攻击网前空档或打后退者的追身球。

（六）后攻前封

后场队员积极大力扣杀创造机会，在对方接杀放网、挑高球或企图反击抽球时，前场队员以扑、搓、勾、推控制网前，或拦截吊点封住前半场，整个进攻连贯而又有节奏变化，使对方防不胜防。

第四节　羽毛球运动的基本规则与竞赛方法

一、羽毛球场地、器材

（一）场　地

羽毛球场成长方形，长13.4米，双打的宽度为6.1米，单打的宽度为5.18米，各条线宽均为4厘米，所有的线都是它所确定区域的组成部分（落在线上的球都属界内球），球网中间的高度为1.524米，双打边线处网高为1.55米。

（二）器　材

羽毛球球重4.74～5.5克，由16根羽毛插在半球型软木托上。羽毛球球拍总长度不超过68厘米，宽不超过23厘米，拍弦面长不超过28厘米，宽不超过22厘米。球拍不允许有附加物和突出物。

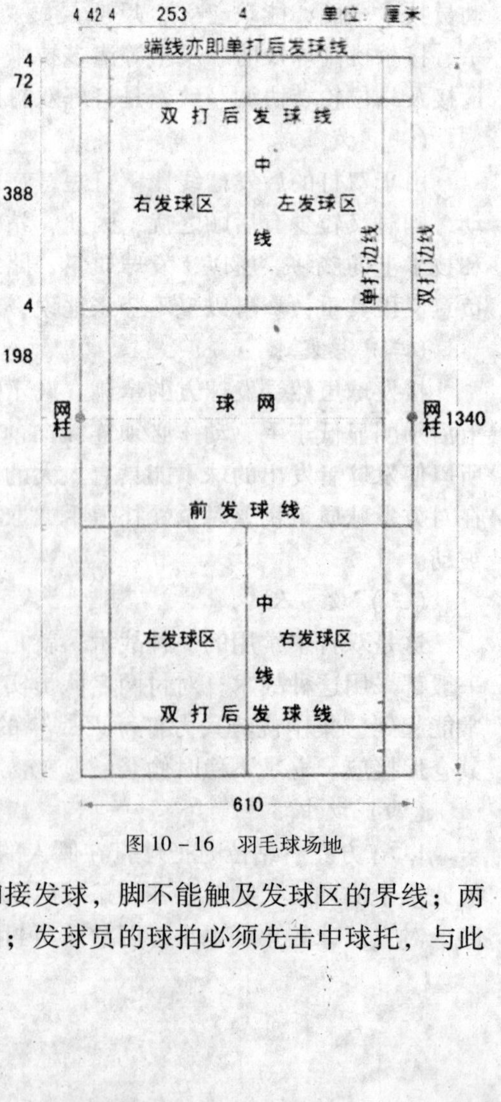

图10－16　羽毛球场地

二、比赛规则

比赛前，双方应掷挑边器，赢的一方将优先选择发球权或场区，输方在余下的一项中做出选择。

（一）计　分

除非另有商定，一场比赛以三局两胜定胜负。不论有没有发球权，比赛中只要获胜即得1分；率先得到21分的一方赢得当局比赛；如果双方比分打成20比20，获胜一方需超过对手2分才算取胜；如果双方比分打成29比29，则率先得到第30分的一方取胜；当局获胜一方在下一局比赛中率先发球。

（二）发　球

1. 合法发球　发球时任何一方都不允许非法延误发球；发球员和接发球员都必须站在斜对角发球区内发球和接发球，脚不能触及发球区的界线；两脚必须都有一部分与地面接触，不得移动，直至将球发出；发球员的球拍必须先击中球托，与此同时整个球要低于发球员的腰部；击球瞬间，球拍杆应指向下方，从而使整个排头明显低于发球员的整个握拍手部；发球开始后，发球员的球拍必须连续向前挥动，直至将球发出；发出的球必须向上飞行过网，如果不受拦截，应落入接发球员的发球区内；一旦双方运动员站好位置，发球员的球拍头第一次向前挥动即为发球开始。一旦发球开始，球被发球员的球拍触及或落地即为发球结束；发球员须在接发球员准备好后才能发球，如果接发球员已试图接发球则被认为已做好准备；发球员的分数为0或双数时，双方运动员均应在各自的右发球区发球或接发球。发球员的分数为单数时，双方运动员均应在各自的左发球区发球或接发球；球发出后，由双方交替对击直至“违例”或“死球”；接发球方违例或因球触及接发球方场区内的地面而成死球，发球方就得一分。随后，发球员再从另一发球区发球；发球方违例或因球触及发球方场区内的地面而成死球，接发球方得一分，发球方即失去发球权。

2. 双打发球　双打发球，只有接发球员才能接发球；如果他的同伴去接球或被球触及，发球方得一分；双打比赛，发球员或接发球员的同伴站位不限，但不得阻挡对方发球员或接发球员的视线；自发球被回击后，运动员可以从网的各自一方任何位置击球；双打发球接发球图解（图10－17）。

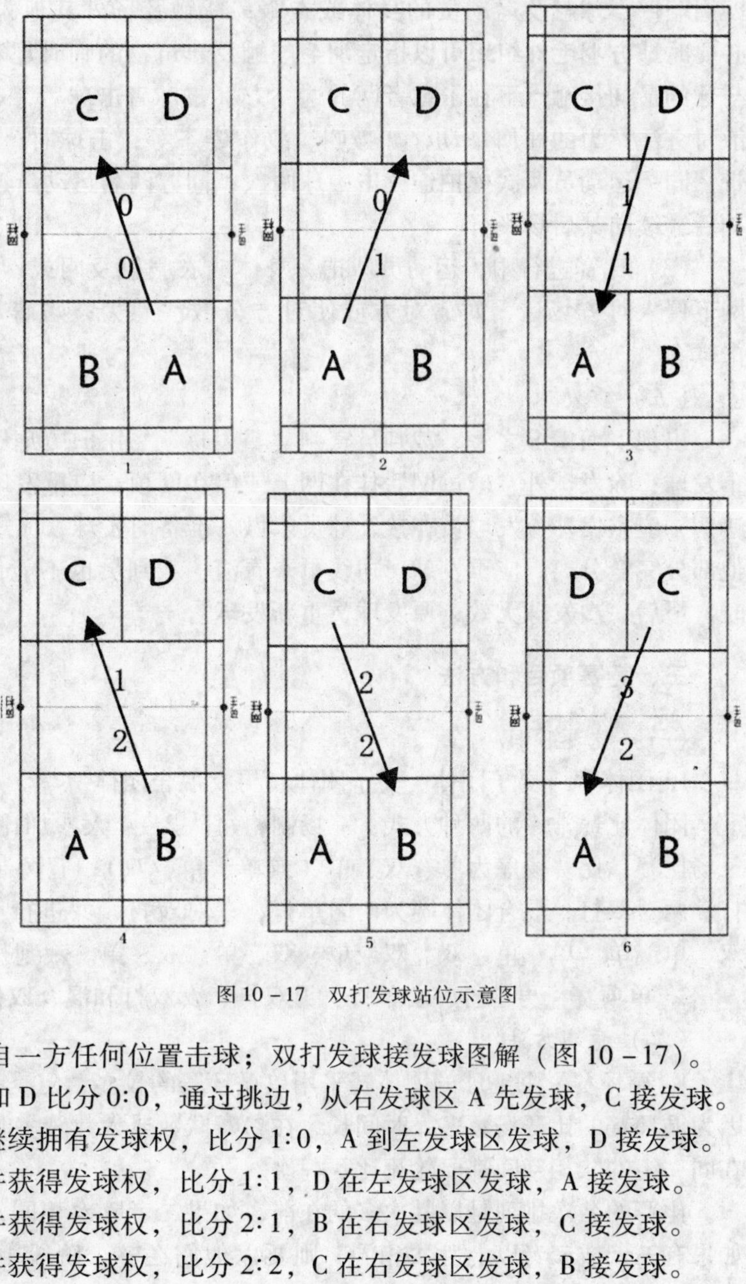

图10－17　双打发球站位示意图

图10－17－1：A和B对阵C和D比分0:0，通过挑边，从右发球区A先发球，C接发球。

图10－17－2：A和B得分，继续拥有发球权，比分1:0，A到左发球区发球，D接发球。

图10－17－3：C和D得分，并获得发球权，比分1:1，D在左发球区发球，A接发球。

图10－17－4：A和B得分，并获得发球权，比分2:1，B在右发球区发球，C接发球。

图10－17－5：C和D得分，并获得发球权，比分2:2，C在右发球区发球，B接发球。

图10－17－6：C和D得分，继续拥有发球权，比分3:2，C到左发球区发球，A接发球。

3. 发球区错误　以下情况为发球错误：发球顺序错误；从错误的发球区发球；在错误的发球区准备接发球，且球已发出。

发球区错误的处理：如果因发球区错误而“重发球”，则该回合无效，纠正错误重发球。如果发球区错误未被纠正，比赛也应继续进行，并且不改变运动员的新发球区和新发球顺序。

（三）死　球

下列情况为死球：球撞网并挂在网上，或停在网顶；球撞网或网柱后开始在击球者这一方落向地面；球触及地面；“违例”或“重发球”已被宣报。

（四）违　例

（1）发球时违例。

（2）比赛时，球落在球场界线外；球从网孔或网下穿过；球不过网；球碰屋顶、天花板或四周墙壁；球触及运动员的身体或衣服；球触及场外其他人或物体（由于建筑物的结构问题，必要时地方羽毛球组织可以指定羽毛球触及建筑物的临时规定，但其国家组织有否决权）；球拍与球的最初接触点不在击球者网的这一方（击球者击球后，球拍可以随球过网）；运动员故意分散对方注意力的任何举动，如喊叫、故作姿态等；击球时，球夹在和停滞在拍上紧接着又被拖带；同一运动员两次挥拍连续击中球两次；同方两名运动员连续各击中球一次；球触及运动员球拍后继续向其后场飞行。

（3）比赛进行中，运动员球拍、身体或衣服触及网或网的支撑物；运动员的球拍或身体从网下侵入对方场区，妨碍对方或使对方分散注意力；妨碍对方，如阻挡对方紧靠球网的合法击球。

（五）重发球

出现下面情况之一，裁判员宣判“重发球”，用于中断比赛：遇不能预见或意外的情况，应重发球；除发球外，球过网后挂在网上或停在网顶，应重发球；发球时，发球员和接发球员同时违例，应重发球；发球员在接发球员未做好准备时发球，应重发球；比赛进行中，球托与球的其他部分完全分离，应重发球；司线员未看清，裁判员也不能作出决定时，应重发球；“重发球”时，最后一次发球无效，原发球员重新发球。

三、竞赛项目和方法

（一）竞赛项目

1. 团体赛　男子团体、女子团体、男女混合团体。

团体比赛常用的两种方式：三场制，每队2～4人参加比赛，两名单打、一对双打，共进行三场比赛，比赛场序为单、双、单（或单、单、双）；五场制，每队4～9人参加比赛。三名单打、两对双打，混合团体赛为两名单打、三对双打，共进行五场比赛，比赛场序为单、单、双、双、单或单、单、单、双、双或单、双、单、双、单。裁判长根据运动员兼项情况可调整场序。

2. 单项赛　男单打、女单打、男双打、女双打和混合双打。

（二）竞赛方法

1. 循环赛　羽毛球的团体赛采用单循环赛的较多，但是一般也是采用分组、分阶段的方法，因为循环赛的比赛场数多，时间长，在参赛队数或人数较多时就不适用。循环赛比赛方法是所有在同一组的队相互间都要轮流比赛一次。

比赛的名次排列是以胜次多的在前，如果二者胜次相同，则以二者间的胜者名次排列在前。如果有三者或三者以上胜次相同，则要以他们在整个阶段中的净胜场数（单项赛以净胜局数）决定。一旦有二者相同，就以两者间比赛的胜者排列在前。如仍有三者以上相同，则依此再计算净胜局、净胜分。如果净胜分仍有三者相同，则以抽签决定他们的名次。所以，在循环赛中，当参赛者的技术水平势均力敌时，比赛中的每一场、每一局、每一分都极有可能关系到最终的名次。

如果在一个组里，有来自同一单位的两个队（或参赛者），则他们之间的比赛应该安排在前，以避免在后几轮时，相互“放水”，打假球。即便如此，在循环赛中的假球或“放水”现象仍是防不胜防，这是循环赛制的一个弊病。

2. 单淘汰赛　羽毛球比赛的单项赛，一般都是采用单淘汰赛，因为一次比赛的参赛人数多，比赛只能采用单淘汰赛。单淘汰赛比赛的方法是参赛者按照2的乘方数（4、8、32……）捉对厮杀。胜者进入下一轮，负者即刻出局，每一轮比赛要淘汰一半参赛者。所以整个比赛进程迅速，扣人心弦。参赛者一有疏忽，随时都有可能立刻遭淘汰。

比赛轮次的安排关系到比赛的激烈程度和比赛竞技水平的逐步升级，所以比赛的轮次安排要求是每天一轮（或平均分配）。如果做不到这一要求，则多余的轮次要安排在前几轮，决不能把水平接近的半决赛和决赛安排在同一天。

淘汰赛的机遇性很大，为使比赛的结果合理，就必须把水平较高的参赛者列为种子平均分开，同一单位的参赛者也必须平均分开做到最后相遇。

3. 循环、淘汰混合制　为了使比赛在较短时间里结束，又能使比赛的结果比较合理，在许多比赛中就把循环赛和淘汰赛结合使用。一般都是在第一阶段采用分组循环赛，第二阶段采用淘汰赛。比如，世界羽毛球团体赛“汤姆斯”杯赛、“尤伯”杯赛、世界羽毛球大奖赛总决赛等，都采用循环、淘汰混合制。

第五节　羽毛球运动装备

一、羽毛球拍

（一）材　料

现在市面上的羽拍完全是新材料的世界，如碳纤维、钛合金、高强度碳纤维等，因为这些材料更轻、更强、更耐用，也能吸收更多的振动与震荡，同时让球拍制造商在球拍的硬度、球感、击球性能的设计上有更大的发挥空间。

（二）拍形与甜区

1. 拍形　就是拍头的几何外形。现在一般有三种：传统的卵形；头部为方形的ISO拍形；弦面更大的加大*ISO*形。可以看出*ISO*的设计使球拍比传统拍形的甜区要大，当然并不是拍头越大就越好，拍头的加大会带来扭力和重量方面的负面影响。方头羽拍在防守特别是接杀球时你将会明显体会*ISO*拍头的优势，这也就是为什么现在使用*ISO*拍形的球员越来越多的原因，应该说*ISO*拍形是羽拍的发展方向。

2. 甜区　就是球拍面的最佳击球区。当击球点在甜区时能给你足够的击球威力和控球性能，震动感很小，你会觉得很舒适。甜区的大小对球员是很重要的，它能使球员更容易打出高质量的球，而决定甜区大小的最关键因素就是框形。

（三）硬度、扭力和控球性的关系

1. 方向的控制性　当球拍击球时，球可根据击球的方向或角度回击。拍杆、拍框越硬对于方向的控制稳定性越高，而且当球并非打在拍面的甜区时，越硬的球拍扭力越小。

2. 深度的控制　这是指被回击的球飞行的距离（落点）的控制。深度的控制和球员本身的力量有关，力量相同的情况下，拍杆越软对深度的控制性就越好。高强度碳纤维（*High Modulus Graphite*）材料就比碳纤维（*Graphite/Carbon*）的硬度大。在挑选羽拍时你也可以用手弯弯拍杆试试硬度，同时注意拍杆的弯曲点，以越靠近拍柄越好。还可以抓着拍柄和拍框头反向转动球拍（象拧毛巾一样）试试球拍的扭力，注意一定要用力才能体会。

（四）重量、平衡点与长度

每一支球拍都应该标出了它的重量，一般通用的标法为U、2U、3U。一般全碳羽拍的重量大多为2U（90～94克）或3U（85～89克），而铝框羽拍的重量一般在U（95～99克）以上。较重的球拍适用于力量好并偏重进攻的球员，较轻的球拍更适用于偏重防守的球员。

同样重量的球拍拿在手中的感觉会大相径庭，这就是因为球拍的平衡点不同的缘故。如果球拍的平衡点更靠近拍头，就叫头重；如果球拍的平衡点更靠近拍柄，就叫头轻。一般平衡点是从球拍底部向上量，头重的球拍由于拍头惯性更大，打出的球更有力量但挥拍灵活性略差，更适用于进攻。头轻的球拍虽然较为灵活，但打出的球较少力量，而且球拍传递的震动也会较大，不适用于大力击球的球员，更适用于防守控制型球员。

要注意的是以上关于重量和平衡点的描述都是针对没有穿弦及附加柄皮或其它附加物的球拍作出的。标准羽拍的长度为664毫米，而加长羽拍的长度一般为674毫米。

二、羽毛球

(一) 球头分类

按照所用的材料分常见的有硬质塑料、泡沫塑料、软木三种，前两种主要用于低档的娱乐性用羽毛球，成本较低性能较差；中高档的羽毛球都是采用的天然软木质的球头，而软木球头又大致可以分为三类：整体软木球头、复合软木球头和再生软木球头。

(二) 羽毛毛片

羽毛球的羽毛原材料主要有鹅毛、鸭毛两种，但是鸭毛耐打度没有鹅毛强、毛片容易断、羽毛比较薄、脆性大。羽毛由于季节的不同，对耐打度是会有影响的，一般好的羽毛会比较直且粗，强度高，自然耐打度提高，差球的羽毛比较弯一点和细一点。

(三) 球　速

一般在球筒的顶盖上会标注：76，77，78，79或1，2，3，4。其标号数值越小则表明球速较慢，标号值越大则表明球速较快。在正规的羽毛球场地的右发球区靠近双打后发球线有两个小标记，它们之间位置是羽毛球球速检验区。验球时，在端线外用低手向前上方全力击球，球的飞行方向应与边线平行。符合标准速度的球，应落在离对方端线外沿0.53~0.99米之间的区域内（两个小标记之间）。

三、羽　弦

羽弦的重要性并不亚于羽拍。弦的种类一般有两种：一是羊肠弦，二是合成尼龙弦。现在市场上的绝大多数都是合成尼龙弦，根据其构造和材料不同又分为很多类，其性能也是各有长短。一般而言，较细的羽弦（直径0.70毫米以下）有较佳的手感和击球性能；较粗的羽弦（直径0.70毫米以上）的耐打性较好，使用时间较长。

弦的张力：羽弦的张力也称为紧度，拉力一般用磅数来表示。要使你的球拍能配合你的打法，就一定要定好羽弦的张力。低张力的羽弦能产生更大的弹性，就像“蹦床”一样能将球推得更快、更远。反之，羽弦的张力越高，击球的威力就越小，但是对于击球的深度（距离）的控制就越好。如果你的力量较小需要威力，就将羽弦的磅数穿低些；如果你的力量较大，较高磅数的张力将更适合你。

四、柄　皮

许多人买来球拍直接就打，而根本不缠外柄皮，但有无外柄皮的使用却有很大的不同。一般说来，内柄皮的功能是对球拍握柄的保护，同时也会让我们抓握球拍的时候，不至于感到坚硬。外柄皮俗称吸汗带，具有良好的透气性和吸汗性。由于内柄皮的价格往往高出外柄皮很多，从经济角度讲，只有让内、外柄皮配合起来使用，才会使你既获得优良的持握手感又能节省花费。

五、羽毛球鞋

运动时的穿着，除了要美丽帅气外，最重要的是要适合运动项目，不同项目的运动就要选择不同的专业运动鞋，专业的羽毛球鞋能给您带来快速移动的步伐并且很舒适，轻便不易疲劳，不易受伤。

羽毛球鞋第一性能是鞋底的防滑性，专业的防滑鞋底拥有稳固的抓地力，更容易起动，更灵活。专业的羽毛球鞋穿着舒适轻便，透气性好，针对羽毛球运动的特点设计的人体工程鞋型，具有缓震、缓冲击性能，在运动中能减轻关节压力，更好的保护脚及关节。

复习思考题：

1. 羽毛球有哪些重要赛事？
2. 羽毛球的主要技术有哪些？
3. 羽毛球的主要战术有哪些？
4. 你对羽毛球的装备了解多少？

主要参考书目

周志俊，吴峰主编．大学体育［M］．合肥：安徽人民出版社，2006

周志辉．图解羽毛球技巧［M］．北京：人民体育出版社，2006

中华人民共和国羽毛球协会审定．羽毛球竞赛规则［M］．北京：人民体育出版社，2003

第十一章　乒乓球

第一节　乒乓球运动概述

一、乒乓球运动的起源

乒乓球运动起源于19世纪的英国，最初只是一种宫廷游戏，其打球的方法、规则等与网球极其相似，因此称“桌上网球”。国际乒乓球联合会成立以前，比赛使用的器材及比赛方法等都无统一的规定。乒乓球球拍从用羔皮纸贴成的椭圆形球拍演进为木板球拍，球从实心球改为空心的赛璐珞球。由于这种球有较大的弹性，球、球拍、球台之间发出“乒乒乓乓”的声音，故称为“乒乓球”。1900年，英国成立了乒乓球协会，在皇后大厅举行了大型乒乓球赛，开创了乒乓球正式比赛的先河。

20世纪20年代以前，乒乓球活动基本上是停留在游戏阶段。1926年国际乒联成立以后，通过了乒乓球比赛规则草案，乒乓球才由娱乐性比赛成为一项竞技性的体育项目。1928年，国际乒联将“乒乓”的名称正式定下来。

二、乒乓球运动的发展

国际乒联成立后，统一了竞赛规则，定期举办边界乒乓球锦标赛，以促使乒乓球运动的快速发展。回顾乒乓球运动的发展过程，大致经历了四个阶段。

（一）第一阶段：欧洲的全盛时期（1926～1951年）

第一，举行的18届世界乒乓球锦标赛共117个冠军有109个被欧洲运动员夺得。第二，欧洲运动员以削球为主的打法居主导地位。第三，欧洲国家主办了绝大多数世界乒乓球锦标赛。

（二）第二阶段：日本称雄时期（1952～1959年）

日本队于1952年第一次参加世乒赛，运动员为一男二女。他们手握海绵球拍，采用直拍全攻型打法，冲破了欧洲运动员的防线，一鸣惊人地夺得了四项冠军。从此，世界乒乓球技术的优势由欧洲的削球转到了亚洲的攻球。日本队获得成功的一个最重要原因，就是勇于创新。他们革新了球拍，创新了打法。海绵球拍的最大优势在于击球力量的增加，这也正是突破稳健削球的重要原因。

（三）第三阶段：中国迅速崛起时期（1961～1969年）

中国于1952年3月正式加入国际乒乓球联合会，并于1953年第一次参加世乒赛，经过几年的努力，容国团在1959年第25届世乒赛中，为中国夺得第一枚男子单打世界冠军金牌。60年代共举行了五届世乒赛，中国队参加了第26、27、28届世乒赛，共获21个冠军中的11个。具有“快、准、狠、变”独特风格的中国近台快攻打法，把世界乒乓球运动推向了一个新的发展阶段。

（四）第四阶段：欧亚对抗时期（1971～）

20世纪70年代，世界乒乓球技术的发展突飞猛进，欧洲运动员经过20年的探索，结合了中国快攻和日本弧圈的优点，创造了弧圈结合快攻和快攻结合弧圈的新型打法，在比赛中给亚洲选手很大的威胁。第31届世乒赛，瑞典运动员本格森夺得男单冠军。第32届世乒赛，瑞典男队获得男子团体冠军，世界乒坛进入欧亚对抗时期。

1981年第36届世乒赛，中国队囊括了全部冠军和5个单项的亚军，开创了世界乒乓球历史的新纪录。第37届世界乒乓球锦标赛男团决赛中，中国队击败瑞典队夺得冠军。中瑞两队开始了长达20年的对抗。80年代末至90年代中期，中国男队滑入低谷，女队遭遇困境。欧洲选手连续三届夺得代表最高水平的男子团体和男子单打冠军，中国女队在41届丢失团体冠军。

第43届世界乒乓球锦标赛中，中国队打了漂亮的翻身仗，囊括七项冠军。中国兵团在26届至28届奥运会上也连连取得佳绩，欧亚对抗的形势仍在继续。

三、顶级赛事

（一）奥运会乒乓球比赛

在国际乒联的努力下，乒乓球比赛在第24届汉城奥运会上首次成为正式比赛项目，比赛设男子单打、女子单打、男子双打和女子双打四枚金牌。迄今为止，在已决出的所有20枚奥运会金牌中，中国运动员共获16枚。

奥运会乒乓球比赛现已成为最重要的乒乓球比赛。各国教练员和运动员均视奥运会冠军为最高荣誉，多年训练计划也以奥运会乒乓球比赛为中心进行制订。许多国家增加了对乒乓球训练的投入，加强了科研和训练工作，促使乒乓球竞技水平不断提高。

（二）世界乒乓球锦标赛

世界乒乓球锦标赛是国际乒联组织的主要比赛，只有国际乒联的成员才能报名参加。比赛设7个流动杯：斯韦思林杯（男子团体赛）、考比伦杯（女子团体赛）、勃莱德杯（男子单打）、盖斯特杯（女子单打）、伊朗杯（男子双打）、波普杯（女子双打）、赫杜塞克杯（混合双打）。

第1届世界乒乓球锦标赛于1926年12月在伦敦举行，共有10支队伍参加了比赛。根据规定，每年举行一届世乒赛。从1957年开始，世乒赛改为每两年举办一届。从2003年第47届世界乒乓球锦标赛开始，团体比赛、单项比赛分开举行。奇数年举行男女单项比赛，偶数年举行男女团体比赛。

（三）世界杯乒乓球赛

世界杯乒乓球赛是国际乒联举办的另一个高级比赛，比赛每年举行一届，1996年前，仅设男子单打一个项目。第一届世界杯乒乓球赛于1980年在香港举行，中国运动员郭跃华得冠军。1996年增设女子单打项目，中国运动员邓亚萍夺得第一个世界杯冠军。

第二节 乒乓球运动的基本技术

一、基本站位和基本姿势

（一）基本站位

站位是指运动员与球台之间所处的位置。比赛中运动员站位是否合理，对其技、战术水平的发挥有直接影响。站位正确有利于保持合理稳定的击球姿势和向任何一个方向快速移动的能力。站位的范围是指运动员离球台端线的远近距离。

近台：运动员离球台40～50厘米的范围；中近台：运动员离球台50～70厘米的范围；中远台：运动员离球台70～100厘米的范围；远台：运动员离球台100厘米以外。

运动员的基本站位应当根据个人的不同类型打法来确定：横拍攻削结合打法，站在中台中间；两面攻打法、左推右攻打法，站在近台中间偏左；弧圈球为主的打法：站在中台偏左；削球为主的打法：站在中远台中间。

（二）基本姿势

准备姿势是指击球员准备击球时身体各部位的姿势。运动员在每一次击球之前，均应当使身体保持合理正确的基本姿势，有利于腿脚蹬地用力和腰，躯干各部位的协调配合与迅速起动。

准备姿势的动作要点：两脚平行站立，略比肩宽，身体稍右侧，面向球台。两膝微屈并内旋，前脚掌内侧着地，提踵，重心置于两脚之间。上体略前倾，含胸收腹，注视来球。执拍手和非执拍手均应自然弯曲置于体侧，前臂、手腕、手指自然放松，使拍面成半横状置于腹前。

二、握拍方法

总体来看，目前世界乒坛流行的握拍法依旧是直拍握法和横拍握法两种。可根据每个人不同的技术特点加以选择。正确的握拍法对调整击球时的引拍位置、拍形角度、拍面方向、发力方向等都有重要作用。

（一）横拍握法

横拍握法因手指动作相似，均称“八字式”握法，其握拍方法式：虎口压住球拍右上肩，中指、无名指和小指自然地握住拍柄，拇指在球拍的正面轻贴于中指旁边，食指自然伸直斜贴在球拍的背面。深握时，虎口紧贴球拍；浅握时，虎口轻微贴拍（如图 11－1）。

横拍握法的优缺点为：

（1）优点：手指、手掌与球拍的接触面积稍大，故握拍相对稳定。左右的控球范围也较大，反手进攻易于发力，也适于拉弧圈球或由相持转入进攻。

（2）缺点：回接左右两边的来球时，需要转动拍面，因此挥拍的摆速稍慢，中路较弱。另外正手处理台内球和发球的变化不及直拍。

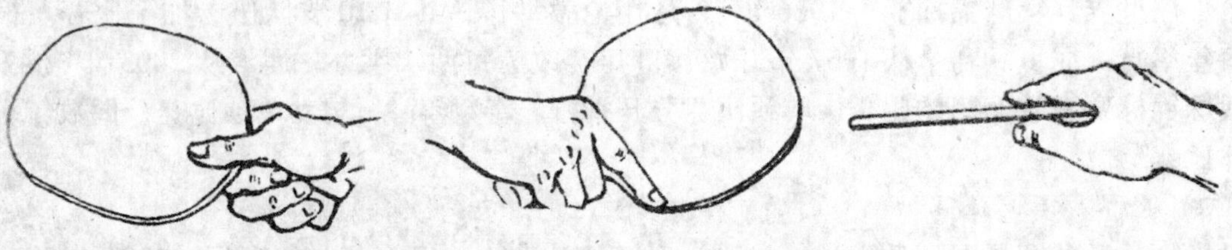

图 11－1　横拍握法

（二）直拍握法

直拍握法大体上可分为三种：快攻、弧圈和削球。

1. 直拍快攻的握拍方法　中钳式握法。食指和拇指自然弯曲，食指的第二指关节和拇指的第一指关节分别压住球拍的两肩，食指与拇指间的距离要适中（一般以一指宽距离）。中指、无名指、小指自然弯曲斜形重叠，中指的第一指关节侧面顶在球拍的背面约 1/3 处。这种握拍法是目前直拍近台快攻打法最常用的握法（图 11－2）。

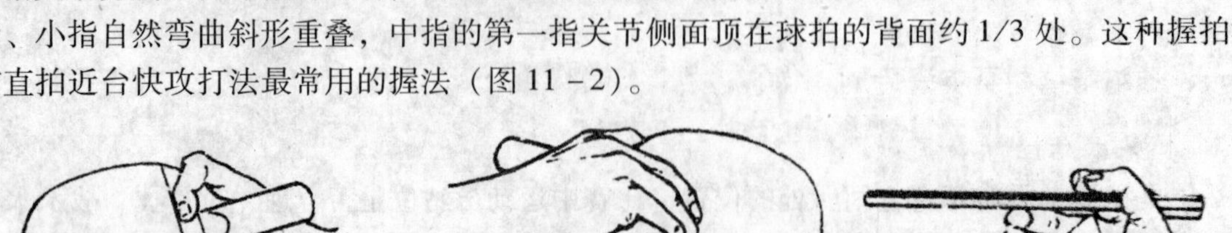

图 11－2　直拍快攻握拍方法

2. 直拍弧圈的握拍方法　拍前，拇指紧贴在拍柄的左侧，食指扣住拍柄，形成一个小环状，紧握拍柄；拍后，三指自然弯曲顶住球拍的中部（图 11－3）。

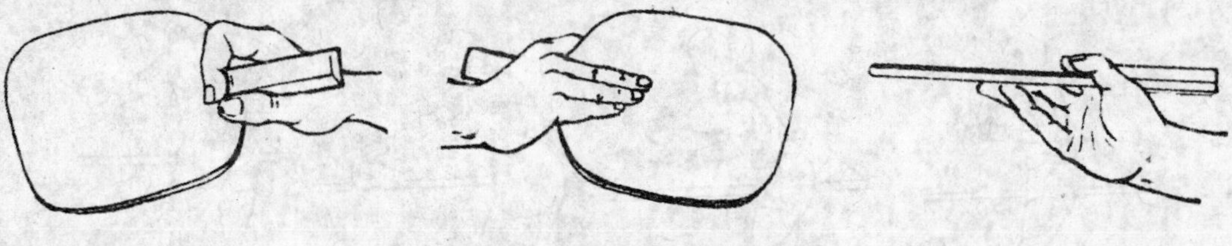

图 11－3　直拍弧圈握拍方法

3. 直拍削球握拍方法　大拇指弯曲，并紧贴于拍柄的左侧，用力下压，其余四指自然分开扶住拍的后面。正手削球时，尽量使球拍后仰，减小来球冲力；反手削球时，拍后四指灵活地把球拍兜起，使拍柄向下（图 11－4）。

图 11－4　直拍削球握拍方法

直拍打法的优缺点为：

（1）优点：正反手都用球拍的同一面击球，出手时相对较快，手指与手腕比较灵活，易于调节拍角度和拍面方向，在发球变化、处理台内球和近身球方面相对有利。

（2）缺点：防守时，左右照顾面积较小，反手不易发力，回接弧圈球尤显被动。

三、发球和接发球

（一）发　球

在乒乓球技术中，发球是唯一不受对方来球制约的技术；它具有极强的主动性，可以选择自己最合适的站位，按照自己的意图把球发到对方球台的任意位置。在发球质量方面，要求做到速度快、旋转强、落点准确。在发球的变化方面，力求做到出手突然，动作隐蔽，在同一位置上，用相似的手法，在接触球的一刹那，灵活地用手腕去摩擦球拍的不同部位发出各种变化的球，以造成对方判断错误，利于自己的抢攻。

1. 平击发球　平击发球分正手平击发球和反手平击发球两种，它是一种运动速度慢、力量轻、旋转弱的一般上旋球，是初学者最基本的发球方式，也是掌握其他复杂发球的基础。

2. 正手平击发球　站在近台中间偏左处，抛球同时右侧上方引拍，上臂带动前臂向前平行挥动，拍形稍前倾，在球的下降期击中球的中上部向前方发力，使球的第一落点在球台的中端附近。

3. 反手平击发球　站位与球台中间偏左处，右脚稍前或平行站立，身体略向左转，含胸收腹，将球抛至身体左侧前方同时，向左后方引拍。右臂外旋，拍形前倾，在球的下降期击球的中上部，向右前方发力，使球的第一落点在球台的中段区域。

4. 发奔球　奔球分正手奔球与反手奔球两种，它的特点是球速快、落点长、冲击力强、球的飞行弧线低。在比赛中，可运用奔球的速度和落点变化干扰对手，伺机抢攻。在对付削球类打法选手时，可先迫使其退后防守，再结合摆短打乱其击球的节奏，起到战术多变的作用。

5. 正手发奔球　左脚稍前，身体略微向右转，当球向上抛起的同时，执拍手随即向右后上方引拍，拍形稍前倾，腰向右转。当球下降至网高时，以肘关节为轴，上臂带动前臂由右后方向左前方挥动，触球瞬间运用手腕的弹击力量，再变化拍面发斜、直两线，提高隐蔽性，这时重心由右脚向左脚移动，注意还原（图11－5）。

图11－5　正手发奔球

6. 反手奔球　右脚稍前，身体略向左转，当球向上抛起的同时，执拍手随即向左后方引拍，上臂自然靠近身体右侧，手腕适当放松，身体重心在右脚。当球下降至网高时，以肘关节为轴，上臂带动前臂由左后方向右前方挥动，使拍面稍前倾，摩擦球的左侧中上部。

7. 正手发左侧上（下）旋球　这种发球以旋转变化为主，飞行弧线向对方左侧偏拐，对方用平挡回击也向左侧上（下）反弹。他的动作幅度较小，出手快，两种发球动作相似，有一定隐蔽性，是运动员在比赛中运用较多的发球方法。

动作要点：左脚在前，右脚在侧后，当球向上抛弃的同时执拍手向右后上方引拍，身体随之向右转动，球拍稍后仰，手腕外展。当球下落时，手臂自右上方向左下方挥摆，在球拍触球的瞬间加大前臂、手腕的爆发力，增强球的旋转。随势挥拍的动作幅度要小，以便还原动作快。发左侧上旋球时，球拍从球的右侧中下部向左侧面摩擦，并微微勾手腕以加强上旋。发左侧下旋球时，手臂自右上方向左前下方挥摆，球拍从球的右侧中下部向左侧下部摩擦，腰配合向左转动。

8. 反手发右侧上（下）旋球　与正手发左侧上（下）旋球基本相同。飞行弧线向对方右侧偏拐，对方用平挡回击也向右侧上（下）反弹。

动作要点：右脚稍前，重心在右脚上。抛球的同时向左后方引拍，腰略向左转，拍面稍后仰，手腕适当内旋，当球下落时手臂自左下方向右下方挥摆。在触球瞬间加大前臂、手腕的爆发力，同时注意配合转体动作，使腰、臂协调用力，有利于增大发球的速度力量，以增强球的旋转。发右侧上旋球，触球时拍面从球的中下部向右侧上部摩擦；发右侧下旋球，触球时拍面从球的左侧中下部向右侧下摩擦；其它还有发短球、正（反）手高抛发球和下蹲式发球等等（图11－6）。

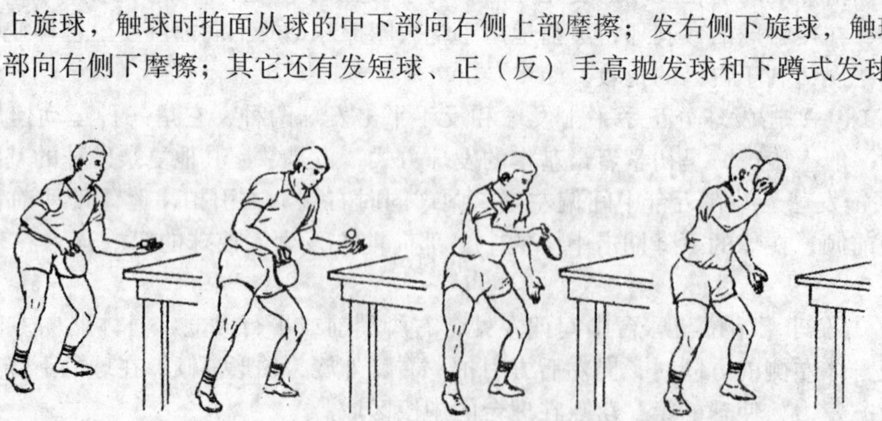

图11－6　反手发右侧上旋球

练习方法：徒手做发球前的站位和准备姿势练习，模仿做抛球和发球的动作；先练习平击发球，再学发急球、左（右）侧上（下）旋的球；先练习发左、右斜线球，后练习发直线球；先练习发不定点球，后练习发定点球；练习用正反手发各种旋转性能的球；用同一种手法，练习发不同落点和各种旋转性能的球。

（二）接发球技术

比赛中相对其他环节而言，接发球的难度最大。因为接发球方对发球者在技术上没有任何限制的方法，这样一来就大大增加了接发球的预测难度。所以不断提高接发球的能力，合理的把所掌握的技术运用到接发球中，是迅速提高比赛实战能力的关键。

在现代乒乓球比赛中，积极主动、抢先上手是总体的技术风格。以此为前提，接发球则是体现比赛中由防转攻、攻防转换的最常用方式。在相对被动的状态中，通过控制达到相持，再力争转入进攻，争取主动应是接发球中的基本指导思想。

1. 站位的选择　站位的选择是否合理，主要根据是这种站位是否能为本方直接进攻创造一定的有利条件，而且还要观察对方发球的站位。一般来讲，如果对方站在球台左半台，本方也应站在球台的左半台；若对方站在球台的右半台，则本方也应相应的调整至球台的中间偏右位置。为了有利于照顾球台的各个部位，有利于前后移动接长短球，站位离球台 30～40 厘米为宜。

2. 对来球的判断　正确的判断是接好发球的主要环节。

3. 对旋转的判断　乒乓球发球中常出现的旋转主要有左侧上、下旋，右侧上、下旋，转与不转等，并通过发球者利用各种发球方式，将这些旋转性质表现出来。

接发球练习方法：做回接对方单一发球的练习；练习回接侧上（下）旋球；控制好回接球的落点，先固定落点，后练习多点。

四、攻球技术

攻球是乒乓球技术中最重要的基本技术，是进攻型选手在比赛中争取主动，克敌制胜的主要手段。攻球可分为正手攻球、反手攻球和侧身攻球。在每一部分技术中又分为快攻、快点、快拉、快带、突击、扣杀、中远台攻球、杀高球、放高球、滑板球等各种技术。每种技术的特点不同，所起的作用也不一样。

（一）正手快攻

具有站位近、动作小、出手快、多借力还击等特点。在比赛中，可直接得分或在相持中结合落点变化调动对方，伺机进行扣杀。

动作要点：左脚稍前，身体离台 40 厘米，引拍至身体右侧方，左肩稍沉，重心移至右脚，拍形稍前倾呈半横状，拇指用力，食指放松，在上升期击球的中上部，配合前臂做旋内转动，向左上方挥拍，身体重心由右脚移至左脚。击球后，随势挥拍至前额，并迅速还原（图 11－7）。

图 11－7　正手快攻

（二）正手中远台攻球

具有站位远，动作幅度大，主动发力击球，进攻性较强的特点，是攻球选手在相持阶段时常用的一种基本技术。

动作要点：左脚稍前，身体离台约 1 米，前臂自然弯曲约与地面平行，手臂将球拍引至身体的右侧后方，同时上臂拉开和上体的距离。在来球的下降前期拍形前倾，击球的中部并向上摩擦。上臂带动起前臂加速向左前上方挥动，腰和腿转动配合发力。击球后，手臂继续向左前上方顺势挥动，并迅速还原。

（三）反手快攻

具有站位近台，动作小，球速快，攻击性强等特点。在比赛中，是直、横拍握法两面攻选手最常用的一种主要基本技术。

动作要点：反手攻打上旋球时，右脚稍前，同时身体左转，右肩前顶略下沉，肘关节靠近身体，上臂与前臂夹角约为130度。向左侧方引拍，使拍略高于来球，以上臂带动前臂由左后方向右前方挥动，手腕配合外旋，在来球的上升后期或高点期击球的中部或中上部。反手攻打下旋球时，拍形垂直或略后仰，以肘关节为轴，以前臂发力为主在来球的下降前期击球的中部或中下部。球拍多摩擦球，制造一定的上旋。

攻球技术练习方法：徒手模仿各种攻球动作练习；推攻练习：一人推挡，一人练习正手攻球或反手攻球，力量逐渐加大，速度逐渐加快；两点攻一点：推两点，攻一点；一点攻两点：攻球者从一点攻对方两点；对攻练习：正手对攻斜线，正手对攻中路，侧身对攻斜线；推攻结合练习：对推中抢攻，左推右攻，正反手两面攻。

五、推挡技术

推挡是我国直拍快攻打法的基本技术之一，它具有站位近、动作小、球速快、稳定性比较高的特点。在对攻中可以用快推或加力推结合落点变化来调动对方，争取主动。

（一）平挡球

是指借助对方来球反弹力进行挡击的一种技术。具有球速慢、力量轻、旋转变化小等特点。由于动作简单，容易掌握，是初学者的入门技术。

动作要点：左脚稍前或两脚平行约于肩宽，两膝微屈，身体离球台30～50厘米，手臂自然弯曲，球拍置于腹前，前臂与台面几乎平行，将球拍引至身体的前方，拍形成半横状，约与台面垂直，在来球的上升期击球的中部，食指用力，拇指放松，前臂和手腕稍向前迎击，以借助来球的反弹力将球回击。击球后手臂、手腕随势前送，并迅速还原成击球前的准备姿势。

（二）快推球

具有动作小、回球速度快、变化多、稳定性比较好等特点。在比赛中，可用落点变化控制对方起到助攻作用。

动作要点：左脚稍前，上臂内收自然靠近身体右侧，击球前手臂适当后撤引拍，前臂稍外旋，在来球的上升期拍形前倾，手腕外展，击球的中上部，食指用力，拇指放松，击球后手臂，手腕继续向前随势挥动，距离要短，并迅速还原成击球前的准备姿势（图11－8）。

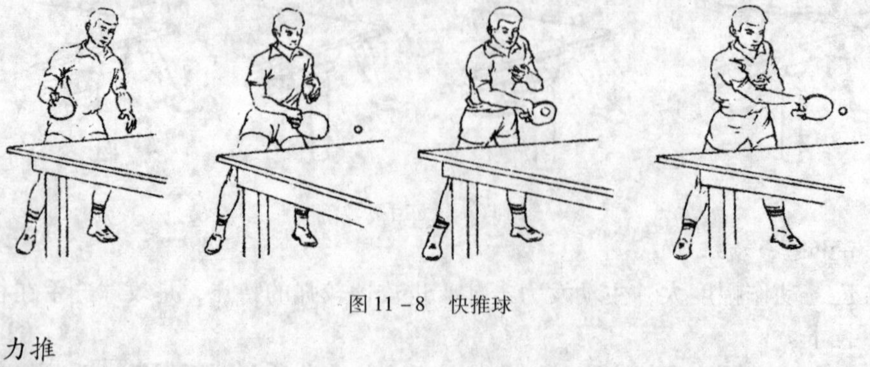

图11－8　快推球

（三）加力推

具有回球力量大、速度快、落点长等特点。在比赛中运用加力推能压制对方攻势，迫使对方后退离台，陷于被动防守的局面。加力推与减力挡配合使用能更有效地控制对方，是反手相持时由被动转为主动的技术之一。

动作要点：左脚稍前，身体离台40～50厘米，手臂自然弯曲并做外旋。在打击球时，前臂提起，上臂后收，肘部适当贴近身体。引拍位置稍高，触球瞬间拍形前倾，食指用力，拇指放松，在上升后期或高点期击球中上部，前臂和手腕加速向前下方推压。腰、髋顺势转动配合发力。击球后，手臂和手腕继续向前下方随势挥动，并迅速还原成准备姿势。

(四) 推下旋球

具有弧线低，回球落点长，球呈下旋，落台后下沉快的特点。在对攻中使用推下旋转性能，能使对方推下网或对推时不易发力而被动，己方直接得分或为进攻创造机会。

动作要点：左脚稍前，身体离台约40厘米，重心偏高，上臂后引，前臂上提，拍型稍后仰。在高点期或下降前期击球的中下部，前臂向前下方推切以增大球的下旋。击球后，手臂和手腕继续向前下方随势挥动，但距离不宜太长，并迅速还原成准备姿势。

(五) 推侧旋球

具有弧线底，角度大，回球线路短，有些拐弯等特点。由于击球部位是来球的弱转区，因此是对付弧圈球的一种有效的方法。

动作要点：左脚稍前，身体离台约40厘米，前臂上提将球拍引至身体前方。在来球的上升期，拍面稍前倾，由球体的左侧中上部向左侧下部摩擦球，并向左前下方用力。推变直线时手腕内旋使球拍面方向朝前，触球的右侧中上部，向前发力。

推挡技术练习方法：徒手模仿推挡动作；两人台上对练挡球；反手推斜线练习，逐渐加速和加力；先对推斜线，再对推直线；一点推两点或推不同落点；推、攻结合练习。

六、搓 球

搓球是近台还击下旋球的一种基本技术，是类似削球的动作回击对方发出来或削过来的下旋球，亦称“小削板”。它的技术特点是动作幅度不大，出手较快，过网后球的弧线较低，旋转与落点变化较丰富。用它来对付下旋球是一种比较稳妥的方法，也是初学削球必须掌握的入门技术，常用于接发球或过渡球，为进攻创造机会。

(一) 慢 搓

具有动作幅度较大，回球速度较慢，稳定性强的特点。适用于回接旋转较强，线路稍长点的来球。如与快搓结合，能变化击球的节奏。

1. 正手慢搓　右脚稍前，站位近台，前臂和手腕外旋使拍面稍后仰，身体略向右转，向右上方引拍。在来球的下降前期用球拍的下半部摩擦球的中下部，前臂加速向前下方用力的同时手腕内旋配合用力。失球后，前臂随势前送，立即放松并迅速还原。

2. 反手慢搓　左脚稍微靠前，站位近台，前臂和手腕内旋将球拍引至身体左上方，拍面后仰，在来球下降前期用球拍的下半部摩擦球的中下部，前臂加速向前下方用力的同时，手腕外展配合用力。击球后，前臂随势前送，立即放松并迅速还原。

(二) 快 搓

具有击球动作幅度较小，回球速度快，弧线低，借助对方来球的前冲力进行回击的特点。

1. 正手快搓　站位近台，身体重心前移靠近来球，前臂外旋向右上方提起，后引动作稍小。击球时，拍面稍微后仰，前臂主动伸迎球，在来球上升期击球中下部，借对方来球的冲力，前臂手腕适当用力向前下方挥动。随势挥拍动作尽可能短一些。

2. 反手快搓　站位近台，身体重心前移靠近来球，手臂自然弯曲，手腕适当放松，球拍稍微向后引至腹前。击球时，拍面稍后仰，在来球上升期的时候击球的中下部，借对方来球的冲力，前臂手腕向前下方用力。随势挥拍动作短一些。

3. 搓球技术的练习方法　徒手模仿搓球动作；对搓练习；搓球与搓球起板结和练习；正反手搓球结合拉攻练习。

七、弧圈球

弧圈球是一种将力量、速度和旋转结合为一体的进攻性技术，是比赛中的主要得分手段。

（一）加转弧圈球

1. 正手拉加转弧线球　左脚在前，身体重心较低。手臂自然下垂向右后方引拍，身体随之向又转动，右肩下沉，重心在右脚上。拍触球时拍面稍向前倾，上臂带动前臂向前上方挥动，手腕配合发力，身体向左侧转动。在来球的下降前期击球的中部或者中上部，在摩擦球的瞬间迅速收缩前臂加大摩擦力。击球后，身体稍向上抬起，随势挥拍至头部高度，重心移至左脚，并迅速还原。

2. 反手拉加转弧圈球　两脚平行或右脚稍前，两膝微屈，重心在两脚间。右肩下沉，球拍引至腹前下方，腹部内收，肘关节稍向前顶出，手腕内旋，拍面稍前倾，以肘关节为轴前臂快速向右前上方挥动。在来球的下降前期用力摩擦球的中上部，两腿向上蹬伸，身体稍后仰以辅助发力。击球后，随势挥拍并迅速还原。

图 11－9　正手加转弧圈球

（二）前冲弧圈球

1. 正手拉前冲弧圈球　左脚稍前，根据来球的选择站位远近。向右后方引拍时腰向右转动，重心移至右脚。击球时拍面前倾，在上臂带动下加速向前上方挥动，手腕配合发力，在来球的上升后期或高点期摩擦球的中上部。随势挥拍后迅速调整身体重心并还原。

2. 反手拉前冲弧圈球　两脚平行或右脚稍前，两膝微屈，重心在两脚间。右肩下沉，球拍引至大腿内侧，肘关节稍前顶，手腕内旋。击球时拍面稍前倾，以肘关节为轴前臂快速向前上方发力。在来球的高点期摩擦球的中上部，同时两腿向上蹬伸，随势挥拍后，迅速还原。

3. 弧圈球技术练习方法　徒手模仿弧圈球击球动作；一人推挡或削球，另一人练习拉弧圈球；综合技术的拉弧圈球练习。

八、削　球

通过旋转和落点变化来控制对方，使对方直接失误或为自己创造进攻机会。在乒乓球运动的发展历程中，削球打法作为一种主要的打法类型，始终在世界乒坛占有重要的地位。有正反手近远削球，削追身球和削弧圈球。

1. 正（反）手近削球　动作小，球速快，前冲力强，站位离台较近，拍面稍后仰，前臂用力向左（右）前下方挥动，手腕配合下压，在高点期摩擦球的中下部。

2. 正（反）手远削球　动作大，球速慢，弧线长，回球下旋。站位离台 1 米以外，击球时手臂向左（右）前下方挥动，拍面后仰，手腕在拍与球接触瞬间向下加力，在来球下降期摩擦球的中下部。

3. 削球的练习方法　徒手模仿削球动作练习；用正反手削回对方发球；削直线、斜线、转与不转球的综合练习；削中反攻练习。

九、步　法

（一）步法的基本要求

步法是指乒乓球运动员为选择合适的击球位置所采用的脚步移动方法，它是乒乓球击球环节中的一个重要组成部分，也是一名优秀运动员必须具备的的重要技术。随着乒乓球技术的快速发展，步法也越来越显示出其重要性，它是及时准确地使用与衔接各项技术动作的枢纽，也是执行各项技术的有力保证。

在打乒乓球时，对步法的基本要求有两条：一是反应判断要快，二是脚步移动要灵活。也就是要在合适的时间跑到合适的位置，以便在该技术所要求的最佳击球时间，最适宜的击球点位置击球。

（二）步法的种类及动作要点

乒乓球步法的区分：从移动范围来说有大、中、小三种不同范围；从移动方向来说，有向前、向后、向左、向右、斜前方、斜后方等不同移动方向；从移动形式来说，有平移动、滑动、跳动等。其种类有：单步、并步、跨步、跳步、垫步、侧身步、交叉步、小碎步等。

1. 单步　一般在来球离身体不远的小范围内运用。它具有移步简单、重心平稳等特点，在还击近网短球或追身球时常采用此步法。动作要点：以一只脚的前脚掌为轴，另一只脚向前、后、左、右的不同方向移动，当移动完成时身体重心也随之落到摆动脚上。

2. 并步（亦称换步或滑步）　并步的移动幅度比单步要大，它在移动时没腾空动作，重心起伏小，能保持身体的平衡和稳定。进攻型选手或削球型选手在左右移动时采用此步法。

3. 跨步　跨步的移动幅度较大，常会降低身体重心的高度，近台快攻打法在还击正手位大角度来球时用此步法较多。削球选手有时也会用它来对付对方突然攻击。

动作要点：来球方向异侧脚用力蹬地，另一只脚向来球方向侧跨一大步，而蹬地脚也迅速跟着移动，球一离拍后应立即还原，保持准备姿势。

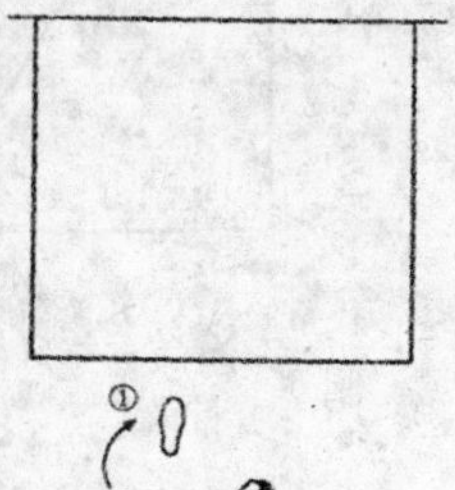

图 11－10　单步

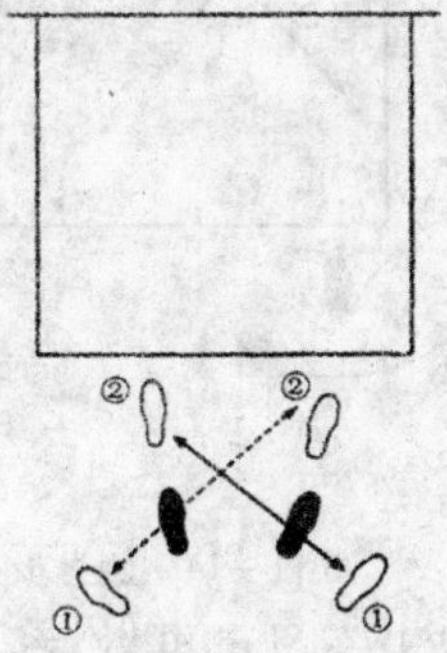

图 11－11　并步

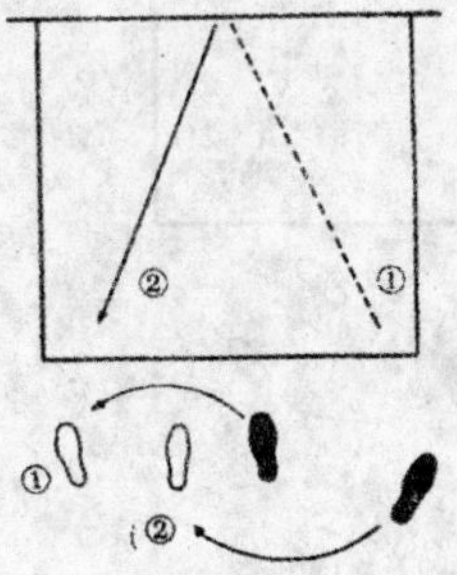

图 11－12　跨步

4. 跳步　跳步移动时，常会有短暂的腾空时间，因此，通常是依靠膝关节的缓冲来减少重心的上下起伏，它在来球较快，角度较大时采用，是弧圈球打法在中台向左、右移动或侧身移动时常采用的步法。

动作要点：来球以侧方向脚的前脚掌内侧用力蹬地，使两脚同时离开地面向前、后、左、右跳动，蹬地脚先落地。

5. 垫步　一般用于还原身体重心或脚距，调节击球的姿势。

动作要点：两脚的前脚掌几乎同时上下轻轻跳一下或踮一下，有时两脚不离开地面。垫步可以向前、后、左、右移动，其要点体现在“垫”上，垫的动作幅度只相当于正常步法的半步。

6. 交叉步　主要是用来对付离身体比较远的来球，其移动幅度和范围都比较大。弧圈球和快攻型打法在侧身进攻后扑右大角空当，或从正手位返回到反手位大角度，还有削球选手在做前、后移动时均可使用此种步法。

动作要点：交叉步应先以靠近来球方向的脚步作为支撑，使远离来球的脚迅速向前、后、左、右不同的方向跨出一大步，而原作为支撑的脚跟着前脚的移动方向再迈一步。在移动时膝关节始终保持弯曲，与来球方向同侧脚外旋，异侧腿内旋，腰、髋迅速转向来球方向，与挥拍击球同步进行。

7. 侧身步　侧身步严格地说不是一种独立的步法，它是根据乒乓球实战的具体情况在侧身位的应用。当来球逼近击球员身体或来球至击球员反手位时，击球员采取侧身正手进攻的方法。常用的侧身步有单步侧身、并步侧身、跨步侧身、条步侧身、交叉步侧身等。其动作要点和作用如下：

（1）单步侧身。右脚向左脚后方跨一步后侧身击球。这种侧身移动速度较快，移动幅度很小，通常在来球处于身体中间附近的位置或与对方相持的情况下使用。

（2）跨步侧身。左脚向左侧跨一步，右脚向左侧后方移动，同时上体收腹侧转腰，重心落在右脚上。它具有移动较快，范围较小、侧身较充分、发力较大等特点，故快攻打法较多采用此法。

（3）跳步侧身。基本上同正常的跳步动作要点，跳动中腰、髋向同侧腿方向转动。它的移动速度比单步和跨步侧身腰慢一些，但移动的范围较大，让位较充分，有利于正手发力攻球或发力拉、冲弧圈球。

（4）交叉步侧身。基本上同正常的交叉步动作要点、在移动的同时腰注意腰、髋关节配合向右后方转动让位。它主要是在来球离身体较远时采用其移动范围比跳步大，让位更充分，对于弧圈球选手的发力抢冲比较有利。

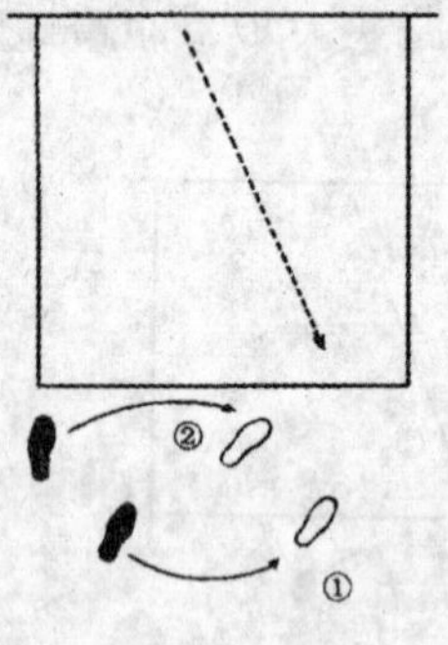

图 11－13　跳步

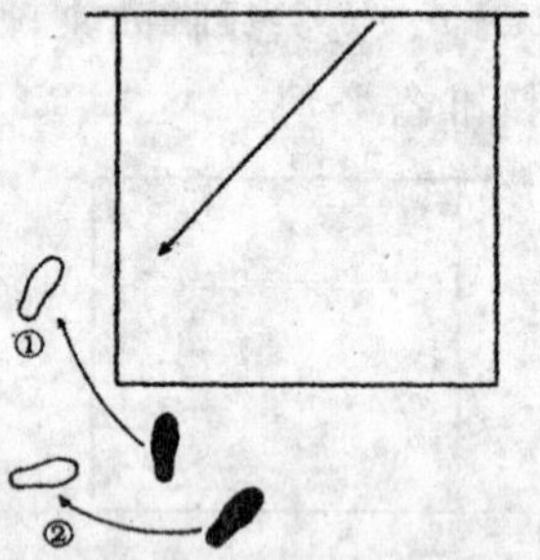

图 11－14　侧身步

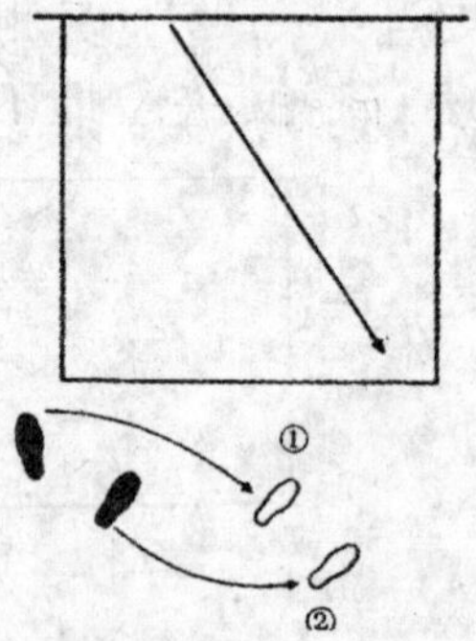

图 11－15　交叉步

8. 步法的练习方法　先做单一的步法练习，再做综合步法练习；规定数量的步法练习；结合各种技术的步法练习；步法练习结合专项身体素质练习，增强下肢力量。

第三节 乒乓球运动的基本战术

一、发球抢攻战术

（一）特 点

发球抢攻战术是以旋转、线路、落点以及速度不同的发球来增加对方回击的难度，使其出现机会球，或降低回球质量，然后抢先进攻，以争取主动或直接得分，这是乒乓球所有打法特别是进攻型打法的主要战术和得分手段。

（二）方 法

发下旋转与“不转”抢攻；发正、反手奔球抢攻；发正、反手侧上、下旋球抢攻。

（三）注意事项

发球要有线路和落点变化，以使对方前、后、左、右走动中接发球；发球后要有抢攻准备，以不失抢攻的机会；自己发什么球，对方可能以什么技术回击，要做到发球前心中有数。这样，才能较好地做好抢攻的准备；抢攻要尽可能凶，又不能过凶，否则，会影响命中率。

二、接发球抢攻战术

（一）特 点

由某一单项攻球技术所形成，进攻性强，可变接发球的不利地位为主动地位，也可直接得分，是乒乓球运动各种打法特别是进攻型打法的主要战术。

（二）方 法

用快点、快攻或中等力量突击进行接发球抢攻。

（三）注意事项

由于接发球抢攻是在对方主动发球，自己处于被动的接发球地位时所采取的进攻性打法，所以难度较大。接发球抢攻一般不可过凶，要看准来球的旋转方向、旋转强度和高度，采用适当的方法进攻。例如对方发加转下旋球，接发球抢攻时要采用提拉手法，以免下网。同时，攻球的力量不可过大。

接发球抢攻动作结束后，要立即作好对攻或连续攻的准备，以便继续处于主动地位。

接发球抢攻、抢冲的力量越小，越应注意球的路线或落点，一般应多打在对方反手；若对方反手强而正手弱，则可多打在对方正手。

三、推攻战术

（一）特 点

主要运用正手攻球和反手推挡的速度和力量，并结合落点变化和节奏变化来压制和调动对方，以争取主动或得分。推攻战术是左推右攻打法对付攻击型打法的主要战术，有反手推挡能力的两面攻运动员、攻削结合运动员等也常使用它。

（二）方 法

左推右攻；推挡侧身攻；推挡、侧身攻后扑正手；左推结合反手攻；左推、反手攻、侧身攻后扑正手。

（三）注意事项

推、攻都要有线路变化、落点变化和节奏变化，这是推攻战术争取主动和创造扣杀机会的主要方法。推挡一般以压对方反手为主，然后突然变正手，以创造进攻机会。如果对方正手较差，才可以推对方正手为主。在推挡中突然加力推对方中路，使对方难以用力回击，然后用正手或侧身扣杀。遇到机会球时要果断扣杀，这是推攻战术得分的主要手段。推攻战术要坚持近台，又不能死守近台，要学会近台和中台的位置转换，掌握对手节奏。推攻战术对付弧圈类打法应坚持近台为主，用快推和加、减力推挡控制落点，伺机采用近台反拉或中等力量扣杀弧圈球，然后进入正手连续进攻。

四、两面攻战术

（一）特　点

主要利用正、反手攻球技术的速度和力量压制对方，争取主动和创造扣杀机会。两面攻技术是两面攻打法对付攻击型打法的主要战术。

（二）方　法

攻左扣右；攻打两角，猛扣中路。

（三）注意事项

正、反手攻球都要有线路变化和落点变化，以便创造扣杀机会。要以压对方反手为主，然后攻击对方正手或中路，以创造扣杀机会。遇到机会球时要大胆扣杀。两面攻战术在主动进攻情况下要坚持近台，被动情况下可适当后退，在中近台或中台进行反攻。两面攻战术对付弧圈球打法应坚持近台，用快带顶住对方的弧圈球，伺机采用近台反拉或中等力量扣杀弧圈球，然后转入连续进攻。

五、拉攻战术

（一）特　点

连续运用正手快拉创造进攻机会，然后采用突击和扣杀来作为得分手段。拉攻战术是快攻打法对付削球类打法的主要战术。

（二）方　法

正手拉后扣杀；反手拉后扣杀

（三）注意事项

拉、扣的力量要有较大的悬殊，以使对方措手不及。拉球要有线路和落点变化以调动对方，争取主动和创造进攻机会。遇到机会球时要大胆扣杀或突击。采用拉攻战术要有耐心，不要急于求成，对没有把握的机会球不要过凶。

第四节　乒乓球运动的竞赛规则简介

一、场地器材

（一）球

球应为圆球体，直径为40毫米，球重2.7克，球应用赛璐珞或类似的塑料制成，呈白色或橙色，且无光泽。

（二）球　拍

球拍的大小，形状和重量不限，但底板应平整、坚硬。底板厚度至少应有85%的天然木料。加强底板的粘合层可用诸如碳纤维、玻璃纤维或压缩纸等纤维材料，每层粘合层不超过底板总厚度的7.5%或0.35毫米。用来击球的拍面应用一层颗粒向外的普通颗粒胶覆盖，连同粘合剂，厚度不超过2毫米；或用颗粒向内或向外的海绵胶覆盖，连同粘合剂，厚度不超过4毫米。普通颗粒胶是一层无泡沫的天然橡胶或合成橡胶，其颗粒必须以每平方厘米不少于10颗、不多于50颗的平均密度分布在拍面的整个表面。覆盖物应覆盖整个拍面，但不得超过其边缘。靠近拍柄部分以及手指执握部分可不予以覆盖，也可用任何材料覆盖。球拍两面不论是否有覆盖物，必须无光泽，且一面为鲜红色，另一面为黑色。

（三）球 台

乒乓球台面为长方形，长2.74米，宽1.526米，高0.76米；台面呈均匀暗色，无光泽；周边有一条2厘米宽的白线，台区由一条3毫米的中线分台面为左右半区。

（四）球 网

球网装置包括球网、悬网绳、网柱及将它们固定在球台上的夹钳部分。球网应悬挂在一根绳子上，绳子两端系在高15.25厘米的直立网柱上，网柱外缘的距离为15.25厘米。整个球网的顶端距离比赛台面15.25厘米。整个球网的底边应尽量贴近比赛台面，其两端应尽量贴近网柱。

（五）场 地

乒乓球比赛场地应不小于14米长、7米宽和4米高。赛区应由75厘米高的同一深颜色挡板围起，与相邻的赛区及观众隔开。

二、基本规则

（一）一局比赛

在一局比赛中，先得11分的一方为胜方。10平后，先得2分的一方为胜方。

（二）一场比赛

一场比赛由单数局组成。

（三）合法发球

发球时，球应放在不执拍手的手掌上，手掌张开和伸平。球应是静止的，在发球方的端线之后，比赛台面的水平面之上。发球员需用手将球几乎垂直地向上抛起，不得使球旋转，并使球在离开不执拍手的手掌之后上升不少于16厘米，球下降到被击出前不能碰到物体。当球从抛起的最高点下降时，发球员方可击球，使球首先触及本方台区，然后越过或绕过球网装置，再触及接发球员的台区。在双打中，球应先后触及发球员和接发球员的右半区。从抛球前静止的最后一瞬间到击球时，球和球拍应在比赛台面的水平面之上。击球时，球应在发球方的端线之后，但不能超过发球员身体（手臂、头或腿除外）离端线最远的部位。运动员发球时，应让裁判员或副裁判员看清他是否按照合法发球的规定发球。

（四）合法击球

对方发球或还击后，本方运动员必须击球，使球直接越过或绕过球网装置，或触及球网装置，或触及球网装置后，再触及对方台区。

（五）比赛次序

在单打中，首先由发球员合法发球，再由接发球员合法还击，然后两者交替合法还击。在双打中，首先由发球员发球，再由接发球员合法还击，然后由发球员的同伴合法还击，再由接发球员的同伴合法还击，此后，运动员按此次序轮流合法还击。

（六）重发球

回合出现下列情况应判重发球：如果发球员发出的球，在越过球网装置时，触及球网装置，而后成为合法发球；裁判员未报分，同时接发球员也未准备好，发球员已将球发出；由于发生了运动员无法控制的干扰，而使运动员未能合法发球、合法还击或遵守规则；裁判员或副裁判员暂停比赛。

可以在下面情况暂停比赛：由于要纠正发球；接发球次序或方位错位；由于要实行轮换发球

发；由于警告或处罚运动员；由于比赛环境受到干扰，以致该回合结果有可能受到影响。

（七）得　分

除被判重发球的回合，下列情况运动员得1分：对方运动员未能合法发球；对方运动员未能合法还击；运动员在合法发球或合法还击后，对方运动员在击球前，球触及了除球网装置以外的任何东西；对方击球后，该球没有触及本方台区而越过本方端线；对方阻挡；对方用不符合要求的拍面击球；对方运动员或他穿戴的任何东西触及球网装置；对方运动员不执拍手触及比赛台面；双打时，对方运动员击球次序错误。

（八）发球、接发球和交换位置的顺序

每获两分之后，接发球方即成发球方，依次类推，直至该局比赛结束。双方比分都达到10分，或者实行轮换发球法时，发球或接发球次序依然不变，但每人只轮换发一分球。一局中，首先发球的一方，在该场下一局变为接发球方。在双打决胜局中，当一方先得5分时，接发球方应交换接发球次序。一局中，在某一方位比赛的一方在该场下一局应换到另一方位。在决胜局中，一方先得5分时，双方应交换方位。

（九）发球、接发球次序和方位的错误

裁判员一但发现发球、接发球次序错，应立即暂停比赛，并按该场比赛开始时确立的次序，按场上比分由应该发球或接发球的运动员发球或接发球；在双打中，则按发现错误时那一局中首先有发球权的一方所确立的次序进行纠正，继续比赛。裁判员一但发现运动员应交换方位而未交换时，应立即暂停比赛，并按该场开始时的确立次序，按场上比分运动员应站的正确方位进行纠正，继续比赛。在任何情况下，发现错误之前的所有得分均有效。

三、怎样组织和参加乒乓球比赛

乒乓球是一项竞技性的体育运动，在群众性的乒乓球活动中，通过举办各种类型和形式的竞赛活动可以促进比赛双方的互相交流和学习，促进本单位和本地区体育活动的开展，丰富业余文化生活。这里我们将乒乓球竞赛的组织和编排方面的一些知识简要做一介绍。

（一）组织比赛

国内外举行的大型、正规的乒乓球比赛，都要成立相应的组织机构，以组织和协调比赛的顺利进行。通常成立比赛的组织委员会（设立正副主任），下设秘书处（包括负责会务宣传保卫医务等方面的工作）竞赛处（负责裁判场地竞赛等方面的工作）、以及仲裁委员（负责比赛期间执行竞赛规则，竞赛堆积中发生的纠纷等）。在基层举行的一般性业余比赛，不一定完全照上述机构设置，可以根据实际情况设立相应的组织形式，对工作人员的配置和其他一些组织办法灵活掌握。

（二）竞赛规程

竞赛规程是竞赛工作的根本依据，是整个比赛工作中重要的环节。竞赛规程一般由主办单位指定，其内容应包括：竞赛名称，竞赛日期和地点，参加单位和人员，参加办法，录取名次与奖励办法，裁判人员等。

（三）竞赛项目和方法

乒乓球竞赛一般包括团体赛和单项比赛。团体赛有男子团体赛和女子团体赛。单项有男、女单打比赛，男、女双打比赛和混合双打比赛。

1. 男子团体赛　从第42届世界乒乓球锦标赛开始，男子团体赛中每场比赛出3名选手，比赛顺序为：第一场：A—X；第二场：B—Y；第三场：C—Z；第四场：A—Y；第五场：B—X。在男子团体赛中，先胜3场者为胜方。

2. 女子团体赛　女子团体赛中，每场比赛每队可以上场2～4人，比赛顺序为：第一场：

A—X；第二场：B—Y；第三场：双打；第四场：A—Y；第五场：B—X。双打比赛可从上场的2~4人中任选2人配对。

3. 单项比赛　男子单打和女子单打均采用五局三胜制，其它3个双打项目采用三局二胜制。

（四）竞赛制度

同其它球类竞赛项目一样，乒乓球比赛也多采用循环制和淘汰制两种形式，有时也采用两种办法结合的混合制。

1. 循环制　循环制是球类比赛的一种基本和常用的方法，其特点是参加竞赛的各队在整个比赛或小组都有相遇的机会，这种方法有利于对手之间的交流和提高技术水平，并且较能公正客观地反映比赛结果，因而成为乒乓球比赛经常采用的方法。其不足之处在于相对来讲耗时较多，特别是在参赛人数多而比赛时间短的情况下不宜采用。

乒乓球比赛一般多采用单循环和分级循环：

（1）单循环。参赛的人或队都要互相轮流比赛1次的方法。单循环比赛的计算方法是：获胜次数多者名次列前，如有2个或2个以上的运动员获胜次数相同时，则首先由他们之间场数胜负比率，局数胜负比率，分数胜负比率的顺序来决定。

（2）分组循环。这是将若干人（队）分成几个小组，在各小组内进行循环方法，其特点是节省时间，在参赛人数多且比赛时间短的情况下采用。分组循环一般用于团体赛，可将所有参赛队用蛇形方法分组，如12个队参赛可分成A、B两组：A组：1 4 5 8 9 12；B组：2 3 6 7 10 11。A、B两组数字是各队的顺序号，它是按各队实力强弱排列的，序号小者实力强，反之实力弱。

2. 淘汰制　淘汰制就是比赛中失败一次即退出比赛，获胜者继续比赛，直到决出冠亚军为止。这种竞赛方法的特点是节省时间，竞争性强，能使比赛越来越精彩，但也有偶然性。

（1）单淘汰。所谓单淘汰是指将所有参赛选手编成一定的比赛顺序，由相近的两名选手进行比赛，胜者进入下一轮，负者即遭淘汰。

（2）双淘汰。双淘汰是将运动员编成一定的顺序，输两场即被淘汰，最后决赛胜一场即为冠军，失败一场为亚军。

复习思考题

1. 国际乒乓球运动的发展过程大致经历了哪几个阶段？
2. 国际乒乓球运动有哪几个重大赛事？
3. 乒乓球的旋转有哪几大类？

主要参考书目

侯文达．高等学校乒乓球教材——教学与训练［M］．北京：北京大学出版社，1994

岑淮光等．这样打好乒乓球［M］．北京：人民体育出版社，2001

赵修琴．中国乒乓球图解技战术全书［M］．北京：中国物资出版社，1999

乒乓球竞赛规则（2006）［M］．北京：人民体育出版社，2006

第十二章　网　　球

第一节　网球运动概述

网球与高尔夫球、保龄球、桌球并称为世界四大绅士运动。它的起源可以追溯到12～13世纪的法国，当时在传教士中流行着一种用手掌击球的游戏，方法是在空地上两人隔一条绳子，用手掌将布包着头发制成的球打来打去，以后逐渐演变成球拍、球网。

到19世纪，网球运动已在欧美盛行起来。大约在1885年前后网球运动传入我国，到1949年新中国成立，虽然已有较长的历史，但因旧中国网球运动只局限在少数人圈子里，被称为“贵族运动”，故水平较低。近年来，我国的网球运动已有了新的发展，运动水平也不断地提高。尤其是女子网球运动水平，已跻身于世界前列。

国际网球联合会（ITF）成立于1912年，总部设在巴黎，现在该协会发展为60多个会员国和30多个非正式会员国，目前它主要负责组织最高层次的“四大网球比赛”和“戴维斯杯”及“联合会杯团体赛”。

温布尔登网球锦标赛、美国网球公开赛、法国网球公开赛和澳大利网球公开赛号称世界“四大网球赛”，并均为“大满贯”比赛项目，如果运动员能在一个年度中赢得“四大网球赛”的冠军，即为“大满贯”锦标赛得主，它被视为国际网坛的一种最高荣誉。

第二节　网球运动基本技术

一、握拍方法、准备姿势和步法

（一）*握拍方法*

常用的握拍方法有三种。

1. 大陆式握拍　大陆式握拍法还被称为“榔头”式握拍法。因为采用这种握拍方法时，食指根部压在与拍面水平的那个平面上，拍面的角度几乎与地面垂直，所以你仿佛在用拍框的侧面钉钉子一样。大陆式握拍法适合用来击打任何类型的球，但在发球、打截击球、过顶球、削球以及防守球时采用这种握拍效果更好。

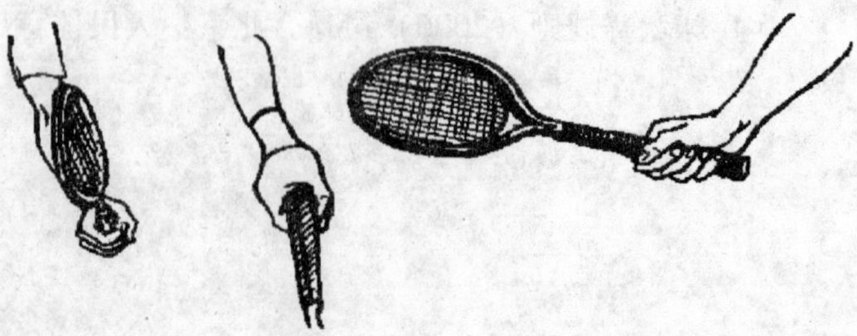
图12－1　大陆式握拍

（1）优势。运用大陆式握拍法可以使你在发球或打过顶球时手臂自然下压，这样不但攻击的效果最好，而且给手臂的压力也最小。由于在打正手和反手球时不需要调整握拍法，因此大陆式握拍法也是打网前截击球的最佳选择，因为采用这种握拍法可以使攻防转换十分迅速。同时，它还适合于在防守时击打已到达身体侧面、击球点较晚的球。

（2）劣势。用大陆式握拍法很难打出带上旋的击球或削球，这就意味着你的击球点必须要比球网高，由于球在这一点停留的时间非常短暂，所以给你留下的击球时间就很短。另外，这种握拍不容易处理高速的落地球。

2. 东方式握拍　这里介绍一个正确采用东方式握拍的小窍门：将手平放在拍弦上，然后下滑到拍柄根部抓握；或者把球拍平放在桌面上，闭上眼，将球拍拿起。从技术的角度讲，东方式正手握拍就是先以大陆式握拍法持拍，然后逆时针方向旋转球拍（左手握拍的选手需顺时针方向转动），直到食指的根部压到下一个接触的斜面为止。

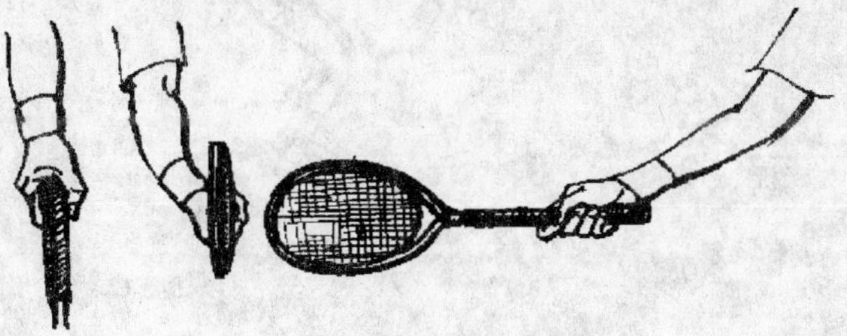

图 12－2　东方式握拍

（1）优势。东方式正手握拍可以被称为“万能握拍法”。采用这种握拍，拍面可以通过摩擦球的后部击出上旋球，还可以打出有很大力量和穿透性的平击球。同时，东方式握拍很容易转换到其他握拍方式。

（2）劣势。与大陆式握拍相比，尽管东方式握拍的击球点在身体前部要更高更远一些，但它仍不适用于打高球。虽然东方式握拍击出的球比较有力量和穿透性，但更多的是平击球，这就导致稳定性会差一些，因此很难适应多回合的打法。因此东方式握拍不适用那些希望打出更多上旋球的选手。

3. 西方式正手握拍　以东方式握拍，然后逆时针方向（左手握拍则顺时针方向旋转）旋转球拍，使食指根部压在下一条拍棱上。底线力量型选手多采用这种握拍。

图 12－3　西方式正手握拍

（1）优势。相对于东方式握拍，这种握拍可以打出更多上旋球，使球更容易过网，也更好控制线路，因此，它很适合打上旋高球和小角度的击球，而且这种握拍还可以打出更深远的平击球。它还适合大幅度地引拍，而且强烈的上旋有助于把更多的球打在场内。这种握拍在身体前部的击球点比东方式握拍更高、更远，可以更有利于控制高球。

（2）劣势。西方式握拍不适合回击低球。因为采用这种握拍时，拍面自然地呈关闭状态，这样迫使选手必须打球的下部然后向上挑，于是容易给对手留下进攻机会。另外，如果从这种握拍转换到大陆式握拍法需要做很大的调整，因此，多数底线力量型打法的选手在攻打上网时就很不舒服。

（二）准备姿势

正确的准备姿势是打好网球的前提。面向球网，两脚开立稍比肩宽，双膝微屈，上身略前倾。右手持拍，左手托拍颈，拍头向上，与胸同高。重心在两脚前脚掌间，两眼注视对方或来球，做好随时起动的准备。重要的是身体要放松，肩部和握拍要放松，过于紧张就无法顺利进入挥拍动作。

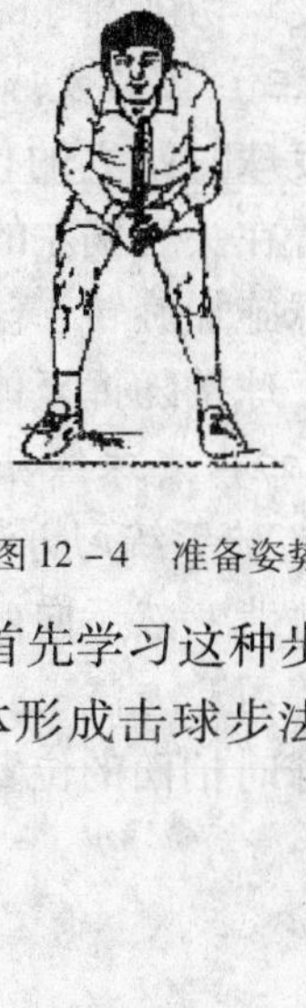

图 12－4　准备姿势

（三）步　法

网球击球时，其脚步主要采用“开放式”和“关闭式”两种方法。

1. “关闭式”步法　以前脚掌为轴，另一脚向侧上方跨出，形成两脚交叉步法。这种步法在底线正反手击球和网前截击中大量运用。初学者应首先学习这种步法。

2. “开放式”步法　击球时，两脚平行站立，以前脚掌为轴，转胯转体形成击球步法。通常在有一定技术基础的前提下运用这种步法。

关闭式　　开放式

图 12－5　步法

二、发　球

发球是进攻的开始，是场上唯一不受对手影响的技术。掌握大力、凶猛和旋转多变的发球，可直接得分，或造成对方接球困难，为网前截击和其它制胜手段创造机会。

（一）平击发球

俗称“炮弹式发球”，出球力量大，速度快，落点深，极具威胁。缺点是命中率较低，体力消耗大。一般用做第一次发球。

1. 发球前　运动员侧对球网站位，双手（一手握拍，一手持球）贴近体前，高度齐腰。挥拍时，持拍手臂向后上方摆动，当肘关节摆至肩高可超过肩时，手臂在头后绕环，此时屈肘放松手腕，使拍框在头后下垂。与此同时，持球手以拇指、食指和中指的指尖把球轻轻托起，随握拍手下摆，持球手下摆至前腿处，挥拍手在身后上摆时，持球手同时上举，当上举到头前上方时，球离手抛到空中，然后球拍向上挥起，手腕由后屈向前抖甩，手臂尽可能向上伸展，前臂、手腕和球拍几乎成一直线。击球后，手臂随惯性继续向前下摆动。

2. 发球时　还应注意身体的摆动和重心的移动。准备时，重心在前脚，球拍后挥，重心后移到后脚，击球时，身体由后仰向前摆，同时重心移向前脚。

（二）切削发球

出球旋转性强，弧线飞行，容易控制落点，落地后球向对方场地一侧的角上跳动，可拉开对方，造成接球困难。比赛中常用作第二次发球，缺点是易被对方抽杀。这种发球主要是最后击球时，拍面与球形成一定的角度，球拍在球的后方横挥而过，在击球的瞬间劈向球的侧面，使之产生侧旋。切削发球的抛球，应抛在身体的右上方。

图 12－6　平击发球

（三）上旋发球

发球时站立的位置与切削发球相同。抛出球的位置在头后偏左的头上方。拍面的触球点在球的中部偏下方。击球时身体成弓形，利用杠杆力量对球施加旋转，球拍快速从左向右方挥动，并从下向上擦击球的背面，使球产生右侧上旋。击球后，球拍随挥至体前靠右侧结束。

（四）发球练习方法

1. 徒手练习方法　方法一：碰背挥拍练习。持拍手肘关节向上并弯曲，使拍头在背后下垂，拍边碰背，然后向前上方挥拍，以体会挥拍动作；方法二：辅助挥拍练习。在同伴的帮助下进行挥拍练习；方法三：对墙挥拍练习。沿墙挥拍练习以体会击球时的运动路线，对墙挥拍练习以体会击球时拍面的位置和方向。

2. 固定球练习法 方法一：握拍颈挥拍击球练习。练习者站在网前，侧身对网，挥拍击球，以体会击球时拍面触球部分；方法二：跪姿挥拍击球练习。练习者半跪在中场，先抬肘并弯曲使拍碰背，然后抛球挥拍将球击过网；方法三：站立挥拍击球练习。练习者站在后场，先抬肘并弯曲使拍头碰背，然后抛球挥拍将球击过网。

3. 完整动作练习方法 方法一：对墙发球练习。练习者站在离墙约 12 米处，以完整的发球动作对墙发球，以体会完整的发球动作；方法二：发球区发球练习。练习者站在底线一侧，以完整的发球动作将球发至对场另一侧发球区，以体会发球的动作和目标；方法三：连续发球练习。练习者站在底线一侧，用一种发球方法连续发球练习，以巩固发球动作。

三、正手击球

（一）技术动作方法

正手击球是指在握拍手同侧于后场击对方反弹来球的技术动作，这种击球方法通常用于接对方发球和反弹来球。正手击球动作由准备姿势、后摆引拍、挥拍击球和随挥跟进四个技术环节组成。

1. 准备姿势 面对球网，两脚自然开立成稍蹲姿势，身体重心落在前脚掌上，稍向前倾。左手扶住拍颈，拍面与地面垂直，拍头指向对方，注意对方来球，做好击球准备。

图 12－7 正手击球

2. 后摆引拍动作 当判断来球需要用正拍回击时，以右脚为轴，左脚向右前方跨出成“关闭式”击球步法，同时转动身体并使右臂沿直线向后上方快速引拍，球拍指向球场后端的挡网，拍头向上稍高于手腕，尽量保持侧身迎击球，左手随着侧身转体而指向前面的来球。

3. 挥拍击球动作 当球接近身体时，身体重心前移，以肩关节为轴，大臂带动小臂向前挥拍，手腕固定，向前挥拍时带动身体转动。击球时，拍面垂直于地面并沿着来球的方向挥出，击球点应在左脚尖身体右侧方约与腰部同高的位置上。

4. 随挥动作 击球后，球拍沿着球飞行的方向继续向上挥动，然后肘关节顺势弯曲，使右臂自然接触下巴，拍头随挥至左肩上方，并用左手扶住拍颈，右脚停留在身后脚尖触地面结束动作，恢复准备姿势。

（二）各种正手击球技术

1. 正手平击球 后摆引拍时，手腕稍上翘使拍头高于手腕，并引拍至头部同高。挥拍时手腕相对固定握拍，以减少拍面挥动过程中的变化。击球时，拍面与地面保持垂直并以同样拍面继续前挥。引拍和挥拍击球的整个过程保持拍头不能下垂。击球后，球拍向前挥动于左肩上方自然收拍。

2. 正手上旋击球 后摆引拍时，拍头稍下垂，手腕翻转与手背形成角度。挥拍时，球拍从上向下再向前上方做环形挥拍动作。击球时，拍面斜向下盖住球并做向上提拉动作，同时加大腰部的转动。击球后，柔软地使用手腕，使球拍挥至身体内侧。在挥拍击球过程中拍面是一直变化着的。

3. 正手削球（下旋球） 后摆引拍时，直线将球拍引至身体后测，动作较小；挥拍时手腕固定握拍，使拍面斜向地面稳定前挥。击球时用斜向地面的拍面以切削动作在身体侧前方击球。击球后球拍随球前送，并在身体前方以左手扶拍结束动作。后摆引拍和挥拍击球过程保持拍面相对稳定。

（三）正手击球练习法

1. 徒手练习方法　方法一：后摆引拍练习。练习者站在障碍物前约 1.5 米处，做后摆引拍动作，使拍头前端触及障碍物，以体会后摆引拍的伸展程度；方法二：挥拍击球练习。练习者站在障碍物前约 1 米处，做挥拍击球动作，使拍面触及障碍物，并观察拍面是否与障碍物平行，以体会挥拍击球时拍面的角度；方法三：完整动作练习：准备姿势动作站立，结合“关闭式”步法做后摆引拍、挥拍击球和随挥动作练习，重点体会整个动作过程及收拍动作。

2. 定位球练习方法　方法一：自抛击球练习。以后摆引拍姿势站立，左手握球前伸，使球自由下落反弹至腰部，同时右手挥拍击球；方法二：击抛球练习。以准备姿势站立，结合“关闭式”步法，击他人短距离抛来的定点球。这两项练习最好选择在挡网或挡墙前练习，以便捡球；方法三：击对方前场抛球练习。练习者站在发球线后约 1 米处，迎击对场网前抛来的球。

3. 移动击球练习方法　方法一：两人对墙练习。两人分别站于挡墙约 6 米处，以底线正手击球方法连续迎击同伴打过来的反弹球；方法二：底线击对方前场来球。由他人在对方前场送球，练习者在底线迎击来球；方法三：两人底线正手击球。两人分别两底线站立，以中等力量迎击对方来球，要求击球时动作顺畅完整。

四、反手击球

（一）技术动作方法

反手击球是指在握拍手的异侧于后场击对方反弹来球的技术动作。这种击球方法通常用于接对方发球和反弹来球。

反手击球动作由准备姿势、后摆引拍、挥拍击球和随挥跟进四个技术环节组成。

1. 准备姿势　反手击球的准备姿势动作方法与正手击球相同。

2. 后摆引拍动作　当判断对方来球朝你的反手方向飞来时，扶住拍颈的左手应迅速帮助右手变换为反手握拍法，右脚向左前方跨出成“关闭式”击球步法，身体重心在右脚上，同时转动身体带动球拍向左后方摆动，球拍指向球场后端的挡网，后摆时手臂相对伸直，手腕用力使拍头稍翘起，右肩对着来球。反手后摆动作较正手后摆动作完成得更早些。在后摆引拍整个过程中左手始终扶住柏颈，直到开始做前挥动作为止。

图 12－8　反手击球

3. 挥拍击球动作　当球接近身体时，球拍由后向前上方挥出，前挥时手臂仍保持伸直，重心在右脚上，击球时手腕绷紧使拍面与地面保持垂直，击球点在右脚左前方膝与腰之间的高度上，结合转体和转肩的动作将球击出。

4. 随挥动作　击球后，球拍沿着球飞行的方向继续向右、前、上方挥动，单手握拍流畅、舒展，随挥至右外侧；双手握拍挥拍至右肩上方结束；左脚保持留在身后，脚尖触地。

（二）各种底线反手击球技术

1. 反手平击球　这种击球方法适合于单手反手击球的初学者使用。反手平击球一般使用东方式反手握拍方法。特点是球速快，球的飞行路线比较平直，球落地后的前冲力量大。

技术要点：后摆引拍时右脚向左侧前方跨出并用力踏地，屈膝降低重心。击球时手腕绷紧，使球拍与地面垂直。挥拍击球的路线是从后向前上方比较平缓的挥击，同时左臂自然展开留在身后，保持身体的平衡。击球后，球拍应随着惯性挥至右肩上方，持拍手臂挥直。

2. 反手上旋击球　这种击球方法适合于有一定技术基础的人使用。

技术要点：后摆引拍时，持拍手肘关节微屈并稍靠近身体。击球时拍面稍向后倾斜，利用球拍向上摩擦球体使球产生击球过程中，前肩应该像一个卷曲的弹簧被放开一样，平滑地转动，这个放开动作造成了拍头出去的速度，并把力量作用于击球。击球完成后，球拍不要停止，应继续向右前上方挥动。

3. 反手削球（下旋球）　这种击球方法较为简单易学，且比较安全，适合于初学者使用。

技术要点：后摆引拍时，拍头要比反手上旋击球起得高，球拍要相对远离身体，手腕上翘，使拍头高于手腕，拍面稍斜向地面。向前挥拍时肘关节外展，手臂伸直，保持拍面稳定。击球时手腕绷紧，拍面微开，球拍由后上向前下方做切削动作，击球点比反手上旋击球稍前。击球后，球拍的随挥动作由下稍向上成弧形前挥至肩部或头部高度。

4. 双手反手击球　这种击球方法由于双手握拍，拍面容易稳定，初学者易于学习和掌握。

技术要点：当判断需要用双手反击球时，右手立即换成东方反手握法，左手顺着拍柄向下滑，直到双手相接，左手掌贴在拍柄背面以东方式正手握拍法握拍。后摆引拍时右脚向左前方跨出，身体重心在右脚上，侧身转肩背朝网，双臂相对靠近身体，直线向后充分引拍。挥拍时回身转腰，球拍由后下向前上方挥出，挥拍过程尽量保持拍面与地面垂直，击球点位于身体左前体侧与腰部同高处。击球后随挥动作充分向右前上方挥动，环绕至右肩上方收拍，收拍时左臂不能挡住脸部，挥拍结束时右脚留在身后并与地面接触。

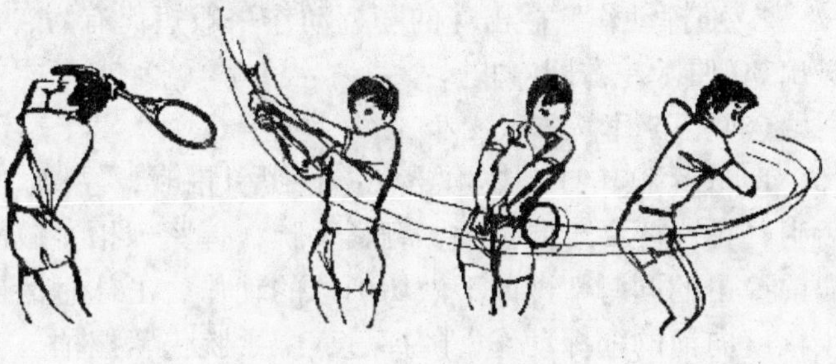

图 12－9　双手反手击球

（三）反手击球练习方法

1. 徒手练习方法　方法一：挥拍动作练习。练习者左手持固定物于身后，右手持拍做挥拍徒手练习，体会挥拍时两手臂展开，保持身体平衡的感觉；方法二：挥拍击球练习。练习者站到障碍物前约 1 米处，做挥拍击球动作，使拍面触及障碍物，并观察拍面是否与障碍物平行，以体会挥拍击球时拍面的角度；方法三：对镜挥拍动作练习。练习者站立于镜子前挥拍练习，检验与纠正自己的挥拍动作。

2. 固定球练习方法　方法一：自抛击球练习。练习者原地对挡墙或挡网站立，进行反手的自抛击球练习；方法二：多球自抛击球练习。练习者站在底线后，用多球连续自抛击球过网练习，体会整个动作过程及人与场地的关系；方法三：击对方前场抛球练习。练习者站在发球线后约 1 米处，迎击对场网前抛来的球。

3. 移动击球练习方法　方法一：对墙击球练习。练习者站于挡墙约 6 米处，以单手反手握拍或双手反手握拍方法对墙连续击球；方法二：底线击对方前场来球。由他人在对方前场送球，练习者在底线以反手削球动作方法迎击来球；方法三：双手反手移动击球。练习者站立底线中间，以双手反手的握拍方法移动迎击对方前场送于左侧的来球。击球后返回原来位置，准备迎击下一个来球。要求判断球的落点，迅速移动到位，及时后摆引拍。

五、截击球

（一）技术方法

截击球是指凌空击对方来球的技术动作，即当球在落地之前将来球击回对方场区，可以在网前截击，也可以在场内任何地方截击空中球，截击球以网前截击为主。截击球的特点是缩短击球距离，扩大击球的角度，加快回球速度，在网球比赛中成为一种主要打法和进攻手段。

1. 准备姿势与站位　准备姿势的基本方法与底线击球相同，因来球速度快、距离短，所以要集中注意力。眼睛注视来球，重心稍降低并落在前脚掌上，上体前倾，做好更充分的击球准备。网前截击的一般站位应该在离网2～3米的位置上，单打应位于前场中间，双打则位于距同侧边线约2米处。截击球以大陆式握拍为主。

2. 后摆引拍动作　当判断来球需要截击时，异侧脚向反方向前侧跨出成“关闭式”步法，同时以肩带动转体后摆引拍，引拍时手腕锁紧球拍使拍面固定，要保持球拍与肩平行，拍头高于手腕且稍高于肩膀，眼睛紧盯着来球。迅速、简单、幅度小是截击后摆引拍动作的特点。

3. 挥拍击球动作　向前挥拍时，手腕固定，保持适度开放的拍面，结合“关闭式”步法，重心前移，带动紧张固定的右肩膀顺势向前挥拍。击球时，手腕紧固，击球点保持在体前，主动上前迎击球，充分利用身体前冲的力量，以短促的动作向前向下切削来球。

4. 随挥动作　截击球的随挥动作一般短促有力，击球后，随惯性球拍向前下方做随挥动作，送出30厘米左右即停止。

（二）各种截击球技术

1. 正手截击球　技术要点：后摆引拍时，左脚立即向右前方跨出，同时转肩，带动球拍向后引，拍头要高于握拍手，绷紧手腕，握紧球拍。截击球的动作有点像挡击或撞击，在拍面短促向前撞击的同时微微向下做切削球的动作，击球时保持拍头微翘，拍面稍向后仰。击球后有一个小幅度向前的随挥动作，随挥过程中手腕仍紧握拍。

图12－10　正手截击球

2. 反手截击球　对大多数参加网球运动的人来说，反拍截击比正拍截击更容易，因为它更符合人体解剖学肌肉用力结构特点。

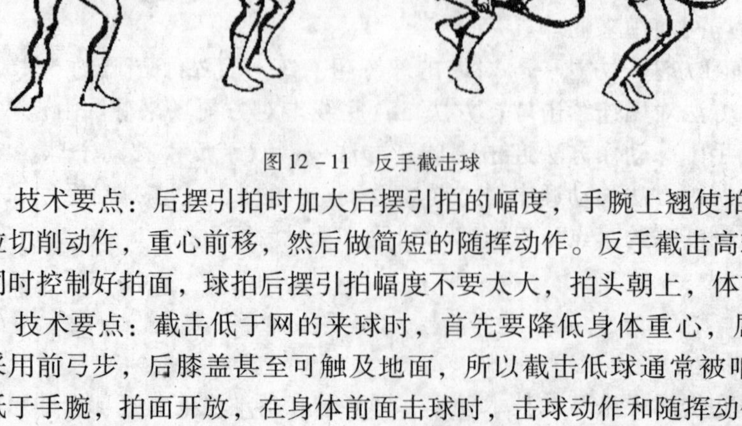

图12－11　反手截击球

3. 截击高球　技术要点：后摆引拍时加大后摆引拍的幅度，手腕上翘使拍头竖起。击球时，球拍对准球做高位切削动作，重心前移，然后做简短的随挥动作。反手截击高球时，扶拍手帮助球拍向后引拍，同时控制好拍面，球拍后摆引拍幅度不要太大，拍头朝上，体前击球。

4. 截击低球　技术要点：截击低于网的来球时，首先要降低身体重心，屈膝至来球的适宜高度，移动时如采用前弓步，后膝盖甚至可触及地面，所以截击低球通常被咱称“膝盖打球”。击球时，拍头略低于手腕，拍面开放，在身体前面击球时，击球动作和随挥动作更为短促。

（三）截击球练习方法

1. 徒手练习法　方法一：后摆引拍练习，背对挡墙或挡网 0.5 米处站立，做后摆引拍动作练习，以体会短距离引拍；方法二：单个动作徒手练习，连续正手或反手徒手截击球动作练习；方法三：正、反手徒手练习，结合步法，交替进行正、反手徒手练习。

2. 固定球练习方法　方法一：短距离击抛球。两人一组，相距约 4 米，一人准确抛球，一人以半跪姿势撞击来球，体会击球时拍面的角度；方法二：网前短拍截击练习。两人一组，隔网站立，一人送球，一人先用手掌接对方来球，然后以短拍截击对方来球，体会击球动作。方法三：网前截击练习，练习者站在网前，连续用正手或反手截击对方固定来球。

3. 移动击球练习方法　方法一：正、反手截击练习。结合步法，网前交替以正反手动作截击对方中场送来的球；方法二：移动截击球练习。练习者站在网前一侧边线处准备，移动连续截击对方三个不同位置的来球，以体会移动击球动作；方法三：截击高球练习。练习者站在发球线中间，判断对方来球后，以截击高球的动作截击对方来球。

六、其它技术

（一）高压球

高压球的动作和发球差不多，后引拍动作比发球简短，直接引拍下垂在肩后。击球点在右肩前上方，击球的后上部，利用身体的前俯带动肩臂向前挥拍，无需切削或旋转动作。有时来球过高，还可跳起来打高压球，起跳与引拍应同时进行，空中击球后落地。高压球适用于击高于头的来球，也可直接击落地的高球。

（二）挑高球

持拍自下方后引，直接自右下方向前挥拍，球拍击球的后下部或下部，把球高高地打入上空，落在对方后场区。如球拍有向后上方提拉的动作，可使球产生强烈的上旋，挑高球的目的在于迫使对方后退，赢得时间回到有利的位置。

（三）放短球

放短球多用手腕动作，小臂带动手腕持拍向下切，沿球下部快速滑动，缓冲来球力量，使球后旋，落入对方网前。放短球适用于对方在底线往复跑动时，出其不意突放一网前短球，造成对方来不及上网而失误。

第三节　网球运动基本战术

一、单打战术

（一）发球战术

因发球不受对方的支配，可通过力量、速度和落点达到得分的目的。针对对方弱点的发球，如对方反手弱等。运用不同的发球方式，制造上网截击的机会。利用风向、阳光等自然条件的发球，给对方制造困难。第一次发球，多采用大力平击发球，造成对方难以抵挡而失误。第二次发球为求成功，多采用切削发球或旋转球。发球站位也应有战术考虑。发第一区时，尽量接近中点线站位，发直线球逼住对方反拍；发第二区时，可距中点线稍远站位，便于以更大的斜线发至对方反拍区，并扩大自己正拍防守的区域。

（二）接发球战术

接发球一般是处在被动地位，但也应做些战术上的准备以减少被动，争取主动。

1. 站位　为避免接球时的大距离奔跑，接球站位应该在对方向本人左右发球夹角的分角线上，并站在端线内半米处。这样利于左右回击和上网回击。

2. 接发球方法　一般多采用平击抽球，将球回击到对方底线两角，也可以加旋转回球旋向两边线外，使对方大范围左右奔跑。

（三）上网战术

上网战术是积极主动的打法，在发球和接发球后冲到离网较近的位置，不等对方回击的球落地，即进行空中截击或高压球。

1. 上网时机　多用于第一次发球。发急速旋转球后，借球在空中飞行时间长，对方难以回击之机上网截击。

2. 上网站位　尽可能站到距网约 2 米处，近网进攻威胁性大，封网角度小，防守控制面积大，但必须有强力高压球做保证，否则对方挑高球时便陷于被动。

3. 上网击球　上网击球主要采用截击球和高压球，还要根据对方的站位决定击球的方向和落点。

（四）底线战术

底线击球应以进攻性打法为前提，用快速、准确、凶狠的击球取胜对方。常用的办法有大角度抽击球，使对方左右奔跑；逼右攻左，逼左攻右，攻击对方的弱点；大力直线球，在速度上压制对方等。

二、双打战术

双打比赛站位，一般是正拍好的站位靠右侧，反拍好的站位靠左侧，最理想的配对是一个右手握拍，一个左手握拍。发球时，发球者站在端线后中线与边线一半处，同伴则站在距网 2 ~ 3 米，离边线 3 米处守住半边场区，伺机截击或高压击球。接发球时，接发球者站在可能发到的角度的分角线上，同伴则站在发球线前距网 4 ~ 5 米，离边线 3 米处。同伴之间要有默契，一般原则是来球在两人之间，由正拍击球者回击；球在两人之间又是斜线来球时，由距离近的运动员迎击；挑高球落在两人之间，由正拍击球者进行高压击球；对方接发球回击过来的中场球，由上网运动员争取截击，另一同伴注意补漏。

第四节　网球运动竞赛规则简介

一、场　地

网球比赛场地有草地、硬地、泥沙地和涂塑合成地面等。场地规格见图 12 - 12，网高 0. 914 米，端线外至少有 6. 40 米空地，边线外应有 3. 66 米空地。

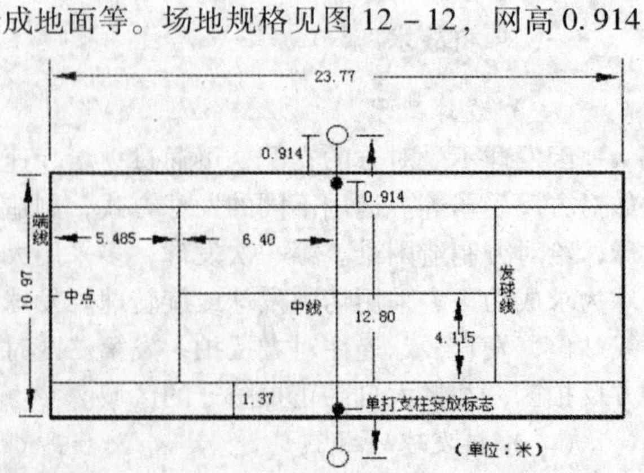

图 12 - 12　网球运动场地

二、比赛规则

（一）发　球

（1）发球员在发球前，应先站在端线后、中点和边线的假定延长线之间的区域里，用手将球向空中抛起，在球接触地面以前用球拍击球。

（2）发球员在整个发球动作中，不得通过行走或跑动改变原站立的位置，两脚只准站在规定的位置，不得触及其它区域。

(3) 每局开始时，先从右区端线后发球，得或失一分后，换到左区发球。发出的球应从网上越过，落到对角的对方发球区内或其周围的线上。

(4) 发球时发生下列任何情况之一，均判失误：发球员违反上述规定；未击中球；发出的球在落地时触及固定物（球网、中心带、网边白布除外）。

(5) 下列任一情况，均判发球无效，并重发球：发球触网后仍然落到对方发球区内；接球员未做好接球准备。

(6) 发球次序及交换场地：第一局比赛终了，接球员成为发球员，发球员成为接球员，以后每局终了，均依次互相交换，直至比赛结束；双方应在每盘的第一、三、五等单数局结束后，以及每盘结束双方局数之和为单数时，交换场地。

（二）失一分

发球员接连两次发球失误；在球着地前触及身体任何部位或其穿戴的任何物件；在球第二次着地前未能还击过网；还击的球触及对方场区界线以外的地面、固定物或其它物件；还击空中球失败；故意用球拍拖带或接住球，或故意用球拍触球超过一次；"活球"期间运动员的身体、球拍触及球网或对方场区内的地面；过网击球；抛拍击球。

（三）压线球

落在线上的球均为界内球。

（四）双打发球及接发球次序

每盘第一局开始时，由发球方决定何人首先发球，对方则同样在第二局开局时决定由何人首先发球，第三局由第一局发球方的另一球员发球，第四局由每二局发球方的另一球员发球。以下各局均按此次序发球。

每盘第一局开始时，由先接发球一方决定何人接发球，并在这盘单数局继续先接发球。对方同样应在第二局开始时，决定何人先接发球，并在这盘双数局继续先接发球。他们同伴应在每局中轮流接发球。

（五）双打还击

接发球后，双方应轮流由其中任何一名队员还击，如运动员在其同伴击球后，再以球拍触球，则判对方得分。

（六）计分方法

1. 局　每胜一球得一分，叫15，得两分叫30，得三分叫40，先得四分胜一局。双方各得三分时为"平分"，平分后净胜两分为胜一局。

2. 盘　先胜六局者为胜一盘。双方各胜五局时，一方净胜两局为胜一盘。在每盘局数为6:6时，长盘制为一方净胜两局为胜一盘，短盘制为先胜七分者胜该盘，例如7:4，若比分为六平时，一方须净胜两分，如8:6。

第五节　网球运动竞技鉴赏

体育与美是一对孪生姐妹，体育中美无处不在，这是因为体育是与强健体魄、陶冶情操紧密联系一起的。体育中的美，是在运动中表现出来，通过锻炼而凝集为健康美。体育离不开"身体"和"运动"这两个要素，只有充分地感知美、认识美，才能更进一步地欣赏美、鉴赏美。

一、网球运动内容的鉴赏

关注优雅的人体造型。体育艺术中人体的优雅造型动作无处不在。欣赏体育艺术不仅在于欣赏其外在的形式美，关键在于欣赏其内在的本质美。体育艺术造型的本质是体育艺术鉴赏的灵魂。如网球运动中运动员挥拍的那一瞬间，优美的体姿如一股青烟突然上冲，继而又如突然爆发的火山。这种动与静的共存，外在美与力的协调，使体育艺术的内在美更具魅力。优美的造型不仅遵循美学规律，而且符合人体运动的规律，如网球运动中击球、助跑及发球，他们之间看似关系不大，其实是紧密联系的，正是利用网球在空中的运动规律而加以把握，反击对方。另外，许多其他运动学规律原理、生物学原理都是体育艺术所遵循的规律，使体育艺术更加完美。欣赏既要从美学角度，又要从运动学角度；既要从形式上涉猎又要从内涵上探讨。

二、网球运动精湛的技艺鉴赏

技艺的精湛在于它的协调、创新、高雅以及扎实过硬的基本功。网球运动艺术的每一份潇洒，每一份魅力都是血与汗的凝结，都是苦痛与光荣的凝集。“场上一分钟，场下十年功”，任何一个看似轻易之举无不凝结着运动员的诸多的努力。我们在惊叹网球运动员漂亮而独特的击球时，可曾想到他们为练习而付出多少心血。所以，我们对网球艺术鉴赏，不仅仅是对他们精湛技艺的外在美的惊叹和钦羡，更重要的是对其内在美的回味与思索，即通过这些具体可感的艺术形象得到启迪和教育。

三、网球运动文明礼仪的鉴赏

比利·简·金曾说过，网球运动完美地将一切粗暴的行为在一种温文尔雅的氛围中释放出来，整合在一起。网球运动是一项可以很好地传递礼仪的活动，它繁琐的规则可以培养人们的规则意识；熟练技能的掌握要求运动员长期的训练，这都有利于人的个性的成熟和完善。也有人说，网球是如此讲究礼仪的项目，人们在频繁往来的击球过程中所说的最多的词就是“对不起”和“佩服”。的确，练习时球员总是会为自己的失误向对方表示歉意，同时为对手的出色表现给予发自内心的赞美。网球运动文明、高雅，观赏球赛也可培养人们良好的礼仪习惯。因此，可以说，网球运动让人们的文明、高雅、礼仪在其中得以充分体现。

复习思考题：

1. 网球的握拍方法有几种？
2. 简述正拍平抽球的动作要领。
3. 运用上网战术应注意哪几种时机？

主要参考书目

周志俊，吴峰主编．大学体育［M］．合肥：安徽人民出版社，2006
董杰主编．网球教程［M］．北京：人民体育出版社，2005

第十三章　毽　球

第一节　毽球运动简介

一、毽球运动概述

(一) 毽球的起源

踢毽子是在中国一项流传很广有着悠久历史的民族体育活动，经常进行这项活动，可以活动筋骨促进健康。在古都北京，踢毽子还有个富有诗意的名字——翔翎。踢毽子起源于什么时候？又是何人首创？这早就是我国体育专家们非常感兴趣的一个问题。有一种传说认为；毽“创自辕黄帝”，当时叫“鞠”，不叫毽，是练习武士的一种器具。“鞠”在中华大字典中解释为“皮毛丸”，显然，“皮毛丸”与毽是两种不同的东西。又一传说认为：“创自岳武穆，用箭之翎，配以金石之质，抛足而戏，以释军闷。”此种传说没有可靠的佐证，而且，“箭”与“毽”又不相同，也是不足为信的。

据历史文献和出土文物证明，踢毽子起源于我国汉代，盛行于六朝、隋、唐，唐《高僧传》二集卷十九《佛陀禅师传》中记载：有一个叫跋陀的人到洛阳去，在路上遇到了十二岁的惠光，在天街井栏上反踢毽子，连续踢了五百次，观众赞叹不已。跋陀是南北朝北魏时（公元 467 ~ 499 年）人，为河南嵩山少林寺的祖师，他非常喜欢惠光，并将他收为弟子，惠光便成了少林的小和尚。

宋朝高承在《事物记源》一书中，对踢毽子有较详细的记载：“今时小儿以铅锡为钱，装以鸡羽，呼为毽子，三四成群走踢，有里外廉、拖抢、耸膝、突肚、佛顶珠等各色。”

明清时期，踢毽子进一步发展，关于踢毽子的记载也就更多了。明代进士、我国历史上有名的散文学家刘侗在《帝京景物略》中写道：“杨柳儿青放空锺，杨柳儿死踢毽子。”踢毽子已成为民谚的内容，而且发展到数人同踢的技巧运动。至清末，踢毽子已达到鼎盛时期，参加的人越来越多，不仅用来锻炼身体作养生之道，而且把踢毽子和书画、下棋、放风筝、养花鸟、唱双簧等并提，一些人以会踢毽子而自荣。因此，踢毽子的活动更加广泛，特别是青少年参加者更为普遍，当时就有这样的童谣：“一个毽儿，踢两半儿，打花鼓，绕花线儿，里踢外拐，八仙过海，九十九，一百。”说明踢毽子已经到了相当普及的程度。民间踢毽爱好者更是用功苦练，以口传身授的方法代代相传。以北京为例，每遇城乡庙会，各路能手，步行相聚，观摩、比赛，培养新手，甚是热闹。

(二) 毽球的发展

现代毽类运动包括毽球和花样踢毽两个项目，起步于 20 世纪中期。现代毽类运动从初兴就得到了政府及社会各界的积极倡导和大力支持。到 20 世纪 80 年代，现代毽类运动得到迅速普及，广泛开展于工厂、学校和机关事业单位当中。随着毽类运动的蓬勃兴旺，全国和地方性毽球组织相继成立。与此同时，竞赛体制基本完善，全国锦标赛、职工赛、学生赛、国际邀请赛等竞赛制度相继建立。进入 20 世纪 90 年代，毽类运动又先后跻身于全国少数民族运动会、全国农民运动会和全国中学生运动会等大型综合性运动会。同时，毽类运动跨出国门走向世界，先后在亚欧美等多个国家开展起来，并成立了国际组织，建立了世界锦标赛制度。

由中国起源的毽球运动，在我国的近邻越南有了新的发展。越南运动员将中国运动员主要用内脚弓接球的技术动作改为用正脚背接球，这是一种动作简单，而且接球面积大，接球点低的技术，并在运动员的鞋上进行了改进。为了促进毽球运动水平的进一步提高，越南成立了男女国家队，队员的技、战术水平和身体素质都有了较大的提高。在1999年越南首都河内举行的国际毽球邀请赛和2000年匈牙利举行的第一届世界毽球锦标赛上，越南运动员以娴熟的技术和良好的配合获得男子单打、双打和团体冠军。

2000年7月，当第一届世界毽球锦标赛在匈牙利乌义东海斯市举行时，仅有7000人口的小城像过盛大的节日。

德国毽球协会主席皮特为该项目在德国的开展作出了贡献。20世纪80年代中期，皮特到中国旅游时，在湖北看到当地老百姓踢毽球，一下子就喜欢上了这项运动，他用摄像机拍摄了各种技术动作，并开始在中国采购器材，将这项运动引入德国。如今，定期举办的公开赛和俱乐部联赛已使毽球在德国的开展走向了正规化道路。在他的努力下，德国、芬兰、匈牙利、荷兰等国相继成立了毽球协会。

荷兰华人体育运动协会主席杨华根为了更好地推广毽球运动，从大学生中选拔有一定基础的选手，专门从中国聘请了教练进行训练。今年世界锦标赛前，他还邀请中国队赴荷兰表演和传授技术，推动了毽球在荷兰的进一步开展。

毽球在走向世界的过程中得到了更大的发展。可以预见，中国传统体育宝库的遗产——毽球，将以崭新的姿态，活跃在世界体育大家庭中，将为丰富体育宝库做出贡献。

（三）毽球在中国

1928年月12月，在上海市举办“中华国货展览会”时，举行了我国第一次踢毽子公开比赛，推动了这顶民族体育项目的发展。到了本世纪30年代，涌现了一批全国闻名的踢毽子能手。

过去，人们往往只把它当做一种饶有兴趣的娱乐活动，并不认为是一种体育活动。真正与体育挂上钩，可能还与南通举办的“毽子竞赛会”有关。南通民间，过去很盛行毽子活动，除去通常的单足立地的踢法外，还有跳、跷、跪、踩等各种花样踢法，但一直只是民间的一种休闲娱乐形式，直到民国二十二年（1933年）举办了“毽子竞赛会”，它才算是比较正式地与体育挂上了钩。

民国二十二年一月，南通市（当时称县）公共体育场与民众教育馆“鉴于民间原有体育必须提倡，发起组织公开毽子竞赛会”，并登出启事，征求报名，报名对象不局限于学生、儿童，凡是社会各行对此有兴趣的都可参加。

1933年10月举行的全国体育运动会上，踢毽子同拳术、摔跤、弹弓、剑术等民间运动项目一起，又进行了比赛。

但是，此后踢毽子运动衰落了，直到新中国成立后，这项民族体育运动才逐渐得到了恢复和发展。1950年，北京市吸收了在街头靠踢毽子糊口的艺人参加了杂技团，专设了踢毽子节目，并出国进行表演，受到了国外观众的热烈欢迎。

1961年6月，中央新闻电影制片厂拍摄了“飞毽”的电影，介绍了踢毽的运动的历史和踢法，推动了这一运动的发展。1963年，踢毽子同跳绳等，被列入国家提倡开展的体育活动，踢毽子运动还被编入了小学体育教材。

北方冰城哈尔滨市，参加踢毽子的活动人数逐年增加，全市半数以上的中小学的大约三十五万余名中、小学生参加了比赛。1982年，哈市一三六中学初中三年级女生王丽萍，用1小时28分多钟，以5684个的优异成绩获得全市中、小学生踢毽子比赛的双脚踢（盘踢）第一名。这个成绩，远远超过了1933年10月全国性体育运动会踢毽比赛第一名4986个的成绩。

1987年9月，中国毽球协会的成立，标志着毽球运动在中国进入了新的发展阶段。此后，每年一次的全国毽球锦标赛和职工、中、小学比赛已形成制度。由于其占地面积小、器械简单、男女老少皆宜，在一些城镇，领导带头的车间队、祖孙三代齐上阵的家庭毽球队、学校的班级队、街道队如雨后春笋，不断涌现。毽球已成为全民健身活动的重要内容。

随着我国改革开放的进一步发展，毽球在中外体育文化交流活动中开始走向世界。中国毽球队相继出访日本、德国等地。1993年，首届国际毽球邀请赛在我国重庆举行，来自德国、韩国、日本、越南、香港、中国台北等地的运动员与我国的毽球运动员进行了友好的交流和磋商。至今，在我国已举行了3届国际毽球邀请赛，大大推动了毽球运动走向世界的步伐。

（四）毽球运动的健身价值

毽球从我国古老的民间踢毽子游戏演变而来，是中国民族传统体育宝库中的一颗灿烂的明珠。它在花毽的趣味性、观赏性、健身性基础上，增加了对抗性，集羽毛球的场地、排球的规则、足球的技术为一体，是一种隔网相争的体育项目，深受人民群众的喜爱。1984年，原国家体委将毽球列为正式比赛项目，并组织了全国毽球邀请赛。在政府和体育部门的倡导下，毽球运动在北京、湖北、山东、广东、上海、陕西、河南、山西及东北各省广泛开展，各地相继组织了各种类型的毽球比赛，越来越多的人民群众参加到了这项活动之中，充分显示了毽球运动的强大生命力。

（五）比赛种类

毽球是一项新兴的体育项目，20世纪80年代中后期才亮相国内赛场。它的比赛场地类似排球场，中间挂网（男子网高1.6米，女子网高1.5米），两项团体赛每方各3人，每局15分，决胜局为每球得分制。比赛时运动员用脚踢球，不得用手、臂触球，在本方场区内最多只能击4次球。

花毽即花样踢毽，是毽球运动中的一种，分规定动作赛和自选动作赛两项。规定动作有盘踢、磕踢、落、上头、交踢6个套路，自选动作则由运动员即兴发挥，花样更繁难度更高。

二、毽球协会组织

（一）中国毽球协会

1987年9月，中国毽球协会的成立，标志着毽球运动在中国进入了新的发展阶段。此后，每年一次的全国毽球锦标赛和职工、中小学比赛已形成制度。由于其占地面积小，器械简单，男女老少皆宜，毽球已成为全民健身活动的重要内容。

（二）国际毽联

1999年11月，国际毽球联合会在越南成立，发起国家和地区为：中国、越南、匈牙利、德国、老挝、中国台北、中国香港、荷兰。

国际毽联成立以来，分别于2000、2001和2002年在匈牙利、中国和德国举办三届世界锦标赛。由于SARS影响，第四届世界锦标赛未能如期在香港举行。

第二节 毽球运动的基本技术

一、站立姿势和移动

（一）站立姿势

1. 平行开立　动作要领：两脚左右自然平行开立，脚尖平齐，左右稍宽于髋，两脚尖稍内扣收，脚跟稍提起，脚内侧用力着地。两膝稍弯曲内扣，上体放松稍前倾，重心稍降，落于两脚之间，两脚保持微动状态，两臂微屈于体侧，目视来球。

2. 前后开立　动作要领：两脚前后错开站立，一般支撑脚在前，踢球脚在后，其它动作同平行开立。

（二）移　动

主要有上步移动、撤步移动、并步移动、上两步移动、交叉步移动、小跑步移动、跨跳移动、转身（前转身、后转身）。

二、踢　球

踢球是毽球的根本技术。在比赛的攻守中无论传球、发球和攻击性击球都要用脚踢球，脚踢球的首要问题是踢得准确、到位和及时。根据球触脚部位的不同可分为脚内侧、脚外侧、脚前掌和正脚背踢球等。

（一）脚内侧踢球

1. 脚弓端踢　动作要领：用一脚支撑站立，另一脚屈膝提起，向外展膝转髋，使小腿向内上摆起，用脚弓正对来球，当击球一刹那，脚弓用力，抖脚腕，用脚弓平端将球击出（图 13－1）。

图 13－1　脚弓端踢

2. 脚弓推踢　动作要领：在脚弓端踢的基础上，身体向踢球脚一侧侧转 45 度，抬大腿转髋，带动小腿向前上方摆出，当球至身前时，脚弓对准来球，向前方转动踝关节，以推送抖脚腕地力量将球击出（图 13－2）。

3. 脚内侧直腿摆踢　动作要领：用支撑脚一侧（左）侧对网站立，踢球腿屈膝向其右侧前上方摆出，脚尖略向回勾起，当脚内侧击球时，膝关节内旋，带动踢球脚向网前上方划弧摆踢，同时脚弓用力扣压将球击出。

图 13－2　脚弓推踢

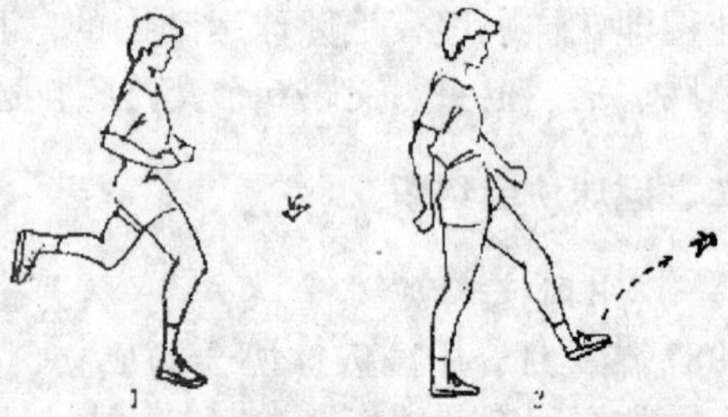

图 13－3　正脚背踢

（二）脚背踢球

1. 正脚背踢球　动作要领：面对来球，由支撑脚站立，由踢球脚的大腿带动小腿用力摆动，由后向前挥摆，在击球一刹那，脚面绷直，踝关节用力，小腿快速弹出，同时，上体根据球飞行弧度可前倾或稍后仰（图 13－3）。

2. 正脚背体侧凌空踢　动作要领：当球落至右侧前方，左脚上步站稳，脚尖指向出球方向，身体向左侧倾斜，面侧对出球方向，以右大腿带动小腿举起，脚背绷直，用脚背将球击出，同时两臂自然摆动，身体跟随向出球方向扭转。

3. 脚尖挑踢　动作要领：动作基本同正脚背踢球，但脚尖踢时，前伸踢球腿，脚面绷直插于球下，当击球一刹那脚尖跷挑上提，脚跟用力抖动，同时膝关节伸直，用脚尖部位将球挑起。

（三）脚外侧踢球

1. 脚外侧拐踢　动作要领：一脚支撑站稳，另一腿屈膝内扣，小腿向外上侧举摆，小腿几乎平行地面，踢球脚端平，用脚外侧踝关节前下部将球踢起（图 13－4）。

2. 脚外侧挑踢　动作要领：支撑腿稍屈膝站立，另一小腿带动大腿屈膝侧后摆，膝关节向内下扣，上体前倾并稍转向摆动腿一侧，目视来球，当击球一刹那，踢球脚端平，脚踝用力上桃，用脚外侧部位将球击出（图13-5）。

图13-4　脚外侧拐踢

（四）脚前掌踢球

1. 脚前掌身后踢球　动作要领：当来球落在紧靠身体后面时，一腿微屈站立，踢球腿屈膝，小腿向后方摆起，使脚前掌对准来球，同时，上体稍微转向来球一侧，当踢球一刹那，脚踝绷直并用力，用前脚掌将球踢起（图13-6）。

2. 脚前掌拍压球　动作要领：面对网站立，当球在网前时，一腿微屈膝支撑，踢球腿抬大腿屈膝提起，前伸小腿，使脚掌对准来球。同时，支撑腿稍屈提脚跟，上体稍后仰，双臂微屈前摆，当击球一刹那，小腿前伸，脚面绷直，脚踝用力，以前掌拍压动作将球击入对方场区，可跳起脚掌拍压。

三、膝拱球

动作要领：一脚支撑，另一腿以髋为轴，抬大腿屈膝上提，插于来球下方，用膝关节上部10厘米处将球拱起，落于身前或直接拱入对方网前，可原地拱、也可转身或移动上步拱球（图13-7）。

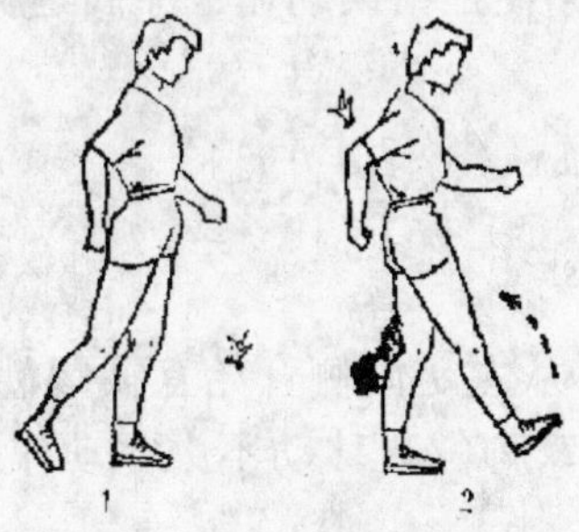

图13-5　脚外侧挑踢

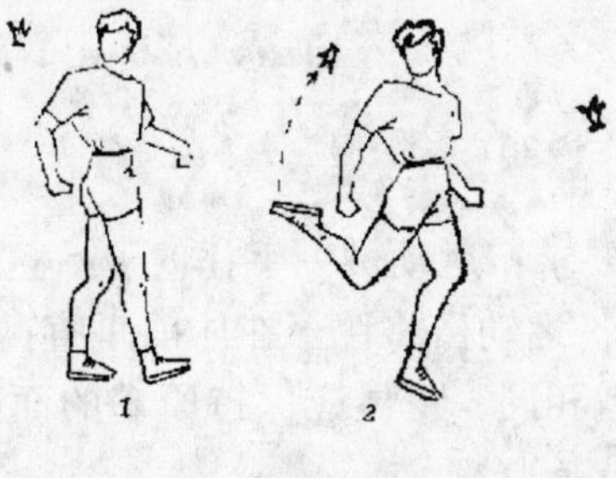

图13-6　脚前掌身后踢

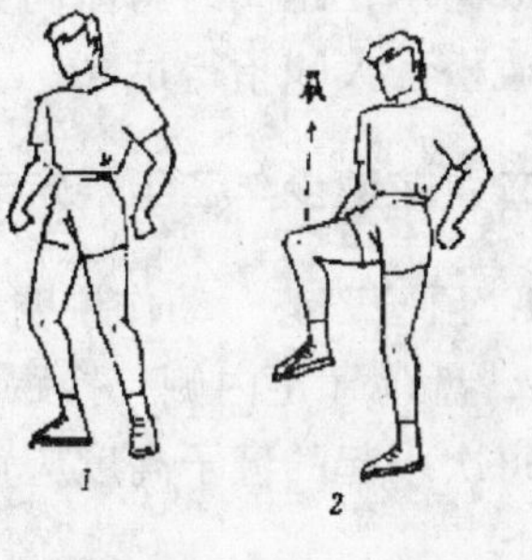

图13-7　膝拱球

第三节　花毽技术与练习方法

一、四种基本踢法

（一）盘　踢

1. 动作结构　用足内侧互换踢毽，膝关节向外张，大腿向外转动，稍有上摆，不要过大，髋和膝关节放松，小腿向上摆，踢毽时踝关节发力。踢起的毽子一般不超过下颏。

2. 练习方法　一般人的左足没有右足灵活，没有踢过毽子的人，右足也能踢一两次，所以，练习时左足先开始为宜，即先用左足踢起一次，要求垂直，用手接住，右足再踢一次用手接住，较熟练后，连续踢。左右足都可连续踢后，改为左右两足各踢一次接住、各踢两次接住、各踢三次、各踢四次……接住，灵活熟练后就不用再接，踢的次数越多越好。

（二）磕　踢

1. 动作结构　用两腿膝盖互换将毽子磕起（撞起）的踢法。髋关节、膝关节放松，小腿自然下垂，膝关节发力，将毽子磕起，大腿不要外张或里扣，踢起的毽子一般不超过下颏。

2. 练习方法　练习时，用手抛起不超过下颏的毽子，用膝盖磕起（撞起），然后用手接住，同盘踢的练习方法一样，形成一磕一接，熟练后不用手抛毽，改用盘踢，形成一磕一盘，协调后两膝互换，踢的次数越多越好。

（三）拐　踢

1. 动作结构　用两足外侧互换踢毽，大腿放松，小腿发力向体后斜上方摆动，勾足尖，踢毽时大腿不得摆到体前，小腿向体后斜上方摆动不要过高，毽子和足外侧相碰的一刹间，踢毽脚的内侧离地面一般不超过30厘米，踢起的毽子高度随意。

2. 练习方法　练习时，可像盘踢一样，采用一踢一接的练习方法。为了避免动作出错误，练习时，踢毽脚一侧可向墙或树木等，身体与墙距离约与体宽相同，如果踢毽脚踢时碰到墙或树木，便是错误动作。

（四）绷　踢

1. 动作结构　有的地方叫做"绷尖"，是用两足尖外三趾部分互换踢毽，单足踢毽也可以。绷踢能踢起即将落地的毽子，毽子被踝关节的发力一绷而起，所以叫绷踢。其动作是：大腿向前抬起，和身体成为150度至160度夹角，小腿向前摆动，髋关节、膝关节要放松，踝关节的发力，要在踢毽子的一刹间，足尖外三趾向上猛地用力，将毽勾起。踢起的毽子高低都可，但应避免忽高忽低，为以后的花样踢法打下基础。

2. 练习方法　练习时，可采用盘踢的一踢一接的练习方法，但在开始练习时要踢得低一些，一般不超过腰部，再低一些更好，这样能踢的次数多一些。为了避免动作出错误，练习时可面向墙壁或树木，距离约与体同宽，如练习时踢毽脚碰到了墙或树木，便是错误动作，原因是膝关节没有放松，大腿抬得过高。

二、花毽少年乙组规定动作说明

1. 预备姿势　动作说明及要求：运动员一手托毽子站立。

2. 盘踢（足内侧互换踢）　运动员将毽子在体前垂直抛起，从左足内侧开始互换踢毽子10次。每次踢起的毽子高度应大致相同，身体应保持原来的面向，双脚位置移动不大。动作分值：0.8分。

3. 磕转身（膝盖连踢向左转体90度）　动作说明及要求：运动员完成第10次足内侧踢后，即用左膝盖踢毽子，左右互换，连踢四次，向左转体90度；按此依次磕踢4次，转体90度，第4次转体后，运动员还原成原来面向位置，再磕踢4次，共磕踢20次。每次转体应一次到位，不得边磕边转体，双脚位置移动不大。动作分值：1.6分。

4. 落（用足外三趾接毽）　动作说明及要求：运动员完成最后一次磕踢后，用右足外三趾部分将下降的毽子接住，为第一次，然后将毽子抛起用左足外三趾部分将下降的毽子接住，形成左右互换，共4次。在左右互换动作中，接毽脚不得触地。动作分值：1.2分。

5. 上前额　动作说明及要求：运动员完成最后一次落的动作后，用右足尖部（崩踢）将毽子踢上前额，稍有停留，只完成一次上前额的毽子不应踢得过高，双臂自然下垂，身体不应晃动或下蹲，双脚位置不应移动过大。动作分值：0.6分。

6. 交踢（跳起屈腿交叉足内侧踢）　动作说明及要求：运动员完成上前额后，头部将毽子向体前抛下，用盘踢过渡一次，立即完成交踢3次，运动员用手将毽子接住，还原成预备姿势。跳踢过程中应保持原有面向，双脚位置不应移动过大，每次踢起的毽子应高、直，最低应过头部。动作分值：1.8分。

7. 备注　本说明按以右腿为主的运动员编写，以左腿为主的运动员可按说明从右腿开始第一次盘踢，其中转身90度的动作可向右转90度。

三、花毽成人甲组规定动作说明

1. 预备姿势　动作说明及要求：运动员一手平托毽子站立。

2. 里接（足内侧停毽）　动作说明及要求：将毽子在体前垂直抛起，高为运动员身高的2倍以上，用右足内侧将下降的毽子接住，形成左右互换，共完成4次。运动员在接毽、抛毽时身体不得晃动，双脚位置不应移动，抛起的毽子的高度应大致相同。动作分值：0.4分。

3. 磕转身（膝盖连踢向左转体90度）　动作说明及要求：第4次里接动作完成后，毽子在右足内侧，然后将毽子抛起，即用左膝盖踢毽子，左右互换，连踢4次，向左转体90度；按此依次磕踢4次，转体90度，第4次转体后，运动员还原成原来面向位置，再磕踢4次，共磕踢20次。每次转体应一次到位，不得边磕边转体，双脚位置移动不大。动作分值：0.4分。

4. 上前额　动作说明及要求：运动员完成20次磕踢后，用右足尖部（崩踢）将毽子踢上前额，稍有停留，用头部将毽子向体前抛下，再用崩踢将毽子再次踢上前额，连续完成3次。上前额的毽子不应踢得过高，双臂自然下垂，身体不应晃动或下蹲，双脚位置不应移动过大。动作分值：0.6分。

5. 拉燕（足面接毽后摆腿抛毽）　动作说明及要求：第3次从前额上将毽子抛下后，运动员用右足面将毽子接住，向体后摆腿抛毽，使毽子经体后、头后、头上到体前，完成1次拉燕动作，用左足内侧过渡1次，右腿再完成1次拉燕动作，共完成3次。抛起的毽子应高、正、直，接毽脚不得触及地面，双脚位置不应移动过大，身体应保持原来面向。动作分值：1.0分。

6. 搂腕（足内跟部碰毽接绕360度）　动作说明及要求：第3次拉燕完成后，左足盘踢1次，右足即连续完成3次搂腕，搂腕动作之间不得用任何动作调整。搂腕踢起的毽子高度应大致相同，绕转360度应小巧，双脚位置不应移动过大，身体应保持原来面向。动作分值：0.9分。

7. 交踢（跳起屈腿交叉足内侧踢）　动作说明及要求：第3次搂腕完成后，用崩踢将毽子踢过头部，立即完成左右互换的交踢共4次，运动员用手将毽子接住，还原成预备姿势。跳踢过程中应保持原来面向，双脚位置不应移动过大，每次踢起的毽子高、直，最低应过头部。动作分值：0.9分。

8. 备注　本说明按以右腿为主的运动员编写，以左腿为主的运动员可按说明从右腿开始第一次盘踢，其中转身90度的动作可向右转90度。

复习思考题

1. 毽球的基本技术有哪些？
2. 花毽有哪些基本技术？
3. 试述里接、崩踢、拉燕、搂腕技术结构。

主要参考书目

郭七正编．踢毽子［M］．北京：人民体育出版社，1987

中国毽球协会审定．毽球竞赛规则裁判法［M］．北京：人民体育出版社，2001

白霞编著．风筝与毽球［M］．北京：人民体育出版社，2006

第十四章　艺术体操

第一节　艺术体操概述

一、艺术体操的发展历程及其发展趋势

（一）艺术体操的发展历程

艺术体操起源于19世纪末20世纪初的欧洲，当时的代表人物，如法国的生理学家乔治·德迈尼认为女子体操应该发展正确的身体姿态、柔韧性、运动技巧和动作的艺术性；另一位是瑞士的音乐教师台尔克罗斯，他创造了带音乐的体操。与此同时，还有许多舞蹈家在动作的韵律性和自然性方面作出了贡献。所以艺术体操是自然体操、韵律体操和现代舞经过长期实践逐步发展形成的。艺术体操于20世纪40年代传入美洲，50年代传入亚洲并逐渐流行于全世界。

艺术体操成为教育的一种手段，首先是1930年在苏联的列宁格勒体育学院开设了这门课程，对艺术体操的开展起了促进作用。目前，很多国家也将艺术体操列入各级学校体育教学大纲，成为女生最受欢迎的体育与美育相结合的教育手段。

艺术体操进入国际比赛的最初形式，是在1948年、1952年和1956年3届奥运会竞技体操比赛中，增设6人团体轻器械操的比赛。1956年以后，由于技术上的变化，竞技体操和艺术体操逐渐分开。第一届世界艺术体操锦标赛于1963年在匈牙利布达佩斯举行，以后每两年举行一次，1991年之后改为每年举行一次。随着运动项目和规则的不断完善，艺术体操的6人集体项目已改为5人集体项目。1984年艺术体操个人项目被列入奥运会比赛项目。

艺术体操于20世纪50年代初由前苏联引入我国，相继在几所体育院校开设了艺术体操课程，并在体操比赛中进行过轻器械的比赛和表演，但这项运动未能在我国广泛开展，直至1978年艺术体操在国内日渐兴起并不断发展，1983年第五届全运会艺术体操被列入正式竞赛项目。1981年我国首次参加了在慕尼黑举行的第十届艺术体操世界锦标赛，中国运动员走上了国际艺术体操赛场。1986年国家体委相继制定了艺术体操裁判员和运动员等级制度，并规范了等级运动员规定动作，推动了艺术体操在我国的普及与开展。目前，艺术体操作为各级学校的体育教学内容和素质教育的有效手段得到了应有的重视。

（二）艺术体操的发展趋势

艺术体操发展的历史虽短，但在技术方面却发展很快，具体表现在难度加大、速度加快、艺术价值提高等方面。总之，艺术体操正朝着难度大、编排新、质量高、动作美、音乐协调配合的方向发展。

二、艺术体操的概念与分类

（一）艺术体操的概念

艺术体操是一项徒手或手持轻器械在音乐伴奏下进行的以自然性和韵律性动作为基础的体育运动项目。

（二）艺术体操的分类

艺术体操按照不同的目的和任务可分为竞技艺术体操和大众艺术体操。竞技艺术体操是以提高运动技术水平和参加竞赛为主要目的，在自然和协调动作的基础上，展现更加优美精确并且有一定难度技巧的身体与器械动作，在音乐伴奏下进行个人和集体的成套竞技性练习。艺术体操的器械项目有绳、圈、球、棒、带五种。

大众艺术体操适合于各种人群的健身、健美、娱乐活动的需要，同样也是很好的体育教学内容。根据不同的目的和任务，在组合成套动作时可分为教学类组合动作、健身类组合动作、保健康复类组合动作和表演类组合动作。

三、大众艺术体操的锻炼价值

（一）健身作用

大众艺术体操动作自然、协调，经常参加锻炼能使身体各部分器官、系统的功能以及各种身体素质和身体活动能力得到均衡发展，使体质不断增强。尤其对促进青少年骨骼、肌肉、内脏器官、神经系统的正常发育，对形成正确的身体姿势有良好作用。同时，能有效提高练习者的柔韧、协调、灵敏、力量等身体素质，对保健康复也有一定的积极作用。

（二）审美作用

大众艺术体操通过身体动作力度、幅度、速度和姿态造型的变化，以及与各种轻器械的配合，展现出自然、优美的人体运动美和素质美，构成流动的人体美、韵律美、人与器械完美配合的和谐美。通过练习可提高运动者对形体美、运动美、姿态美、音乐美、风度美的理解和表现能力，有助于树立正确的审美观，提高艺术修养；能有效促使练习者形成健美的形体、高雅的气质和端庄的仪表。

（三）娱乐作用

大众艺术体操动作优美、活泼，具有浓郁的现代气息，音乐优美动听，能陶冶情操、产生愉快的情绪，使心理状态得到调节。双人和多人的集体操有助于拓宽人际关系，加强感情交流，体验群体活动的乐趣，达到愉悦身心的目的。

（四）教育作用

大众艺术体操从内容到形式显示出丰富的文化内涵，对于练习者的个性培养、心理完善、道德修养具有良好的作用。通过大众艺术体操的练习，能有效地增强自信心，加强集体观念，增强合作意识，培养刻苦精神和顽强的意志品质。

第二节　艺术体操竞赛规则及比赛欣赏

一、艺术体操竞赛规则

（一）竞赛内容

1. 个人赛　个人团体赛、个人全能赛、个人单项赛。

2. 集体赛　集体全能赛、集体单项决赛。个人项目有绳、圈、球、棒、带，此外，国内少年比赛也有增设徒手项目的比赛。集体项目每次要比两套动作，一套动作是同种器械，另一套是不同种器械。目前，艺术体操比赛动作均为自选动作。

（二）比赛场地与器械

艺术体操的比赛场地为 13 米 ×13 米。运动员或器械触及了边线，即判为出界，每出界一次将由裁判协调员从平均分中扣 0. 1 分。

艺术体操使用的器械是有统一规格的，不符合这一规格也要酌情扣分。

（三）评分方法

个人和集体比赛都是由编排裁判组（A）和完成裁判组（B）两个裁判组分别进行评分，A组又分别为 A_1 和 A_2，分别评定编排的技术价值和艺术价值。最后得分的计算：如果每组有4个或多于4名裁判时，要去掉最高或最低分，取中间分的平均分。如果每组由2或3名裁判时应直接取2或3名裁判的平均分为该裁判组的评分。

（四）最后得分的计算方法

将3个不同分相加：技术分+艺术分+完成分。

（五）决定名次的计分方法

个人全能赛中运动员四项得分相加总和为全能总分，最高分为20分×4=80分；个人单项决赛是根据运动员在单项决赛中所得分数来决定单项决赛的成绩，最高分为20分。集体全能有两套动作的得分相加计全能总分，最高分为20分+20分=40分；集体单套决赛的计分是由单套决赛中的成绩来定，最高分为20分。

二、艺术体操比赛欣赏

（一）熟悉比赛规则及相关知识

艺术体操是一项新型的女子竞技体育项目，是奥运会、亚运会比赛项目。又常被译为韵律体操，有团体赛、个人全能赛和个人单项赛。

团体赛每队最多3名运动员参加4项不同器械的自选动作，每项满分为10分，总得分最高为120分，总分高者为胜。

个人全能赛每队最多两名运动员。团体赛全能成绩排位前26名的运动员才有资格参加，必须完成4项不同器械的自选动作，每项满分为10分，4个项目总得分最高为40分，总分高者为胜。

个人单项赛每队两名运动员参加，以各单项的得分评定名次，最高分10分，得分多者为胜。

（二）欣赏比赛

艺术体操是典型的体育美的一种表现形式，它在音乐的伴奏下，结合各种走、跑、跳跃、摆动、绕环、波浪、平衡、转体等动作，构成流动的优美造型和流畅的韵律，予以人们赏心悦目的享受。因此艺术体操的欣赏应从听觉和视觉两方面去感受。艺术体操将多种多样的动作表现出均衡、和谐、对称、曲线、自然、流畅的人体美，对人们视觉有着强烈的诱惑力。人与器械、同伴之间的完美配合构成流动的韵律美与和谐美。音乐把艺术体操动作美与声音美融为一体，把人的精神面貌和个性表现得淋漓尽致，极大地满足人们的审美心理需求。

第三节　徒手基本动作与组合范例

徒手练习是艺术体操的基础。通过徒手动作培养正确的身体姿态、掌握身体动作的正确方法，发展柔韧、灵巧、速度、力量等身体素质，增强动作的协调性、节奏感和表现力，为学习轻器械动作打下良好基础。

一、基本姿态

动作姿态优美是艺术体操的特征，要充分利用人体形态结构的特点，在动作中加大关节弯曲、转动的幅度，使身体线条婀娜多姿，造型符合美学特征。艺术体操基本站立姿势包括脚的基本位置和手臂基本姿态。

（一）脚的基本位置

常用的两脚站立位置有以下几种：

1. 并步（正步）　两脚并拢，脚尖向前。

2. 自然站立（小八字立）　两脚跟靠拢，两脚尖向斜前方成“八”字形。

3. 开立　两脚左右或前后分开（同肩宽）站立。

4. 丁字步　前脚跟在后脚弓处站立，两脚尖向斜前方成“丁”字形。

（二）手臂基本姿态

1. 手形和臂形　在大众艺术体操动作中，手臂可保持伸展、弧形或屈臂的形状。手的基本形状是手指并拢，拇指与中指向里合。当手臂伸展时手指和手腕随之伸展，在手背处呈反弓。当手臂成弧形时，手指、手腕放松，使整个手臂从肩至手指尖成一柔和的弧线。手形随手臂姿态而灵活变换，在某些具有特殊风格的动作中，手掌伸展成五指分开或屈成半握拳的形状。

2. 芭蕾舞手臂的七个基本位置　一位：两臂成弧形于前下方，指尖相对，掌心稍向内；二位：两臂保持弧形向前举（稍低于肩），掌心向内；三位：两臂保持弧形上举（食指对眉梢），掌心向内；四位：一臂在三位，另一臂在二位；五位：一臂在三位，另一臂保持弧形侧举，掌心向前下方；六位：一臂在二位，另一臂保持弧形侧举，掌心向前下方；七位：两臂保持弧形侧举，掌心向前下方，肘稍向上抬。

二、徒手基本动作

徒手练习包括各种走、跑、舞步、摆动、绕环、弹动、波浪、平衡、转体、跳跃等基本动作，本节有选择地向同学们介绍几种常用基本动作。

（一）柔软步

动作说明：左脚经擦地向前伸出，脚面稍向外，膝关节绷直，由脚尖过渡到全脚掌着地，重心随之前移，接着换右脚向前，两脚交替进行，两手叉腰或两臂前后自然摆动，柔软步还可以向各个方向或弧线行进。

（二）足尖步

动作说明：左脚面绷直稍向外，直膝向前伸出，由脚尖过渡到前脚支撑，重心随之前移，两脚交替进行，重心平稳，步幅均匀，脚踝上提。

（三）滚动步

动作说明：由右脚支撑，左脚屈膝脚尖点地开始，经瞬间双脚提踵立，左脚柔和地由脚尖过渡到全脚掌落地，重心移至左脚，右脚屈膝，脚尖绷直前点地。

（四）普通弹簧步

动作说明：1 拍左脚向前一步稍屈膝，重心移至左腿，2 拍左脚起踵立膝盖伸直，同时右腿向前下伸，两腿交替进行。弹簧步可以向前做、向后做、向侧做、前屈膝弹簧步等。

（五）普通变换步

动作说明：1 拍上半拍左脚向前柔软步，下半拍右脚与左脚并步，同时两臂成一位，2 拍左脚向前柔软步，重心前移，右脚伸直脚尖后点地，脚面绷直稍向外，同时左臂侧平举，右臂前平举，两腿交替进行。变换步还可以向后做，向侧做，转体做，变换步跳等。

（六）向前华尔兹步

动作说明：华尔兹步是由一个柔软步两个足尖步三拍完成，重心随出步前移，步幅均匀，起伏自然，手臂可以配合做一次波浪。华尔兹还可以向后、侧、转体、华尔兹跳等。

（七）手臂摆动

动作说明：以肩为轴做单臂或双臂的向前、后、上及同侧或不同的摆动练习等。其摆动范围一般不超过180度。

(八) 手臂波浪

动作说明：手臂波浪是以肩关节带动肘、腕、指关节按顺序依此屈伸，波峰随屈伸的关节而推移，手臂波浪可以在不同的位置上做，动作幅度可大可小，可以单臂、双臂或依此做。

(九) 身体向前波浪

动作说明：由半蹲，上体前屈，含胸低头开始，从踝关节启动经膝、髋、腰、胸、颈各关节依此向前上方挺伸，同时两臂经下后向后绕至上举，提踵立，挺胸抬头。

(十) 身体向后波浪

动作说明：由体后屈两臂上举开始，从屈膝启动经髋、腰、胸、颈各关节依此向前弯曲，同时两臂经后向下绕至前举。

(十一) 身体侧波浪

动作说明：(以向左侧波浪为例) 由右脚站立，左脚侧点地，两臂右上举开始，右腿屈膝，经两腿半蹲，向左移重心的同时做膝、髋、胸、颈各关节依此向左上方挺伸，成左腿站立，右脚侧点地，上体稍向右侧屈，同时两臂经下摆至左上举。

三、徒手组合范例

(一) 基本步伐组合 (见图14-1)

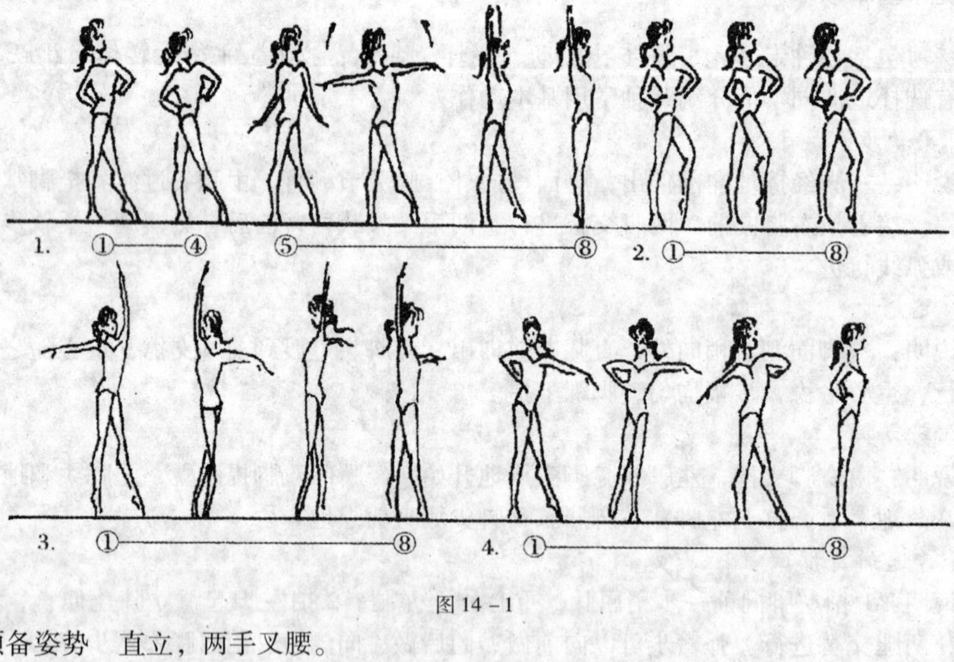

图14-1

1. 预备姿势　直立，两手叉腰。

2. 第一个八拍　①—④拍左脚开始向前四步柔软步，同时上体向右扭转，两手叉腰，左肩在前，眼看前方。⑤—⑧拍继续向前三步柔软步，第八拍双脚提踵立，同时两臂经下前后打开摆至上举。

3. 第二个八拍　①—⑧拍左脚开始滚动步，两拍一动，第⑤、第⑥拍，一拍一动，同时上体向左扭转，两手叉腰，右肩在前，挺胸抬头，眼看正前方。

4. 第三个八拍　①—⑧拍左脚开始足尖步并向左弧形走一圈，同时左臂上举，右臂侧举，头向左转。

5. 第四个八拍　①—⑧拍左脚开始柔软步并向右弧形走一圈，同时右臂胸前平屈，左臂侧平举，头向右转。

（二）弹簧步组合（见图 14－2）

图 14－2

1. 预备姿势　提踵立，两臂侧平举。

2. 第一个八拍　①—④拍左脚开始两步弹簧步，同时两臂前后自然摆动。⑤—⑥拍左脚向前做一次前屈膝弹簧步，同时左臂前举，右臂侧举。⑦—⑧拍右腿屈膝后摆，同时左臂侧平举，右臂前平举。

3. 第二个八拍　同第一个八拍，但换右腿做。

4. 第三个八拍　①—④拍左脚开始向左侧做两次侧弹簧步，同时左臂侧下举，右前臂贴于腰后，头向左转。⑤—⑥拍左脚向左一步屈膝，右腿屈膝，右脚贴于左小腿后，同时两臂左侧下举。⑦—⑧拍提踵立，同时两臂侧平举。

5. 第四个八拍　①—⑧拍向右侧弹簧步，同时左臂向下绕环一周。

（三）变换步组合（见图 14－3）

1. 预备姿势　直立，两臂侧平举。

图 14－3

2. 第一个八拍　①—②拍右脚向前一个变换步，同时两臂经一位至左臂前平举，右臂侧平举。③—④拍同①—②拍但方向相反。⑤—⑥拍右脚向前做前举膝变换步，同时两臂经一位至左臂侧平举，右臂前平举。⑦拍左腿伸直后摆，同时左臂前平举，右臂侧平举。⑧拍右腿屈膝左腿伸直前点地成后弓步，同时右臂前下举，左臂后上举。

3. 第二个八拍　①—②拍向左转体 90 度同时

出右脚向右做侧变换步，右臂侧摆经一位至六位。③—④拍向左侧变换步成左腿半蹲，右腿屈膝侧举，脚触左小腿，同时左臂侧摆经一位至四位，上体稍向右屈。⑤—⑥拍右脚落于左脚后直立，同时向右转体360度，两臂上举。⑦—⑧右脚向右一步成侧弓步，同时两臂侧举。

4. 第三个八拍　同第一个八拍，但向后做变换步。

5. 第四个八拍　①—②拍右脚向前做变换步跳，同时左臂前平举，右臂侧平举。③—④拍同①—②拍，但方向相反。⑤—⑥拍向前柔软步跑四步，手臂经侧举落下。⑦—⑧拍右腿经前摆在左腿左侧点地，同时两臂向内中绕环至前上举，抬头挺胸。

（四）华尔兹组合（见图14－4）

1. 预备姿势　提踵立，两臂侧平举。

2. 第一个八拍　①拍左脚向前做华尔兹步，同时左臂做一次小波浪，右臂侧平举，眼看左手。②拍同①拍，但方向相反。③拍右腿屈膝成后弓步，接着右腿伸直，左腿经侧吸并腿提踵立，同时两臂经一位至七位。④拍同③拍，但换右腿做。⑤—⑧拍同①—④拍。

3. 第二个八拍　①拍左脚向后做华尔兹，同时两手叉腰，上体向右扭转，挺胸抬头，眼看前方。②拍同①拍，但换右脚做。③拍左脚向后做华尔兹，同时两臂侧平举，上体向右扭转，抬头挺胸，眼看前方。④拍同③拍，但换右腿做。⑤—⑧拍同①—④拍。

4. 第三个八拍　①拍左脚向侧做华尔兹，同时左臂侧平举，右臂向右绕环一周。②拍同①拍，但方向相反。①—④拍两腿做两次弹性屈伸，同时两臂在体侧做左、右绕“8”字，头随手臂转动。⑤—⑧同①—④拍。

5. 第四个八拍　①拍左脚向左前方做华尔兹跳，同时两臂经下摆至左前斜方，抬头挺胸，眼看手。③拍右脚向右后放做华尔兹跳，同时两臂摆至右下方。③—④拍同①—②拍。⑤拍左脚向前一步跳起，右腿后举，同时左臂向上举，右臂后下举。⑥拍右脚开始向前柔软跑步，两臂侧下举，挺胸抬头。⑦拍双脚跳起，同时手一位。⑧拍落地左腿屈膝成后弓步，同时左臂前下举，右臂后上举，上体向右扭转，抬头挺胸。

图14－4

（五）波浪组合（见图14－5）

1. 预备姿势　左腿支撑，右腿屈膝脚尖点地，挺胸、塌腰、抬头，两臂自然下垂。

2. 第一个八拍　①—②拍滚动步，同时含胸低头，两臂经侧举波浪向内抱肘。③—④拍滚动步，同时挺胸、塌腰、抬头，两臂波浪摆至侧举。⑤—⑥拍同①—②拍。⑦—⑧拍左脚向前一步成前弓步，同时上体前倾，右臂向下举，左臂向上举。

3. 第二个八拍　①拍重心后移成后弓步，同时上体向左扭转，两臂肩侧屈，手指触肩，右肩在前，左肩高，右肩低。②拍左脚向后一步成后弓步，同时上体向右扭转，右肩绕至屈臂后上举，左肩绕至屈臂前下举（手指触肩）。③—④拍右脚向后一步屈膝成后弓步，同时上体向左扭转，右臂前下举，左臂后向上举。⑤拍向右转体 90 度，同时右腿伸直，左脚侧点地，右臂上举，左臂侧举，眼看右手。⑥拍左脚向右交叉一步屈膝，同时两臂波浪下摆，眼看右手。⑦—⑧右脚向右一步，同时躯干向侧波浪。两臂波浪摆至右上举。

4. 第三个八拍　①—④拍向左转体 90 度，同时做全身向后波浪，两臂向后绕至前举。⑤—⑥拍向右转体 90 度，同时右脚向右一步成侧弓步，上体右倾，右臂波浪侧摆。⑦—⑧拍同⑤—⑥拍，但方向相反。

5. 第四个八拍　①—②拍右脚在左脚前交叉，同时屈膝半蹲，含胸低头，两臂自然下垂。③—④拍右脚提踵立，同时左腿侧踢，右臂侧举，左臂上举，眼看右手。⑤—⑧拍向左全身侧波浪，同时两臂经下摆至右上举，双臂做一次小波浪，眼看左手。

图 14－5

复习思考题

1. 试述艺术体操的概念与分类。
2. 试述大众艺术体操的健身价值。

主要参考书目

姜桂萍编．舞蹈·体育舞蹈·艺术体操［M］．桂林：广西师范大学出版社，2000
全国体育学院教材委员会编．大众艺术体操［M］．北京：人民体育出版社，2000
周志俊，吴峰主编．大学体育［M］．合肥：安徽人民出版社，2006

第十五章　健美操

第一节　健美操概述

一、健美操的起源及其在我国的发展历程

现代健美操起源于1968年，最早是美国太空总署为太空人所设计的体能训练内容。医学博士库珀设计了一些动作并逐步加上音乐伴奏和服装，形成了具有独特体系的运动，并很快风靡世界。

健美操作为一项独立的体育运动项目始于20世纪70年代末，其明显标志就是《简·方达健美操》的出现。作为现代健美操运动发起人之一，著名好莱坞影星简·方达提倡开展健美操运动以保持身体健康和身材苗条，对健美操运动在世界范围内流行与发展起了巨大的推动作用。此后，健美操运动以它强大的生命力迅速在全世界流行起来。

现代健美操在我国兴起于20世纪80年代初。1981~1983年，不少高校教师陆续在报刊杂志上刊登一些介绍健美操和探讨美育的文章，并编排了一些健美操成套动作，如“女青年健美操”、“男青年哑铃操”等，由此，追求人体健与美的“健美操”一词迅速被广大体育工作者所采用。

1984年北京体育学院成立健美操研究组。1985年，由北京体育学院创编的“青年韵律操”等六套健美操，很快在全国各大专院校得以推广。1986年北京体育学院编写的第一部《健美操试用教材》出版，并正式在该校本科生中开设了健美操选修课。此后，全国许多高校将健美操列入教学大纲，使其成为一项重要的体育教学内容，各种健美操教材也陆续出版，促进了健美操的科学理论研究。

1987年我国第一家健美操健身中心“利生健康城”面向社会开放，健美操运动开始向大众推广。健美操新颖的锻炼方式，良好的健身效果很快被人们所接受，吸引了大批的健身爱好者。随后，北京、广州和上海等城市出现了诸多健身俱乐部。健美操运动顺应了人们倡导健康、文明生活方式的潮流，很快风靡社会。

1992年中国健美操协会成立，为中国奥委会承认的全国性运动协会。该协会的成立，使我国健美操运动进入一个有组织、有计划发展的新时期。如每年举办健美操教练员、裁判员培训班，全国健美操锦标赛等。

1997年初中国健美操协会由社会体育中心并入国家体育总局体操运动管理中心，并先后制定了《健美操活动管理办法》、《全国健美操大众锻炼标准实施办法》、《全国健美操指导员专业技术等级实施办法》和《健美操竞赛规则》等，这些办法的制定进一步推动了我国健美操运动的普及和竞技健美操的发展和提高，健美操运动步入了科学化、正规化的管理轨道。

在我国健身健美操蓬勃发展的同时，以竞技为主要目的的竞技健美操也在迅速发展。1986年4月在广州举办了首届“全国女子健美操邀请赛”，1987年5月，由康华康复研究所、北京体育学院、中央电视台等5家单位联合举办了我国首届正式的竞技健美操比赛——“长城杯”健美操比赛。自此，我国每年正式举办各类型健美操全国比赛：全国健美操锦标赛、冠军赛以及行业系统的比赛如全国大学生健美操比赛和全国职工健美操比赛。1999年，全国健美操锦标赛首

次采用《国际健美操竞赛规则》，并决定以后全国健美操比赛和全国大学生健美操比赛将统一采用国际竞赛规则，这标志着我国竞技健美操运动将出现与国际健美操运动接轨的新局面。

1995 年底，我国首次派队参加了在法国举办的第一届世界健美操锦标赛。1997 年，随着健美操协会并入体操中心，更加重视与国际的交往。1997 至 2004 年间，我国先后派出 8 人次参加国际裁判员、教练员培训班，这些国际交流与学习，极大地促进我国健美操的发展和技术水平的提高。

二、健美操的概念与分类

（一）健美操的概念

健美操是融体操、音乐、舞蹈、美于一体，通过徒手、手持轻器械和专门器械的操化练习，以达到健身、健美和健心的目的的一种新兴的娱乐、观赏型体育项目。

（二）健美操的分类

按照不同的目的和任务，健美操运动可分为健身性健美操、竞技性健美操和表演性健美操。

三、健美操的特点与锻炼价值

（一）健美操的特点

1. 艺术性　健美操是建立在美学等科学理论指导下的人体运动方式，讲究造型美，要求动作美观大方，准确到位。讲求有效地训练身体各部位的正确姿势，使人体匀称和谐地发展，培养健美的体形和风度，塑造健美的自我。

2. 力度性　健美操以力量性为主的徒手动作为基础，它所表现的力是力量、力度、弹力、活力的综合。健美操所形成的动作力量性风格，可充分表现出人体健的风采、美的神韵、力的坚韧。表现形式为狂热奔放，并伴有情感上的力度，具有强烈的表现力、感染力和吸引力，这是它的生命力之所在。

3. 节奏性　健美操所有的动作均在一定的节奏下进行，它是将人体动作经过有节奏的组织和规范，使之摆脱自然状态，使人体的动作节奏化。健美操锻炼时的节奏感是通过身体运动表达的，节奏性运动使健美操能充分表现出人体运动的艺术美。

4. 适应性　健美操练习形式多样，运动量可大可小，容易控制，对场地器材的要求也不高，因此对各年龄层次、不同性别、不同身体素质、不同技术水平的人都适宜，各类人群均能从健美操练习中找到适合自己的方式，均能从健美操练习中得到乐趣。

5. 创新性　健美操不仅保留了徒手体操中各种类型的基本动作，而且从相关的运动项目和艺术门类中吸收了诸多动作，经过加工、提炼、操化，使之成为具有健美操风格的动作，不断创编出独特新颖的具有显著特征的健美操动作，是健美操长盛不衰的显著特点。

（二）健美操的锻炼价值

1. 增进健康美　健康美是一种积极的健康观念和现代意识。一个具有健康美的人，应该具备的身体素质是良好的心肺耐力、肌肉力量、平衡性、灵敏性和柔韧性。健美操作为一项有氧运动，能发展人体的心肺功能，增强心肌，增加肺活量，减少心肺呼吸系统疾病，且兼备发展身体柔韧性和灵敏性的作用。因此，专家认为，健美操是目前发展身体全面素质的较为理想的运动。

2. 塑造形体美　形体分为姿态和体形。健美操练习有益于肌肉、骨骼、关节的匀称与和谐发展，形成优美的体姿；健美操运动还可消除体内和体表多余的脂肪，维持人体吸收与消耗的平衡，保持健美的体形。

3. 娱乐身心，陶冶情操　健美操是在音乐伴奏下进行的身体练习。通过优美明快的音乐节奏、活泼愉快的形体动作，使人陶醉在美的韵律之中，很快排除心理的紧张与烦恼，身心得到全面调节，精神面貌和气质修养都会有所改善和提高。

4. 医疗保健功能　健美操作为一项有氧运动，对一些病人、残疾人和老年人也是一种医疗保健的理想手段。如对下肢瘫痪的病人来说，可做地上健美操和水中健美操，以保持上体的功能并促进下肢功能的恢复，达到医疗保健的目的。

四、健身健美操的发展趋势

（一）健美操内容和练习形式将更加多样化

为了满足健身锻炼者的各种需求，目前健身健美操的种类和练习形式呈多样化趋势，如各种器械健美操和近年来出现的水中健美操，以及一些正在流行的特殊风格的健美操，如搏击健美操、拉丁健美操、瑜伽健美操、街舞等。这些新兴练习形式的出现主要是因为各参与锻炼者的年龄、性别、身体状况、健康水平和所要达到的目的是不同的，因此人们的需求也呈多样化。随着社会发展和人民生活水平提高，人们的需求将更加个性化，健美操要寻求自身的发展，就必须不断满足人们的不同需求。

（二）健身健美操练习的科学化程度将不断提高

首先，科学化是保证健身性健美操练习效果的关键。对不同人群体质的测定和不同年龄人群锻炼的最佳心率范围的研究可提供科学有效的运动处方；其次，科学化也是健美操运动自身发展的需要。随着科学素质的不断提高，人们寻求更加科学化的健身方式。是否科学、是否能真正达到锻炼身体的目的是人们选择健身项目的一个非常重要的考虑因素。因此，只有不断提高科学化程度，健美操项目才有发展。

（三）健美操将进一步社会化、大众化

一方面，随着人们物质生活水平的提高，余暇时间增多，“自我完善”意识的增强，越来越多的人将参与到健美操运动中来；另一方面，社会的进步将为健美操的拓展和延伸提供更为广阔的前景和优良的环境。

第二节　健美操的科学锻炼方法

一、循序渐进，持之以恒

众所周知，健美操可以强生健体，健康减肥。这个质的变化不是靠几次锻炼就可以实现的，而是一个相当复杂的协调过程。只有长期积累，经常坚持，才能达到良好效果，尤其对初学者和减肥者，切忌心急，应遵守科学锻炼方法及循序渐进的原则，避免半途而废和不良的身体反应。每次锻炼，运动负荷也要遵循循序渐进原则，不要一开始就突然增加运动强度。这样会使身体出现一系列不适反应。

二、灵活掌握，及时调整

在健美操锻炼时，若身体健康状况欠佳，有炎症或出现疲劳症状（四肢无力、疲倦、头晕、恶心、心悸等）时，应立即停止锻炼；若出现疲劳症状较轻，可以适当休息或调整负荷及缩短锻炼时间等方法进行调节缓冲；若是运动性疼痛（肌肉的酸痛、胀痛等），则应尽量坚持，作适当的调整与放松，通过超量恢复，会使机体得到进一步的改善和提高。在练习时间与强度的安排上，应因人而异，建议每次应持续 10 ~ 15 分钟中等到大强度活动，注意活动与休息的交替；或维持中等强度的 20 ~ 60 分钟的健美操；或每天累积完成 30 ~ 60 分钟缓和的健美操动作。频度一般为每周 1 ~ 5 次，或隔日一练。健身运动最佳负荷价值阈一般为 120 ~ 140 次/分钟。

三、充分的准备活动

在健美操锻炼之前，首先要进行热身运动，其目的是使健身者从生理和心理上做好充分准备，提高机体的工作效率，预防运动创伤。一般热身运动以伸、拉动作为主，运动负荷不宜过大，做到身体感觉发热、微微出汗为宜。活动时间一般5～10分钟，天气冷时间可长一些。

四、放松运动

放松运动是健美操的内容之一，绝不是可有可无的。运动后放松主要包括：一是慢跑和徒手操，其主要目的是改善血液循环，加速下肢血液回流，促进代谢产物的消除；二是肌肉和韧带的伸展练习，常采用静力性拉伸方式，这种方法对减轻肌肉酸痛和僵硬，促进肌肉中乳酸的消除有良好的作用。

第三节　健美操基本动作

一、健美操基本动作概念

健美操基本动作是健美操运动的基础，是最小单位的元素动作，主要由基本步伐和上肢动作组成。健美操组合动作都是在基本动作的基础上变化和发展起来的，将健美操基本动作按一定的需要进行不同的组合和编排则会产生不同难度、不同强度、不同风格及不同视觉效果的动作。

二、健美操基本动作的主要内容

（一）健美操上肢动作

上肢动作是由手臂的自然摆动、力量练习以及基本体操的徒手动作和舞蹈动作组成，其目的是丰富健美操动作内容，改变动作的强度和难度，使练习更加有效。

1. 手型　健美操手型有多种，它是从爵士舞、芭蕾舞、西班牙舞、迪斯科、武术等手型中吸收和发展的。常见的手型有：掌：并掌、开掌、花掌、立掌；拳。

2. 常用上肢动作　屈臂、伸臂、前举、侧举、上提、下拉、绕环、低摆、摆动、交叉、冲拳、胸前推、肩上推。

（二）基本步伐

基本步伐是健美操动作中最小的单位，是健美操练习的一个重要部分，通过基本步伐练习，能培养练习者的协调性和韵律感。

常用基本步伐有：踏步、弹动、走步、一字步、漫步、V字步、并步、交叉步、半蹲、点地、移重心、吸腿、后吸腿、弓步、踢腿、弹踢腿、跑、开合跳、并步跳和点跳。

三、健美操基本动作说明

（一）踏步类

1. 踏步　动作描述：两脚原地依次抬起，依次落地。下落时，踝、膝、髋关节有弹性地缓冲。

2. 走步　动作描述：迈步向前走四步或向后退四步，然后反之。向前走时，脚跟先着地，过渡到全脚掌；向后走时相反。三步一点地则是向前或向后走三步，第四拍点地；三步吸腿则是向前或向后走三步，第四拍吸腿。

3. 一字步　动作描述：一脚向前一步，另一脚并于前脚，然后再依次还原。向前迈步时，脚跟先着地，过渡到全脚掌，前后均要有并腿过程，每一拍动作膝关节始终有弹性的缓冲。

4. V字步　动作描述：一脚向侧前方迈一步，另一脚随之向另一侧前方迈一步，成两脚开立，然后再依次退位还原。两腿膝、踝关节始终保持弹动状态，分开后成分腿半蹲，重心在两腿之间。

5. 漫步　动作描述：一脚向前迈步，屈膝，重心随之前移，另一脚稍抬起，然后原地落下；或向后撤一步，重心后移，另一脚稍抬起，然后原地落下。两脚始终保持交替落地，身体重心随动作前后移动，但始终在两脚之间。

6. 跑步　动作描述：两脚经过腾空，依次落地缓冲，两臂屈肘摆臂。落地屈膝缓冲，脚跟尽量落地。

（二）迈步类

1. 并步　动作描述：一脚迈出，另一脚随之并拢屈膝点地；再向反向迈步点地。两膝始终保持弹动，动作幅度和力度可随风格而定。

2. 迈步点地　动作描述：一脚向侧迈一步，两脚经屈膝移重心，另一腿在前、侧、后用脚尖或脚跟点地。两膝同时有弹性的屈伸，重心移动轨迹呈弧度，上体不要扭转。

3. 迈步吸腿　动作描述：一腿迈出一步，另一腿屈膝抬起，然后向反向。经过屈膝半蹲，抬膝时支撑腿稍屈膝。

4. 迈步后吸腿　动作描述：一脚迈出一步，另一腿后屈，然后反向。经过屈膝半蹲，支撑腿稍屈膝，后屈腿的脚跟靠近臀部。

5. 侧交叉步　动作描述：一脚向侧迈一步，另一脚在其后交叉，随之再向侧迈一步，另一脚并拢，屈膝点地。第一步脚跟先落地，身体重心快速随着脚步而移动，保持膝、踝关节的弹动。

（三）点地类

1. 脚尖点地　动作描述：一腿稍屈膝站立，另一腿伸出，脚尖点地，然后还原到并腿姿势。支撑腿始终保持屈膝站立，并且随动作有弹性的屈伸。

2. 脚跟点地　动作描述：一腿稍屈膝站立，另一腿伸出，脚跟点地，然后还原到并腿姿势。支撑腿始终保持屈膝站立，并随动作有弹性的屈伸。

（四）抬腿类

1. 吸腿　动作描述：一腿屈膝抬起，落下还原。支撑腿保持屈膝弹动，大腿上抬超过水平，上体保持正直。

2. 踢腿　动作描述：一腿稍屈膝站立，另一腿抬起，然后还原。抬腿要有控制，保持上体正直。

3. 弹踢腿　动作描述：一腿站立（跳起），另一腿先向后屈，然后向前下方弹踢，还原。腿弹出时要有控制，保持上体正直。

4. 后屈腿（跳）　动作描述：一腿站立（跳起），另一腿向后屈膝，放下腿还原，支撑腿保持弹性，两膝并拢，脚跟靠近臀部。

（五）双脚类

1. 半蹲　动作描述：两腿有控制的屈和伸。可分为并腿半蹲和分腿半蹲。分腿半蹲时，两脚左右分开稍大于肩宽，脚尖稍向外开，屈膝时关节角度不得小于 90 度，膝关节对准脚尖方向，臀部向后 45 度方向下蹲，上体保持直立。

2. 弓步　动作描述：两脚分开，一腿屈膝，大腿尽可能平行与地面，另一腿膝关节要伸直，重心始终落在两腿之间。

3. 提踵　动作描述：两脚跟抬起，落下脚跟稍屈膝。两腿夹紧，重心上提时，收紧腹部，落下时屈膝缓冲。

4. 并腿跳　动作描述：两腿并拢跳起，落地缓冲有控制。

5. 分腿跳　动作描述：分腿站立屈膝半蹲，向上跳起，分腿落地屈膝缓冲，空中注意身体的控制。

6. 开合跳　动作描述：由并腿跳起，分腿落地，然后再由分腿跳起，并腿落地。分腿屈膝蹲时，两脚自然外开，膝关节沿脚尖方向屈，膝关节角度不小于90度，全脚掌落地。

第四节 健美操规则简介和比赛欣赏

一、健美操规则简介

（一）竞赛内容

符合规则及规程需要的自编成套动作比赛。

1. 成套动作的时间要求　一般为2分30秒至3分钟（计时由动作开始到动作结束）。

2. 比赛音乐　音乐速度一般为：每10秒钟22～26拍。成套动作允许由2×8拍的音乐前奏。在成套动作结束时音乐应同时停止。参加比赛的队必须自备比赛音乐，并将音乐录在高质量空白磁带的A面开头。

3. 比赛场地　比赛场地为10×10平方米的地板或地毯，标记带为5厘米的红色或黑色带，标记带是场地的一部分。

4. 服装　运动员须穿适合运动的健美操服和运动鞋，着装整洁、美观、大方，不允许使用悬垂饰物；女运动员的头发须梳系于后，头发不得遮住脸部；允许化淡妆，禁止带首饰。

5. 比赛程序与计分方法　比赛程序：比赛分为预赛和决赛两种，凡参赛队均须参加预赛，预赛前八名者进入决赛，不足八名时，递减一名录取；计分方法：比赛中得分高者名次列前，如遇得分相等，按艺术分高者名次列前，再相等名次并列，无下一名次。

6. 裁判组的组成　裁判组由裁判长1人、艺术裁判3～5人、完成裁判3～5人、视线裁判2人、辅助裁判若干人组成。

7. 评分方法　成套动作的评分因素包括艺术分10分和完成分10分，总分为20分。各组裁判员评分去掉最高分与最低分，所剩分数或所剩分数的平均数为运动员的艺术分或完成分，两个分数相加为总分。从总分中减去裁判长的减分为最后得分。

8. 奖励　比赛录取前八名，不足时递减一名录取或根据规程评出一、二、三等级奖，可授予获胜队奖杯、奖牌、奖状、证书等。

二、健美操欣赏

健美操是一项创造热情，使人健康向上、充满激情与活力的运动。它既融合了现代舞、爵士舞、竞技体操、技巧、舞蹈的技术精髓，而又强调保留传统健美操项目所特有的风格特色。挖掘健美操所带给人们的美的感受，可以激发人们对健美操的喜爱，从而达到发展健美操之目的。竞技健美操的欣赏，主要体现在难度和创新上。竞赛中以运动员所完成动作的难度、新颖、稳定、优美等因素判定其技能水平的高低。欣赏健美操比赛可从其艺术性、完成性、难度性和创造性等方面入手。

（一）艺术性欣赏

健美操成套动作的艺术性，主要体现在成套动作的设计、表现、音乐、配合，运动员所设计的动作风格是活力、动感、趣味和快乐的外在表现，必须与音乐的风格相一致，选用的音乐必须由运动员通过他的动作、身体的表现、感染力和活力共同体现出来。它包含以下几方面因素：

1. 音乐的适宜性　动作的风格与类型以及运动员的表现必须完美地适合所选音乐的特点、音响的效果与节拍。

2. 基本步伐和特殊内容　复杂的组合要表现踏步、后踢腿跑、吸腿跳、踢腿跳、开合跳、弓步跳、弹踢腿等七种基本步伐及其在一个八拍内手臂的变化，不同水平动作的连接、节奏变化、动作面的利用和协调。

3. 过渡与连接　步伐、动作形式、难度动作、托举动作的流畅和较好连接，成套动作里每拍都应很清楚，这样连接就不会中断。

4. 空间　利用竞赛场地的4个角（中央）和5个方向（向前、向后、向侧、对角、弧形）的移动及空间（地面、站立和腾空）的利用。

5. 表现力和感染力　指运动员面部表情、目光接触、身体语言来表现身心的感受，通过体能、魅力、热情、自信征服观众的能力。合拍是指运动员应与音乐配合协调一致，动作与音乐的节奏相吻合。

（二）完成性欣赏

健美操的完成性包括协调性、动作的强度、技术技巧和一致性。在欣赏时，要看健美操运动员的动作姿态：要求躯干直，呈一直线位置，臂腿动作有力，外形清晰，是否合理利用空间，地面以及空中动作的变化等成套中的所有动作完美完成。成套动作应注重整体配合的一致性，包括动作的准确协调，动作与音乐伴奏的吻合以及所体现出来的动感和力度，如踢腿跳时，踢腿必须伸直，上体要挺拔，要体现出动作的规范性、准确性。同时在双人、三人、六人操时，不仅要看以上的内容，而且需要整体的一致性、整齐性，这样才能达到和谐统一。

1. 协调性　运动员完成复杂的健美操步伐及动作组合的能力，包括身体的部位和不对称动作。身体部位与关节在动作组合中参与的越多，被视为难度越大。

2. 动作的强度　运动员的动作频率、速度、幅度、耐力、重力、移动及肌肉运动等方面。

3. 技术技巧性　运动员在完成动作时保持身体姿态的能力；技术规范，准确到位；在难度动作、过渡动作、起跳与落地以及健美操场动作组合中应保持正确的平衡。

4. 一致性　在集体操中，需要整体的一致性、整齐性。运动员完成动作的熟练性、力度、幅度、速度、腾空高度及技术规格上力求一致，尤其是动作的一致性。

（三）难度动作欣赏

成套动作选择的难度须体现出空中、站立和地面三个空间动作的均衡性。

（四）创造性欣赏

编排须与音乐风格相适应，并使运动员动作表现力融为一体，具有新颖的动作独到性，队形和托举的变化多样，队员配合默契。

第五节　街舞与瑜珈健身

一、街　舞

（一）街舞的起源

街舞，就是所谓的 *Hip-Hop Dance*；其实 *Hip-Hop* 就是各种街舞的总称，包含了机械舞、霹雳舞等。街舞最早起源于美国纽约，是爵士舞发展到20世纪90年代的产物，是美国街头舞者的即兴舞蹈动作。这些街头舞者以黑人或是墨西哥人为主，这些流行的街舞多半发源于美国纽约的布鲁克林区，一些黑人或是墨西哥人的孩子们成天在街上以跳舞为乐，形成各种派系，也很自然地在他们所跳的舞蹈上发展出不一样的风格，所以，另一种叫法是 *Street Funk*。事实上，我们所谓的 *Breaking Dance* 或是 *Oldschool* 也正是属于 *Hip-Hop* 的一种。*Newschool Hip-Hop* 是“原地性的 *Hip-Hop*”，它独有的风格在于它注重身体的协调性（我们所谓的律动），重视身体上半身的律动及增加了许多手部的动作。只要是跳 *Break* 的都叫 *B-Boy*，它的动作是由各种走、跑、跳组合而成，极富变化，并通过头、颈、肩、上肢、躯干等关节的屈伸、转动、绕环、摆振、波浪形扭动等连贯组合而成的，各个动作都有其特定的健身效果，既注意了上肢与下肢、腹部与背部、头部与躯干动作的协调，又注意了组成各环节各部分独立运动。因此，街舞不仅具有一般有氧运动改善心肺功能、减少脂肪、增强肌肉弹性、增强韧带柔韧性的功效，还具有协调人体各部位肌肉群、塑造优美体态、提高人体协调能力、陶冶美感的功能。

由于这种舞蹈出现在街头、不拘于场地器械，所以称为街舞，并且具有极强的参与性、表演性和竞赛性。街舞的特色是爆发力强，在舞动时，肢体所做的动作亦较其他舞蹈夸张。最吸引人之处，是以全身的活力带来热情澎湃的感觉。

（二）街舞的分类

以动作类型为标准，街舞分两大类：*Hip-Hop* 和 *Breaking*。所谓的 *Hip-Hop Dance*，正是现在最广泛流行的一种街舞类型，是各种街舞的总称，它有着幅度大而简单的舞步，能够表现出复杂的舞感。*Breaking* 属于技巧性较高的体育舞蹈，*Breaking* 要求舞者具有较高的力量、柔韧性和协调性，跳这种类型舞蹈的青少年叫做 *B-Boy/B-Girl*。20 世纪 80 年代，被称为“*Hip-Hop* 之父”的 *DJ Kool Herc* 创造了 *B-Boy* 的概念，也就是 *Breaking Boy*。每年，全世界的许多国家都有一些为 *B-Boy* 们举办的比赛，较有名的是每年一度的 *BOTY*（*Battle of The Year*）和在英国举办的 *B-Boy Champion*，超过 10 个国家的百名参赛选手会参加这样的盛事。比赛的优胜者很快就会声名远播，成为青少年的明星。

（三）街舞文化

街舞是美国黑人由一种发泄情绪的运动演绎成的街边文化，街舞因其轻松随意、自由个性和反叛精神受到年轻人的喜欢，在过滤掉原有街头舞蹈的痞味和夸张之后，街舞名正言顺地成了一项体育锻炼项目。街舞有着自己独特的文化背景，街舞的文化包括音乐、舞蹈、涂鸦、刺青和衣着。

（四）街舞的健身功能

街舞的爆发力强，多以绕环和小关节的运动为主，因此能较好地改善练习者的协调能力，并且使身体不常运动到的小关节和小肌肉群得以充分锻炼。可以根据自身的身体状况和运动基础，选择不同节奏的音乐来调整运动的强度。街舞能很好地弥补其他健身项目的局限性，使其锻炼更为全面。它也是非常好的有氧运动，运动强度适中，具备有氧运动的效果，使练习者在提高心肺功能的同时，达到减肥的目的。连续跳 1 小时消耗的热量，相当于跑步 6 千米，它的减肥功效不言而喻，同时它还能提高身体协调能力。根据美国运动医学会建议，每周应运动 3 ~ 5 次、每次运动 30 ~ 60 分钟，减肥的效果才比较明显。有资料显示，在街舞锻炼过程中，随着时间的延长，脂肪的供能比例也在增大。如：在 40 分钟、90 分钟、180 分钟连续运动时，脂肪的供能分别占总耗能的 27%、37% 和 50%，想达到更好的减肥效果，就应适当延长锻炼时间，并且持之以恒。

在专业健美操运动员的日常训练中，常用这种 *Hip-Hop* 来训练运动员的协调性、表现力等综合素质，有时也会做表演之用。

（五）街舞的欣赏价值

街舞的外在表现时尚，运动强度适中。健身房的街舞在动作的选择上更注重其安全性、锻炼价值、健康向上及个性表现力，所以，练习者在消耗脂肪的同时，也缓解了精神压力。健身房里的 *Hip-Hop* 对于调节练习者的心理所起的作用更为突出。因此，有人称之为“是惟一让人带着笑容进行训练的运动”。街舞的动作千奇百变，动作多以不对称为主，又加上街舞的音乐风格独一无二，服饰大胆悦目，因而给人的视觉和听觉都带来了不一样的冲击，其欣赏价值很高。

二、瑜　伽

（一）瑜伽的起源与功能

瑜伽起源于印度，流行于世界，瑜伽是东方最古老的强身术之一。它产生于公元前，是人类智慧的结晶。瑜伽也是印度先贤在最浓沉的观想和静定状态下，从直觉体悟生命的认知。瑜伽修持秘诀是理论和实践互相参证的法典。目前瑜伽已成为时尚的最前沿，在全世界广泛传播，成为适应现今一切高节奏、简便、新新人类的一种新的生活方式。古代瑜伽注重心灵与肉体的超越，现代瑜伽则追求身心平衡和健康优雅。瑜伽的作用简直妙不可言，因为它对人体的作用是内外兼修的，也是各种健身项目中唯一讲究呼吸法的。现代瑜伽简单说是由呼吸法、体位法、冥想所组成，是在一种自然健康的环境下，伴随着悠扬的音乐，用意念指引着自己的肢体，舒缓流畅的练习各种动作，同时配合呼吸，来达到调整身心、雕塑形体、提高气质、增强体魄的作用。

（二）练瑜伽之前的重要贴心提示

穿着方面，练瑜伽者要尽可能穿宽松的棉质衣服，不要穿有腰带的裤子，不要穿露背装（冥想和打坐时会着凉），光脚，女性最好不要穿胸罩，取下所有饰物，如手镯、耳环、项链、手表等等。饮食方面，不吃油炸食品，尽量少吃或不吃肉食，不喝咖啡。练习前2小时不要进食。在环境方面，做瑜伽最要紧的是学呼吸，应该选择空气比较流通的练功房，或者在家也可以，打开窗户让清风伴你完成锻炼。

瑜伽是全身性的形体运动，没有年龄的限制，任何人都可以学习。在健身会所或家中练习时，有几点要特别注意：

（1）对练习者的饮食没有特别规定。可以将胃的一半装食物，四分之一存水，其余四分之一保持空缺，即吃得不要太饱，以免感到沉重和懒散。练瑜伽前后一个小时内不要用餐，饭后两个小时内尽量避免练习。

（2）暖身很重要。不要一开始就做高难度的动作，以免造成运动伤害。最好先做一些瑜伽暖身动作，循序渐进，避免身体受到惊吓。

（3）练习时心情尽量放松，可容许身体一点点酸痛，但不要过度用力或勉强做动作。

（4）练习时不要大笑或说话，要专注地呼吸。保持有规律、较深沉的呼吸，这有助身体放松。

（5）最好能每天练习，做完一个完整瑜伽动作后，记得躺下来休息。

（6）宜在安宁、通风良好的房间内练习。室内空气要新鲜，可以自由吸入氧气。也可以在室外练习，但环境要愉快，比如花园。不要在大风、寒冷或不洁的、有烟味的空气中练习；不要在靠近家具、火炉或妨碍练习的任何场所练习，以免发生意外，尤其在做头手倒立时，不要在电风扇下练习。

（7）选择适合自己的瑜伽。瑜伽经过几千年的发展演变，衍生出许多不同派别。目前国内主要有哈达瑜伽、冲道瑜伽以及阿南达瑜伽等，不同派别练习的体位法及依据的理论有些差异。

复习思考题

1. 试述健美操的概念、分类、特点及锻炼价值。
2. 健美操基本步伐有哪些？
3. 试述健美操科学锻炼的方法。
4. 简述街舞与瑜伽的健身功能。

主要参考书目

肖光来主编．健美操［M］．北京：人民体育出版社，2003

王洪编著．健美操教程［M］．北京：人民体育出版社，2000

张丹瑶．浅析街舞．辽宁体育科技［J］．2004（3）：27

陈雨彤．瑜伽的呼吸方式——瑜伽健身系列谈（9）［J］．中华养生保健 2007（2）：40

第十六章　技巧运动

第一节　技巧运动概述

现代技巧运动是经过人类长期的社会生活实践并在科学技术不断发展的基础上创造和发展起来的。技巧运动（*sports acrobatics*）是以翻腾、平衡、抛接等动作为主，并在此基础上完成一定造型的体育竞赛项目。有男子单人、女子单人、男子双人、女子双人、混合双人、女子3人、男子4人等7个项目。除男、女单人和男子4人第一套动作外，其余项目在比赛中都有音乐伴奏。

一、技巧运动的起源与发展

技巧作为一项体育运动，可以追溯到远古时期。大约在4000年前，技巧动作就出现在古希腊人和古罗马人庆贺节日的表演活动之中。在已发掘出的古希腊两耳细颈酒罐、坛子、陶制品等文物上就刻印着诸多的技巧动作；在古罗马巡游艺人的表演节目中，技巧动作是表演高潮的"主角"。在文明古国之一的中国，早在秦汉之际，民间就流传着"燕戏"。山东出土的汉墓中的石刻，就有翔实的倒立形像。西汉出土的"乐舞伎陶俑"，在四周站立的乐师当中，"主角"正在翻触斗。"叠罗汉"是技巧主要的造型动作类型，明代就记载有"擎载"的杂技节目，形容它"两伎以手，相抵而行"，实际是下面人的手上托举着做手倒立的上面人而行走。由此可见，当时就有这样难的双人技巧动作，可以肯定，秦汉之前，技巧动作已达到相当高的水平。在漫长的历史长河中，我国人民逐步积累、丰富了技巧造型动作。开始盛行于汉代的杂技，到了元代又成了戏剧的表演手段，在众多的文艺形式中出现，延续至今而不衰，成为祖国文化瑰宝的一部分。特别是逐步完善而形成的一套独具民族特色的训练方法，直到今天仍作为身体训练的基本功而广为发挥作用。

现代技巧运动起源于欧洲，1939年，苏联将技巧运动列为正式的比赛项目，并于同年举行了首届全国技巧比赛，在随后的1942～1945年，技巧运动在德国、波兰、保加利亚和其它许多国家得到广泛地开展。

1957年10月11日，由波兰、保加利亚和苏联联合发起的首次国际技巧比赛在华沙举行。苏联、保加利亚、波兰和民主德国派队参加了比赛。匈牙利、罗马尼亚派代表观摩了比赛。参加比赛的各国代表通过认真讨论，认为有必要举行国际性技巧比赛。在保加利亚和波兰的倡议下，关于成立国际技巧联合会的第一次筹备委员会联席会议于1973年1月24日至2月3日在索非亚的"巴尔干"旅馆召开，苏联、保加利亚均派代表出席了会议。大会讨论了国际技巧联合会的组织机构等事项，并将确定的所有文件分别发至25个国家，邀请他们参加成立国际技巧联合会的代表大会。

1973年11月22至23日有10个国家参加的国际技巧联合会（IFSA）在莫斯科宣告成立。在国际技巧联合会的领导下，现代技巧运动进入了新的发展时期。1974年在莫斯科举办第一届世界技巧锦标赛，1975年在瑞士的威德诺举行了世界杯赛。

中华人民共和国成立后，技巧运动有了较快的发展。1956年举行了第1次全国性技巧运动表演赛，以后，在一般情况下每年都举行 1 次全国性技巧比赛。从 1978 年起，每年举行两次全国性技巧比赛，并增加了女子 3 人项目。至此，中国的技巧竞赛项目已完全与国际比赛项目相同。在技巧运动难度动作的创新上、动作编排的艺术性上以及完成动作的质量上都已达到世界水平。

1979 年 12 月，国际技巧联合会执委会决定接纳中国技巧协会为会员。1980 年 9 月，中国技巧队首次参加了在波兰举行的第 4 届世界技巧锦标赛，获 11 块铜牌；1981 年 9 月参加在瑞士举行的第 3 届技巧世界杯赛中获得全能比赛的两项冠军、两项亚军、两项第 3 名以及 7 个单项决赛中的两项冠军、5 项亚军和 5 个第 3 名，从而跻身于世界三大技巧强国之列（前苏联、中国、保加利亚）。

二、技巧运动的分类及作用

技巧运动根据动作的技术结构，可分为动力性动作和静力性动作两大类，前者包括单人的滚动、滚翻、屈伸起、手翻、空翻和双人与集体的抛接等动作；后者包括单人倒立、桥、劈腿、平衡和双人与集体项目的扶持、平衡、倒立和各种造型动作等。

技巧与其他项目相比，有着自身独特的健身价值。经常地进行技巧练习，可以使人体的力量、灵敏、柔韧、协调等方面得到全面发展，尤其是对提高前庭分析器的机能，训练平衡能力有突出作用。双人和集体项目，可以锻炼紧密协调配合的能力。技巧动作还可以作为其他运动项目的辅助练习手段。作为学校体育教学中的技巧运动，主要是以健身、教育为目的，选择技巧运动中最简单、最基础的以翻腾、平衡等为主的技巧动作。

通过技巧动作练习，培养学生动作的协调性、连贯性，增强关节、韧带的柔韧性和骨骼力量，提高内脏器官的功能，促进力量、速度、灵敏、柔韧等身体素质的发展，增进健康，增强体质。

通过技巧中的滚动、滚翻等动作练习，不仅大大影响和改善前庭分析器官的机能，提高人体平衡能力、控制能力，而且也是人类日常生活中必不可少的自我保护性实用技能，能尽量避免偶尔出现的意外事故损伤，如偶遇滑倒、摔倒、跌下时，可采用滚动或滚翻动作，保护自己，减少损伤。通过技巧动作练习，不断克服自身心理障碍，培养学生勇敢、顽强精神和克服困难的意志品质，如在学练各种滚翻与倒立及联合动作的同时，必然要克服眩晕、疼痛感等不适和害怕心理。只有长期坚持练习，才能掌握技巧动作技能，同时有利于培养学生毅力。

技巧动作不仅是体操运动中的基础动作，而且也是其它体育项目练习的辅助手段，例如：单双杠、支撑跳跃中的滚杠、翻腾、倒立动作；跳水运动员的各种翻腾动作；足球守门员的鱼跃扑球；排球运动员的鱼跃救球、倒地滚动救球等动作，都与技巧动作中的各类滚动、滚翻、空翻、倒立等动作密切相关。可见，掌握好技巧中的主要动作技能，是学好其他运动项目的基础。通过技巧的教学，还可以培养学生观察、分析动作和互相保护帮助的能力，培养合作意识和交往能力。

第二节　技巧运动的内容和方法

一、滚　翻

滚翻是身体各部位依次接触地面，并经过头部翻转的动作。从身体的形态上有团身、屈体、挺身；翻转方向有向前、向后、向侧。

滚翻是一种比较简单的基础动作，也是一种自我保护的方法。因此在初期就应重视滚翻的练习。这类动作在技术上都是通过身体依次接触地面的滚动来完成的。因此，应抓住滚动这个特点，建立自身各种方向的滚动概念和技能。

（一）前滚翻（图 16－1）

动作要领：蹲撑，提臀，两脚蹬地，同时屈臂、低头，经后脑着地向前滚动，当头和背着地时，迅速团身滚动起立。练习时应注意，当头和背着地时上体迅速紧靠大腿团身。

图 16－1

教学规格：脚离地后要伸直，滚动圆滑。

教学方法：练习团身前后滚动；由高向低的斜坡上做前滚翻；熟练后做前滚翻接挺身跳。

保护与帮助：保护者跪于练习者侧方，推背帮助起立。

（二）前滚翻直腿起

动作要领：开始同前滚翻，当背着地后，上体迅速向前折体，接着两手在膝部两侧用力撑地，以脚后跟先着地再过渡到全脚掌，经屈体立起成直立。练习时应注意，当背着地后，折体与两手撑、推地要迅速及时。

教学规格：滚动圆滑、腿直。

教学方法：练习屈体前后滚动；采用斜坡练习；在帮助下练习。方法同前滚翻。

保护与帮助：保护者位于练习者侧前方，推其背部或提拉两臂帮助完成动作。

（三）鱼跃前滚翻（图 16－2）

动作要领：由两臂斜后举半蹲姿势开始，两臂前摆，同时两脚蹬地、向前上方跳起，身体腾空时保持含胸、紧腰、梗头、髋关节微屈的姿势。接着两臂前伸撑地，然后屈臂、低头含胸前滚翻脑着地胸向前滚翻起立。练习时应注意，向前上方摆臂跳起；低头不能过早。

图 16－2

教学规格：空中屈髋不得小于 145 度；腾空后重心高度超过髋。

教学方法：半蹲开始，做两臂远伸的前滚翻和腾空低的前滚翻；跃过障碍物的前滚翻。

保护与帮助：保护者站在练习者起跳点侧方，当练习者起跳后，两手托腿，顺势前送。

（四）向前挺身鱼跃前滚翻（图 16－3）

动作要领：助跑后单跳双落，向前上方摆臂跳起，同时紧腰两腿后摆，在空中身体保持伸展姿势，接着两臂前伸撑地，含胸、屈臂、低头，向前滚动起立。练习时应注意，向前上方跃起，并在空中保持伸展姿势。

图 16－3

教学规格：身体腾空时，身体重心应高于胸，空中伸展姿势要保持到即将撑地。

教学方法：利用跳板或弹跳板进行练习；从高处向下练习。

保护与帮助：帮助者站于练习者侧前方，当练习者跳起时一手托其胸腹，另一手托腿部。

（五）后滚翻（图 16－4）

动作要领：由蹲撑开始，向后团身滚动，两手放于肩上方，当头部着地时两手撑地推起成蹲撑。练习时应注意，向后滚动时，主动翻臀，两膝向上体尽量靠拢，两肘夹紧及时推地。

图 16－4

教学规格：团身紧、滚动圆滑。

教学方法：两手放在肩上方，练习向后滚动；采用斜坡练习。

保护与帮助：帮助人跪立于练习者侧后方，当其后滚至头部着地，两手托其腰部帮助推手、翻转。

（六）后滚翻直腿起（图16－5）

动作要领：直立，上体前屈，重心后移，直腿后坐，两手在腿旁主动撑地，举腿，翻臀向后滚，滚至头部时两手于头侧用力推垫，滚翻经屈体立撑成直立姿势。练习时应注意，两腿伸直，翻臀折体推手要积极主动。

图16－5

教学规格：腿直，滚动圆滑。

教学方法：由正立开始直腿坐向后滚动；采用斜坡练习。

保护与帮助：保护者站在练习者侧后方两手提髋帮助其翻转。

（七）后滚翻成手倒立（图16－6）

动作要领：开始同直腿后滚翻。当肩背着地时，举腿上伸的同时，向上伸展髋关节，同时推手成手倒立。练习时应注意，伸髋推手短促有力，推手用力时间在脚举到头部正上方时。

教学规格：伸髋与推手同时完成，手倒立正直。

教学方法：做仰卧举腿翻臀、向上伸展髋关节的练习。

保护与帮助：站于练习者侧后，当其滚至头部着地时，两手握两腿帮助向上伸髋，推手成手倒立。

图16－6

（八）经单肩挺身后滚翻（图16－7）

动作要领：坐撑，上体后倒收腹举腿，在向后滚动时，一手放在肩上，一臂侧举。当头部着地时，在于肩上的手推撑，头向推撑手侧倒，另一侧以头、臂撑地，同时向上伸髋，抬头、挺胸、挺腹、绷脚面，接着向后滚动成俯卧撑。练习时应注意，头向推撑手侧倒时，经单肩伸髋挺胸、挺腹，以挺身姿势向后滚动。

图16－7

教学规格：经单肩倒立方向正，滚动圆滑。

教学方法：做仰卧举腿，一手撑地、一臂侧举，向上伸髋的练习；由手倒立向后做胸滚动至俯撑，体会背肌紧张的感觉。

保护与帮助：站练习者侧后，当练习者向上伸腿时，顺势提其两腿。下落时，慢慢放下。

二、倒　立

倒立是头在下、脚在上、身体和地面垂直的一种支撑动作。从形式上它有手支撑、头手支撑或其它部位混合支撑。

倒立，特别是手倒立是体操基本功的重要内容之一。很多动作，都要经过倒立姿势来完成，同时它又是提高专项素质的一种有效手段。因此，体操训练中应重视这一动作的训练，扎实地打下倒立基本功的良好基础。

这类动作的技术共性是：要控制身体总重心使之落在支撑面内。因此在练习上，必须根据实际情况，采用各种形式和条件的倒立训练，提高大家的这一类基本功及专项素质。

（一）肩臂倒立（图16－8）

动作要领：仰卧开始，两臂于体侧压地，举腿、翻臀，当脚面举至头上方时，伸直髋关节成肩臂倒立。练习时应注意，在垂直面上充分伸直髋关节。

图16－8

教学规格：垂直，稳定。

教学方法：坐撑后倒伸髋，再回原位；体会伸腿，压臂技术及方向。

保护与帮助：保护者站在练习者侧方，两手握住练习者腿上提。必要时，可用膝盖顶其臀部，使其充分伸直。

（二）头手倒立（图 16－9）

动作要领：蹲撑开始，身体前倒用头前额上部触地与两手成三角形，然后提臀，当臀部提至稍过垂面时，伸直髋关节成头手倒立。练习时应注意，在垂直面上充分伸直髋关节。

图 16－9

教学规格：身体直，稳定。

教学方法：首先把头、手位置以及触垫的部位搞清楚；背靠墙进行练习。

保护帮助：站练习者前面，扶其大腿帮助提臀，然后换扶小腿帮助维持平衡。

（三）手倒立（图 16－10）

动作要领：从两腿前后站立开始，上体前倾，两臂与肩同宽，五指分开，含胸撑地；同时一腿后摆、一脚蹬地，当臀部至垂直面时，蹬地腿向摆动腿并拢成手倒立。练习时应注意，手倒立时肩角要顶开，身体要正直，摆腿时紧腰。

图 16－10

教学规格：竖直、立稳。

教学方法：做蹬摆腿练习，体会蹬摆、顶肩以及回落技术；靠墙做倒立。

保护与帮助：站在练习者前面，先用两手扶其髋部帮助提臀摆腿，后换扶两腿帮助控制重心。

自我保护：在前翻失去平衡时，可采用屈臂低头向前滚翻；放一手顺势向前转体收髋落下。

（四）手倒立前滚翻（图 16－11）

动作要领：手倒立开始，重心前移，当头部接近地面时，髋关节微屈，接着低头触地向前滚动，依次滚动两手抱膝成蹲起立。练习时应注意，重心前移时，直臂顶肩直至低头触地。

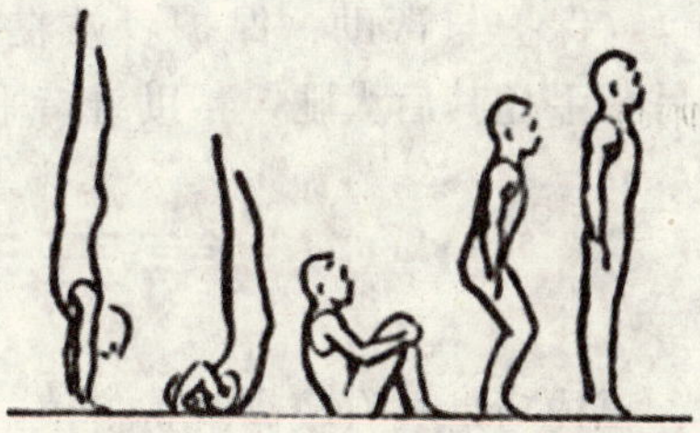
图 16－11

动作规格：倒立前倒保持腿直，滚翻圆滑。

教学方法：先做由肩背倒立前滚起翻；帮助下完成。

保护与帮助：站于练习者侧面，一手扶其腿帮助前移重心，当练习者头触地向前滚动时，另一手托臀帮助起立。

三、手　翻

手翻是经手或头、手支撑的一种翻转动作。从形式上它可以向前、向后和向侧来做。

手翻类动作可用以连接空翻类动作，组成高难度的连接成串的技巧动作。因此，它是直接关系到发展和提高动作难度的一个重要基本动作，必须在少年儿童训练中认真抓好。

教法上要抓住：经过手倒立部位在方向正、速度快的风格上下功夫。

图 16－12

（一）前软翻单脚落（图 16－12）

动作要领：由两腿前后站立、两臂前上举的姿势开始，重心前移，上体前倒，两手撑地，同时两腿依次向后上摆腿、蹬地，经前后分腿倒立，顶肩（并稍后移）、抬头前翻。接着摆动腿与地面垂直落地，同时顶肩、推手、顶髋、立腰，蹬地腿伸向前上方后、于体前点地，成两臂斜上举的站立姿势，练习时应注意，要经过前后分腿倒立后顶肩（并稍后移）前翻，摆动腿与地面垂直落地。

教学规格：重心高，落地近速度均。

教学方法：经分腿倒立前翻成一腿上举的桥；由“桥”形起立，体会顶髋立腰技术。

保护与帮助：帮助者站在练习者侧面，一手托其上臂，另一手扶腰进行帮助。

（二）后软翻单脚落（图 16－13）

动作要领：两脚前后站立，向上顶髋，向后下腰，两手向里撑地，同时一腿摆起，一脚蹬地，经分腿倒立后翻，接着摆动腿落地，推手立腰，蹬地腿后控。练习时应注意，经前后分腿手倒立，顶肩提臀落地，另一腿后控。

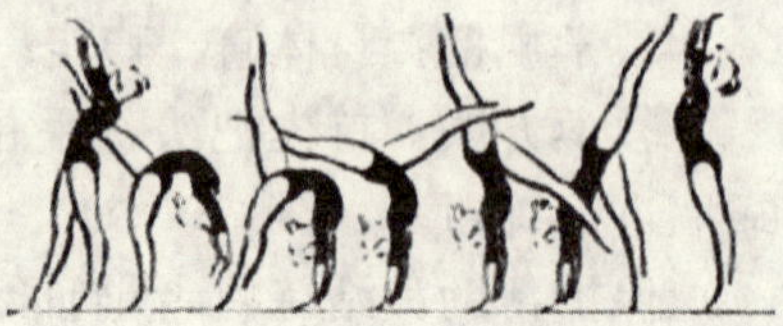

图 16－13

动作规格：手倒立时两腿夹角大于 170 度；起立时后控腿高于 110 度。

教学方法：向后下腰撑高处，一腿前举，再还原；帮助下分段做向后下腰成单腿桥、蹬起成分腿手倒立、起立控后腿。

保护与帮助：站于练习者侧面，一手扶其腰，另一手帮助摆腿完成翻转。

四、燕式平衡（图 16－14）

动作要领：由站立开始，上体慢慢前倾，两臂前斜上举。右或左腿后举，抬头，挺胸，保持平衡。

动作关键：支撑腿应伸直，抬头，挺胸。

教学规格：肩高于臀，膝高于肩。

教学方法：手扶器械并加强后压腿、后踢腿、后控腿的练习；扶着肋木练习以及将后举的腿放在肋木上练习。

图 16－14

保护与帮助：保护者站在练习者的侧面，一手扶其手臂，另一手托其后大腿，帮助维持平衡。

第三节　怎样观赏技巧比赛

技巧是具有较高观赏价值的竞技体育项目。它是以人体美为前提、造型美为核心、力量美为基础、独创美为生命，音乐、舞蹈美为艺术表现形式的一种竞赛表演，使人们得到一种高雅优美与惊险动人相结合的艺术享受，这就是技巧比赛。然而，对于任何一项体育比赛，提高个人观赏水平，必须要了解该项运动比赛的内容与规则。

技巧比赛的 7 个项目，归纳起来即为单人、双人、集体项目三类。每一个运动员必须按规则要求编排 3 套各不相同的套路参加比赛。因此就有第一套、第二套、第三套动作之称。

技巧比赛又可分为 3 种。第一种比赛，也称预赛，运动员必须完成第一套和第二套动作。第二种比赛也称单套决赛。凡在预赛中每套（第一套、第二套）前六名的运动员可分别参加第一套和第二套的决赛。但是在单人项目中，每一套一个国家只能有一名运动员参加，意思是一个国家如果在预赛中有 2 名运动员进入第一套前六名，只能有一人可以参加第一套决赛，第二套也是同样。第三种比赛也称全能决赛，即第三套动作的比赛。凡参加预赛的运动员都可参加全能决赛。规则对三套动作的音乐与时间也作了规定，单人项目和男子四人第一套不需要音乐伴奏，除此之外所有项目各套动作必须用光盘音乐伴奏，这些音乐中不允许有歌词。每套动作以运动员

（或某一运动员）开始做第一个舞蹈动作时计时，一套动作以最后一名运动员舞蹈结束算整套结束。第一、二套动作规定不能超过2分30秒；第三套动作不能超过3分钟。否则按规则每超过1秒要扣0.1分。技巧动作的难度是按完成的难易程度加以区分的，最低的难度为价值1，以后为价值2、3……依次类推。运动员完成的动作达到基本难度要求后，女子单人起评分为9分，男子单人、双人和集体项目均为8分起评，如果运动员每增加完成价值1的难度，加0.1分（单人项目除外），其难度超过10分时，仍以10分起评。

技巧比赛中裁判员进行评分的方法：一般重大的技巧比赛，每个裁判组设7名（也有5名）裁判，其中包括1名裁判长6名裁判员。裁判员对每套动作是按难度、编排、完成情况、总的印象来进行评分的。双人和集体项目还有平衡造型的停止时间和整套动作的时间进行客观的评分。评分的程序是当运动员做完整套动作后，由裁判长先出示难度分，然后裁判员对运动员的动作错误和总印象进行扣分，接着裁判长和所有裁判员同时出示他们所给的分数。记录员根据裁判所示的分数去掉最高和最低两个分数，计算出中间5个分的平均分，为最后得分，由裁判长公开出示。如果5个中间分中最高和最低两个分差距超过0.3分，裁判长有权召集所有裁判员会商或同个别裁判员协商。如果会商达不成协议，裁判长须将此事提交仲裁委员会作最后裁决。

名次的确定：技巧每个项目可设全能、第一套、第二套3枚金牌，7个项目共计21枚金牌。每个项目全能成绩分是以第一种比赛（预赛）两套动作的得分和第三种比赛（全能决赛）的得分总和计算。每个项目的单套成绩分是以第一种比赛和第二种比赛（单套决赛）同一套动作（第一套或第套）的得分总和计算。分数列前则名次列前，分数相同则名次并列。

复习思考题

1. 技巧对人体健身、健康的作用是什么？
2. 如何欣赏技巧运动？

主要参考书目

董昭岗主编．体操［M］．北京：高等教育出版社，2005

第十七章　体育舞蹈

第一节　体育舞蹈概述

一、体育舞蹈的发展概况

体育舞蹈也称“国际标准交际舞”，是体育运动项目之一。它是男女相伴的一种步行式双人舞的运动项目。体育舞蹈按竞赛项目可分成3类：标准舞、拉丁舞和团体舞，共10种舞种，其中标准舞“（*Standard Dancing*）（原称摩登舞）有华尔兹（*Waltz*）、维也纳华尔兹（*Viennese Walta*）、探戈（*Tango*）、狐步（*Foxtrot*）和快步（*Quick Step*）5种舞；拉丁舞（*Latin American Dancing*）包括伦巴舞（*Rumba*）、恰恰恰舞（*Cha - Cha - Cha*）、桑巴舞（*Samba*）、斗牛舞（*PasoDouble*（西班牙文））和牛仔舞（*Jive*）5种舞，每个舞种均有各自舞曲、舞步和风格，并根据各舞种的乐曲和动作要求，组编成各自的成套动作。团体舞是标准舞或拉丁舞的混合舞，由8对选手组成，借助音乐引导，通过队形的变换，将5种舞蹈组合，从而编织出丰富多彩的图案，使音乐、舞姿、队形、图案和选手的配合，和谐地融为一体，更加鲜明地表现出体育舞蹈的风格特点。

（一）世界体育舞蹈的发展概况

体育舞蹈和其他舞蹈艺术一样，是随着人类社会和文化的演变而发展的。其前身是社交舞，又称舞厅舞。14～15世纪，意大利出现了社交舞；16世纪，社交舞传入法国；1768年，巴黎有了第一家交际舞舞厅，从此，社交舞逐渐成为西方社会一种普遍的社交方式。

1924年，英国皇家舞蹈教师协会对当时部分社交舞进行整理，对华尔兹、探戈、维也纳华尔兹、狐步、快步等舞的舞姿、舞步和跳法加以规范，称作国际标准舞。第二次世界大战后，英国皇家舞蹈教师协会又将伦巴、恰恰恰、桑巴、斗牛、牛仔等拉丁舞整理并纳入了国际标准舞范畴。此时，国际标准舞已包括了标准舞、拉丁舞两大类，并发展至10个舞种。

国际标准舞以其特有的风格和魅力在极短的时间里风靡世界，并获得了极高的国际声誉。尽管曾发生过新潮舞——摇滚、迪斯科的“入侵”，但随着世界艺术思潮回转并趋向稳定和平衡，人们又开始崇尚高雅和经典的艺术。国际标准舞因其典雅和规范化的基本舞步以及日趋清晰的技巧体系，得到公众的认可，并迅速发展起来。

国际标准舞的普及推动了竞赛的开展。1959年，国际交际舞理事会制定规则，举行了第一届交际舞世界锦标赛，此后每年举行一次。1960年，拉丁舞正式被列入世界锦标赛比赛项目。1964年，国际标准舞又增加新的表演和比赛项目——团体舞（也称队列舞），使国际标准舞10个舞种的风格特点得到更为鲜明的体现。至此，国际标准舞已发展为标准舞、拉丁舞、团体舞3种形式，每年在国际上都有各种级别不同规模的多种比赛，后被称为体育舞蹈。

体育舞蹈不仅成为人们建立友谊、陶冶情操、锻炼身体的极好形式，而且由于它具有较强的娱乐性和竞技性，许多国家从奥运战略角度出发，将其纳入本国竞技体育的范畴，并成立了相应的竞技性体育舞蹈组织。

近年来，世界标准舞蹈协会（*International Council of Ballroom Dancing*，缩写 *ICBD*）与世界业余舞蹈协会（*International Council of Amateur Dancers*，缩写 *ICAD*）相继改名：*ICBD* 改名为 *WDDSC*（*World Dance and Dance Sport Council*，缩写 *WDDSC*），称作世界舞蹈和竞技舞蹈总会；*ICAD* 改名为 *IDSF*（*International Dance Sport Federation*，缩写 *IDSF*），称作国际竞技舞蹈联合会。

（二）中国体育舞蹈发展简况

交际舞早在20世纪30年代就传入我国，先在上海，后又在天津、广州等大城市流行起来，并逐渐成为一种自娱性较强的普通交际舞形式。

20世纪80年代初，国际标准舞进入一个新的发展时期。外国专家及优秀选手纷纷来华讲学、交流、表演。国际标准舞迅速从北京、广州向全国推广。1989年，中国舞蹈家协会正式成立"中国国际标准舞总会"，后改为"中国国际标准舞协会"。

1991年，中国体育舞蹈运动协会成立，并依照国际规则，制定了我国第一个《体育舞蹈竞赛规则草案》，在30个省、区、市成立了体育舞蹈协会，举办了第一届全国体育舞蹈锦标赛，并相继加入 *WDDSC* 和 *IDSF*。1993年底，中国体育舞蹈运动协会举办了世界杯体育舞蹈锦标赛，这是我国首次举办获得 *WDDSC* 和 *IDSF* 认可的世界性公开赛。

1991年至2009年，中国体育舞蹈锦标赛已相继举办19届，累计上万对选手参加比赛，一批批优秀选手脱颖而出，成为我国体育舞蹈发展和推广的中坚力量。一年一度的全国体育舞蹈锦标赛，吸引了众多国人的关注。通过全国体育舞蹈锦标赛选拔，一些优秀选手走上世界体育舞蹈竞技场，一方面，展示我国体育舞蹈发展的成果；另一方面，更重要的是选手们学到了国外先进体育舞蹈技术，对我国与世界各国体育舞蹈的沟通与交流起到了积极作用。

在中国体育舞蹈运动协会和中国国际标准舞协会的努力下，英国、日本等国以及中国台湾、中国香港地区的体育舞蹈专家来华传授体育舞蹈，并考核国家级、省级教师和裁判员，有力地推动了我国体育舞蹈运动的开展。1995年下半年，我国在上海组织了"英国皇家舞蹈教师协会（*International Society of Typographic Designers*，缩写 *ISTD*）"的教师级考核，30多人次通过了考核，成为 *ISTD* 首批中国会员。1996年4月，我国在北京组织了"国际体育舞蹈教师协会"（*International Dance Teachers Association*，缩写 *IDTA*）的考核，16人通过了评审级考核，34人通过了教师级考核，成为该会会员。

与此同时，一些专业院校，如北京舞蹈学院社会舞蹈系设立了国际标准舞专业；北京体育大学体育表演系也增设了体育舞蹈专业。随着体育舞蹈逐步被纳入专业教学，其科研、训练、竞赛水平也将会进一步得到提高和发展。

二、体育舞蹈特点和作用

（一）体育舞蹈特点

体育舞蹈是由属于文艺范畴的舞蹈演变而来的体育项目，它兼有文艺和体育的特点，是介于文艺和体育之间的边缘项目，是以竞赛为目的，具有自娱性和表演观赏性的竞技舞蹈。它具有以下三个特点：

1. 严格的规范性　规范性首先表现在体育舞蹈是一个完整的舞蹈系统，如同中国古典舞和西方芭蕾舞一样，它是经过数百年历史的锤炼、几代人的加工而成的；其次表现在技术的规范性上，它严格到多一分嫌过，少一点欠火。

2. 表演观赏性　体育舞蹈融音乐、舞蹈、服装、风度、体态美于一体，既有观赏的价值，又有参与的可能，被认为是一种"真正的艺术"。

3. 体育性　体育性一方面体现在竞技性，即比成绩，拿冠军，为国争光；另一方面表现在锻炼价值上。从20世纪60年代至今，许多科研人员对体育舞蹈的生理和心理作用做过研究，通过对人体能量代谢、能量消耗和心率变化的测定，结果显示：华尔兹和探戈的能量代谢为7.57，高于网球7.30，与羽毛球8.0相近；体育舞蹈的最高心率为：女子197次/分，男子210次/分。可见，体育舞蹈引起人的生理变化是明显的，它既陶冶情操又锻炼体魄。

（二）体育舞蹈的作用

体育舞蹈以竞赛为目的，且具有很强的自娱性、表演性和观赏性。人们可以根据自己的状况及爱好，选择不同风格的舞种进行练习，是一项老少皆宜、便于开展，具有塑造形体、培养风度气质和怡情健体功能的新兴体育运动项目。它能促进人的身心健康发展，并具有很好的社会作用和教育功能。

1. 体育舞蹈促进人身心健康的作用　体育舞蹈的健身作用。体育舞蹈对参与者的心血管系统、呼吸系统产生良好的影响。通过体育舞蹈锻炼，练习者的心肌收缩力加强，血管壁肌层增厚，提高了血管壁的弹性，进而提高心脏的功能。体育舞蹈练习提高练习者呼吸肌的力量和耐久力，使其肺活量增大，呼吸深度加强，增加每次呼吸时的气体交换量，这样既有利于呼吸肌的休息又可以提高呼吸系统的功能储备，从而保证人体在激烈运动时对氧气的需要。体育舞蹈练习能提高参与者消化系统的机能。人体在运动中大量地消耗能量，加之体育舞蹈运动过程中髋关节活动较多，刺激了肠胃的蠕动，增强了消化的机能，也有助于营养物质的吸收和利用，从而提高机体对疾病的抵抗能力。体育舞蹈动作是在人体中枢神经系统的支配调节下进行的。因此，体育舞蹈练习也能提高参与者中枢神经系统的机能水平。

体育舞蹈的健心作用。体育舞蹈动作优美、协调、舒展、奔放，能使身体得到全面的锻炼，同时在音乐的伴奏下，使人陶醉在美的韵律之中，能很快排除心理上的紧张与烦恼，使身心得到全面调节，精神面貌和气质修养都会有所改善和提高。体育舞蹈这一项目本身给学生提供了发展个性和培养创造能力的空间，学生在进行体育舞蹈编排的过程中，可以充分运用自身所掌握的舞蹈知识，根据其对社会、对生活、对艺术的认识和理解，创造性地发挥个人的才能，并从中体验到成功感和满足感。此外，体育舞蹈的比赛和表演十分注重个人的自信心和表现力，它为学生提供了一个充分展示自我的舞台，让学生体验到对人生、对理想、对事业的追求。

2. 体育舞蹈的社会作用　为终身体育打下基础。体育舞蹈是人们较为喜欢的体育运动项目。当一个人对某项活动产生了兴趣，形成了相对稳定的心理倾向时，就能够充分调动其主观能动性，创造性地、执著地去追求，这对体育习惯的形成是至关重要的。体育舞蹈带给人们的欢愉体验是强烈、持久和活跃的，人们在追求健康、美丽的过程中，心理上、情绪上都得到充分的满足，从而能够变被动运动为主动运动，变强制性体育参与为自觉性体育参与，最终达到终身体育的目的和终身受益的功效。

服务于社区体育活动。现阶段我国社区体育仅政府推动是远远不够的，还必须有居民的积极参与和互助合作。只有通过群众广泛参与及互助合作才能形成自我调整、自我完善的内部推动机制。大学生既是体育的实践者，也是体育的宣传员，随着学生走向社会，他们就会把在学校学到的体育舞蹈的技术、技能、知识带入社区，充分利用节假日和双休日组织健康、文明、小型的体育舞蹈练习、竞赛、交流以及培训活动，积极引导所在区域更多居民参加体育运动。体育舞蹈作为一种群体运动，在公共场所进行锻炼，有助于提升人的团队精神和增强友谊、广交朋友的群体意识，其意义更加深远。

3. 体育舞蹈的教育作用　全面发展学生的身体素质。体育舞蹈是一项全身性的体育运动，它强调全面发展身体，使头部、躯干、上下肢及身体各关节都得到锻炼，并可以根据不同的对象、不同的目标，有针对性地选择或编排动作进行身体锻炼。通过学习和掌握体育舞蹈各种基本动作和基本技能，提高身体的基本活动能力，提高对外界的适应能力和对疾病的抵抗能力，从而增强体质，发展身心。对处于长身体阶段的学生，体育舞蹈锻炼能有效地促进学生身体的正常生长发育，增进健康，增强体质，形成正确的身体姿势，塑造美的体态。另外，体育舞蹈的音乐和美学特性，能使学生产生强烈的兴趣，充分调动学生参与学习的积极性和主动性，也能充分满足学生的生理、心理需求，引导学生积极参与体育锻炼，进一步促进学生身体正常发育和身体功能的发展，使学生的协调性、灵敏性、柔韧性、速度、力量、耐力等身体素质得到全面的发展。

培养学生良好的道德品质。体育舞蹈锻炼，无论是有组织的集体活动或是个人的单独练习，无论是体育舞蹈比赛还是体育舞蹈表演，都对培养和锻炼人良好的道德品质有着积极的作用。在集体活动中，体育舞蹈有助于提升人的团队精神和增进友谊、广交朋友的群体意识。体育舞蹈比赛还能培养人的积极上进、奋力拼搏的顽强精神。

提高学生的审美素质。体育舞蹈带给学生身体的健康、肌肉的匀称、体态的高雅、动作的优美，以及各种表演、比赛带来的成功的喜悦、欢快的情绪、美的体验，从而进一步培养学生良好的体育审美爱好与情趣。通过体育舞蹈锻炼来挖掘与表现人体美、健康美、动作美、姿态美，是对学生进行良好的审美教育的重要途径。

开发学生的智力。体育舞蹈练习通过改善学生大脑的物质结构和机能状态，全面发展观察力，充分调动注意力，广泛训练记忆力，启迪诱导想像力，帮助提高思维能力，为智力的开发创造良好的生理条件和环境条件。

第二节　体育舞蹈基本知识

一、体育舞蹈基本名词

1. 舞程向　在一个舞池中，为避免互相碰撞而严格规定舞者必须按逆时针方向行进，这个行进方向叫舞程向。

2. 舞程线　沿舞程向方向行进的路线叫舞程线。

3. 舞姿　泛指舞者跳舞的姿态。

4. 合对位舞姿（闭式位舞姿）　“合”指男女交手握抱；“对”指男女面对面，泛指男女面对双手扶握的身体位置。

5. 侧行位舞姿　指男士的右侧与女士的左侧身体紧密贴靠，身体的另一侧略向外展开成“V”形的站立或行进的身体位置。

6. 外侧位舞姿　是指在摩登舞中，男女舞伴的一方向另一方的右外侧（常见）或左外侧（较少见）前进所形成的身体位置。

7. 并肩位舞姿　指拉丁舞中，男女面对同一方向肩臂相并的身体位置。以男士为基准，男士左肩与女士右肩相并叫“左并肩位”；男士右肩与女士左肩相并叫“右并肩位”。

8. 影子位舞姿　男女舞伴面向同一方向重叠而立，形影相随的身体位置。以女士居前较常见。

9. 反身动作　一侧脚前进或后退时，异侧肩和胯后让或前送，使身体与舞步形成反向配合的身体动作。

10. 反身动作位置　在身体不转动情况下，一脚在身前或身后形成交叉，以保证两人身体维持相靠姿态的身体位置叫反身动作位置。常用于外侧舞伴姿态，侧行位置姿态的舞步中。

11. 升降动作（起与伏）　是指在跳舞时身体的上升与下降。升降动作是在膝、踝、趾关节的屈和伸动作的转换过程中完成的。

12. 摆荡动作　是指舞者在身体上升做斜向或横向移动时像钟摆似地把身体摆动起来。

13. 倾斜动作　指在跳一些舞步时，身体的倾斜。从形体上讲，是指肩的平衡线向左向右的倾斜，它与地面的水平线成三角斜线。

14. 节奏　通常指以一定规律反复出现、赋予音乐以性格的具有特色的节拍。

15. 速度　这里指音乐速度，即每一分钟内所演奏的小节总数。

16. 组合　两个或两个以上的舞步型的结合。

17. 套路　由若干个组合而串编成一套的完整的舞步型。

二、体育舞蹈技术动作术语

1. 准线　指的是双脚的位置或双脚方向与房间的关系。

2. 平衡　舞蹈中身体重心的准确分配。

3. 基本舞步　构成一种特定舞蹈的基调舞步型。

4. 擦步　当动力脚从一个开位向另一个开位移动时，必须先与主力脚靠拢，而重心不变的舞步。

5. 脚跟转　向后迈出的脚的脚跟转。在动作过程中并上的脚必须与主力脚平行，旋转结束时身体重心移动至并上的那只脚。

6. 脚跟轴转　不变重心的单一脚跟旋转。

7. 踌躇步　前进暂时受阻的舞步型或舞步型部分，重心停留于一脚超过一拍。

8. 逗留步　身体运动或旋转受阻时的部分舞步型，双脚几乎静止不动。

9. 开式转　第三步不是并靠而是超越第二步的旋转。

10. 轴转　一脚脚掌的旋转，另一脚处于或前或后的反身动作位置。

11. 锁步　两脚前后交叉的舞步。

三、体育舞蹈的舞程方位与角度

体育舞蹈是在一个长为 23 米，宽为 15 米的平整光滑的场地内进行，除伦巴、恰恰恰、牛仔以外，其他七种舞蹈均沿着场地逆时针绕场有序地运行。

作为规范性极强的定性舞蹈，尤其是标准舞，其方位、角度、身体姿态循规蹈矩，不差分毫。每个舞步的开始、结束时所站立的方向，运步、旋转过程中的方位、角度都有一定的规范，是教学、编排、习舞等都必须掌握的知识。

1. 旋转角的认定　旋转时以每转 360 度为一周；旋转 45 度角为 1/8 周；旋转 90 度角为 1/4 周；旋转 135 度角为 3/8 周；旋转 180 度角为 1/2 周；旋转 225 度角为 5/8 周；旋转 270 度角为 3/4 周；旋转 315 度角为 7/8 周。在记录旋转动作时，应先标明旋转的方向，即左转或右转，再标明角度。

2. 方位　为了便于舞蹈进行中正确地辨别方位和检查旋转的角度，根据国际上记录各种舞蹈的惯例，在舞场上要规定一定的方位。一般情况下，多以乐队演奏台的一面为规定方位的基点，定为“1 点”（也可在场地中任选一个面定为“1 点”）。每向顺时针方向转动 45 度角则变动一个方位，依次类推 2、3、4……共有八个点，因此，一个场地中的四个面为 1、3、5、7 点，四个角为 2、4、6、8 点。

第三节　体育舞蹈基本技术

一、标准舞的握抱姿势

标准舞又称摩登舞，它包括华尔兹、探戈、狐步、快步、维也纳华尔兹。无论在娱乐、健身还是比赛，握抱姿势正确，体态优美是观众和评委的第一印象。而华尔兹、狐步、快步、维也纳华尔兹与探戈舞独特的风格和舞步要求不同，故握抱的姿势有很大的差异。在此介绍两种不同的握抱姿势：

（一）华尔兹、快步、狐步、维也纳华尔兹舞蹈的握抱姿势

1. 闭式舞姿 （1）男子握姿。①直立，两脚并拢，挺胸立腰，收腹微提臀，两膝自然放松；②左手与女伴右手掌心对掌心相握，虎口向上，前臂与大臂的夹角为135度左右，高度与女伴右耳峰水平相平；③右手五指并拢，轻轻置于女伴左肩胛骨下端，前臂与大臂夹角为75度左右；④头部自然挺直，目光从女伴右肩方向看出；⑤右腹部1/2微贴女伴（服装与服装间接触）。（2）女子握姿。①直立，两脚并拢，膝关节放松，收腹提臀，紧腰向后上方打开；②右手与男伴左手掌心对掌心相握轻轻挂在男伴左手虎口上；③左手在男伴右肩袖处轻轻搁置，用虎口轻轻掐住男伴三角肌；④头部略微向左倾斜，目光从男伴右肩方向看出；⑤右腹部1/2微贴男伴（服装与服装之间接触）。

2. 散式舞姿（也称P. P. 舞姿，*Promenade Position* 的简称） 在闭式位的基础上，男伴将头及上身略向左打开，女伴将头及上身略向右打开，男女伴的头向同一方向看出，腰胯部接触同闭式舞姿。

（二）探戈舞的握抱姿势

由于探戈舞具有独特的风格和舞步要求，所以它的握抱姿势与上述四种舞均不相同。

1. 闭式舞姿 男伴的右脚回收半脚并到左脚脚弓处，前后错开半个脚，重心下沉，膝关节弯曲并松弛，右手回收，肘关节上抬，前臂内收角度加大（接近90度）。右手略向下斜插女伴的脊椎骨略靠近右肩胛骨的地方（不要超过脊柱）。女伴的左手拇指贴向掌心，四指并拢，虎口处抵住男伴的上臂外侧靠近腋部。男伴右肘与女伴左肘部相叠，即男伴右肘骨抵住女伴的右肘内窝。男伴与女伴位置是1/3微贴，接触点是膝关节、胯部到腹部的位置。

2. 散式舞姿 这是探戈舞中最常见的一种舞姿，在原闭式位上，男伴上身更向右拧转，腰、腹部带动女伴左拧，男伴头部及胸部向外打开，眼通过相握手的前臂看出，重心在右脚，左脚拇指内缘点地，膝关节内合包住女伴的右膝女伴重心在左脚，右腿屈膝，膝关节内扣，右拇指内侧点地。

二、几种常见的舞蹈

（一）华尔兹（Waltz）

华尔兹，英文缩写W，是人们通常所说的“慢三步”，它是交际舞中历史最悠久的舞蹈，源于德国和奥地利的一种宫廷舞蹈，流行并发展于英国和欧洲许多国家。可把它理解为五种舞中最简单易学的。华尔兹舞的风格是典雅大方，动作似水般流畅，旋律性强，兴奋而热烈，体现舞伴之间的内心世界。身体起伏、倾斜、摆荡和反身是该舞蹈的主要特点。华尔兹的音乐节拍是3/4拍，每分钟30～32小节（职业比赛为27～29小节），基本节奏上有平均的1、2、3拍，没有快、慢步，第一拍为重拍。

技术要点：相对的身体动作。每次的前进和旋转的第一步要避免过分用力，感受前摆的力量，而不是“拧”的感觉，以使第二步产生宽的步幅。膝关节随着前进迈步应微微放松，使身体上升变得柔和而富有弹性。腿的动作和身体上升是渐进的，其顺序是先膝再踝后脚掌的依次伸展，其顶点是双脚并拢的那一刻。下降时三关节运动相反。

（二）探 戈

探戈舞是最早被英国皇家舞蹈教师协会肯定并加以规范的四个标准舞之一。风格：动静交融、潇洒奔放、快捷利落。舞曲为2/4拍，每分钟30～40小节，音乐的特点是以切分音为主，并带有附点为停顿，舞步分慢步（S）和快步（Q），其中，S占1拍；Q占半拍。跳探戈舞时要求膝关节松弛、微屈、重心下沉，左脚前进以大腿交叉与反身动作位置，右脚前进将大腿分开，右肩引导。

技术要点：与一般舞蹈相比较要更加放松，但腿要保持一定的紧张度，防止起伏和摇摆。探戈走步中的所有舞步都要轻抬轻放，下脚要干净利落，走步中左脚稍作滞留形成利索敏锐的动静特征。

（三）节奏舞蹈（社交韵律）

节奏舞蹈，是对初学者最容易掌握的舞蹈，亦指在拥挤的场合跳的交际舞蹈。音乐4/4拍，速度为每分钟26～50小节，慢拍是两拍，快拍是一拍，从头到尾均为SSQQ节奏。其舞蹈特征是：步幅小，步态轻松、徐缓，身体稍作轻度倾斜，髋部随脚步移动略有扭摆，握法与探戈舞相似。

（四）伦巴舞

伦巴舞是拉丁舞中最具独特魅力的舞蹈，髋部富有魅力地扭摆，身体自由律动、舒展，在缠绵、浪漫、抑扬的韵律节奏点缀下，显现出舞蹈的柔媚、抒情，婀娜多姿的女性美态展示得淋漓尽致，故被誉为“拉丁舞之魂”。一般舞步从开始至结束，男女相握时的身体位置构成基础的舞蹈动作。

1. 闭握式位置　男女约相距15厘米，女士略靠男士的左侧，男士右手放在女士肩胛骨的下半部，手臂轻柔而微曲的拥抱女方，手肘高度约与女士的胸部相齐，女方的左臂则顺此曲线轻放男士肩的上方，而左手也轻轻置于男土的右肩之上。男士左右臂高度相互对齐，左前臂上举，左手腕平直，手心约至鼻子的高度并以左手微握女士右手，相握的位置约在两人身体相握的中心点。

2. 分式位置　男女分开约一个手臂的距离，互视对方，周期不同的舞步双脚位置有所不同，重心可落在任何一脚，女方重心脚与男方相反。

3. 扇形位置　女士在男方的左侧相隔一个手臂的距离，男女方成直角的排列，女方重心在左脚。男方右脚向侧并稍向前跨出，支撑重心。

4. 分式并退位置　男士向右，女士向左各转1/4圈后，男方右脚女方左脚向后各踏一步；男方左手，女方的右手向前抵出略向下收，两手位置稍低于其胸骨；男右手和女左手则向外侧伸出与肩同高。

（五）恰恰恰（Cha - Cha - Cha）

恰恰恰是模仿企鹅姿态创编的舞蹈，具有诙谐、花俏的风格。舞曲曲调欢快，4/4拍，每分钟29～32小节，其节奏为1、2、3、4&l，其拍子值1拍，1拍，1/2拍，1/2拍，1拍。拍子的1、2、3各走一步，第4拍是两步，故恰恰舞由5步构成。

动作要点：每个舞步都应在前脚掌上施加压力，随重心到脚上，膝关节要伸直，落踵并扭胯。伦巴舞用轻擦地面的迈步来表现情意的缠绵，恰恰恰则是用稍离地面的踏步来表现心情的欢快。正确的舞姿、稳定有力的腿部和足部动作是极为重要的。恰恰恰最重要的三个舞步：

1. 追步　基本形式是由三步组成，分向左、右、前、后和原地，转与不转。在做追步时，第一步在数“4”时向侧移动，脚法是脚掌平面，膝部略屈；第二步在数“&”时半关闭，双膝略屈，脚跟略提起，重心完全在脚掌上；第三个舞步在数“1”时一脚伸膝发力，把另一脚“推”向侧，脚法是脚掌平面，结束时两膝伸直，重心脚由脚掌变为全足，非重心脚脚跟提起，使身体挺拔。

2. 锁步　前进锁步是：数“4”时脚法是前脚掌平面；数“&”时后脚脚尖放在靠近前脚跟稍后侧的位置，脚尖外转，脚法是脚尖，膝部动作为前腿直膝，后腿略弯；数“1”时，后脚伸膝发力，把另一脚“推”向前，脚法是前脚掌平面，脚位是向前偏右。后退锁步是：数“4”时脚后移，脚法是脚尖，脚位放置在前脚跟垂线的稍外侧，膝部伸直；数“&”时，脚后移，脚法是脚掌平面，脚位是脚跟放在靠近后脚脚尖稍外侧的地方，脚尖外转；数“1”时一脚伸膝发力把另一脚“推”向后，脚法是脚掌平面，脚位是向后偏左。

3. 抑制前进步（制动步）　为了改变前进的方向，用来造成停顿或转向的那一步。其特征是：前移脚先到定位，只有部分的体重移到前脚；另一脚膝部略弯曲并靠近前脚的膝部，即前脚在承受整个（或部分）的体重或臂部动作未发生之前，前移之脚的膝部已先打直制动。

第四节　体育舞蹈欣赏与评判

一、体育舞蹈欣赏

体育舞蹈是一种在音乐伴奏下进行的体育运动。俗话说："外行看热闹，内行看门道。"究竟如何来欣赏体育舞蹈呢？由于欣赏者的欣赏水平不同、审美观点各异，因此，欣赏的角度和审美标准也因人而宜。但不论从哪个角度观赏，都有一个共同点，那就是欣赏体育舞蹈的美。

（一）体育舞蹈"美"的内涵

体育舞蹈是一门综合性艺术。欣赏者能用视觉直接感受到艺术形式的美与丑，特别是对体育舞蹈的表演，欣赏者一眼可以看出表演者的步子大小、舞姿的美丑，通过观察、对比，从中得出好与坏。"美"有娇柔秀美之态；"美"又有"健美"、"体形美"、"姿态美"和"仪表美"之分。"健美"是指人体健康之美，肌肤健壮，精神十足；"体形美"是指人体各部位长得匀称端正；"姿态美"是指人体运动过程与终结时的各种姿态协调一致，如人们常说的站有站相，坐有坐样，卧有卧姿，不能因为身体重心移动而使身体形态变得不协调；"仪表美"，主要指外表的自然美，合体的服饰及面部头部的修饰，让人们看起来自然而漂亮，加上道德修养，举止言谈落落大方，动作协调，准确灵活，处事又文质彬彬，礼貌待人，就会由仪表美转为风度美。

（二）体育舞蹈的审美取向

体育舞蹈是人体形态的展现，也是人体艺术的一种。对多数欣赏者来说，可以从舞蹈的内容、形式、形体、步型等方面来欣赏；对于专业行家来讲，可以从对舞蹈音乐的处理、舞蹈的技巧、艺术感染力等艺术角度来欣赏。但不论何种类型的欣赏者，都会先看舞蹈者的形体美。这种美感主要是先天自然生成和后天加工修饰的结合，这也是舞蹈者得天独厚的优势所在。假如几对选手水平相差无几，那么，谁展现得好，而又有充满韵律的身体曲线美，谁就会夺魁。各类欣赏者也都争着多看上几眼，甚至流连忘返。对一般爱好者来讲，欣赏体育舞蹈时，除上述之外，还会看舞蹈者的服装和舞步，这是对体育舞蹈认识过程的第一阶段，称之为感性阶段。观赏者没有经过正规的学习与训练，但有的已对体育舞蹈产生了浓厚的兴趣。这种直观的感觉往往是片面的和表面的，甚至有时带有错误的偏见。另外，有一些观赏者不惜重金去买体育舞蹈表演观摩卷，这些观赏者大多数已成为体育舞蹈的内行或接近内行，他们已经进行过体育舞蹈的理论学习，并付诸于实践，有了理性上的认识，这是对体育舞蹈认识过程的第二阶段，称之为理性阶段。他们在欣赏体育舞蹈时，多从理性方面去欣赏。

（三）体育舞蹈的欣赏角度

1. 表演者的形体美与动态美　首先看表演者本身充满韵律感的身体曲线美，然后再看表演者通过舞动所展现的肢体姿态是否协调，是否保持了先天人体曲线美。高超的舞技和有特色的舞蹈增添许多美的姿态，形成一种流动中的动态美。

2. 表演者的基本技术与技巧　先看运步方法是否正确，以及男、女伴的配合是否默契，然后再进一步看舞蹈者的反身、倾斜、摆荡、升降和旋转五大技术的运用程度。

3. 表演者对音乐的理解程度　音乐与舞蹈是相辅相成、缺一不可的姊妹艺术，与其说跳舞蹈，不如说跳音乐。因此，主要看舞蹈者是否能把自己所跳的舞蹈与音乐完美地融为一体，看舞蹈者是否通过舞蹈动作来表达和反映出对乐曲的完全理解。

4. 表演者的舞步及套路的编排　为了表达每种舞的特定属性，表演者会通过非常娴熟的舞步，根据赛场的条件及观众的口味，分别编出几套科学而流畅的套路步法。因此，要看表演者舞蹈中的步型是否连接得既科学又流畅，是否按舞程线方向行进等。

5. 表演者所跳舞蹈的艺术感染力　首先看表演者所跳的舞蹈是否有时代感，能否被现代人所接受。表演者要想获得较完美的艺术效果，就要情绪饱满而稳定，使所跳的舞蹈动作有棱有角，有刚有柔，神形相映。体育舞蹈作为一种表演性艺术让人们看了以后要有“舞有尽而意无穷”的感觉。

二、体育舞蹈的评判

（一）评判要素

1. 基本技术　足部动作、姿态、平衡稳定、移动。
2. 音乐表现力　节奏、风格的理解和体现。
3. 舞蹈风格　细微区别各种不同舞种之间的风格、韵味上的差别；个人风格的展现。
4. 动作编排　动作流畅新颖，运用自如；体现舞种的基本风韵并有一定技术难度；动作与音乐密切配合，发挥音乐效果；编排有章法，充分利用场地。
5. 临场表现　赛场上的应变能力；良好的竞技状态，专注、自信，能自我控制临场发挥。
6. 赛场效果　舞者的风度、气质、仪表及出入场的总体形象。

在六要素中，前3项主要指选手的技艺品质，后3项是选手的艺术魅力。在第一、二次预赛中裁判着重于前3条要素的评判，在半决赛时着重于后3条要素的评判，在决赛中应全面地评价选手各要素的完成情况。

（二）比赛场地与服装

1. 比赛场地　长23米，宽15米。选手按逆时针方向运行，交换舞程时应过中心线。
2. 比赛服装　规定摩登舞男子穿燕尾服，女子穿不过脚踝的长裙。拉丁舞服装应有拉美风格，男女选手服装必须协调，男选手穿紧身裤或萝卜裤，上身穿宽松式长袖衣；女土穿露背、腿的短裙。男女舞鞋应与服装颜色一致，男子摩登舞一般穿黑色舞鞋，女子穿5～8厘米的高跟鞋，鞋面可加镶嵌亮饰。男子拉丁舞鞋同摩登舞鞋，女子穿高跟有襻凉鞋，鞋可加亮饰。服装的样式、色彩随时代发展在不断变化。
3. 发型　男子发型可留分头，前不遮耳，后不过领，不能留长发长须；女士为短发式或长发盘髻，可加头饰，不可披长发。
4. 号码　专业选手背号为黑底白字。业余选手背号为白底黑字。

（三）对选手的规定

不许在同类舞场中交换舞伴；准时入场，违者按弃权论处；编组后不能改变组别；摩登舞比赛必须男女交手跳舞，拉丁舞比赛不许做托举上肩、跪腿等动作。

复习思考题

1. 简述体育舞蹈的分类和特点。
2. 体育舞蹈对促进人身心健康有哪些积极作用？
3. 分别列举十种体育舞蹈中的基本名词和动作术语。
4. 如何欣赏体育舞蹈表演？
5. 裁判评判体育舞蹈的要素有哪些？

主要参考书目

周志俊，吴峰主编．大学体育［M］．合肥：安徽人民出版社，2006
周学荣．高师体育与健康教程［M］．合肥：安徽人民出版社，2001
吴东方．交谊舞现代理论与流行跳法［M］．长沙：湖南文艺出版社，2005

第十八章　健身秧歌

第一节　健身秧歌概述

一、健身秧歌的产生与发展

（一）传统秧歌的起源

秧歌是我国汉族具有代表性的一种民间舞形式，它起源于插秧和耕田的农业劳动生活。秧歌顾名思义是插秧等劳动中唱的歌，所以，它是一种最早的“歌唱”形式，后来才出现“舞蹈”和“戏曲”的表演形式。此后，随着插秧在民间广为流传，每逢年过节老百姓都有闹秧歌的风俗习惯。秧歌从它诞生到演变至今已经过了相当久远的历史岁月。

秧歌是一种地道的农民艺术，它是集歌、舞、戏、杂要、武术等一体的群众性娱乐活动，一般首先以“大场”，也就是集体舞开场，然后是“小场”，主要演出小型舞蹈、歌舞、小戏等，最后再以“大场”结束。场上的领头者叫做秧歌头，通常举着一把表示风调雨顺的伞，领着秧歌队边走边扭即兴领唱，众秧歌队员随伞头走各种各样的城市化方阵边走边扭。打开场子后就开始“小场”的各种表演，有高跷、走马、舞狮、推小车、跑旱船、要枪舞棒等。秧歌文献记载较多的是清代：北京的秧歌不只是街头广场活动，连戏园里也有了表演，“早春戏馆换新腔，半杂秧歌侑客觞”，记述了当时我国南北各地秧歌的情况。

（二）延安秧歌运动

在中国近现代艺术表演史上，有一项重要的运动对以后的中国音乐舞蹈事业的发展，起到了根本性的影响，这就是延安秧歌运动。1942 年 5 月 2 日毛泽东在《延安文艺座谈会上的讲话》，延安文艺进行了整风。文艺工作者开始深入农村、部队熟悉他们的生活，他们一方面努力创作，演出反映火热斗争生活的新作品，同时也探索为群众所喜闻乐见的民族艺术，将旧秧歌那些不健康的因素逐渐剔除。“延安文艺界”结合当地斗争实际和特点，创作出大量的秧歌剧及歌舞，如《兄妹开荒》、《夫妻识字》、《组织起来》等，为这门古老的民间艺术赋予了新的内容和形式。延安秧歌运动像一团不息的火种，很快影响边区各地及抗日根据地的文艺形式。到 1944 年，延安秧歌运动出现了大普及高潮，群众已把秧歌当作自我教育的手段，使其更加结合现实生活斗争，可娱人也能育人，成为一种有力的宣传武器。对鼓舞军民的战斗力，团结广大群众，提高抗战必胜的信心起到了巨大的推动作用。

（三）秧歌史上的壮举

1991 年金秋，首届中国沈阳秧歌节暨全国优秀秧歌大赛在沈阳举行。当时有来自北京、上海、天津、贵州、安徽、内蒙古、陕西等 14 个省的 50 支秧歌队参加。此次开幕式，4700 人集体表演了名为《沈阳城——秧歌城》的大型系列广场秧歌，被评为是“沈阳秧歌人、秧歌情、秧歌文化、秧歌新面貌的一次大阅兵”。

此次盛会，集中展示了来自全国各个地区的不同地方风格秧歌。如：山东北部“鼓子秧歌”套路多、气势大、动作刚劲挺拔，风格粗犷剽悍；山东东部的“胶州秧歌”舞姿优美，刚柔相济，动律呈螺旋摆动，人称“扭断腰”；吉林长春的“袖头秧歌”，热烈、欢快、泼辣、灵活。甘肃庆阳的“陇东秧歌”，稳健、大方、憨厚、柔韧；河北井径的“拉花”，抑扬顿挫、含蓄柔美；安徽花鼓灯，热情奔放，技艺高超；陕西的舞鼓，荟萃了延安地区的“安塞腰鼓”“洛川蹩鼓”、“宜川胸鼓”，融三鼓为一体，动作潇洒矫健，击鼓铿锵有力，刚中有柔，舞中有秀；还有河南的“盘鼓舞”等。这些广场舞蹈把力与美融合在一起，气势浩大，雄奇壮美，给人强烈的振奋和鼓舞。

（四）新兴的健身项目——健身秧歌

随着社会的进步和经济的发展，人们生活水平日益提高。国家体育总局社会体育指导中心为强化《全民健身计划纲要》的实施，以大众喜闻乐见、普及面广、民族传统性强、大众参与热情高的秧歌作为切入点，根据人体运动科学规律、在吸取传统秧歌精华的基础上，对传统秧歌进行创新。为区别于传统秧歌，凸显体育健身特点，2000 年 9 月 12 日确立新的体育健身项目“健身秧歌”。

健身秧歌是一种体育和秧歌结合的体育健身锻炼形式，以锻炼、娱乐、观赏和竞赛为一体的新兴体育健身项目。健身秧歌是借用了传统秧歌中符合体育锻炼特点的基本舞步，而创编的一种全民健身方法。健身秧歌的基本动作和舞步是从传统秧歌的基本动作和舞步中选择，并进行了一定的“改良”。不是所有的传统秧歌舞步都能选择到健身秧歌的范畴，只有那些动作健康的符合健身要求的，为大众喜欢做的动作才能被选用，并通过整理逐步选入到健身秧歌的动作和舞步行列中来。

健身秧歌保持了传统秧歌“扭、摆、走”的基本动律和特色。“扭”是指上体的扭摆动作，“摆”是臂的动作，“走”是指健身秧歌的基本步伐。健身秧歌的创编一般遵循：健身性、观赏性、娱乐性、民族性、群众性和安全性等原则，另外还包括全面发展身体和符合年龄特点的原则。由国家体育总局社会体育指导中心推出的第一套健身秧歌，动作优美大方，比较适合老年人的锻炼。第二、第三套健身秧歌的动作节奏欢快，运动强度大，较适合于中青年人的锻炼。这几套健身秧歌不受场地和练习人数的影响，可以个人练习，也可集体练习。

为更好地推广和发展健身秧歌，竞赛是最好的手段之一，通过竞赛活动来宣传、推广和发展，同时也体现了体育的特点。制定健身秧歌的竞赛规则不仅为了保证在比赛中评分统一、客观，更主要的是确定了健身秧歌的发展方向。更是指导各地教练员如何去创编健身秧歌，使健身秧歌朝着健康、规范的方向发展。但健身秧歌的竞赛与竞技体育项目有着本质的区别，大众性健身项目的竞赛，不是夺金牌、创纪录，而是为了更好宣传、推广和推动健身秧歌，促进健身秧歌的发展和提高。

二、健身秧歌的特征

健身秧歌集锻炼、健身、娱乐为一体，不仅独具观赏价值而且也有一定的竞赛元素。在健身秧歌的发展过程中，国家体育总局社体中心 2003 年出版了竞赛规则试行版，为健身秧歌的推广和竞赛提供了科学依据。竞赛规则将比赛形式分为规定套路和自选套路两大类。规定套路即国家体育总局社体中心目前组织创编的第一套、第二套、及第三套健身秧歌。规定套路编创指导思想非常明确，就是将艺术表演元素与体育健身元素完美融合起来，将古典审美与现代休闲完美融合起来。结构简洁，动作优美，简单易学；动作名称通俗生动，易于记忆传诵；整体编排流动感强，保留了传统秧歌的特色，在加强审美性的同时，也显示出一定的娱乐性和社交性。自选套路是普及性的，原则上没有统一要求，但其编排要求应选择传统秧歌中健康的、适用于身体锻炼的基本步伐，创编应符合人体运动的基本规律，避免出现舞台化、舞蹈化、情节化的编排。目前，全国各地根据本地特色纷纷编创了大量的新健身秧歌，可谓异彩纷呈，套路翻新。这种发展态势，一方面得益于秧歌本身所具有的广泛民间性，内容丰富、形式灵活，不受场地和练习人数限制；另一方面则是由于现代体育健身元素亲密无间的加盟而形成的“杂交”优势。因此，健身秧歌独特的“舞中有体，体中有舞”的体育健身形式，将以它鲜活的生命力，成为人们余暇生活的重要内容。

健身秧歌是一种健身运动，作为体育文化中的一种运动文化，体现了典型的大众性。

第二节　健身秧歌基本动作

一、健身秧歌的基本动律

健身秧歌基本动律同样是“走、摆、扭”：“走”是指健身秧歌的基本步伐，走的动作基本要求是腿稍有屈伸，摆动（移动）腿前进时以脚跟先落地，然后过渡到全脚掌；“摆”手臂的动作，一般来说，左腿移动，则右臂做不同形式和不同幅度的前摆动作，左臂随之左摆（或后摆），右腿移动，则左臂前摆，右臂随之右摆（或后摆）；“扭”是步伐、摆臂和身体动作的有机结合，是健身秧歌的基本特征。“扭”是上体的扭摆动作，它的基本规律是，左脚移动，上体同时稍向左转和左侧屈，右腿移动，则上体同时稍向右转和右侧屈。健身秧歌的基本动律是以腰部的扭动带动双臂的摆动并与步伐配合，节奏有缓有急，一般音乐为2/4拍，动作快速时也可用4/4拍。

二、健身秧歌的基本步伐

健身秧歌是寓锻炼、娱乐、观赏和竞赛为一体的新兴体育健身项目，健身秧歌的基本动作又是借用传统秧歌中符合体育锻炼特点的基本步伐，并作一定的“改造”。它的基本步伐有以下几种：

1. 起步　起步用脚掌擦地，经脚尖离地，向后勾抬腿，膝盖弯曲。要求动作要灵巧、迅速，在每拍动作前的一瞬间做此动作。

2. 平步　此步像一般的走路动作，但腿的屈伸比一般的走路要大一些。

3. 跑场步　在平步动作的基础上发展成跑的动作。

4. 平扭步　第1、2拍：同平步动作；第3拍：左脚向前迈一步，右腿在左脚后自然抬起；第4拍：右腿向前迈一步，左腿在右腿脚后自然抬起。

5. 横扭步　第1拍：左（右）脚向左（右）侧迈一步；第2拍：右（左）脚向左（右）经左（右）脚前侧迈一步；第3、4拍：同第1、2拍的动作。

6. 十字步　第1拍：左脚向右前方迈一步；第2拍：右脚向左前方迈一步；第3拍：左脚向左后方撤一步；第4拍：右脚向右后方撤一步；

7. 三进一退步　第1、2拍：同平步动作；第3拍：左脚再向前迈一步；第4拍：右脚后退，重心后移，左腿屈膝收回。

8. 二进二退步　第1、2拍：同平步动作；第3拍：左腿后退一步，重心后移（或左腿向前一步，同时向右转体90度，重心移至左侧）；第4拍：右腿后退一步，重心后移，左腿屈膝收回（或向右转体90度，右腿后退一步，重心后移，左腿屈膝收回）。

9. 跳扭步　第1、2拍：同平步动作；第3拍：左脚步再向前迈一步（或左脚向前小跳，右腿后抬）；第4拍：右腿向前小跳，左腿后抬。

10. 顿步　第1拍：左（右）腿抬起时，右（左）稍屈膝，左（右）腿落下时一般用全脚跺地，同时两腿伸直；第2拍：同第1拍动作，但换腿做；第3、4拍：同第1、2拍动作。

11. 前踢腿　经两腿稍屈，一腿稍勾脚直膝向前踢出15度，随即收回两腿稍屈。左右腿交替进行。

12. 碾步　第1拍：左腿稍后抬并向右脚前迈步，左脚脚跟与右脚前脚掌向左碾地成面对左前方；第2拍：同第1拍的动作，但右脚做；第3、4拍：同第1、2拍的动作。

13. 前后跟步　第1拍：左脚向右脚前一步，重心前移成左腿稍屈，同时右脚经拖地收成后掖腿；第2拍：右腿后撤，重心后移成右腿稍屈，同时左脚经拖地收成前掖腿；第3、4拍：同第1、2拍的动作。

14. 蹲步　两腿半蹲姿势完成顿步、十字步等基本步伐动作。

上述除起步和蹲步外，其他十二种步伐可以作为健身秧歌的基本步伐。在这些基本步伐基础上，可以继续进行变化，如十字步可变化为正十字步、蹲十字步、颤十字步、跳十字步、十字拉步、十字斜身步等。此外，这些基本步伐再配合手臂的各种变化，使健身秧歌的练习内容更为丰富。

三、健身秧歌的手臂动作

手臂动作体现了健身秧歌中的"摆"。在传统秧歌中，手臂的摆动随意性较大，通常根据表演者的特点和自我感觉而发挥，但健身秧歌除了具有观赏性外，更需要健身性，所以摆臂动作既要配合基本步伐，更要建立手臂摆动的空间感觉，提高上肢的锻炼效果，同时也为健身秧歌竞赛动作的统一提供了依据，所以摆臂动作必须规范。

（一）臂的动作方向

基本方向：前、上、侧、后；中间方向：前上、前下、侧上、侧下；斜方向：左前斜上、左前斜下、右前斜上、右前斜下。

（二）臂的主要基本位置

健身秧歌手臂的基本位置采用秧歌的手臂的基本位置，即直臂摆动动作不要求臂伸直，而是臂稍屈，内旋。

山膀位（侧举）：一臂（或两臂）侧内举内旋，肘稍屈，立腕手指向前；托掌位（上举）；一臂（或两臂）上举，肘稍屈，立腕掌心向前；按掌位：一臂（或两臂）在体前稍屈肘，立腕掌心向下；顺风旗位：左（右）臂是山膀位，右（左）臂是托掌位。

（三）臂摆动的基本动作

臂侧摆：臂摆至侧举位置；臂侧下摆：臂摆至侧下45度位置；臂侧上摆：臂经侧摆至侧上45度位置；臂经侧上摆：臂经侧摆至上举位置；臂前摆：臂摆至前举位置；臂前下摆：臂摆至前下45度位置；臂前上摆：臂经前摆至前上45度位置；臂上摆：臂经前摆至上举位置；臂左右摆：左（右）臂摆侧举，右（左）臂向左（右）摆至胸前，屈肘；臂左右下摆：两臂从上举开始，向左（右）摆至侧上举；臂左右上摆两臂从上举开始，向左（右）摆至侧上举；前后摆臂：右（左）臂前摆，左（右）臂后摆；向前臂绕动：两臂依次经后向前的大摆动（立圆）；左（右）肩侧摆：从左（右）臂侧举，右（左）臂肩侧屈开始，摆至右（左）臂侧屈，右（左）摆动；肩耸动：单（双）肩提起、落下的动作；屈肘肩转动：两臂胸前平屈（拳心向外），两肩依次经后向前转动（"8"字绕动）。

四、健身秧歌的组合动作

汉族在我国人口众多，居住范围最广。由于居住地区不同，舞蹈形式、特点也有所不同，其中秧歌是汉族最有代表性的民间舞蹈形式之一，主要流行于北方地区。秧歌起源于插秧耕田的劳动生活，但因流传的地区不同，从而形成了不同形式、各具风格特点的秧歌，其中最具有代表性的有东北秧歌、陕北秧歌和山东秧歌等。这里以东北秧歌为例进行介绍。

东北秧歌流传于东北地区，是北方劳动人民长期创造积累的艺术财富。东北秧歌具有既火爆又幽默、既文静又俏皮的特点。手绢花是东北秧歌中最典型的动作，秧歌中的各种手绢花都是由绕绢而变化的，花样繁多。

（一）东北秧歌的基本动作

1. 手绢花　挽花：手持绢，手指带动手腕绕腕一圈（图 18 – 1）；单臂花：一手叉腰，一手做挽花（图 18 – 2）；双臂花：双手于体侧做挽花（图 18 – 3）；交替花：双手交替做挽花（图 18 – 4）；肩前花：一手在肩前做肩前花（图 18 – 5）；扁担花：双手侧平举做挽花（图 18 – 6）；蚌壳花：双手由体侧撩至侧上举时做挽花，再顺势盖至肩前，此过程又称盖花，接着双手同时由肩前绕至侧上举时做挽花，再顺势落下，此过程又称蚌壳花（图 18 – 7）；蝴蝶花：双手在体前交叉做挽花，接着双手经下摆至体侧做挽花（图 18 – 8）；片花：手握绢，手心向上，以腕为轴手心向外平转，当手掌转朝后时前臂稍抬，顺势从前臂下掏出，接着继续进行（图 18 – 9）。

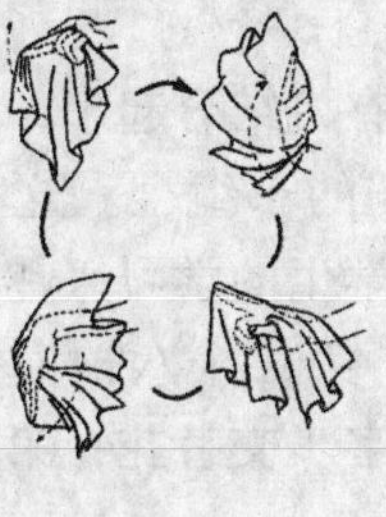

图 18 – 1　挽花

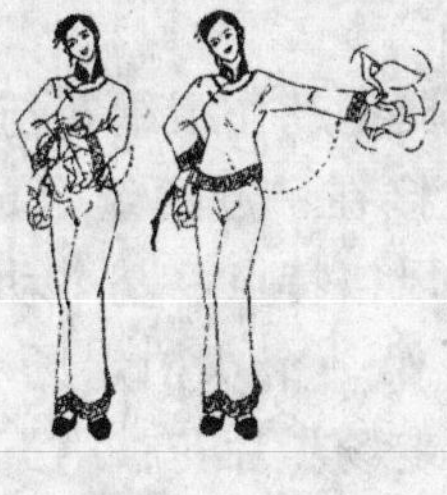

图 18 – 2　单臂花

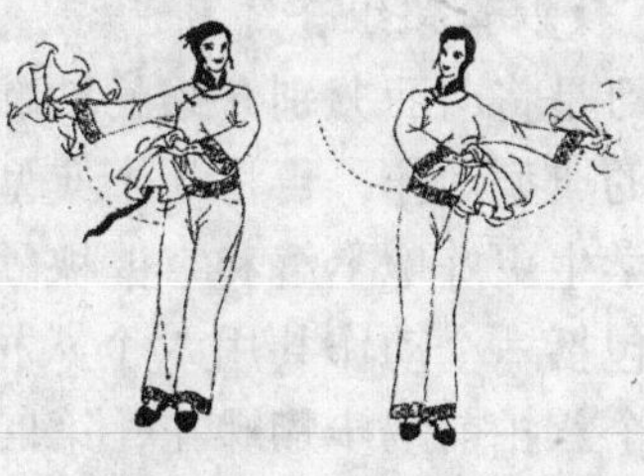

图 18 – 3　双臂花

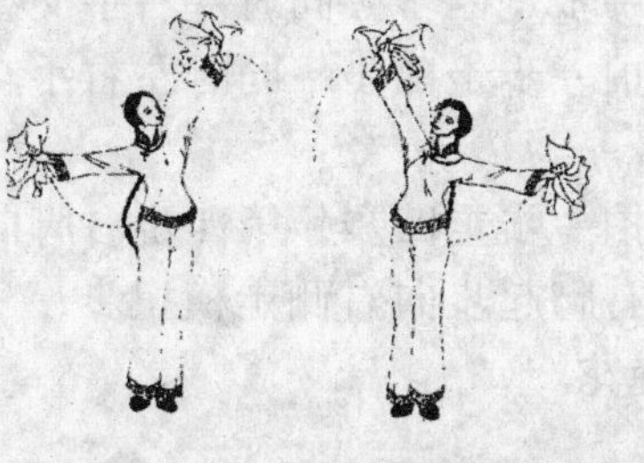

图 18 – 4　交替花

图 18 – 5　肩前花

图 18 – 6　扁担花

图 18 – 7　蚌壳花

图 18 – 8　蝴蝶花

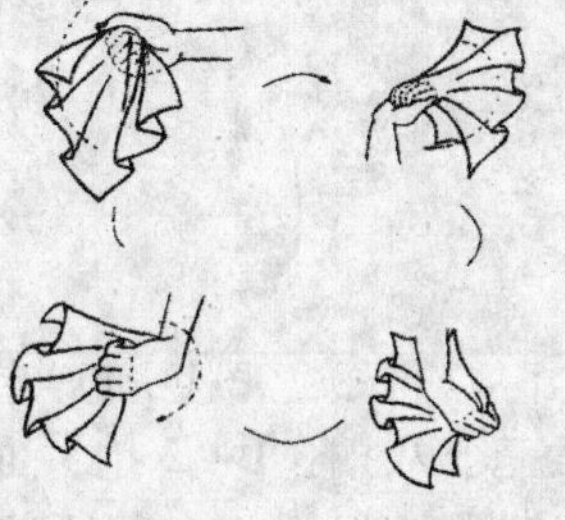

图 18 – 9　片花

2. 基本律动　压脚跟：不同脚位的压脚跟，压脚跟时腿伸直，前半拍双脚提踵，后半拍脚跟迅速下压。双膝屈伸：包括不同特点的双膝动作，如硬屈伸就是双膝快速并富有弹性的屈伸，软屈伸即为双膝具有内在柔韧感的屈伸。上体律动：主要有上体左右摆动和前后扭动，如横摆身就是由左右胸腰交替提压而形成的上体的左右横摆，前后扭动就是以腰为轴以肩带动上体所做的前后交替扭动。

3. 基本舞步　走场步：正步准备，两腿交替向前或向后走动，走动时双腿微屈，小腿松弛，手臂随之摆动，一拍一步。横扭步：正步准备，两腿交替向左或向右走动，如向左走时，第一拍左脚向左迈步，两臂随之左摆，第二拍右脚经左脚前向左迈出，两臂随之右摆。跳扭步：正步准备，第一拍前半拍左脚向前迈步，后半拍右脚向前迈步，第二拍前半拍左脚向前跳起右小腿顺势后抬，后半拍左、右脚依次落地。十字步：正步准备，第一拍左脚向右前方迈步，第二拍右脚向左前方迈步，第三拍左脚向左后方撤步，第四拍右脚向右后方撤步，迈出的脚印成十字形。前踢步：正步准备，第一拍前半拍左脚经蹭地快速向前踢出 25 度，后半拍左脚收回，两腿微屈，重心移至左腿；第二拍前半拍右脚经蹭地快速向前踢出 25 度，后半拍右脚收回，两腿微屈，重心移右腿；前踢步动作要快踢快回、慢移重心。后踢步：正步准备，第一拍前半拍左脚前脚掌用力抓地后踢，同时右腿微屈；后半拍左脚快速收回，两腿伸直，重心移至左腿；第二拍前半拍右脚前脚掌用力抓地后踢，同时左腿微屈；后半拍右脚快速收回，两腿伸直，重心移至右腿；后踢步动作要快踢快回、慢移重心。

（二）秧歌舞蹈组合练习

本练习是将前面分别介绍的秧歌舞蹈的典型动作手绢花与脚下舞步有机结合起来，从而形成秧歌舞蹈的典型动作，再将几个典型动作连接在一起，组合成秧歌舞蹈的小组合。这种组合练习，便于学生更好地了解和掌握秧歌舞蹈的风格特点、基本动作，提高学生的学习兴趣。

组合包括六个动作共用六个八拍完成：第一个八拍走场步交替花；第二个八拍横扭步双臂花；第三个八拍前踢步蝴蝶花；第四个八拍走场步片花；第五个八拍十字步交替花；第六个八拍跳扭步挽花。

组合动作做法：预备姿势：正步站好。

第一个八拍：1 ~ 4 拍：左脚起步做向前走场步，一拍一步走四步，同时左右手交替在胸前挽花（图 18 – 10）；5 ~ 8 拍：左脚起步做向后走场步，一拍一步走四步，同时左右手交替在胸前挽花。

第二个八拍：1 ~ 4 拍：左脚起步向左侧走横扭步，一拍一步走四步，第四步右脚向左脚并拢，同时双手随之左右摆动挽花（图 18 – 11）；5 ~ 8 拍：右脚起步向右侧走横扭步，一拍一步走四步，第四步左脚向右脚并拢，同时双手随之右左摆动挽花。

图 18 – 10　走场步交替花

图 18 – 11　横扭步双臂花

第三个八拍：1 ~ 2 拍：面向 8 点先踢左腿，两臂体前交叉做挽花，上体稍左转。接着踢右腿，两臂体侧做挽花，上体稍右转。一拍一踢（图 18 – 12）；3 ~ 4 拍：重复 1 ~ 2 拍动作；5 ~ 6 拍：面向 2 点先踢右腿，两臂体前交叉做挽花，上体稍右转。接着踢左腿，两臂体前交叉做挽花，上体稍左转。一拍一踢；7 ~ 8 拍：重复 5 ~ 6 拍动作。

第四个八拍：1 ~ 4 拍：左脚起步向前走场步，一拍一步，双手持绢随之前举做片花，一拍片花一次（图 18 – 13）；5 ~ 8 拍：左脚起步走场步转一周，手绢动作同上。

第五个八拍：1 ~ 4 拍：第一拍左脚向右前方迈步，两臂随之摆动。第二拍右脚向左前方迈步，两臂随之摆动。第三拍左脚向左后方撤步，同时右手绕至肩挽花。第四拍右脚向后撤步，两臂随之摆动（图 18－14）；5～8 拍：重复 1～4 拍动作。

图 18－12　前踢步蝴蝶花

图 18－13　走场步片花

图 18－14　十字步交替花

第六个八拍：1～2 拍：左脚起步，向前走两步，两臂随之摆动，第三步左脚跳起，右小腿后抬，右臂上举，左臂侧举挽花（图 18－15）；3～8 拍：重复 1～2 拍动作 3 遍。

图 18－15　跳扭步挽花

（三）秧歌集体舞

这里所介绍的秧歌集体舞，是根据体育教学中舞蹈教学时数少，课堂人数多、动作难度不宜过大的特点，将上述秧歌舞蹈组合练习通过变换队形的方式，即变换成秧歌集体舞的形式而进行。由于只变换队形而不变换动作，所以在较短的时间就可以掌握。这一范例的教学，使学生了解只要掌握了秧歌基本动作之后，就可以在此基础上发展变化。在这里同样的秧歌舞蹈组合动作在不同队形中完成，可以取得不同的效果。从而开拓学生的思路，提高学生的兴趣，鼓励学生进行创造性学习。

集体舞跳法：准备队形：站成单圈，人数不限，面对顺时针方向站好并 1—2 报数；第一个八拍：前四拍沿顺时针方向行进做向前走场步交替花，后四拍向后退四步；第二个八拍：前四拍数 1 数的人做向右侧的横扭步双臂花，同时数 2 数的人做向左侧的横扭步双臂花，队形从单圈变双圈。后四拍数 1 数的人做向左侧的横扭步双臂花，同时数 2 数的人做向右侧的横扭步双臂花，队形又从双圈变回单圈（图 18－16）；第三个八拍：原地做前踢步蝴蝶花。第四个八拍：前四拍，做向前的走场步片花，后四拍，数1数的人向左转，数2数的人向右转，向各自的前方做走场步片花，队形从单圈变成双圈（图18－17）；第五个八拍：原地做十字步交替花。第六个八拍：外圈人向后转，里外圈相对的两人一组，每组沿逆时针方向做跳扭步（图18－18）。

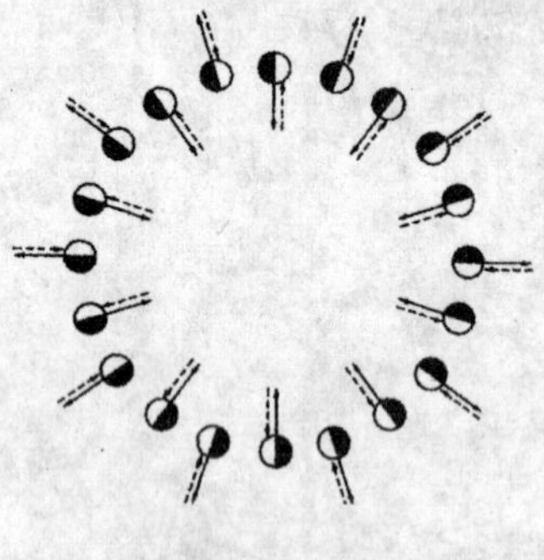

图18－16

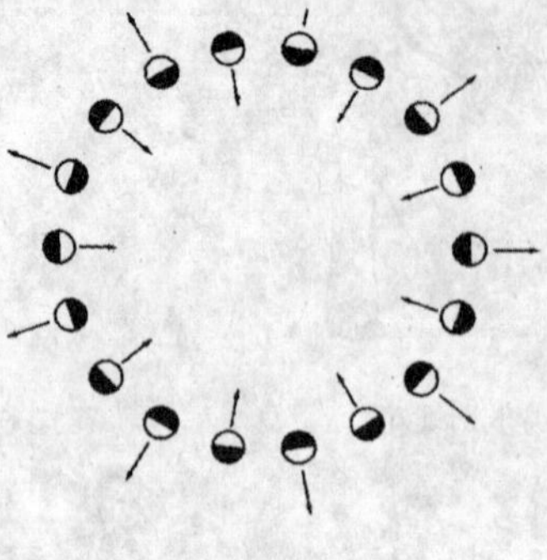

图18－17

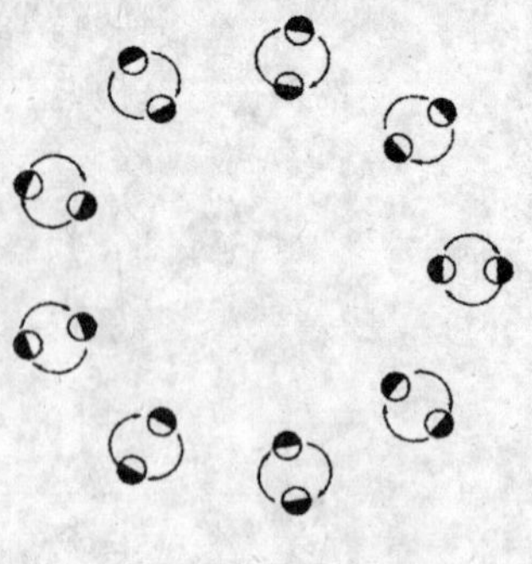

图18－18

（四）秧歌舞蹈教学步骤

（1）了解秧歌舞蹈的风格特点，分别学习秧歌舞蹈步法与手绢花动作，然后将脚下的步法与手绢花的舞法配合起来进行练习。

（2）学习几个典型动作，将其连接起来成为秧歌舞蹈组合动作，之后配合音乐练习，进一步体会动作的风格韵律。

（3）学习变换形式的秧歌集体舞，鼓励学生在此基础上进一步发展变化，并在实际中灵活运用。

五、健身秧歌创编的基本要求

（一）要符合健身秧歌竞赛规则的要求

健身秧歌自选套路的编排必须符合健身秧歌竞赛规则的要求。例如：在规则中明确规定整套动作中必须包括："前进后退步、横扭步、十字步、三进一停步、跳扭步、蹲步等六种基本步伐，或这些基本步伐的变化，每一种步伐至少连续或交替完成二个八拍。如果一个动作包含两种基本步法时，也只能承认其中一种的基本步法，不能重复使用。""自选套路至少有六种队形图案的变化，队形变化应是自然、迅速、流畅、清晰、美观、充分利用场地，并在每一个队形图案中至少完成四个八拍的动作"等等。因此，在进行自选套路编排时，首先要学习和熟悉健身秧歌竞赛规则对自选套路编排的要求，否则会出现违反规则要求的现象。

（二）运动方向要变化，摆臂动作要多样

要充分体现健身秧歌"扭、摆、走"的特点，在"走"的特点上，应有各个方向的运动，如前进后退，左右移动、上下起伏以及跳扭等动作，这样能使健身秧歌动作变化多样，有利于充分利用比赛的场地，同时也把健身秧歌动作"扭"活；摆臂用作是健身秧歌动作美的体现，因此摆臂动作应有多种多样，如：前后摆动、左右摆动、上下摆动、大幅度摆动、小幅度摆动，直臂的摆动、屈臂的摆动等等。

（三）动作组合节奏分明

在动作组合中节奏要分明，在完成动作过程中动作可以二拍一动，有的动作也可以一拍二动，这样不仅节奏分明，而且也提高了锻炼效果；另外，同一动作可以采用依次或分批完成，既可同步练习，也可不同步练习，例如采用上下、左右、前后交替运动，或依次的形式来完成，这样能提高健身秧歌的观赏效果，也使健身秧歌从平面向立体方向发展。

（四）成套动作的设计要有科学性

健身秧歌是体育健身项目，因此，在成套动作的编排上应有科学性，首先要注意全面锻炼人的身体，考虑到人体的运动部位、发展素质等内容；其次是合理安排成套动作的运动量，运动量要符合人体活动规律，动作由慢到快、运动量由小到大，开始有热身动作，结束有整理、放松动作。

（五）队形变化要适当

传统秧歌表演中队形变化很多，起到了很好的表演作用。但是健身秧歌的队形变化要适当，因为健身秧歌的主要目的是在健身，如果队形变化很多会影响动作的锻炼效果。因此，健身秧歌要求队形变化在1~2个八拍内完成，队形变化使用节拍太多会造成“走马灯”的形式，容易冲淡健身秧歌的主要内容。队形选择时，可以采用定位做，也可以采用移动做。例如圆形可固定圆形位置做，也可以在圆形扩大或缩小中做；又如方队可以定位做，也可以前后、左右移动做，也可以交叉移动做。

六、健身秧歌创编的方法

（一）成套动作的创编方法

成套动作的创编要根据竞赛规则的精神、编排原则、编排要求和年龄特点去设计。一般在确定音乐的基础上去选择每一节的动作，动作的组合应考虑，锻炼身体的部位、运动量的大小和动作展示的效果等因素去排列。

（二）一节动作的创编方法

成套动作是由每一节动作组成，创编好每一节动作是提高成套动作效果的关键，在选择好基本步伐后，一节动作的组合一般有以下几种方法：

1. 同一步伐与不同的摆臂配合　步伐固定而摆臂变化可组合成许多不同的动作，例如：十字步，摆臂可以左右摆，也可以左右上摆，也可前侧摆。

2. 同一步伐可以采用不同方向和形式　例如：十字步可以做蹲十字步，跳十字步，颤十字步等等；平步可以前进，后退，绕圆等；可以定位做，也可以行进间做。

3. 一个动作可以采用不同节奏做　例如：采用一拍一动完成，采用二拍一动完成。此外，也可以采用前二个八拍是一拍一动，后二个八拍是二拍一动，或相反。

4. 一节动作可以采用两种以上的步伐组合　如果采用两种步伐组合，则可以排列为：前二个八拍为一种步伐，后二个八拍为另一种步伐；也可以采用前四拍为一种步伐，后四拍为另一种步伐；如果采用四种步伐组合，这一节动作必须是八个八拍来完成，则可以排列为：每一个八拍一种步伐，四个八拍四种步伐，然后重复依次，也可以第一个八拍二种步伐组合，第二个八拍重复一次，第三个八拍另外两种步伐组合，第四个八拍重复依次，然后第五至第八个八拍重复第一至第四个八拍动作；还可以第一个八拍完成二种步伐，第二个八拍完成另二种步伐，然后重复三次。

第三节　健身秧歌竞赛规则及裁判法简介

一、健身秧歌竞赛规则的要求

健身秧歌是一个新兴的健身项目，它需要通过竞赛活动来宣传推广和发展，竞赛也是体育项目的基本特点。制定健身秧歌的竞赛规则不仅是为了保证在竞赛中评分规则的统一客观，确定健身秧歌的发展方向，更是指导教练员如何编创健身秧歌，朝着健康、规范的方向发展。

（一）比赛场地与时间及人数

健身秧歌的比赛场地为14×14平方米。自选套路动作比赛的时间以5分钟为准，允许前后有15秒的机动，即比赛的时间为4分45秒至5分15秒。时间的计算是以运动员做动作为计时开始，运动员完成套路动作后计时结束，开始时允许有一个八拍的音乐前奏，但不计入整套动作时间。整套动作时间超过或不足规定的时间范围，则要扣分。参加人数为12人至16人。

（二）比赛形式

健身秧歌比赛分为规定套路比赛和自选套路比赛，规定套路是由国家体育总局社会指导中心编制，在全国范围内进行推广，所以参加健身秧歌比赛的队，必须参加规定套路比赛，不得单独参加自选套路的比赛。自选套路是根据竞赛规则的精神，结合各地方的特点，由各参赛队自己创编的健身秧歌套路。在健身秧歌比赛中既有规定套路，又有自选套路，使健身秧歌比赛内容更加丰富，起到了健身性、观赏性、娱乐性、民族性、群众性等作用。

（三）对裁判员的要求

“担任全国比赛的裁判员必须经过国家体育总局社会体育指导中心举办的健身秧歌技术培训班和裁判员培训班的培训，并取得优良的成绩者”，这是对担任全国健身秧歌裁判的基本要求；“裁判员必须研究健身秧歌的技术特点，钻研健身秧歌的竞赛规则，经常参加健身秧歌活动实践，不断地提高自身的业务水平，”这是对裁判员的业务要求，作为全国比赛的裁判员必须研究健身秧歌，并且经常参加健身秧歌的实践活动，这样才能使健身秧歌发展广大；“比赛过程中表现出良好的教育和体育道德水平。裁判员如有不遵守有关要求或在评分中有意偏袒或贬低某一个队，要给予惩罚，由裁判长发出口头警告，严重的可以取消裁判资格”，这是对裁判员的道德要求，为了保证比赛的公正、准确，对裁判员必须严格的要求，也是每一个健身秧歌裁判员必须做到的基本要求。

二、健身秧歌评分规则

（一）评分的一般原则

1. 健身秧歌成绩的确定　健身秧歌比赛由6名裁判员进行的评分，在6名裁判员的评分中去掉最高和最低分，中间4个平均分减去裁判长扣的分为最后得分。如果没有裁判长的扣分，即中间4个平均分就是最后得分。所有的套路动作从10分起评。以0.05分的形式对错误进行扣分，通过扣分形式的改变（第一本规则中是以0.1分的形式扣分），使比赛中成绩并列的机率大大地减少。例如：以0.1分的形式扣分，从8.00分至8.10分之间仅有8.025分、8.05分、8.075分三个分数段，以0.05分的形式扣分，从8.00分至8.10分之间仅有8.0125分、8.025分、8.0375分、8.05分、8.0625分、8.075分、8.0875分、七个分数段，这对水平差不多的队可以有一个比较合理的区分。

2. 对套路动作的技术、姿势等错误划分为三个等级　轻微错误，显著错误和严重错误，而每一个错误以0.1分增值。

（二）规定套路评分

规定套路的评分因素包括：规定套路动作的方向、路线、顺序的正确程度；健身秧歌的动作技术，姿势和动律的完成情况；运动员在完成动作过程中的整齐程度和与音乐的吻合情况。

规定套路动作的方向、路线、顺序主要是指参赛者在比赛过程中所完成的动作是否正确理解规定的动作要求，在健身秧歌的规定动作中应抓住腿的基本步法、上肢动作的路线与方向以及亮相时的身体姿势。动作技术、姿势和动律是指在符合规定动作方向、路线的基础上，完成动作方法，即健身秧歌的“扭、摆、走”的动作要求，以及整队的特色。

规定套路的评分是以每一节动作为评分单位，根据每一节动作的错误程度进行扣分。规定动作一般由14节左右的动作组成，每一节都有2～4个动作组成，如果以动作进行评分，不利于对参赛队有一个客观的评价，以每一节动作和全队的整体情况来评价能够比较客观地评价参赛队动作技术完成情况。

（三）自选套路评分

自选套路总分为10分，由整套动作的编辑、完成情况和总体印象组成。

1. 自选套路的基本要求 “成套动作必须在规定的场地内从静止姿势开始，以静止姿势结束，整套动作要充分利用场地。”成套动作的设计必须符合健身秧歌的特点和人体运动的基本规律，即“动作由慢到快、运动量由小到大，能全面锻炼身体，最后必须有整理动作”。这是体育锻炼的基本特点，也是健身秧歌区别于传统秧歌的主要方面。因为健身秧歌是以健身为主要目的，在此基础上应兼顾观赏性、娱乐性，因此在创编时应突出体育健身的特点。

2. 自选套路的基本步伐 自选套路的动作设计必须包括：“前进后退步、横扭步、十字步、三进一停步、跳扭步、蹲步等六种基本步伐，或这些基本步伐的变化，每一种步伐至少连续或交替完成二个八拍。如果一个动作包含两种基本步法时，也只能承认其中的一种基本步法，不能重复使用。”选择这些基本步伐主要考虑到它基本包括了健身秧歌的主要步伐，这些步伐的出现，在整个比赛场地的移动中有前后、左右、上下、以及跳动等变化，对人体的锻炼也有一定的意义。为了使编排内容丰富，在完成这些步伐时允许连续完成也可以交替完成，但至少完成二个八拍。

3. 自选套路队形图案的变化 “自选套路至少有六种队形图案的变化，队形变化应是自然、迅速、流畅、美观、充分利用场地，并在每一个队形图案中至少完成四个八拍的动作。”队形图案的变化使比赛气氛活跃，但队形图案的变化过多，会影响健身秧歌发展，导致向舞台化方向发展，为了更好地体现健身秧歌的特点，因此在队形图案的变化上由原来的二个八拍，改为四个八拍，使健身秧歌表演运动中有定位，定位中有动态。

（四）裁判长的扣分

裁判长的扣分是从平均分中扣除，主要包括：服装不统一；教练员在比赛时与参赛队员说话或指挥；缺少上场参赛队员；缺少男性或女性队员；时间超过与不足和运动员出界等。

复习思考题

1. 健身秧歌有哪些基本动律？
2. 东北秧歌的基本动作有哪几类？

主要参考书目

林长璞．舞蹈基本功与技巧［M］．北京：北京大学出版社，2001

第十九章　武术套路

第一节　武术概述

一、武术概念

武术是以攻防技击为主要技术内容、以套路演练和搏斗对抗为运动形式、注重内外兼修的民族传统体育运动。

中国武术，在战国时代称为“技击”。据古籍记载，当时技击是以作战为目的攻防格斗技术，汉代以来又称为“武艺”。而“武术”一词，最早见于萧统《文选》中南朝宋延年《皇太子释奠会》诗。自此，“技击”、“武艺”、“武术”互称，直至1928年统一改称为“国术”，1949年后，又统一称为“武术”。自此，武术得到继承、整理和提高，并被列为正式比赛项目，现在武术已成为国际性的体育项目之一。

二、武术的分类

武术运动形式可分为三类：

（一）功法运动

这是武术特有的一种单个动作，以强身健体为主要目的，如浑元桩、马步桩、内养功、外功、轻功、硬功、排打功，沙袋功等等。

（二）套路运动

套路运动指以技击动作为内容，按进退攻守，动静疾徐，刚柔虚实，闪、展、腾、挪等矛盾变化动作编成的套路练习，一般指拳术、器械、对练，集体演练。

拳术：徒手练习套路，我国拳术套路不下几百种，具有代表性的有：长拳、太极拳、南拳、形意、八卦、通臂、劈卦、翻子、八极、戳脚，象形、地趟等。

器械：指手持兵器的套路运动，其中包括短兵、长兵、双兵、软兵、暗器等。

对练：指两人或两人以上的徒手拳器械的假设性对打，有徒手对练、徒手器械对练和器械对练等。

集体演练：指六人以上的以集体基本功为主的组编的集体徒手或集体器械套路，可配乐演练。

（三）搏斗运动

两人在一定的规则范围内徒手或带器械实战相博，较力、较技、较智的运动。中国武术在民国时期即1928年南京中央国术馆曾开展过如“散手”、“短兵”、“长兵”几项内容，目前我国只开展了散手、推手、试行短兵，长兵则未开展。

三、武术的起源和发展

武术源于我国远古祖先的生产劳动。原始社会人类为了生存，在觅食、自卫、狩猎以及抵抗毒蛇猛兽侵袭，抵御外来侵略的斗争中逐渐形成了一种本能的自发的、随意的徒手、使用木棒、石头等器具“拳打脚踢、戳、砸、抡、劈”等动作，这些“拳打脚踢”即是武术拳术的萌芽，“戳、砸、抡、劈”则是武术器械的雏形。这些原始形态的攻防技能是低级的，还没有脱离生产技能的范畴，却是武术技术形成的基础。

秦时，角抵、手博、击剑相继发展兴盛。唐朝以来开始实行武举制，对武术的发展起了促进作用。宋代是武艺大发展、大兴盛的一个非常时期，出现了以武艺组织为主体的民间练武活动。明清是武艺集大成、大发展的时期，流派林立，不同风格拳术、器械都得以发展，武术体系逐步完整。民国初期，武术开禁，拳技之风蓬勃一时。1926 年武术改为国术，1936 年曾组成考察团去柏林参加奥运会表演。

新中国成立后，1953 年举办全国少数民族体育表演及竞赛大会，武术为重要项目，1954 年各体育学院将武术列为正式课程；1957 年武术列为全国竞赛项目，并制定相应竞赛规则；1986 年成立了国家武术研究院，国内开始每年有全国性、国际性比赛。2008 年武术成为北京奥运会特设项目，武术开始走向世界，各国人民开始真正认识武术是世界人民的财富。

第二节 初级长拳（第三路）

一、动作名称

1. 预备动作 （1）虚步亮拳；（2）并步对拳。

2. 第一段 （1）弓步冲拳；（2）弹腿冲拳；（3）马步冲拳；（4）弓步冲拳；（5）弹腿冲拳；（6）大跃步前穿；（7）弓步击掌；（8）马步架掌。

3. 第二段 （1）虚步栽拳；（2）提膝穿掌；（3）仆步穿掌；（4）虚步挑掌；（5）马步击掌；（6）叉步双摆掌；（7）弓步击掌；（8）转身踢腿马步盘肘。

4. 第三段 （1）歇步抡砸拳；（2）仆步亮掌；（3）弓步劈拳；（4）换跳步弓步冲拳；（5）马步冲拳；（6）弓步下冲拳；（7）叉步亮掌侧踹腿；（8）虚步挑拳。

5. 第四段 （1）弓步顶肘；（2）转身左拍脚；（3）右拍脚；（4）腾空飞脚；（5）歇步下冲拳；（6）仆步抡劈拳；（7）提膝挑掌；（8）提膝劈掌弓步冲拳。

6. 结束动作 （1）虚步亮掌；（2）并步对拳。

二、动作说明

（一）预备势

两脚并步站立，两臂垂于身体两侧，五指并拢贴靠腿外侧，目向前平视（图 19－1）。

要点：头要端正，颏微收，挺胸，立腰，收腹。

1. 虚步亮掌 （1）右脚向右后方撤步成左弓步。右掌向右、左上、向前划弧，掌心向上；左臂屈肘，左掌提至腰间，掌心向上。目视右掌（图 19－2）。（2）右腿微屈，重心后移。左掌经胸前从右臂上向前穿出伸直；右臂屈肘，右掌收至腰间，掌心向上。目视左掌（图 19－3）。（3）重心继续后移，左脚稍向右移，脚尖点地，成左虚步。左臂内旋向左、向后划弧成勾手，勾尖向上；右手继续向后、向右、向前上划弧，屈肘抖腕，在头前上方成亮掌，掌心向前，掌指向左。目视左方（图 19－4）。

要点：三个动作必须连贯；成虚步时，重心落于右腿上，右大腿与地面平行；左腿微屈，脚尖点地。

2. 并步对拳 （1）右腿蹬直，左腿提膝，脚尖里扣，上体姿势不变（图 19－5）。（2）左脚向前落步，重心前移。左臂屈肘，左勾手变掌经左肋前伸；右臂外旋向前下落于左掌右侧，两掌同高，掌心均向上（图19－6）。（3）右脚向前上一步，两臂下垂后摆（图19－7）。（4）左脚向右脚并步，两臂向外向上经胸前屈肘下按，掌变拳，拳心向下，停于小腹前，目视左侧（图19－8）。

要点：并步后挺胸、立腰。对拳、并步、转头要同时完成。

图19－1　图19－2　图19－3　图19－4　图19－5　图19－6　图19－7　图19－8

（二）第一段

1. 弓步冲拳　（1）左脚向左上一步，脚尖向斜前方；右腿微屈，成半马步。左臂向上向左格打，拳眼向后，拳于肩同高；右拳收至腰侧，拳心向上。目视左拳（图19－9）。（2）右腿蹬直成左弓步。左拳收至腰侧，拳心向上；右拳向前冲出，高于肩平，拳眼向上。目视右拳（图19－10）。

要点：成弓步时，右腿充分蹬直，脚跟不要离地。冲拳时，尽量转腰顺肩。

2. 弹腿冲拳　重心前移至左腿，右腿屈膝提起，脚面绷直，猛力向前弹出伸直，高与腰平。右拳收至腰间；左拳向前冲出。目视前方（图19－11）。

要点：支撑腿可微屈，弹出的腿要用爆发力，力达脚尖。

3. 马步冲拳　右脚向前落步，脚尖里扣，上体左转。左拳收至腰侧，两腿下蹲成马步；右拳向前冲出。目视右拳（图19－12）。

要点：成马步时，大腿要平，两脚平行，脚跟外蹬，挺胸、塌腰。

4. 弓步冲拳　（1）上体右转90度，右脚尖外撇向斜前方，成半马步。右臂屈肘向右格打，拳眼向后。目视右拳（图19－13）。（2）左腿蹬直成右弓步。右拳收至腰间；左拳向前冲出。目视左拳（图19－14）。

要点：成弓步时，左腿充分蹬直，脚跟不要离地。冲拳时，尽量转腰顺肩。

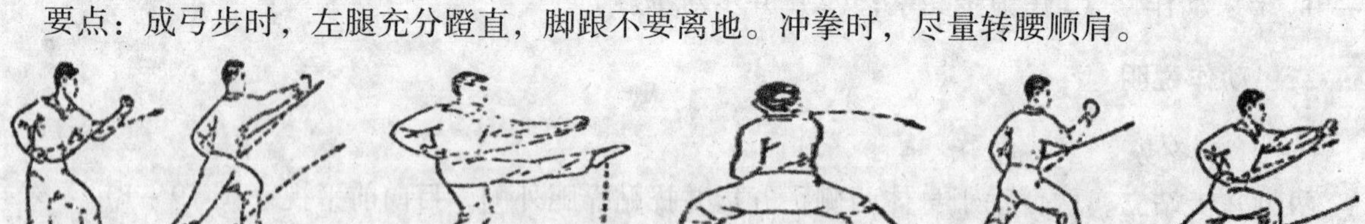

图19－9　图19－10　图19－11　图19－12　图19－13　图19－14

5. 弹腿冲拳　重心前移至右腿，左腿屈膝提起，脚面绷直，猛力向前弹出伸直，高与腰平。左拳收至腰间。右拳向前冲出。目视前方（图19－15）。

要点：支撑腿可微屈，弹出的腿要用爆发力，力达脚尖。

6. 大跃步前穿　（1）左腿屈膝，右拳变掌内旋，以手背向下挂至左膝外侧，上体前倾。目视右手（图19－16）。（2）左脚向前落步，两腿微屈。右掌继续向后挂，左拳变掌，向后下伸直。目视右掌（图19－17）。（3）右腿屈膝向前提起，左腿蹬地向前跃出。两掌向前向上划弧摆起。目视左掌（图19－18）。（4）右腿落地全蹲，左腿落地向前铲出成仆步。右掌变拳抱于腰侧，左掌由上向下划弧成立掌，停于右胸前。目视左脚（图 19－19）。

要点：跃步要远，落地要轻，落地后立即接着做下一个动作。

7. 弓步击掌　右腿猛力蹬直成左弓步。左掌经左脚面后划弧至身后成勾手，左臂伸直，勾尖向上；右拳由腰侧变掌向前推出，掌指向上，掌外测向前，目视前方（图 19－20）。

要点：左腿猛力蹬直成弓步，勾手、推掌动作要协调一致。

图 19－15　图 19－16　图 19－17　图 19－18　图 19－19　图 19－20

8. 马步架掌　（1）重心移至两腿中间，左脚脚尖里扣成马步，上体右转 90 度。右臂向左侧平摆，稍屈肘；同时左勾手变掌由后经左腰侧从右臂内向前上穿出，掌心均朝上。目视左手（图 19－21）。（2）右掌立于左胸前；左臂向左上屈肘抖腕亮掌于头部左上方，掌心向前。目右转视（图 19－22）。

要点：成马步时，大腿要平，两脚平行，脚跟外蹬，挺胸、立腰。

（三）第二段

1. 虚步栽拳　（1）右脚蹬地，屈膝提起；左腿伸直，以左脚掌为轴向右后转体 180 度。右掌由左胸前向下经右腿外侧向后划弧成勾手；左臂随体转动并外旋，使掌心朝右格挡。目视右手（图 19－23）。（2）脚向右落地，重心移至右腿上，下蹲成左虚步。左掌变拳下落于左膝上，拳眼向里，拳心向后；右勾手变拳，屈肘向上架于头右上方，拳心向前。目视左方（图 19－24）。

要点：虚步要挺胸、立腰、右脚实左脚虚，虚实要分明。

2. 提膝穿掌　（1）右腿稍伸直。右拳变掌收至腰间，掌心向上；左拳变掌由下向左向上划弧盖压于头上方，掌心向前（图 19－25）。（2）右腿蹬直，左腿屈膝提起，脚尖内扣；右掌从腰侧经左臂内向右前上方穿出，掌心向上；左掌收至右胸前成立掌；目视右掌（图 19－26）。

要点：支撑腿与右臂充分伸直。

图 19－21　图 19－22　图 19－23　图 19－24　图 19－25　图 19－26

3. 仆步穿掌　右腿全蹲，左腿向左后方铲出成左仆步。右臂不动，左掌由右胸前向下经左腿内侧，向左脚面穿出。目随左掌转视（图 19－27）。

4. 虚步挑掌　（1）右腿蹬直，重心前移至左腿，成左弓步。右掌稍下降，左掌随重心前移向前挑起（图 19－28）。（2）右脚向左前方上步，左腿半蹲，成右虚步。身体随上步左转 180 度。在右脚上步的同时，左掌由前向上向后划弧成立掌，右掌由后向下向前上挑起成立掌，指尖与眼平。目视右掌（图 19－29）。

要点：上步要快，虚步要稳。

5. 马步击掌　（1）右脚落实，脚尖外撇，重心稍升高右移，左掌变拳收至腰间；右掌俯掌向外掳手（图 19－30）。（2）左脚向前上一步，以右脚为轴向右后转体 180 度，两腿下蹲成马步。左掌从右臂上成立掌向左侧击出；右掌变拳收至腰间，目视左掌（图 19－31）。

要点：右手做掳手时，先使臂稍内旋、腕伸直，手掌向下向外转，接着臂外旋，掌心经下向上翻转，同时抓握成拳。收拳和击掌动作要同时进行。

图 19－27

图 19－28

图 19－29

图 19－30

图 19－31

6. 叉步双摆掌　（1）重心稍右移，同时两掌向下向右摆，掌指均向上。目视右掌（图 19－32）。（2）右脚向左腿后插步，前脚掌着地。两臂继续由右向上向左摆，停于身体左侧，均成立掌，右掌停于左肘窝处。目随双掌转视（图 19－33）。

要点：两臂要划立圆，幅度要大，摆掌与后插步配合一致。

7. 弓步击掌　（1）两腿不动，左掌收至腰间，掌心向上；右掌向上向右划弧，掌心向下（图 19－34）。（2）左腿后撤一步，成右弓步。右掌向下向右伸直摆动，成勾手，勾尖向上，右掌成立掌向前推出。目视左掌（图 19－35）。

要点：撤步成弓步与勾手、推掌要同时完成。

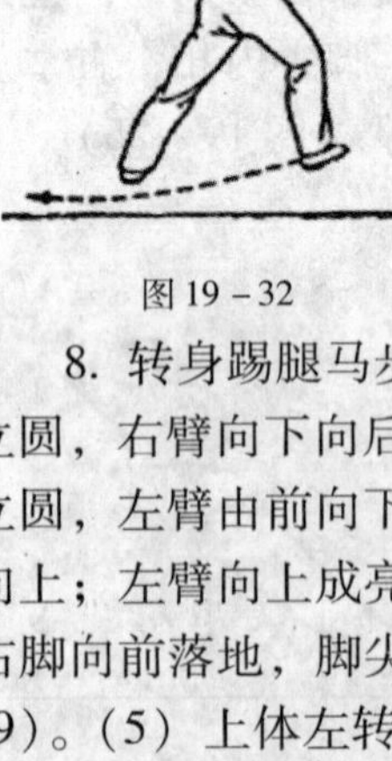
图 19－32

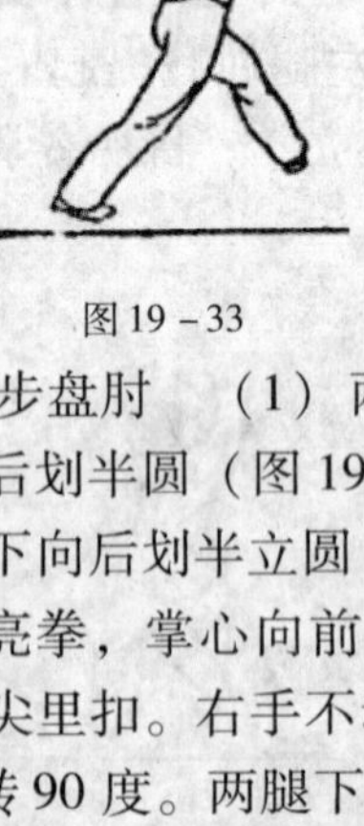
图 19－33

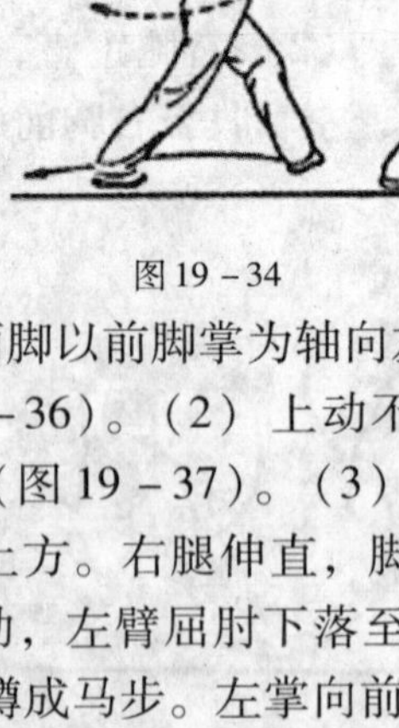
图 19－34

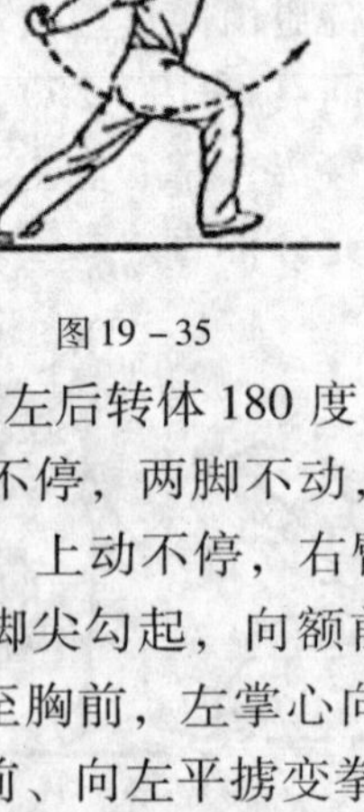
图 19－35

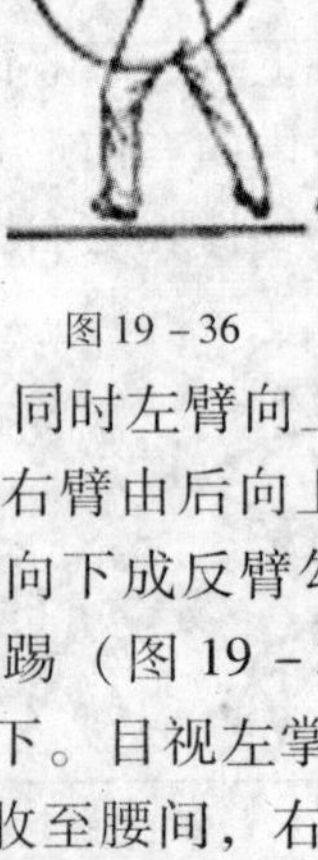
图 19－36

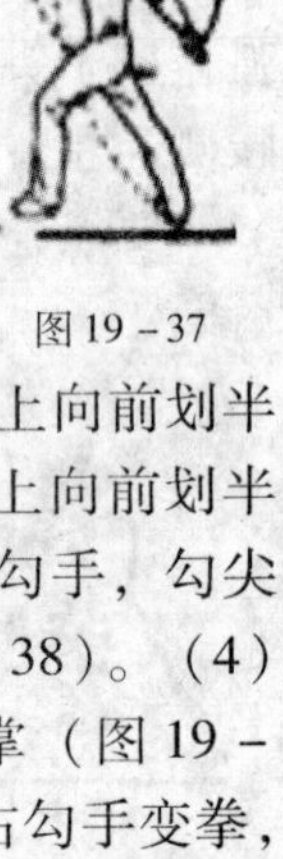
图 19－37

8. 转身踢腿马步盘肘　（1）两脚以前脚掌为轴向左后转体 180 度。同时左臂向上向前划半立圆，右臂向下向后划半圆（图 19－36）。（2）上动不停，两脚不动，右臂由后向上向前划半立圆，左臂由前向下向后划半立圆（图 19－37）。（3）上动不停，右臂向下成反臂勾手，勾尖向上；左臂向上成亮拳，掌心向前上方。右腿伸直，脚尖勾起，向额前踢（图 19－38）。（4）右脚向前落地，脚尖里扣。右手不动，左臂屈肘下落至胸前，左掌心向下。目视左掌（图 19－39）。（5）上体左转 90 度。两腿下蹲成马步。左掌向前、向左平掳变拳收至腰间，右勾手变拳，右臂伸直，由体后向右、向前平摆，至体前时屈肘，肘尖向前，高与肩平，拳心向下，目视肘尖（图 19－40）。

要点：两臂抡动时要划立圆，动作连贯，盘肘时要快速有力，右肩前顺。

（四）第三段

1. 歇步抡砸拳　（1）重心稍升高，右脚尖外撇。右臂由胸前向上向右抡直；左拳向下向左，使臂抡直。目视右拳（图 19－41）。（2）上动不停，两脚以前脚掌为轴，向右后转体 180 度。右臂向下向后抡摆，左臂向上向前随身体转动（图 19－42）。（3）紧接上动，两腿全蹲成歇步。左臂随身体下蹲向下平砸，拳心向上，臂部微屈；右臂伸直向上举起。目视左拳（图 19－43）。

要点：抡臂动作要连贯完成，划成立圆。歇步要两腿交叉全蹲，左腿大、小腿靠紧，臀部贴于左小腿外侧，膝关节在右小腿外侧，脚跟提起；右脚尖外撇，全脚着地。

图 19－38　图 19－39　图 19－40　图 19－41　图 19－42　图 19－43

2. 仆步亮掌　（1）左脚由右腿后抽出前上一步，左腿蹬直，右腿半蹲，成右弓步。上体微向右转。左拳收至腰间，右拳变掌经胸前向右横击掌。目视右掌（图 19－44）。（2）右脚蹬地屈膝提起，上体右转 180 度。左拳变掌从右掌上向前穿出，掌心向上；右掌平收至左肘下（图 19－45）。（3）右脚向右落步，屈膝蹲，左腿伸直，成仆步。左掌向下向后划弧成勾手，勾尖向上；右掌向右向上划弧微屈，抖腕成亮掌，掌心向前。头随右手转动至亮掌时，目视左方（图 19－46）。

要点：仆步时，左腿充分伸直，脚尖里扣，右腿全蹲，两脚脚掌全部着地。上体挺胸立腰，稍左转。

3. 弓步劈拳　（1）右腿蹬地立起；左腿收回并向左前方上步。右掌变拳收至腰间，左勾手变掌由下向前上经胸前向左做掳手（图 19－47）。（2）右腿经左腿前方向左绕上一步，左腿蹬直成右弓步。左手向左平掳后再向前挥摆，虎口朝前（图 19－48）。（3）在左手平掳的同时，右掌向后平摆，然后再向前向上做抡劈拳，拳高与耳平，拳心向上，左掌外旋接扶右前臂。目视右拳（图 19－49）。

要点：左右脚上步稍带弧形。

图 19－44　图 19－45　图 19－46　图 19－47　图 19－48　图 19－49

4. 换跳步弓步冲拳　（1）重心后移，右脚稍向后移动。右拳变掌臂内旋以掌背向下划弧挂至右膝内侧；左掌背贴靠右肘外侧，掌指向前。目视右掌（图 19－50）。（2）右腿自然上抬，上体稍向左扭转。右掌挂至体左侧，左掌伸向右腋下。目随右掌转视（图 19－51）。（3）右脚以全脚掌用力向下震跺，同时左脚急速离地抬起。右手由左向上向前掳盖而后变拳收至腰间；左掌伸直向下、向上、向前屈肘下按，掌心向下。上体右转，目视左掌（图 19－52）。（4）左脚向前落步，右腿蹬直成左弓步。右拳向前冲出，高与肩平；左掌藏于右腋下，掌背贴靠腋窝。目视右拳（图 19－53）。

要点：换跳步动作要连贯、协调。震脚时腿要弯屈，全脚掌着地。左脚离地不要高。

5. 马步冲拳　上体右转 90 度，重心移至两脚中间，成马步。右拳收至腰间，左掌变拳向左冲出，拳眼向上。目视左拳（图 19－54）。

6. 弓步下冲拳　右脚蹬直，左腿弯屈，上体稍向左转，成左弓步。左拳变掌向下经体前向上架于头左上方，掌心向上，右拳自腰间向左斜下方冲出。目视右拳（图 19－55）。

图 19－50

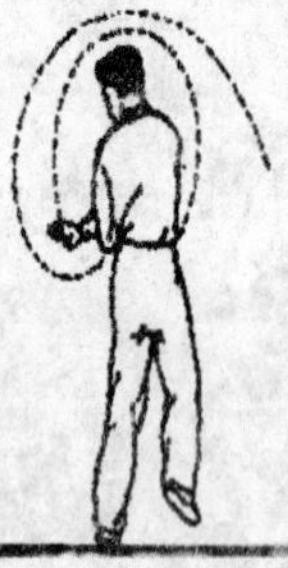
图 19－51

图 19－52

图 19－53

图 19－54

图 19－55

7. 叉步亮拳侧踹腿　（1）上体稍右转。左掌由头上下落于右手腕上，右拳变掌，两手交叉成十字。目视双手（图 19－56）。（2）右脚蹬地并向左腿后插步，以前脚掌着地。左掌由体前向下向后划弧成勾手，勾尖向上；右掌由前向右向上划弧抖腕亮掌，掌心向前。目视左侧（图 19－57）。（3）重心移至右腿，左腿屈膝提起，向左上方猛力蹬出。上体姿势不变，目视左侧（图 19－58）。

要点：插步时上体稍向右倾斜，腿、臂的动作要一致。侧踹高度不能低于腰，大腿内旋，着力点在脚跟。

8. 虚步挑拳　（1）左脚在左侧落地。右掌变拳稍后移，左勾手变拳由体后向左上挑，拳背向上（图 19－59）。（2）上体左转 180 度，微含胸前俯。左拳继续向前向上划弧上挑，右拳向下向前划弧挂至右膝外侧，同时右膝提起。目视右拳（图 19－60）。

图 19－56

图 19－57

图 19－58

图 19－59

图 19－60

（五）第四段

1. 弓步顶肘　（1）重心升高，右脚踏实。右臂内旋向下直臂划弧以拳背下挂至右膝内侧，左拳不变。目视前下方（图 19－61）。（2）左腿蹬直，右腿屈膝上抬。左拳变掌，右拳不变，两臂向前向上划弧摆起。目随右拳转视（图 19－62）。（3）左脚蹬地起跳，身体腾空，两臂继续划弧至头上方（图 19－63）。（4）右脚先落地，右腿屈膝，左脚向前落步，以前脚掌着地。同时两臂向右向下屈肘停于右胸前，右拳变掌，左掌变拳。右掌心贴靠左掌面（图 19－64）。（5）左脚向左上一步，左腿屈膝，右腿蹬直成左弓步，右掌推左拳，以左肘尖向左顶出，高与肩平。目视前方（图 19－65）。

要点：交换步时不要过高，但要快。两臂抡摆时要成圆弧。

2. 转身左拍脚　（1）以两脚前脚掌为轴向右后转体 180 度。随着体转，右臂向上、向右向下划弧抡摆，同时左拳变掌向下向后向前上抡摆（图 19－66）。（2）左腿伸直向前上踢起，脚面绷平，左掌变拳收至腰间，右掌由体后向上向前拍击左脚面（图 19－67）。

图 19－61 图 19－62 图 19－63 图 19－64 图 19－65

要点：右掌拍脚时手掌稍横过来，拍脚要准而响亮。

3. 右拍脚 （1）左脚向前落地，左拳变掌向下向后摆，右掌变拳收至腰侧（图 19－68）。（2）右腿伸直向前上踢起，脚面绷平。左拳变掌由后向上向前拍击右脚面（图 19－69）。

要点：与本段的转身左拍脚相同。

4. 腾空飞脚 （1）右脚落地，上体微后仰（图 19－70）。（2）左脚向前摆起，右拳变掌向前、向上摆起，左掌先上摆而后下降拍击右掌背（图 19－71）。（3）右腿猛力蹬地跳起，左腿继续前摆，右腿在空中弹踢，脚面绷直，右手拍击右脚面，左掌由体前向后上举（图 19－72）。

要点：蹬地要向上，不要太前冲。击响要在腾空时完成，右臂伸直成水平。

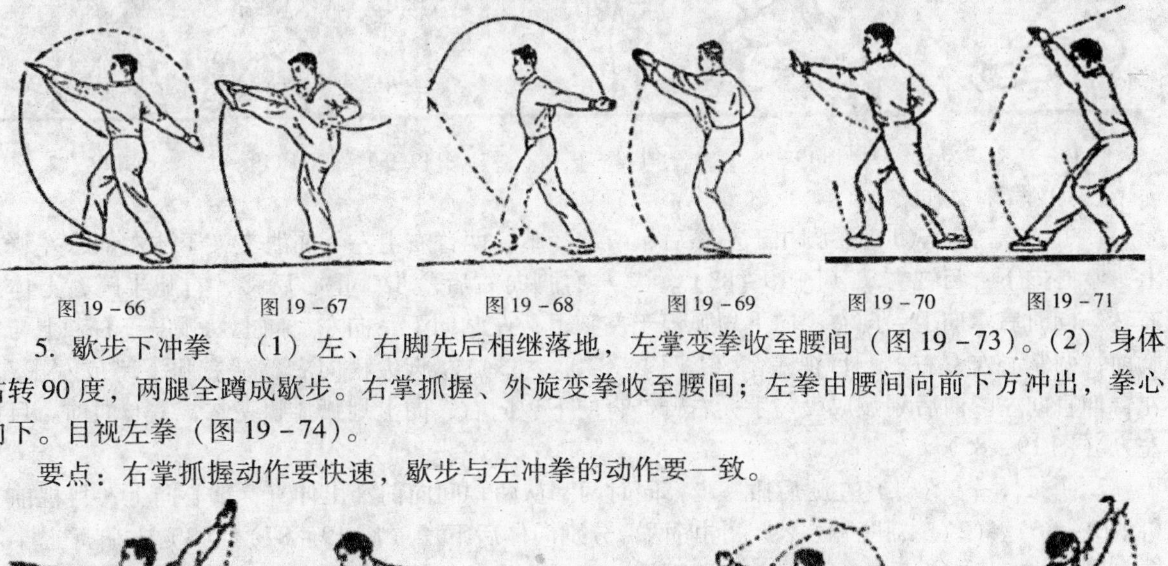

图 19－66 图 19－67 图 19－68 图 19－69 图 19－70 图 19－71

5. 歇步下冲拳 （1）左、右脚先后相继落地，左掌变拳收至腰间（图 19－73）。（2）身体右转 90 度，两腿全蹲成歇步。右掌抓握、外旋变拳收至腰间；左拳由腰间向前下方冲出，拳心向下。目视左拳（图 19－74）。

要点：右掌抓握动作要快速，歇步与左冲拳的动作要一致。

图 19－72 图 19－73 图 19－74 图 19－75 图 19－76

6. 仆步抡劈拳 （1）重心升高，右臂由腰间向体后伸直，左臂随身体重心升高向上摆起（图 19－75）。（2）以右脚前脚掌为轴，左腿屈膝提起，上体左转 270 度。左拳由前向后下划立圆一周；右拳由后向下向前上划立圆一周（图 19－76）。（3）左腿向后落一步，屈膝全蹲，右腿伸直，脚尖里扣成右仆步。右拳由上向下抡劈，拳眼向上；左拳后上举，拳眼向上。目视右拳

（图 19－77）。

要点：抡臂时一定要划立圆。

7. 提膝挑掌　（1）重心前移成右弓步，同时右拳变掌由下向上抡摆，左拳变掌稍下落，右掌心向左，左掌心向右（图 19－78）。（2）左、右臂在垂直面上由前向后各划立圆一周。右臂伸直停于头上，掌心向左，掌指向上；左臂伸直停于身后成反勾手。同时右腿屈膝提起，左腿挺膝伸直独立。目视前方（图 19－79）。

要点：抡臂时要划立圆。

8. 提膝劈掌弓步冲拳　（1）下肢不动。右掌由上向下猛劈伸直，停于右小腿内侧，用力点在小指一侧；左勾手变掌，屈臂向前停于右上臂内侧，掌心向左。目视右掌（图 19－80）。（2）右脚向右后落地；身体右转 90 度。同时左掌变拳收至腰间，右臂内旋向右划弧做劈掌（图 19－81）。（3）上动不停，左腿蹬直成右弓步。右手抓握变拳收至腰间，左拳由腰侧向左前方冲出。目视左拳（图 19－82）。

要点：左搂手动作要快，右弓步与左冲拳的动作要一致。

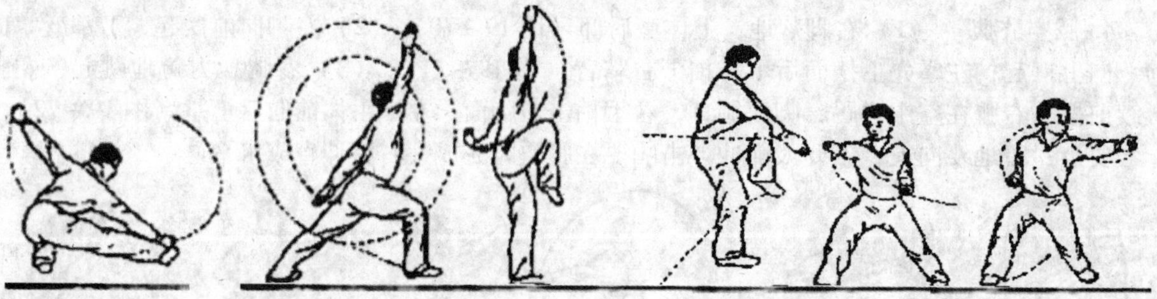

图 19－77　图 19－78　图 19－79　图 19－80　图 19－81　图 19－82

（六）结束动作

1. 虚步亮掌　（1）右脚扣于左膝后，两拳变掌，两臂右上左下屈肘交叉于体左前，左臂在上，掌心向下；目视右掌（图 19－83）。（2）右脚向右后落步，重心后移，右腿半蹲，上体稍右转。同时右掌向上、向右、向下划弧停于左腋下；左掌向下、向左、向上划弧停于右臂上与左胸前，两掌心左下右上。目视左掌（图 19－84）。（3）左脚尖稍向右移，右腿下蹲成左虚步。左臂伸直向左、向后划弧成反勾手；右臂伸直向下、向右、向上划弧抖腕亮掌，掌心向前。目视左方（图 19－85）。

2. 并步对拳　（1）左腿后撤一步，同时两掌从两腰间向前穿出伸直，掌心向上；目视前方（图 19－86）。（2）右腿后撤一步，同时两臂分别向体后下摆（图 19－87）。（3）左脚后退半步向右脚并拢。两掌由后向上经体前屈臂下按，两掌变拳，停于腹前，拳心向下，拳面相对。目视左方（图 19－88）。（4）还原：两臂自然下垂；目视正前方（图 19－89）。

图 19－83　图 19－84　图 19－85　图 19－86　图 19－87　图 19－88　图 19－89

第三节　散打基本技术和战术

一、散打的实战姿势

实战姿势分正架（左手、左脚在前称为“正架”）和反架（右手、右脚在前称为“反架”）两种。下面以“正架”为例：身体侧立，两脚前后开立约与肩同宽，左脚全脚掌着地，右脚跟稍抬起，脚掌撑地，两膝微屈，重心在两腿之间，含胸收腹；两手握拳，左手在前右手在后，拳眼均斜向上；左手臂弯曲，肘关节夹角约 90 度～110 度，左拳与鼻同高；右手臂弯曲，肘关节夹角小于 90 度，大小臂紧贴与右侧肋部；下颌微收，闭嘴合齿，面部和左肩、左拳正对对手；目平视（图 19－90）。

图 19－90

图 19－91

图 19－92

图 19－93

图 19－94

图 19－95

二、散打基本步法

1. 进步　前脚先向前迈半步，后脚再跟进半步（图 19－91、19－92）。

2. 退步　后脚先向后退半步，前脚再回退半步（图 19－93）。

3. 上步　后脚经过前脚向前上一步，同时左右拳前后交换成反架姿势（图 19－94）。

4. 闪步　左（右）脚向左（右）侧移半步，右（左）脚随之向左（右）滑步；同时身体向右（左）转体 90 度（图 19－95）。

5. 盖步　右脚向左脚前方迈一步，脚尖外展，左脚跟离开地面，两膝微屈，重心前移偏右脚（图 19－96）。

6. 垫步　后脚蹬地向前脚并拢，同时前脚屈膝抬起向前落步（图 19－97、19－98）。

三、散打战术

（一）强攻战术

强攻战术是指硬性突破对方防守后发出的攻击。运用强攻战术的条件如下：（1）对方近战能力比较差；（2）对方耐力比较差；（3）我方耐力、力量、速度素质比较好，但技术不如对方；（4）比赛经验不如对方，但身体素质较好技术较全面；（5）对方心理素质比较差。

图 19－96

图 19－97

图 19－98

（二）先得分战术

先得分战术是指比赛中利用对方立足未稳，还没有适应比赛的机会，主动进攻对方先得分。得分后根据实际情况选择继续扩大战果或防守反击以保住得分。运用先得分战术的条件如下：（1）对方进入比赛状态较慢；（2）对方比赛经验不足；（3）对方立足未稳。

（三）直攻战术

直攻战术是指在没有假动作的掩护下，使用方法直接进攻对方。运用直攻战术应具备以下条件：(1) 对方的反应速度、动作速度、移动速度弱于自己；(2) 对方技术水平明显低于自己(3) 对方动作不熟练、耐力较差、近战能力较差；(4) 对方防守动作出现破绽、双方距离能够有效使用进攻动作。

(四) 佯攻战术

佯攻战术也称为假动作战术，即比赛中有目的地利用假动作造成对方错觉，把对方引入歧途，实现真实进攻。运用佯攻战术应具备的条件如下：(1) 对付反应快、防守能力强的对手。(2) 直接进攻遭到对方防守截击时，利用假动作声东击西，分散对方的注意力，趁机攻击其防守空当部位。

(五) 迂回战术

迂回战术是指利用步法移动从侧面进攻。迂回战术运用的条件如下：(1) 对方力量较大，速度快，正面进攻较为凶猛；(2) 对方集中注意力进行正面防守时。

(六) 防守反击战术

防守反击战术是指利用自己反击能力较好的特点，待对方进攻时给予有力的回击。运用防守反击战术应具备以下条件：(1) 对方进攻动作比较单一；(2) 对方性情急躁，缺乏比赛经验，喜欢猛冲猛打。

(七) 制长战术

制长战术是使用相应的方法控制对方的技术专长，使其不能够正常发挥的战术形式。每名运动员都有自己的技术专长，如果针对对方专长制定战术，使其专长不能发挥，从而被迫采用其他动作，这无疑起到制彼所长的作用。制长战术大致有以下几种：(1) 克制善于用拳法的对手；(2) 克制善于用腿法的对手；(3) 克制善于用摔法的对手；(4) 克制善于用重拳、重腿的对手；(5) 克制善于主动进攻的对手；(6) 克制善于防守反击的对手；(7) 克制能攻能守全面性对手。

(八) 制短战术

制短战术是指在比赛中集中力量专门进攻对方的薄弱环节，制其所短。每一名运动员在具备优点的同时也相对有自己的缺点，比赛中要善于发现其缺点，如有的运动员防拳能力差，有的运动员防腿能力差，有的运动员防摔能力差。了解对方缺点有以下几个途径：(1) 通过观察对方训练或比赛以及回忆与对方交手的经历；(2) 通过比赛中试探性的进攻来判断对方的弱点；(3) 通过向与其交过手的队友询问。

(九) 突袭战术

突袭战术是针对对方自然产生的习惯动作，采用相生相克的方法进攻对方。以下情况可以采用突袭战术：(1) 比赛开始，裁判员"开始"口令刚落，突然发动进攻，攻其不备，打他个措手不及；(2) 在一个回合进攻中，裁判员并没有喊"停"，双方运动员停止了进攻自然分开时，这时抓住机会突然进攻，出其不意。

(十) 心理战术

心理战术是通过一些特定的方式和措施，给对方造成心理上的压力，从而取得比赛胜利的方法。心理战术形式多样，如：(1) 比赛开始前利用表情、动作，威胁对手；(2) 激怒对方或松懈对方的斗志；(3) 赛前隐瞒实力或夸大自身实力，给对手造成心理压力。

第四节　武术欣赏

武术套路的审美特征是体现在多方面的，既有局部美的形态，也有整体美的意象。局部的美有"形、色、声"等自然属性的外形。如运动员形体的美，运动员在演练中造型的美和美的服装与器材，以及音乐的包装等。但这些并不是武术套路本质上的审美特征。武术套路作为体育项目，尤其重视运动中的协调、节奏和攻防意识，反映在美学上则是整体艺术观的和谐、气韵和意境。

武术套路的和谐是“协调各种差异，是两个或（主要是）两个以上对立的有差异的因素的融合”。协调是指手眼身法步和精神气力功的一致性。武术套路在美学意义上的“和谐”是在演练的协调上求得的。其和谐主要是阴阳协调，主要包括刚柔、虚实、动静、形神等的协调。

阳刚与阴柔是中国古典美学的一对重要范畴，能给人不同的审美感受。阳刚具有不可阻遏的浩瀚气势，令人惊心动魄、精神振奋；阴柔具有韵味无穷的艺术魅力，能给人心旷神怡，轻松愉快之感。刚柔协调反映在武术套路中则是“刚柔相济”，使阳刚之美与阴柔之美这两种迥然不同的审美意境在演练过程中既保持相对独立，又交互渗透，构成了武术套路演练过程中的刚柔协调的和谐美。

虚和实是对立而统一的一对美学范畴，虚实结合也是中国古典美学一条重要的原则，认为“艺术形象必须虚实结合，才能真实地反映有生命的世界”。虚实虽有多重意义的解释，但虚实分明是武术套路对虚实协调的要求，即在套路演练中，运动员要做到动作有实有虚。

在武术套路中，“动迅静定”是对动静协调的高度概括和总结。“动如涛、静如岳”，动如江河之水滔滔不绝，动则含韵；静如五岳巍峨，静中有势；动中寓静，静中现动。

武术套路对形神协调的要求是“形神兼备”，“形”与“神”是与表现攻防格斗含义紧密关联的。运动员在演练中要将自己“置于一个战斗的场合”，并通过“形”与“神”的协调来达到“形神兼备”，体现武术套路的和谐之美。在演练同一套路上，往往会因不同的运动员而产生不同的风格与神韵，这与运动员演练技术水平的高低、对演练内容与内涵的理解程度以及个人的身体素质、气质有一定的关系。因此，运动员在追求“形美”的同时，要根据自身的条件，充分发挥出“神美”，做到有自身特点的“形”与“神”的“和谐”。

气韵是艺术作品中呈现出来的气势风韵，它产生在形神统一的基础上，又是主客观相互交融的结果。武术套路的气韵表现为演练者以生动和谐的节奏去表现艺术对象的精神品性和生命力。因此，通过演练将“韵”的涵义（指一种有节奏感的寓统一于变化的形式规律，是呈现出多样统一和回环往复特点的形式因素）具体地表现出来。不仅如此，还要超越形式，从中解放出来，体现出“气”的本体意义（指主体的人对客体的自然规律和生命现象的认识和表现），表现出演练者所领会到的生命节奏。

武术套路动作的节奏是指在武术意识作用下，动作所具有的有规律的反复。节奏的表现形式有动作方向、位置、速度、层次等方面的变化。这些变化都是由运动员技术、身体素质、器材及动作本身特点所决定的。此外，这些外在节奏还与内在节奏有机结合，形成整体节奏的完美。外在节奏表现出一种回环往复的特点，再加上整个套路演练的和谐美便构成了“韵”的特征。与此同时，配以套路的内在节奏，体现主体的精神气质，气韵便得以产生。

武术同其它艺术一样，都是从生命的节奏解释自身的节奏来进行艺术创造，它准确而深刻地抓住了节奏最根本的来源——大自然及人自身的生命节奏，从而使武术呈现出一种奋发向上、生生不息的节奏感，进而形成生动的气韵，给人以美感。

中国武术具有丰厚的传统文化底蕴，它有赖于运动员的招势和劲力形成的运动特色与精神、节奏、意识、风格形成的生动气韵，共同合成了战斗的意境美。

意境是在情景交融、虚实结合、形神兼备的基础上创造出来的，由象内之象和象外之象构成；它不是表现孤立的物象，而是表现虚实结合的“境”（境是指审美客体）。武术套路演练中的“攻防意识”充分体现了战斗的意境美。

战斗的意境反映在武术套路中为运动员“形”与“神”高度结合的攻防意识在演练中的生动体现。由于套路是在一种虚拟的情景下和假想之敌进行搏斗，所有的动作是事先编排好的，难免使演练者在练习的过程中不能表现出和对手相搏时的真正感受，进而使套路演练仅仅成为一种简单的肢体活动，也使演练者的演练水平难以提高。当注意到在练习过程中强调“攻防意识”时，演练者的感受就完全发生了变化。首先，“虚拟之敌”使演练者时刻考虑到对方的进攻和己方的防守以及如何进攻对方，增加了练习的趣味性；其次，充分地考虑了自己的心、神、意和气息的运行，并同时配合自己的手、眼、身、步等形体结合，充分体味到武术是内与外，形与神的相互联系的统一整体，使演练者能真正领悟到武术的真谛。

第五节　武术套路规则简介

一、竞赛场地

个人项目的场地为长 14 米，宽 8 米，其周围至少有 2 米宽的安全区。场地四周内沿，应标明 5 厘米宽限的白色边线。场地的地面空间高度不少于 8 米，根据实际情况比赛场地应高出地面 50 ~60 厘米。

二、套路完成时间

长拳、南拳、剑术、刀术、枪术、棍术、南刀、南棍套路，成年不少于 1 分钟 20 秒；青少年（含儿童）不得少于 1 分钟 10 秒。太极拳、太极剑自选套路为 2 ~4 分钟；太极拳规定套路为 5 ~6 分钟。

三、比赛音乐

规程规定的配乐项目必须在音乐（不带歌词）伴奏下进行，音乐可以根据套路的编排自行选择。

四、比赛服装

裁判员应统一服装，佩戴裁判等级标志；运动员应穿武术比赛服装。

五、评分方法与标准

（一）评分方法

（1）由评判动作质量（A 组）、评判演练水平（B 组）与评判难度（C 组）组成。

（2）各项比赛的满分为 10 分。其中动作质量的分值为 5 分（扣分制）；演练水平的分值为 3 分（给分制）；难度的分值为 2 分（加分制）。

（3）A 组裁判员。根据运动员现场完成动作的质量，用动作质量的评分减去各种动作规格错误和其他错误的扣分，即为运动员的动作质量分。

（4）B 组裁判员。其中由 2 名裁判按照套路动作劲力、节奏及音乐的要求整体评判后确定的等级平均分数减去另外 2 名裁判员对套路编排错误的扣分，即为运动员的演练水平分。

（5）C 组裁判员。根据运动员现场整套难度完成的情况，按照各项目动作难度和连接难度的加分标准，确定运动员现场完成动作难度、连接难度的累计分，即为运动员的难度分。

（二）评分标准

1. 动作质量的评分标准　运动员现场完成套路动作的规格与要求不符，每出现一次扣 0. 1 分；其他错误每出现一次扣 0. 1 ~0. 3 分。

2. 演练水平的评分标准　（1）劲力、节奏及音乐的评分标准。分为 3 档次分，其中：很好为3.00～2.70；一般为2.60～2.30；较差为2.10～1.80。凡劲力充足，用力顺达，力点准确，节奏分明，动作与音乐和谐一致者为“很好”；凡劲力较充足，用力较顺达，力点较准确，节奏较分明，动作与音乐较和谐一致者为“一般”；凡劲力不充足，用力不顺达，力点不准确，节奏不分明，动作与音乐不和谐一致者为“较差”。（2）编排的评分标准。运动员现场完成套路时，规程规定的必选动作每缺少一个扣0.2分；套路的结构、布局与要求不符，每出现一次扣0.1分。

3. 难度的评分标准　（1）动作难度（1.4分）。每完成一个A级动作可获得0.2的加分，每完成一个B级动作可获得0.3的加分，每完成一个C级动作可获得0.4的加分。每种动作难度的加分只计算一次；动作难度加分的累计中，如超过了1.4分，则按1.4分计算。运动员现场所做的动作难度不符合难度要求，则不计算动作难度加分。（2）连接难度（0.6分）。每完成一个A级连接可获得0.05的加分，每完成一个B级连接可获得0.1的加分，每完成一个C级连接可获得0.15的加分，每完成一个D级连接可获得0.2的加分。每种连接难度的加分只能计算一次；连接难度加分的累计中，如超出了0.6分，则按0.6分计算。运动员现场所做的连接难度不符合难度要求，则不计算连接难度加分。（3）创新难度加分。现场成功完成被确认的创新难度，则由裁判长按加分标准给予加分。其标准为：完成一个创新的B级动作难度（含连接难度）加0.2分，完成一个创新的C级动作难度（含连接难度）加0.3分，每完成一个创新的超C级动作难度加0.4分。由于失败或与鉴定确认不符，不予加分。

复习思考题

1. 长拳的基本手型手法、步型、腿法有哪些？
2. 如何欣赏现代武术套路竞赛？
3. 散打进攻技术练习方法与步骤有哪些？

主要参考书目

张山．武术初级教程［M］．北京：人民教育出版社，1999
周志俊，吴峰主编．大学体育［M］．合肥：安徽人民出版社，2006
刘同为，花家涛．论竞技武术套路审美范式结构［J］．体育科学，2004（11）：68～70

第二十章　跆拳道

第一节　跆拳道运动概述

一、跆拳道的产生与发展

跆拳道是起源于朝鲜半岛古老而又新颖的竞技体育项目，是韩国民族在生产和生活基础上发展起来的运用手、脚技术和身体能力进行自身修炼和搏击格斗的传统民族武术。

公元14～20世纪初，朝鲜半岛进入李氏王朝时代，李氏王朝重文轻武，跆拳道即遭官府冷落，但是在民间仍然流传。1910年，日本侵占朝鲜，为了推行殖民文化，日本人一度下令禁止韩国的一切民族文化活动，包括跆拳道。许多武道人才流落到日本和中国，他们在国外仍然进行武道活动，并吸收了日本空手道和中国武术的精华，使跆拳道技术得到充实和滋养。直到1945年战争结束，这些武道人才方可返回祖国，重新开始了跆拳道的发展进程。

1945年以前，朝鲜半岛流传各种武道形式，它以流派纷呈，各有千秋，其中有一种叫“花郎道”，它可以说是跆拳道的雏形。花郎道自古以来所抱定的宗旨是“事君以忠，事亲以孝，交友以信，临战无退，杀生有择”。这些原则古朴、诚信，把握了跆拳道的发展方向，后来虽然经过历史的磨砺和演变，而其精髓依然保留在跆拳道里。

很多武道练习者认为，韩国各种流派的武道有必要实现统合，他们探讨把各种各样的武道道馆进行统一，以便形成统一的技击形式。1946年，全国召开第一次统合会议，然而道馆的统合没有成功。尽管如此，武道专家们为联络国内重要道馆统合还是付出了许多努力，这些努力没有白费。因为在统合过程中，首先弄清了外国武术如中国武术和日本空手道对跆拳道的非正统的影响，重新寻找和确定了跆拳道徒手搏击的形式，实现了跆拳道标准形式和指导思想的统一。这个统一的搏击就是今天的跆拳道，从语义上讲，“跆”是用脚跳、踢、劈，“拳”是用拳头击打，而“道”则是练习者的哲学态度或生活方式。

1966年成立了国际跆拳道联盟（ITF），崔泓熙任首届联盟主席。1973年5月世界跆拳道联盟在韩国汉城成立（WTF），金云龙当选为主席。截至1998年，世界跆拳道联盟已有会员国144个。1975年世界跆拳道联盟被正式接纳为国际体育联盟的会员。跆拳道第一届世界锦标赛和第一届亚洲锦标赛分别于1973年和1974年在韩国汉城举行。跆拳道在1986年被列为第10届亚运会的正式比赛项目。1994年经国际奥委会正式通过，被列为2000年奥运会正式比赛项目。

二、我国跆拳道运动的发展

1992年10月7日，中国跆拳道协会筹备小组成立，这标志着我国跆拳道运动的正式开始。1994年9月，在云南昆明进行了第一届全国跆拳道比赛；1995年5月在北京体育大学举行了第一届全国跆拳道锦标赛，从此跆拳道在中国迅速发展。1995年8月正式成立中国跆拳道协会，魏纪中当选为第一任协会主席。同年11月，中国跆拳道协会被世界跆拳道联盟接纳为正式会员。1997年11月在香港举办的世界跆拳道锦标赛上，我国女子43公斤级的黄鹂获得该级别的银牌。

1998年5月17日，在越南举办的第13届亚洲跆拳道锦标赛上，贺璐敏获得金牌，实现了我国在洲际比赛中金牌零的突破。1999年6月7日，在加拿大举行的世界跆拳道锦标赛上，我国女子55公斤级的王朔获得该级别的金牌，这是我国运动员获得的第一个世界冠军。

三、跆拳道特点

（一）以腿为主，手足并用

跆拳道技术方法中占主导地位的是腿法，腿法技术在整体运用中约占3/4，因为腿的长度和力量是人体中最长最大的，其次才是手。腿的技法有很多种形式，可高可低，可近可远，可左可右，可直可屈，可转可旋，威胁极大，是比赛时得分和实用制敌的有效方法。其次是手法，手臂的灵活性很好，可以自如地控制完成防守和进攻动作，同时也可以变化为拳、掌、肘、肩的多种用法，进行实战。在竞赛规则以外的跆拳道实战中，人体的一些主要关节部位亦可以用来做进攻的武器，或防守的盾牌，这是跆拳道技术的本质。

（二）方法简练，刚直硬打

不论是在比赛时还是在实战中，跆拳道的进攻方法都是十分简捷而实效的。对抗时双方都是直接接触，以刚制刚，用简练硬朗的方法直接击打对方，或拳或腿，速度快，变化多；防守的动作也是以直接的格挡为主，随即是连续的反击动作。防守时很少使用躲闪防守法，追求刚来刚往，硬拼硬打，尽可能保持或缩短双方间的距离，以增加击打的有效性，在近距离拼斗中争取比赛或实战的胜利。

（三）内外兼修，功法独特

跆拳道理论认为，经过专门训练，人的关节部位能产生不可思议的威力，特别是拳、肘、膝和脚四个部位，尤以脚和手为甚。长期专门练习跆拳道，可以使人达到内外合一的程度，即内功和外力达到统一的巅峰。由于无法确定人体关节部位武器化的威力和潜力到底有多大，只有通过对木板，砖瓦等物体的击打来测量验定练习者的功力水平。功力测验是跆拳道训练水平、晋级考试、表演和比赛的一个重要内容，以此显示出跆拳道独特的功法和特点。

（四）强调气势，发声扬威

无论品势还是竞技跆拳道，都要求在气势上给人以威严，多以发出洪亮并带有威慑力的声音来显示自己的能力。尤其是在竞技跆拳道比赛中，双方练习者都会以规则允许的发声来提高自己的斗志，借以在气势上压倒对手，甚至在出击时配合击打效果使裁判得以认可，争取在心理上战胜对手。所以，跆拳道练习者都要进行专门的发声练习。

（五）礼始礼终，培养良好道德品质

跆拳道给人们留下的较深的印象是跆拳道练习者始终是在不同的场合行礼鞠躬。这是因为跆拳道练习者始终把“礼”作为训练内容，强调“礼始礼终”，即练习活动都要从礼开始，以礼结束，并突出爱国主义。要求跆拳道练习者在练习技术的同时，在道德修养方面也要不断提高自己。通过用行礼的方式向长辈、教练、老师、队友鞠躬施礼，使跆拳道练习者养成发自内心的行礼习惯，以养成恭敬谦虚、友好忍让的态度和互相学习的作风，并培养其坚忍不拔的意识品质。

四、跆拳道技术概念与分类

跆拳道技术有两种：其一为国际跆拳道联盟倡导的以跆拳道品势演练为主的品势技术。品势就是将不同于真实格斗的技术编成各种组合，形成规定的套路，如太极八章等。其二为世界跆拳道联盟倡导的竞赛跆拳道的技术，是指跆拳道竞赛中所使用的能够充分发挥运动员机体能力，合理有效完成动作的方法。

（一）跆拳道动作的使用部位

1. 拳法　拳法在竞赛跆拳道中重要有正拳（也称平拳或直拳），在品势中则有正拳、勾拳、锤拳等。(1) 正拳：将手的四指并拢并握紧，拳面要平，然后拇指压贴于食指和中指的第二指节上。使用正拳时，用拳正面的食指和中指部分击打。(2) 勾拳：握法同正拳。使用时用食指和中指关节根部的突出部分击打。(3) 锤拳：握法同正拳。使用时用小指和手腕间的肌肉部分击打。

2. 掌法　(1) 手刀：四指伸直，拇指弯曲靠近食指，用小指侧的掌外沿攻击对方。只局限于在品势中使用。(2) 背刀：此掌法与手刀向对，用食指侧攻击对方。只局限于在品势中使用。(3) 贯手：手形与手刀基本相同，要求微屈中指，主要用四指指尖戳击对方的要害部位，如戳击对方的眼睛、喉部等。只局限于在品势中使用。

3. 臂部　(1) 腕部：腕关节的四周部位。主要用于防守格挡。(2) 肘部：用肘的鹰突关节攻击，只局限于在品势中使用。(3) 前臂和上臂：主要用外侧进行格挡防守，其中前臂的格挡在竞赛跆拳道比赛中经常被运动员所使用。

4. 脚部与膝部　跆拳道比赛中，运动员主要以腿攻击为主，所采用的脚的部位是脚面、足刀、脚尖和脚跟。(1) 脚面：用脚的正面部分攻击对方，主要用来踢击对方髋关节以上、锁骨以下被护具包围的部位和头部的侧前剖面（图 20－1）。(2) 足刀：用脚的外沿侧蹬对方，多用于侧、推踢（图 20－2）。(3) 脚尖：主要用脚趾前端的部位攻击对方（图 20－3）。(4) 脚跟：主要用脚跟后踢和推踢对方（图 20－4）。(5) 脚前掌：主要用脚前掌攻击对方，多用于劈腿（图 20－5）。(6) 膝部：用膝盖顶击对方，只局限于在品势中使用（图 20－6）。

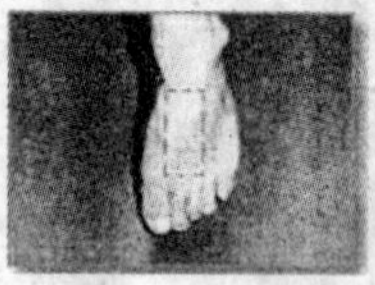
图 20－1　脚面

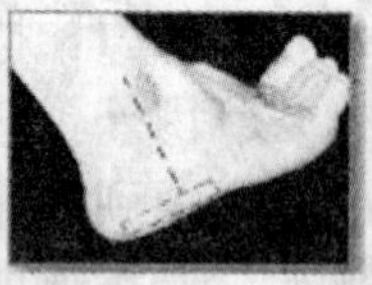
图 20－2　足刀

图 20－3　脚尖

图 20－4　脚跟

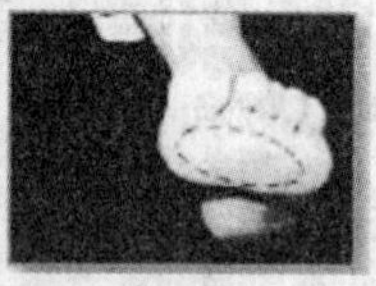
图 20－5　脚前掌

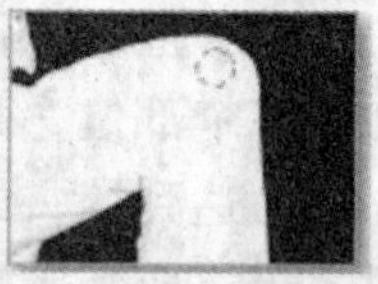
图 20－6　膝部

（二）基本步法

1. 上步　右架站立，右脚向前上一步，成为左架实战姿势。反之左架亦然。动作要领：上步时通过向左拧腰转髋完成，两臂在体侧自然上下移动，重心不要上下起伏过大。

2. 后撤步　右架站立，左脚向后撤一步，成为左架实战姿势，反之左架亦然。动作要领：后撤步时重心保持平稳的移动，通过向左拧腰转髋完成，两臂在体侧自然上下移动。

3. 前跃步　右架站立，两脚同时向前跃进一步，保持右架实战姿势，反之左架亦然。动作要领：向前跃步时，重心不宜起伏过大，尽量使重心平稳移动，两脚稍离地即可。

4. 后跃步　右架站立，两脚同时向后回撤一步，保持右架实战姿势，反之亦然。动作要领：向后回撤时，重心不宜起伏过大，尽量使重心平稳移动，两脚稍离开地面。

5. 原地换步　动作过程：右架站立，两脚原地前后交换，由右架换成左架，反之左架亦然。动作要领：重心不宜起伏过大，尽量使重心平稳移动，两脚稍离开地面。

6. 侧移步　第一种步法是以前脚为轴，后脚向左侧方向移动，用以改变与对手的站位方向；第二种步法是右架站立，右脚先向右侧移动一步，随之左脚也迅速向右侧移动一步。动作要领：一般是将身体重心移向前脚，以利于后腿攻击。

7. 垫步　右架站立，右脚向左脚内侧上步，同时左腿迅速抬起以便进攻和防守。动作要领：右脚垫步时，左脚要迅速提起，重心落在右腿上，右膝微屈。

（三）品势中的步型

1. 准备势　两脚开立与肩同宽，身体自然直立，两脚尖略外展，两手握拳置于腹前。

2. 开立步　两脚开立与肩同宽，身体自然直立，两膝微屈，两脚尖正对前方，两手握拳置于体侧。

3. 马步　两脚开立，较肩宽，两脚尖平行或略内扣，挺胸直背，两腿屈膝半蹲，重心落在两脚之间。

4. 弓步　前后脚分立，两脚相距一步半，前腿屈膝，后腿伸直，前腿膝关节与脚尖垂直，重心大部分落在前脚上。左脚在前称左弓步，右脚在前称右弓步。

5. 后弓步　前后脚分立，两脚相距约一步，后脚尖外展90度，后腿屈膝如同骑马状，前腿膝关节略屈，重心大部分落在后腿上。左脚在前称右后弓步，右脚在前称左后弓步。

6. 前探步　如走路姿势。两脚之间距离小于弓步，上体略前倾，前腿膝关节略屈，重心大部分落在前脚上。左脚在前称左前探步，右脚在前称右前探步。

7. 虚步　与后弓步相似，前脚掌点地，脚跟提起，重心落在后脚。左脚在前称右虚步，又叫在前称左虚步。

8. 交叉步　一脚向另一脚的前侧（前交叉步）或后侧（后交叉步）落步，脚尖着地，两腿屈膝交叉。

9. 并步　两腿直立，两脚跟并拢，脚内侧相靠，两臂握拳自然垂于体侧。

10. 单脚立　提起一条腿并将脚置于另一腿的膝关节处，只用一条腿站立。

（四）实战姿势

实战姿势是竞赛跆拳道比赛中双方开始时的基本站立姿势。其动作过程为：两脚开立与肩同宽，两臂垂于体侧。左脚或右脚向另一脚的前方迈出，两脚相距一步距离前后站立，使身体侧对对方，同时两手半握拳，沉肩、两臂屈肘自然垂放（左脚在后是左架实战姿势）。重心落在两脚之间，膝部略弯曲，眼睛平视对方面部，下颚微收。动作要领：两臂所放位置不是固定的，也可以一臂垂下或两臂都垂下。两脚之间的距离和重心的高低可根据具体情况进行调整，原则上是在移动时能最快调整好身体重心。

（五）拳　法

拳法主要用来防守和配合腿的进攻。右架站立，左手拳为前手拳，右手拳为后手拳。后手拳的动作过程：右架站立，右脚向后蹬地，腰部与上体快速有力的向左前方扭转，借以增加出拳的速度和力量。在右脚蹬地的同时，右臂快速前伸，肘关节抬起，前臂内旋，拳心向下方转动，使拳面、前臂、肘关节与肩成一条直线并处在一个水平面上。同时身体重心移至左腿上。在击打中目标后，有一个制动过程，然后手臂迅速放松，并借左腿的支撑力量将手臂收回，恢复成实战姿势。攻击部位为胸腹部。

动作要领：用拳击打对方护具的一刹那，腕关节要紧张，将拳握紧，拳进攻主要在双方距离较近时使用，击打时要准备立即起腿进攻或反击。

第二节　跆拳道腿法技术

一、前　踢

实战姿势开始，右脚蹬地髋关节略向左旋转，双手握拳置于体侧；同时，右腿以髋关节为轴屈膝上提。当大腿抬至水平或稍高时，髋关节向前送、顶，小腿以膝关节为轴快速向前上方踢出，整条腿踢直，力达脚尖。踢击后迅速放松，右腿沿原路线收回，成实战姿势（图20－7）。

动作要领：膝关节夹紧，小腿放松，富有弹性；高踢时往上送；小腿回收速度要快。主要攻击部位有面部、下颏和腹部。

图 20－7　前踢

二、横　踢

实战姿势开始，右脚蹬地，重心前移至左脚，右脚屈膝上提，两拳置于胸前；左脚前脚掌碾地内旋，髋关节左转，右腿膝关节向前抬至水平状态，小腿快速向左前横向踢出；击打目标后迅速放松收回小腿，成实战姿势（图 20－8）。

图 20－8　横踢

动作要领：膝关节夹紧，向前提膝，尽量走直线；髋关节往前顺，身体与大小腿成直线；严格注意击打的力点在正脚背；踝关节放松。主要攻击部位有头部、胸腹部和肋部。

三、侧　踢

实战姿势开始，右脚蹬地右腿以髋关节为轴屈膝提起，两手握拳置于体侧；随即左脚以前脚掌为轴外旋 180 度，髋关节向左旋转，右腿以膝关节为轴向前蹬伸，右脚快速向右前上方直线踢出，力点在脚跟。发力后沿起腿路线收腿，成实战姿势（图 20－9）。

图 20－9　侧踢

动作要领：起腿时大小腿，膝关节夹紧；踢出发力时头肩，腰，髋，膝，腿和踝成一直线；大小腿直线踢出，原路线收回。主要攻击部位有肋部、胸腹部和头面部。

四、后　踢

实战姿势开始，转身后腿后撤背对对方。重心后移至左脚，右脚蹬地后屈膝提起，右脚贴近左大腿，两手握拳置于胸前；随即左脚蹬地伸直，右脚自左大腿内侧向后方直线踢出，力达脚跟。踢击后右脚沿原路线快速收回，成实战姿势（图 20－10）。

图 20－10　后踢

动作要领：起腿后上体和大小腿折叠收紧；后踢时动作延伸要长，用力延伸；转身，提腿，出脚动作连续一次性完成，不能停顿；击打目标在正后偏右。主要攻击部位有胸腹部和头面部。

五、下　劈

实战姿势开始，右脚蹬地，重心前移至左脚。同时，右腿以髋关节为轴屈膝上提，两手握拳置于胸前；随即充分送髋，上提膝关节至胸部，右小腿以膝关节为轴向上伸直，将右腿伸直举于体前，右脚过头。然后放松向下以右脚后跟（或脚掌）为力点劈击，击打后成实战姿势（图 20－11）。

图 20－11　下劈

动作要领：腿尽量往高，往头后举，向上送髋，重心往高起；脚放松往前落，落地要有控制；起腿要快速，果断；踝关节要放松。主要攻击部位有头顶、脸部和锁骨。

六、后旋踢

实战姿势开始，以右脚尖为轴，右脚跟外旋，重心移至右腿；身体向左后方转动，同时提起左大腿向斜后方向 40 度左右蹬伸，头部向左后方转动；身体继续旋转，左腿借旋转的力，向后划一个半圆形的水平弧形，快速屈膝用脚掌击打对方头部；击打后，身体重心依然在右腿上，左脚自然落下，还原成实战姿势（图 20－12）。

图 20－12　后旋踢

动作要领：转身旋转，踢腿连贯进行，一气呵成，中间没有停顿；击打点应在正前方，呈水平弧线；屈膝起腿的旋转速度要快；重心在原地旋转 360 度。主要攻击部位有面额和胸部。

七、跳　踢

指先跳起使身体腾空，然后在空中完成各种踢法的攻击技术。跳踢包括旋风踢，双飞踢，腾空后踢，腾空劈腿，腾空后旋踢，跳步横踢等多种方法，是跆拳道高难技术动作。

（一）旋风踢

实战姿势开始，左脚向右脚右侧前方跨一步，左脚内扣落地，身体向右旋转 180 度；左脚落地的同时右腿随身体继续右转向右后摆起，此时身体以转动 360 度，左脚蹬地起跳，顺势在空中用左横踢击打对方腹部后头部，右脚落地支撑成实战姿势（图 20－13）。

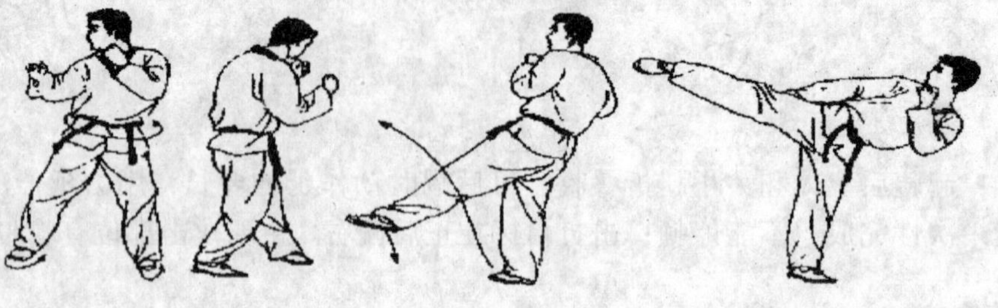

图 20－13　旋风踢

动作要领：上步转体动作要迅速果断，左脚内扣落地时脚跟对敌；右脚随身体又转向后右侧摆起时不要太高，以能带动身体旋转起跳为宜；左脚蹬地起跳，身体腾空，但不过膝，目的是快速旋转出腿；左脚横踢时，右腿向下落地，要快落站稳，即横踢目标的同时右脚落地。

（二）双飞踢

实战姿势开始，先用右横踢攻击，在右脚未落下时，左脚立即蹬地起跳，身体腾空右转，用左横踢迅速踢击，腾空高度在膝关节以上，但不宜过高；右脚落地支撑，左脚横踢目标后迅速前落，成左势实战姿势（图 20－14）。

图 20－14　双飞踢

动作要领：在使用第一个横踢时，身体可向后稍倾，便于第二个横踢的使用。两腿交换之间，转髋要快速。主要进攻部位有肋部、胸腹部和头部。

第三节　跆拳道健身价值与欣赏

一、跆拳道的健身价值

跆拳道具有防身健体、修身养性、娱乐观赏等多方面的作用，是人们增强体质，培养意志品质的一种较好的手段。

（一）改善和增强体质

跆拳道的技术是由全身协调配合，主要通过各种各样的腿法来表现。它能很好的促进人体的力量、速度、灵敏、耐力、协调等全面身体素质的发展，具有强身健体的作用。由于运动员在比赛和平时训练中要经常临场应变技战术，或是快速进攻，或是主动后撤再反击，或是腾空劈腿，或是后踢接后旋踢，这对提高神经中枢的灵活性、提高神经中枢协调支配各器官的能力，起着良好的作用。

（二）提高防身与自卫的能力

跆拳道是武技中的一项。通过跆拳道练习，不仅可以掌握各种踢法和拳法，提高身体的灵活能力和反应能力，还可以经过长期训练后形成一定技能，具备防身和自卫的能力。

（三）磨练意志，培养高品格的修养

跆拳道推崇“礼始礼终”的尚武精神。其宗旨是“礼义廉耻”，忍耐克己，百折不挠。通过跆拳道的训练，可以培养练习者坚忍不拔、勇敢无畏，顽强坚毅的意志品质，尤其讲究未曾学艺先学礼，未曾习武先习德。使练习者从开始就养成谦逊、宽容、礼让的高尚品德和尊师重教、讲理守信、见义勇为的情操，以有益于社会。

（四）娱乐观赏

跆拳道是一项很具有观赏性的运动项目。在功力检验中，运动员轻松击破木板、砖瓦使人为之惊叹。而竞赛跆拳道则是两人激烈的对抗，双方选手斗志斗勇，比赛中常有的凌空飞腿和组合腿法令人眼花缭乱，具有极高的观赏价值。

二、跆拳道技术风格

1. 技术型　运动员在比赛中动作稳健，腿法多变，技术成熟，心理稳定，攻防一体，常常使对手在不知不觉中败下阵来。

2. 力量型　运动员身体条件好，腿长肌肉爆发力强，先天素质高人一筹，攻势凌厉，常以力量取胜。

3. 散手型　运动员作风顽强，比赛中多主动进攻，攻守得宜，自成一体，动作非常实用，有很高的训练水平和比赛技术。

4. 进攻型　运动员进攻意识强烈，经常是追着对手攻击，用快速连续的技术动作压制对手。

5. 防守反击型　运动员的技术训练水平很高，也有很多的大赛经验，多是试探性进攻，在对手反击或进攻时找出弱点，然后很直接的回击。

三、跆拳道的段位与级别

跆拳道有着严格的技术等级考核制度。修练者水平的高低，以“级”、“品”、“段”来划分。“级”分为10级至1级，10级水平最低，1级较高。1级以后入“段”，段位从低到高分为一至九段。未成年选手达到一至三段水平，则授予“一品”至“三品”。

从腰带的颜色上可以看出选手的技术水平，从低到高依次为白带（10级）、白黄带（9级）、黄带（8级）、黄绿带（7级）、绿带（6级）、绿蓝带（5级）、蓝带（4级）、蓝红带（3级）、红带（2级）、红黑带（1级、一品至三品）、黑带（一段至九段）。

黑带：表示白色的对立，相对白色技术已经熟练，意味着黑暗中也能发挥自身能力。黑带段位分一段至九段。一段至三段是黑带新手的段位，四段至六段是高水平的段位，七段至九段只能授予具有很高学识造诣和对跆拳道的发展做出重大贡献的杰出人物。

第四节　跆拳道竞赛规则简介

一、比赛场地

比赛场地是8×8平方米的无障碍物、正方形场地。比赛场地应为有弹性的垫子，有必要时比赛场地可根据实际情况高处地面50～60厘米，为了安全，比赛台的支撑装置与地面的夹角要小于30度。

二、比赛时间

每场比赛分3局，每局比赛的时间为3分钟，局间休息1分钟。青年锦标赛每场比赛为3局，每局比赛为2分钟，局间休息1钟。

三、比赛程序

1. 点名　该场比赛开始前3分钟开始点名，共点名3次，比赛开始后1分钟仍未到场者，按自动弃权论。

2. 检查　点名后的运动员必须接受身体、服装和护具检查，不得携带任何可能给对方造成伤害的物品，检查员由中国跆协或组委会指定专人，运动员不得有任何不服从的表示。

3. 入场　检查后，运动员和一名教练员进入比赛场地指定位置。

4. 开始和结束　每局比赛主裁发出“Shi-Jak”（开始）口令即开始，主裁判发山“Ke-man”（停）口令则结束。

5. 比赛开始前及结束后的程序　（1）双方相向站立，听到主裁判发出“Cha-ryeot”（立正）和“Kyeong-rye”（敬礼）的口令时互相敬礼。要求立正，双手握拳置于身体两侧，腰部前屈不小于30度，头部前屈不小于45度。

（2）主裁判发出“Joon-bi”（准备）、“Shi-Jak”（开始）口令时比赛开始。

（3）最后一回合结束后，运动员相向站在指定的位置，主裁判发出“Cha－ryeot”和“Kyeong-rye”（敬礼）的口令时互相敬礼。然后立正等最后判定。

（4）主裁判举起自己的一侧手臂，宣布同侧方的运动员获胜。

6. 运动员退场

四、允许的技术和攻击的部位

（一）允许的技术

1. 拳的技术　使用拳的技术必须紧握拳，用拳正面的食指和中指部分击打。

2. 脚的技术　使用脚的技术必须用踝关节以下的部位击打。

（二）允许攻击的部位

1. 躯干　可用拳或脚的技术攻击髋骨以上至锁骨以下及两肋部，但背部没有被护具保护的部位禁止攻击。

2. 面部　从两耳向前的头颈的前部，只允许用脚的技术攻击。

（三）有效得分

（1）有效得分部位：躯干：包括腹部和两肋部；面部：面部允许被攻击的部位。

（2）得分是使用允许的技术，准确有力的击中有效得分部位。但使用允许的技术，攻击被保护的非有效得分部位，击倒对方时，按得分计。

（3）头部击中得3分，用旋踢或后踢击中得2分，其余技术击中得1分。

（4）比分为三局比赛得分总计。

五、犯规行为

（1）任何犯规行为将由主裁判判罚。

（2）如属于多犯规时，选择严重的一项处罚。

（3）处罚分为警告和扣分。

（4）警告两次扣1分（－1），警告次数为奇数时，最后一次不计。

（5）扣分一次扣1分（-1）。

（6）判罚警告的犯规行为　越出边界线；倒地；伪装受伤；转身背向对手逃避进攻；回避比赛；抓、搂抱或推对手；攻击腰部以下部位；用膝部顶撞对手；用手攻击对手面部；教练员或运动员使用不合理言论或做出任何不良行为。

（7）判罚扣分的犯规行为　下达"Kal-yeo"（暂停）口令后攻击对手；"暂停"故意攻击倒地的对手；抓住对手进攻的脚将其摔倒，或用手推倒对手；故意用手攻击对手面部；教练员或运动员打断比赛进程；教练员或运动员使用过激言语或做出违反体育道德行为。

（8）运动员违背竞赛规则和故意不服从裁判员时，主裁判有权直接判其"犯规败"。

（9）犯规累计扣4分（-4分）者，判其"犯规败"。

（10）警告和扣分按3局累计。

六、获胜方式

（1）击倒胜（K.O胜）。

（2）主裁判终止比赛胜（RSC胜）。

（3）比分或优势胜。

（4）弃权胜。

（5）失去资格胜。

（6）主裁判判罚犯规胜。

复习思考题

1. 跆拳道基本腿法技术的动作要领。
2. 跆拳道的段位与级别。

主要参考书目

刘卫军．跆拳道［M］．北京：北京体育大学出版社，1999

刘同为，林官仁，李在凤．跆拳道［M］．哈尔滨：黑龙江科学技术出版社，2003

周志俊，吴峰主编．大学体育［M］．合肥：安徽人民出版社，2006

第二十一章　游　　泳

第一节　游泳运动概述

一、起源与发展

游泳是世界文明古国最先发展起来的运动技能之一，远古时代，人类在布满江、河、湖、海的环境中生活，为了生存，人们不可避免地要和水发生关系，在生产劳动和同大自然作斗争的过程中产生了游泳。中国古代游泳，出现很早，相传大禹治水时，人们在与洪水搏斗中已发明了不少泅水的方法。古埃及，关于游泳也有较多的记载，公元前2200年的埃及古王国时期已有表现游泳的文物雕刻；利比亚史前岩画也有游泳姿势的描绘。

现代游泳始于英国，17世纪60年代流行于约克郡地区。1828年在利物浦乔治码头修建了世界上第一个室内游泳池。19世纪末，出现了竞技游泳。在1896年希腊雅典举行的第一届奥林匹克运动会上，游泳列为竞赛项目，设有男子100米、500米、1200米自由泳3个单项，以后的奥林匹克运动会又增加了仰泳、蛙泳和自由泳接力等竞赛内容。1908年在英国伦敦举办第4届奥运会时，成立了国际业余游泳联合会，审定了各项游泳世界纪录，并制定国际游泳比赛规则。1912年在瑞典斯德哥尔摩举行的第5届奥运会上，开始将女子列为比赛项目。1952年第十五届奥运会后把蛙泳和蝶泳分为两个单项，从此，竞技游泳开始了4种姿势的正式比赛。

二、游泳分类

游泳运动大致分为竞技游泳和实用游泳。

符合游泳竞赛规则要求，以速度来决定优劣的游泳，称为竞技游泳。目前，竞技姿势分自由泳、仰泳、蛙泳、蝶泳和四式组合的混合泳五种。

具有实用价值的游泳，称为实用游泳。它的姿势较多，普遍被采纳的姿势有侧泳、潜泳、反蛙泳、踩水等，它们用于水中作业、救护和武装泅渡等。

把各种游泳动作组合起来进行表演的项目称为花样游泳，1973年起它被列入世界游泳锦标赛和奥运会竞赛项目，花样游泳比赛分单人、双人和集体等项，各项比赛又分为规定动作和自选动作两种，得分多少决定名次。

属国际游联的竞赛项目有竞技游泳、花样游泳、跳水、水球和潜泳等。

三、中国游泳运动的发展

中国近代的游泳运动是从欧美传入的，首先开始于香港及广州。1887年英国人在广州沙面修建了25平方米的游泳池，这是中国最早的游泳池。在旧中国，由于社会落后和人民贫穷，游泳运动不可能得到广泛开展，技术水平很低，截至1949年新中国成立为止，全国各项游泳纪录只相当于现在二级运动员的水平。

新中国成立之后，我国游泳事业蓬勃发展，运动成绩迅速提高。1953年在罗马尼亚首都布加勒斯特举行的第 4 届世界青年联欢节游泳比赛中，我国优秀运动员吴玉传夺得男子 100 米仰泳第 1 名，为祖国争得了荣誉，新中国五星红旗第一次在国际体坛上高高升起。从此，我国游泳运动员陆续登上世界泳坛，1957 年至 1960 年间，我国著名运动员戚烈云、穆祥雄、莫国雄 3 人曾先后 5 次打破男子 100 米蛙泳世界纪录，在我国游泳史上写下光辉的一页。从 1988 年起我国的女运动员崭露头角，在广州举行的第 3 届亚洲游泳锦标赛上，杨文意创造了女子 50 米自由泳世界纪录。1992 年在西班牙巴塞罗那第 25 届奥运会上，林莉由以 2 分 11 秒 65 打破女子 200 米混合泳世界纪录。1996 年在美国亚特兰大第 26 届奥运会上，乐靖宜以 54 秒 50 的成绩，打破女子 100 米自由泳奥运会纪录并获得冠军。2004 年在希腊雅典第 28 奥运会上，罗雪娟以 1 分 6 秒 64 的成绩夺得 200 米蛙泳金牌，并打破了 1 分 6 秒 78 的奥运会纪录。2008 年北京第 29 届奥运会上，刘子歌和焦刘洋分别以 2 分 4 秒 18 和 2 分 4 秒 72 的成绩分获女子 200 米蝶泳冠、亚军，并打破 2 分 5 秒 40 的世界纪录，张琳以 3 分 42 秒 44 的成绩获得男子 400 米自由泳亚军，实现我国男子游泳奥运奖牌零的突破。

第二节　竞技游泳基本技术与教学

一、游泳技术学习的顺序

游泳是在水中进行的运动项目，与其它陆上运动项目相比在运动环境、运动时的呼吸方法、身体姿势和运动用力等方面都不相同。人们在陆上运动时习惯身体直立姿势，而游泳时身体是平卧（俯卧、仰卧、侧卧）姿势在水中进行，改变了人体所习惯的直立运动姿势和空间定向的正常感觉，造成身体经常处于不平衡状态。人们在日常生活中所形成的走、跑、跳、投等运动技能都不能在水中直接运用，几乎所有的游泳动作都需从头学起。

因此，初学游泳时，必须先通过熟悉水性的练习来体会和了解水的浮力、阻力和压力等特性，逐步适应水环境，消除紧张、怕水心理，在基本掌握水中行走、呼吸、漂浮和滑行等动作和基本技能后，才能开始学习某一游泳技术。至于首先学习哪种泳式，可根据自己的具体情况而定。如已会大爬式者，可先学爬泳；已会对称性的俯泳动作者，可先学蛙泳；已会反蛙泳者，可先学仰泳。

（一）各种泳式的学习顺序

各种泳式的技术动作部包括腿、臂、臂与呼吸配合和完整配合动作。无论选择哪一种泳式，在学习时一般都按照先腿后臂（臂与呼吸配合、臂腿配合）再完整配合的顺序进行学习。

（二）单一动作的学习步骤

各种泳式的每一个单一动作（臂或腿部动作）的学习步骤，原则上都应按先陆后水，以水为主的顺序进行。陆上主要是进行所学动作的模仿练习，初步掌握动作要领后要及时下水进行水中练习。

（三）四种竞技泳式学习的顺序

在目前的游泳学习实践中，竞技四式的学习顺序，主要有以下几种安排：

（1）熟悉水性—爬泳—仰泳—蛙泳—蝶泳；

（2）熟悉水性—爬泳—仰泳—蝶泳—蛙泳；

（3）熟悉水性—仰泳—爬泳—蝶泳—蛙泳；

（4）熟悉水性—蛙泳—爬泳—仰泳—蝶泳。

二、熟悉水性

熟悉水性是初学游泳的重要学习环节。其主要目的是使初学者体会和了解水的浮力、阻力和压力等特性，逐步适应水环境，尽快消除紧张、怕水心理，并且培养初学者学习游泳的兴趣以及掌握一些游泳的基本动作，为学习各种游泳技术打下基础。

熟悉水性练习的内容主要有水中行走、跳跃、呼吸、水中睁眼、浮体与站立、滑行。

（一）水中行走、跳跃

练习目的：体会水的阻力、压力和浮力，学会水中行走、跳跃时维持身体平衡的方法，消除怕水心理。练习方法：

1. 水中走跑　在水中集体拉手或单独向各个方向行走、跑。

2. 划水行走　双手向后划水，向前行走；双手向前推水，向后行走；双手向体侧划水，向相反方向行走。

3. 徒手跳跃　站立水中，双脚蹬池底，两手臂向下压水，向上跳起。

（二）呼　吸

练习目的：使学生掌握正确的游泳呼吸技术，防止喝水、呛水现象的出现和克服怕水心理。练习方法：

1. 水中闭气练习　使头没入水中练习闭气，闭气时间逐渐加长，在水中应睁开眼睛。

2. 水中吐气练习　将头没入水中稍闭气后，用口鼻缓慢、均匀地呼气，呼气将尽时，边呼边抬头。在水中不要急于将气呼尽，当脸露出水面前将气呼尽。

3. 连续呼吸练习　同上练习，逐渐增加练习次数。吸气要短而深，呼气缓慢均匀，当口离开水面前用力将气呼完，然后在水面上快而深地吸气。

（三）浮体与站立

练习目的：体会水的浮力，初步掌握在水中浮起、维持身体平衡及由浮体至站立的方法增强学习游泳的信心，进一步消除怕水心理。练习方法：

1. 抱膝浮体　并腿站立水中，深吸气后，低头含胸，同时双脚蹬池底，收腹团身成抱膝姿势自然漂浮于水中。站立时，两手松开，两脚下伸，脚触池底时站立，两手臂在体侧划水维持身体平衡（图 21－1）。

2. 展体浮体　站立水中，深吸气后，身体前倾，屈膝下蹲，双脚轻蹬池底，两腿放松成俯卧展体姿势漂浮水面。站立时收腹向下伸腿，脚触池底时站立，两手臂在体侧划水维持身体平衡（图 21－2）。

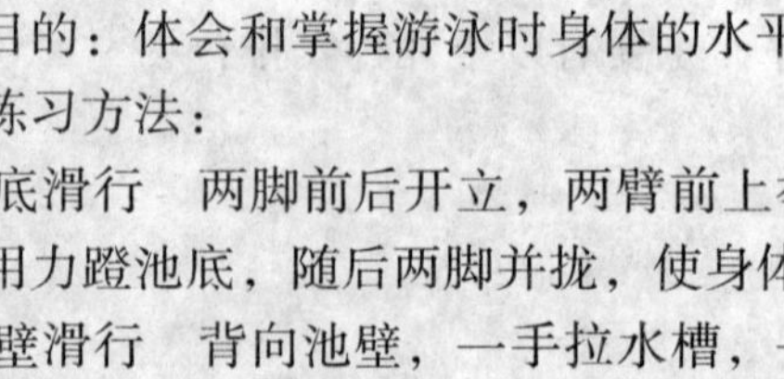

图 21－1

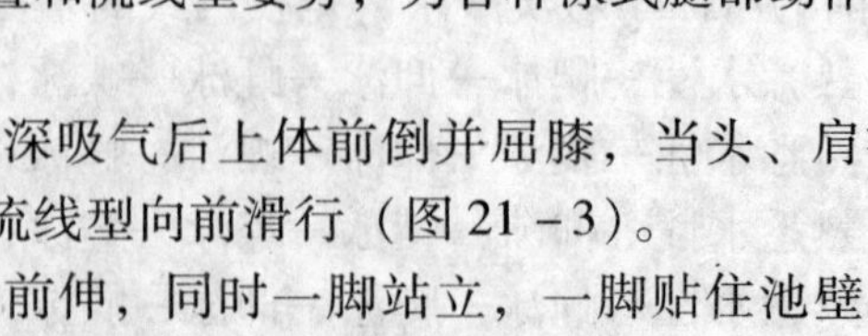

图 21－2

（四）滑　行

练习目的：体会和掌握游泳时身体的水平位置和流线型姿势，为各种泳式腿部动作的学习打好基础。练习方法：

1. 蹬底滑行　两脚前后开立，两臂前上举，深吸气后上体前倒并屈膝，当头、肩浸入水中时前脚掌用力蹬池底，随后两脚并拢，使身体成流线型向前滑行（图 21－3）。

2. 蹬壁滑行　背向池壁，一手拉水槽，一臂前伸，同时一脚站立，一脚贴住池壁。深吸气后低头，上体在水中前倾成俯卧姿势，大、小腿尽量收紧，臀部靠近池壁，两脚掌贴靠池壁，与此同时，拉水槽的一臂向前伸出与前伸臂并拢，头夹于两臂之间，这时两脚用力蹬离池壁，成流线型向前滑行（图 21－4）。

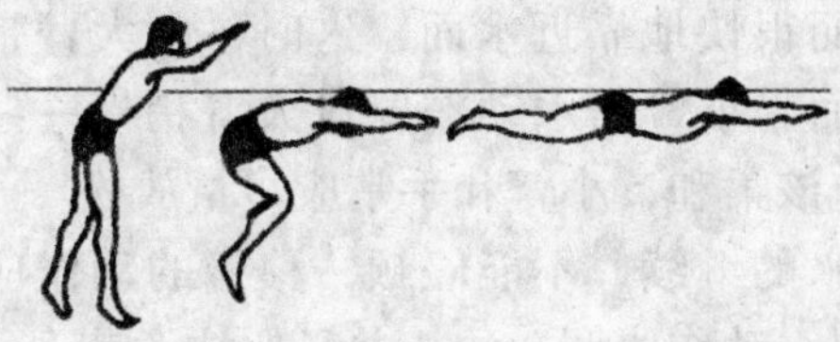

图 21－3

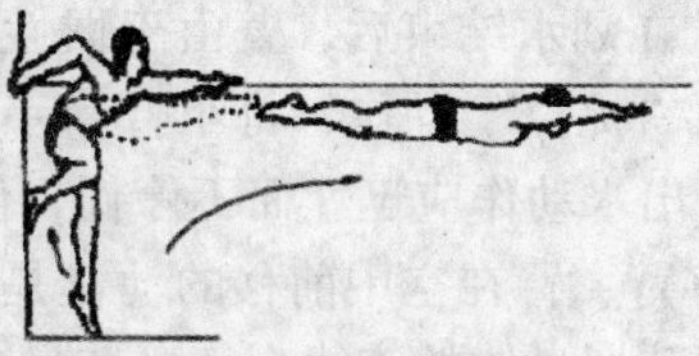

图 21－4

三、爬　泳

爬泳，俗称自由泳。游爬泳时，人在水中成俯卧姿势，两腿交替上下打水，两臂轮流划水，动作很像爬行，所以人们称之为“爬泳”。

爬泳是四种竞技游泳技术中速度最快的一种姿势，在游泳比赛的自由泳项目中（不规定泳姿的比赛），运动员都采用这种姿势，所以通常人们也称之为“自由泳”。

爬泳动作接近人的行走动作，臂、腿动作相对简单，较易学习掌握。在掌握了爬泳技术之后，对学习仰泳、蝶泳技术均有一定的帮助。

爬泳的技术环节：身体姿势、腿部技术、手臂技术、臂和呼吸配合技术及配合技术。

（一）身体姿势

游爬泳时，身体要尽量保持俯卧的水平安势。但是为了取得更好的动作效果，头部应自然稍抬，两眼注视前下方，头的1/3露出水面，水平面接近发际，双腿处于最低点，身体纵轴与水平面约成3～5度的仰角（如图21－5所示）。

图 21－5

爬泳游进中，身体可以围绕身体纵轴做有节奏的转动，转动的角度一般为35～45度之间。如果速度加快，角度就会相对减小。这种转动是由于划臂、转头和吸气而形成的自然转动，并不是有意识地做转动。

（二）腿部技术

爬泳中腿的动作可以描述为“大腿带小腿，两腿鞭打水”。具体来说，两腿自然伸直，两脚稍向内扣，踝关节放松，以膝关节为轴，大腿带动小腿做向上直腿、向下屈腿的上下交替鞭打水。动作应有力而有弹性，打水幅度30～40厘米。

（三）手臂技术

爬泳时，两臂轮流交替地向后划水，是推动身体前进的主要力量，为了描述方便，将手臂动作习惯性分为入水、抱水、划水（拉水和推水）、出水和空中移臂5个部分。

1. 入水　入水是伸展手臂的水中定位动作，臂入水时，肘关节微屈并高于手，手指自然伸直并拢，约与水面成45度角，由大拇指领先，斜插入水，然后前臂和上臂依次入水。入水的范围在肩的延长线上或在肩的延长线和人体中线之间。臂人水后积极向前方伸肘伸肩，掌心朝下。

2. 抱水　臂入水后，应积极伸向前下方，此时小臂和大臂应积极外旋，并屈腕、屈肘。在形成抱水的动作中，开始手臂是直的，当手臂划下至与水平面约成15～20度角时，应逐渐屈肘，使肘关节高于手。在划水开始前，也就是手臂约与水面成40度角时，肘关节屈至150度左右。

3. 划水（拉、推水）　划水是获得推进力的主要阶段，分为拉水和推水两个部分。拉水时，手同时向内、向上和向后运动，应保持高肘姿势。拉水结束时，手在身体下方靠近身体中线，手臂与水平面基本垂直，屈肘角度约90度，此时转入推水阶段。

推水时，手同时向外、向上和向后运动，在拉水的基础上加速连贯地完成。推水过程中肘关节从弯屈过渡到伸直，手臂的推水速度是整个划水过程中最快的。当手臂在后方与水平面成约20度角时，推水结束，转入出水阶段。

4. 出水　在划水结束后，臂由于惯性的作用而很快地靠近水面，这时，由大臂带动肘关节做向外上方的“提拉”动作，将小臂和手提出水面。小臂出水动作要比大臂稍慢一些，掌心向后上方。手臂出水动作应迅速而不停顿，但同时应该柔和，小臂和手掌应尽量放松。

5. 空中移臂　臂在空中前移的动作是手臂出水的继续，不能停顿，移臂的动作应该放松自如，尽量不要破坏身体的流线型，要和另一手的划水动作协调一致，并且要注意节奏。在整个移臂过程中，肘部应始终保持比手部高的位置。

（四）两臂的配合

爬泳时两臂的配合依照两臂所处的位置不同，分为三种基本形式，即前交叉配合、中交叉配合和后交叉配合（如图21－6）。前交叉配合指一臂入水时另一臂在肩前方；中交叉配合指一臂入水时另一臂位于肩下，与水平面约成90度角；后交叉配合指一臂入水时另一臂位于腹下，与水平面约成150度角。三种配合形式各有其特点，前交叉滑行长，速度均匀性差，动作频率慢，对初学者来说易掌握。中、后交叉有利于发挥两臂力量和提高动作频率，加快速度，保持均匀的推进力。

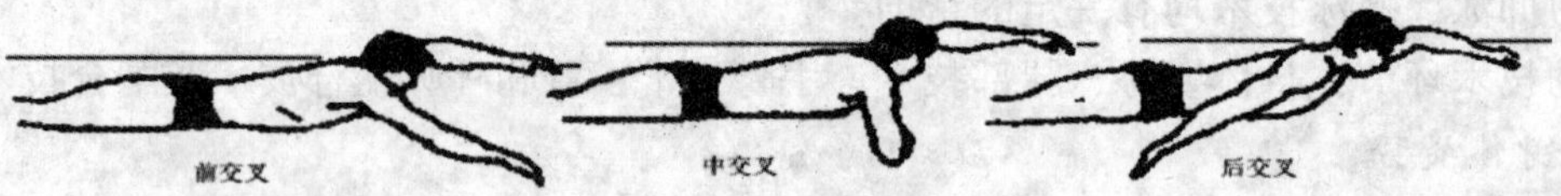

图21－6

（五）呼吸及完整配合技术

1. 呼吸与臂的配合　爬泳时呼吸技术是一个难点，因为它采用人们所不习惯的侧边转头吸气。游爬泳时，呼吸动作应有节奏地进行，一般是两臂各划一次做一次呼吸。以向左侧吸气为例，左手入水后，开始用口和鼻缓缓呼气，并随着划水的进行加速呼气，拉水动作结束转入推水时，身体开始向左侧转动，同时在身体转动的基础上向左转头（图21－7）。当推水动作将要结束时，嘴露出水面把剩余的气快速呼出并张口吸气，手出水时吸气结束，然后头随着移臂和身体的转动而转回正常位置。

图21－7

2. 腿、臂、呼吸完整配合动作　爬泳时臂、腿、呼吸的配合，是指臂划水的一个周期中打腿与呼吸的次数。由于手臂的动作是推进力的主要来源，因面呼吸及腿的动作都是紧紧围绕臂的动作进行。正常爬泳，一般采用6：2：1的配合技术，即在一个完整动作周期中，打腿6次（左、右腿各3次），划水2次（左、右臂各1次），呼吸1次（图21－8）。

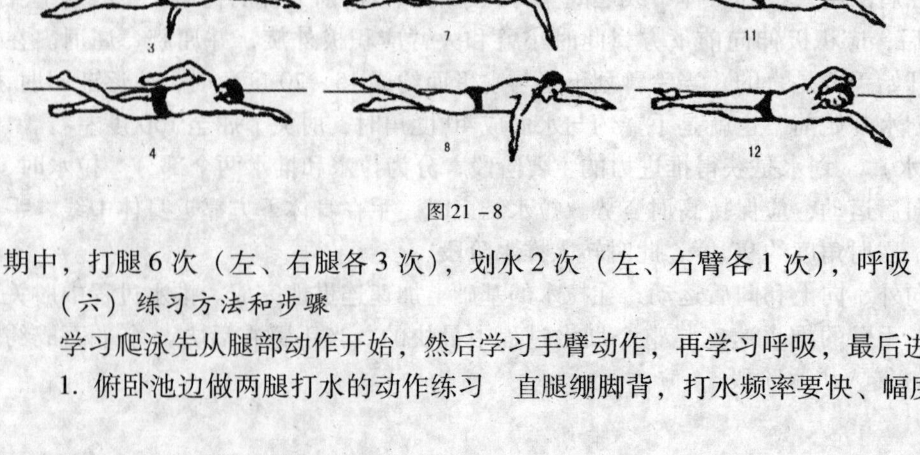

图21－8

（六）练习方法和步骤

学习爬泳先从腿部动作开始，然后学习手臂动作，再学习呼吸，最后进行完整配合动作。

1. 俯卧池边做两腿打水的动作练习　直腿绷脚背，打水频率要快、幅度小、用力轻。

2. 扶池边打水练习 先双臂伸直扶池边，做憋气腿打水练习，熟练后过度到扶边抬头打水。

3. 扶池边双手推离腿打水练习 双手推离池边后进行打水练习，等双手再次触摸到池边吸气后再进行练习，重复进行。

4. 蹬池边划水打腿练习 用力憋口气，双腿蹬池边滑行并进行双腿打水练习。身体要伸展平直。

5. 浮板打水练习 是有效的腿打水练习动作，手扶板的后侧，两臂要伸直，脸浸在水中，可抬头吸气。打水时大腿带动小腿向下用力，向上放松，打水时髋部用力，双脚内旋。熟练后，两手扶板的前部，头部保持在水面上，加长腿打水的距离。

6. 陆上手臂分解练习 先单臂后双臂，要求严格按照技术要领进行练习。分三步：一前抱水，手掌小臂对向后方；二后推水；三侧前摆。爬泳中臂划水是前进的主要动力，划水效果的好坏直接影响速度。因此，在练习中必须要求入水要轻，划水要快，并采用屈臂划水。推水要加速，出水要放松，向前移臂要稍快。

7. 陆上划臂呼吸模仿练习 先单臂后双臂，技术要求同上一动作。分三步：一做前抱水侧转头；二后推吸气；三侧摆，短暂憋气后呼气。

8. 水中单臂扶边呼吸练习 腿打水的同时，侧转头吸气，在水下呼气。此动作熟练后过度到划行呼吸练习。

9. 单臂扶浮板练习 一手持浮板在水中，蹬池壁或池底漂浮后，一臂手掌按压在浮板中央，另一臂划水。两手臂交换反复练习。

10. 水中蹬壁滑行打水划臂加呼吸练习 用力蹬池壁滑行，一臂前伸，双腿打水，在水中呼气，然后侧转头吸气，主要练习在游进中的呼吸动作。

11. 完整配合练习 蹬池壁或池底滑行，打几次腿后做前交叉配合练习。刚开始练习距离以15米左右为宜，基本掌握后再逐渐增练习距离并接合呼吸练习。

12. 爬泳练习口诀 身体伸展像只船，两臂划水风车转，转头吸气莫抬头，打腿动作小轻快。

四、仰 泳

（一）身体姿势

身体自然伸展，平直仰卧于水中。头和肩稍高于臀部，身体纵轴与水平面构成一个不大的迎角。身体随划水和移臂动作而不停地、有节奏地沿身体纵轴转动，后脑浸在水中，脸露出水面，下颌稍靠近胸部，两眼看后上方，就像人平躺在床上一样，臀部及腰部肌肉要保持适度的紧张。头起“舵”的作用，应保持相对稳定，避免晃动（图21－9）。

图21－9

（二）腿部动作

仰泳的腿部动作是以髋关节为轴，大腿发力。通过膝关节带动小腿和脚有节奏地做“直腿下压，屈膝上踢”的上下鞭状交替打水动作。打腿时双脚应伸展、内扣，脚应踢出“水花”，像开水沸腾似的。鞭状打腿动作应节奏鲜明，一腿下压时，另一腿上踢，两腿上踢下压的幅度约为45厘米。下压动作相对柔和放松，上踢打水动作加速用力。

（三）手臂动作

仰泳手臂的动作是产生前进力的主要因素。目前，仰泳都采用两臂在体侧交替屈臂划水技术，其优点是：加长了有效划水路线；使推进力的方向指向前方，划水效果好；调动更多的肌肉群参加工作，增加生理横断面。为了便于分析，把划臂的一个周期分为入水、抱水、划水（拉水和推水）、出水和空中移臂五部分。手臂水下划水的整个路线呈“S”型。

1. 入水　入水时，手臂自然伸直，小拇指领先，手掌朝外与前臂形成约 150～160 度角切入水中，入水点在身体纵相的延长线上。

2. 抱水　手臂入水后应积极下滑抓水，转入抱水阶段，身体围绕纵轴转动，积极伸肩，屈腕，手臂外旋，使手掌、前臂和上臂处于最有利的向后对水位置，形成有利的划水面（如图 21－10）。

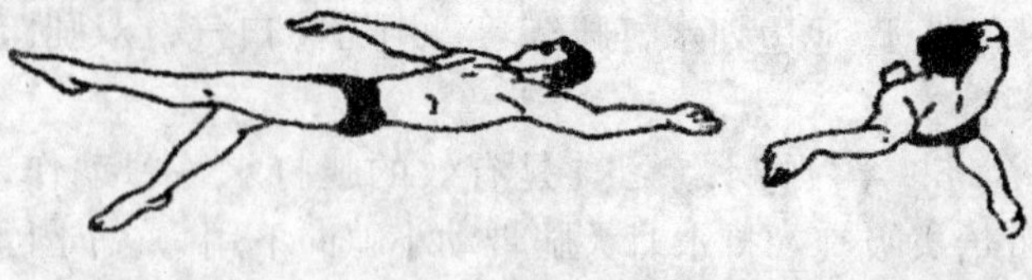

图 21－10

3. 划水　划水动作是推进身体前进的主要动力。划水阶段包括拉水和推水两部分。拉水是在臂前伸抱水的基础上进行，开始拉水时，前臂内旋，肘关节向下弯曲 150 度左右，并逐渐下沉至腰部。当手臂划过肩线时，应充分利用拉水的速度和划水面，使手掌、前臂和上臂同时用力向后下方做推压动作，并利用推水的惯性，使手腕做内旋下压动作，推水结束时，手掌在臂部下方，离水面 40～50 厘米。

4. 出水　指手臂划水结束后迅速提出水面这一动作过程。正确的出水动作是先压水后提肩，使肩露出水面后由肩带动上臂、前臂和手依次出水。

5. 空中移臂　手臂出水后，应迅速沿着肩的垂直面向肩前移动。当手臂移过垂直部位后，手掌即开始内旋，使掌心向外翻转（如采用小指先出水则无此动作）为入水动作做好准备。

（四）两臂的配合技术

仰泳中两臂的正确配合是保持游进速度均匀的关键，一般采用中后交叉的“连接式”：当一臂入水时，另一臂推水结束。

（五）呼吸与臂的配合

仰泳时，呼吸动作应有节奏地进行，一般是两臂各划 1 次，做 1 次呼吸。提肩时，用口吸气，手臂入水时吸气结束，抓水时短暂闭气，随后划水时进行口鼻呼气。

（六）腿、臂、呼吸完整配合动作

仰泳完整配合动作即腿、臂、呼吸完整配合动作。仰泳时手臂与腿的配合有多种形式，其中 6:2:1 配合是较常见的一种，即手臂划水 2 次、腿配合打水 6 次（通常称为 6 次打腿配合）、呼吸 1 次。

（七）练习方法和步骤

学习仰泳技术先从陆上训练开始。

1. 仰泳腿模仿练习　坐在池边，两腿在水中踢出水花。初学者可先直腿练习，熟练后可大腿带动小腿，屈膝上踢，直腿下压。动作要领是小、轻、快。小指上下幅度小；轻指用力要轻；快是动作频率快。

2. 水中仰卧滑行腿打水练习　陆上练习熟练后，初学者可双脚蹬池壁滑行后，双手放在体侧，做双腿打水的动作练习，熟练后逐渐过渡到两臂放在头前，上臂夹住两耳练习。

3. 陆上两臂划水练习　背部靠墙，先单臂练习，再过渡到双臂练习。动作要求是：先直臂垂直前移到头上，然后直臂体侧划水，划水时手掌向后，拇指向上；熟练后，可直臂划水过渡到屈臂划水。

4. 在水中滑行做两臂划水练习　要求同上一动作。

5. 腿、臂、呼吸完整配合练习　在上两个动作练习熟练后，可进行水中完整配合练习。每次练习时，要求在腿打好水的基础上做完整配合练习。仰泳时头要保持稳定，两眼要看后上方一个点，不要摇头晃脑。

6. 仰泳练习口诀　仰泳身体要舒展，手脑切忌左右摆，腿臂配合 6:2，两臂轮流风车转。

五、蛙　泳

蛙泳是模仿青蛙游水而形成的泳姿。蛙泳时身体姿势平稳，身体位置随手腿动作不断变化，两臂和两腿的动作在同一水平面上同时进行，动作省力，呼吸自然，特别适合于长时间、长距离的游泳。

（一）身体姿势

身体俯卧于水中，头置于两臂间，两眼注视前下方，掌心朝下，身体纵轴与水平面成5～10度角。当吸气时，下颌露出水面，肩部升起，这时身体与水面约呈15度角。

（二）腿部技术

蛙泳时腿部动作是推动身体前进的主要动力，由收腿、翻脚、蹬腿、滑行4个紧密相连的动作阶段。

1. 收腿　收腿时，腿部肌肉略放松，大腿自然下沉，踝关节放松，脚底基本朝上，脚跟向臀部靠拢，两腿边收边分开。收腿动作柔和，收腿结束时，两膝内侧距离约同肩宽，大腿与躯干的角度约为120～140度，大、小腿折叠紧，小腿接近于与水面垂直，为翻脚和蹬夹做好准备。

2. 翻脚　当收腿使脚跟接近臀部时，两膝稍内扣，小腿向外张开，两脚背屈使脚掌勾紧向外翻开，脚尖转向两侧，使小腿和脚的内侧面向后，形成良好的对水面，为蹬夹动作做好准备。

3. 蹬腿　蹬腿动作是推动身体前进的重要动力来源，效果主要取决于蹬随时腿的运动方向、对水面的大小及运动速度。蹬腿是在翻脚的连贯动作下以大腿发力，先伸髋，后伸膝，再伸踝关节，不停顿地向后做弧形蹬夹动作并由慢到快地加速进行，直至两腿伸直并拢。

4. 滑行　蹬腿结束后，腰、腹、臀及腿部的肌肉保护适度紧张，使身体成良好的流线型，利用蹬腿产生的推进力向前滑行。

（三）手臂技术

蛙泳臂部动作可分为开始姿势、滑下、划水、收手和移臂等几个部分，完整划水路线从水下看，像一个“倒心形”。

1. 开始姿势　蹬腿结束时，两臂前伸与水面平行，掌心向下，身体保持流线型。

2. 滑下　也叫抓水，两肩和手臂前伸，手腕向前、向外、向下方勾手。两臂分开约成45度角，感觉到水对前臂和手掌的压力。

3. 划水　划水是产生推进力的主要部分。划水开始，两手继续外分，手臂向外旋转，同时屈肘、屈腕，保持高肘划水。划水的前一部分动作手臂同时向外、向下和向后运动，而后一部分动作手臂同时向内、向下和向后运动。整个过程应加速并始终保持高肘姿势完成，肘关节弯曲的角度随划水的进行不断减小，到划水即将结束时，肘关节屈至约90度角，手位于肩的前下方。

4. 收手和移臂　划水结束后，手臂向外旋转。手同时向内、向上和向前快速运动，开始收手过程。收手时，两掌心相对。收手结束时，肘的位置低于手，肘关节弯曲成较小的锐角。移臂在收手的基础上完成。臂向前伸出时，掌心由向上，逐渐转成向下，两臂完全伸直并拢后有短暂的滑行。

（四）呼吸及完整配合技术

正常蛙泳一般是采用1∶1∶1的配合技术，即在一个完整动作用期中，蹬腿1次，划臂1次，呼吸1次。配合游时应在充分发挥臂、腿力量的基础上，努力做到协调、连贯、有节奏，尽量保持匀速前进（如图21－11）。

蛙泳呼吸采用抬头吸气，相对于划水来说，有早吸气和晚吸气两种配合形式。早吸气是指手臂刚开始划水时抬头吸气。吸气时间相对较长，收手和移臂时低头呼气。这种配合易于掌握，可以利用划水时的下压产生升力，有助于上身浮起，抬头吸气。晚吸气是指划水结束收手时吸气，吸气时间较短，移臂时低头呼气。这种技术有一定难度，但由于抬头时间短，身体重心和浮心失去平衡的时间短，因而阻力小，一般被高水平运动员采用。

蛙泳臂腿配合技术较为复杂。为了保持游进速度的均匀性，臂腿的配合应尽量使游进过程中每个动作周期内的每个阶段都有推进力产生。正确的配合技术是手臂划水时腿自然放松伸直，收手时腿自然屈膝，开始移臂时收腿并快速蹬腿。

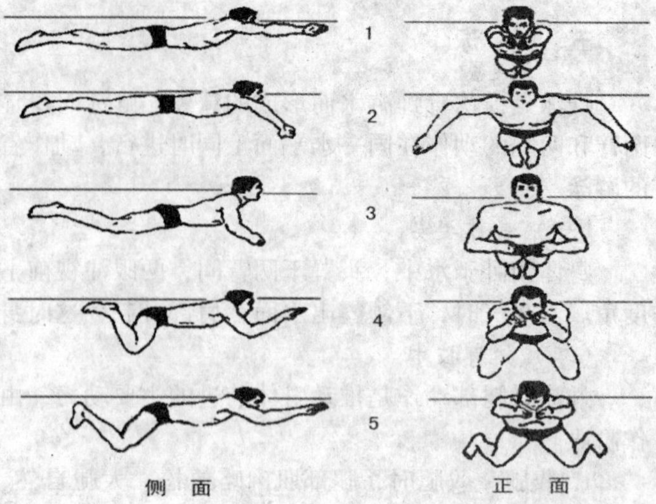

图 21－11

（五）练习方法和步骤

1. 陆上蛙泳腿模仿练习　坐在岸上或池边，双手撑地，上体稍后仰，双腿按口令做腿部动作练习，体会收、翻、蹬、夹、停的动作。

2. 俯卧池边做蛙泳腿的练习　配合口诀练习“边收边分慢收腿，向外翻脚对准水，向后弧形蹬夹腿，两腿伸直漂一会”。

3. 水中双人辅助练习　一人双手扶板漂在水上进行蛙泳腿练习，另一人两手抓住练习者的两脚辅助他进行练习。

4. 水中蛙泳腿练习　蹬池边憋气滑行后，做 2～3 次的蛙泳腿练习，反复进行。

图 21－12

5. 浮板蹬腿练习　持板水中，手扶板的中后部，脸浸入水中，收腿时抬头吸气，蹬腿时低头呼气。熟练后，手可以扶板的前端，头放在板上进行练习（如图 21－12）。

6. 手臂划水的动作练习　方法很多，先在陆上进行模仿练习，坐在水中，原地两手向外画小圆圈，两手要同时对称练习。熟练后小划臂加呼吸练习，坐在水中，两手做小划臂练习，找茬和向外划时抬头吸气，头浸在水中短暂憋气，结束划时，两臂向前伸直，低头呼气。

7. 手、腿分解配合练习　先陆上后水中，陆上站立做手、腿分解配合模仿练习。水中手、腿分解练习，水中蹬池边或池底憋气滑行后进行练习，先蹬腿两次，手划臂一次。然后过渡到蹬腿一次，划臂一次。

8. 手、腿、呼吸配合练习　滑行后蹬腿两次，做一次小划臂呼吸，反复进行这种练习，熟练后可进入完整的配合练习。完整的配合练习，要求蹬壁滑行后，蹬一次腿，划一次臂，呼吸一次。

9. 蛙泳练习口诀　边收边分慢收腿，向外翻脚对准水。弧形向后蹬夹水，并拢伸直漂一会。

六、蝶泳（海豚泳）

蝶泳动作因外形好像蝴蝶飞舞，躯干和下肢的动作类似海豚击水也被称为“海豚泳”。

（一）身体姿势

蝶泳没有固定的身体姿势，以腰为中心，躯干和腿做有节奏的上下波浪摆动。头部和肩部相对稳定，只是吸气时头抬出水面，接着又潜入水中。

（二）波浪式打腿

蝶泳的波浪式打腿似乎与别的泳式打腿差别很大，可实际上它与爬泳打腿有很相似的地方，都是直腿向上，大腿带动小腿和脚，屈腿向下的鞭状打水。不同之处是海豚泳是两腿并拢同时动作，并加上腰的带动。

（三）双臂划水

蝶泳手臂的动作可分为入水、划水、出水和移臂三部分。

1. 入水　正确的入水应以大拇指领先在两肩的延长线上斜插入水（图 21－13）。

2. 划水　臂入水后向外侧方屈腕抓水，再转向内侧形成屈臂高肘姿势，这时臂在肩下，上臂、前臂和手处于向后对水的有力划水面，然后进一步屈臂，不停顿地在躯干下用力加速划水，直划到胸部两侧。两臂划水路线是两条对称曲线。

图 21－13

3. 出水和移臂　划水结束，利用推水的惯性提肘带动整个手臂出水，并向前移臂。蝶泳的移臂对肩关节的灵活性要求很高，肩关节灵活性好，移臂就轻松。

4. 臂、腿、呼吸完整配合　蝶泳的腿、臂、呼吸完整配合动作，通常采用打腿 2 次、划臂 1 次、呼吸 1 次的 2∶1∶1 的配合。

（四）练习方法和步骤

1. 陆上腿部动作模仿练习　身体左转，左手扶墙，右腿伸直在体侧，足尖触地，用大腿带动小腿和脚，由屈到伸向前摆，体会大腿带动小腿和脚的鞭打动作，类似于足球运动员用足背内侧踢球的动作。

2. 陆上躯干和腿动作模仿练习　背对墙，距墙 15～20 厘米站立，两臂上举，挺胸、收腹、屈膝、伸膝，膝部伸展时，臀部要靠墙。以上两种模仿练习熟练后可进行水中训练。

3. 浮板打水练习　双手扶板中后部，脸浸在水中，要求用腰发力，同时注意动作的协调性，身体要放松。逐渐过渡到扶板的中前部抬头练习（图 21－14）。

4. 蹬边滑行打水练习　同自由泳一样，只是两腿要同时做上下打水动作，身体要伸展，体会大腿带动小腿，用脚背向后推水的动作，屈膝要适当。开始可以憋气练习，憋气打水 5～6 次，熟练后，可打 2～3 次，做一次蛙泳小划水吸气，延长打水距离。也可以采用自由泳的单划臂技术进行吸气。

图 21－14

图 21－15

5. 水中双人辅助练习　一人持竿站在岸边，练习者用双手抓住竿的一端，随着竿的上下移动做躯干和腿的动作用腰发力，双腿同时打水，身体的波浪动作要协调。

6. 陆上做两臂动作模仿练习　同自由泳一样，只是双臂同时进行划水动作，分三步完成：双臂前抱、后推、侧前移，每组 3～4 次，反复练习，在熟练后进行水中练习（图 21－15）。

7. 水中双人练习两臂划水动作　练习者的双腿夹在辅导者的腋下，练习划水动作。

8. 陆上两臂与呼吸的配合模仿练习　两臂前抱时抬头，后推时吸气，侧前移时低头憋气后，开始呼气。反复练习，熟练后在水中练习这一动作。

9. 水中站立向上跳起练习　这是一个辅助练习加大难度的训练。双手向下划水的同时，两腿蹬池底跳起。熟练后，由向上跃起过渡到向前上方做鱼跃跳起动作，站立水中，双臂上举，屈膝用力蹬池底，身体向上向前跃起，使身体躯干不出水面，臂入水时，低头钻入水中滑行。

10. 完整动作配合练习　两臂入水时做第一次向下打水；臂抓水时腿向上，两臂划至胸部下方时，开始做第二次向下打水；臂推水结束，打水结束。移臂时，腿又向上做下一次打水动作。

11. 蝶泳练习口诀　身体平稳水中趴，双臂交叉轮流划；两腿鞭状上下打，慢呼快吸向前划。

七、出发与转身技术

（一）出发技术

游泳比赛的开始称为出发，运用两脚蹬离出发台或池壁，从而获得快于途中游的高速度。出发台出发由预备姿势、起跳、腾空和入水、滑行 4 部分组成。根据预备姿势的不同可分为摆臂式、抓台式和蹲踞式，根据腾空和人水的不同可分为平式入水和洞式入水。

抓台式出发跳水技术因其动作优美，大多数游泳爱好者都希望学会。因此，本书重点介绍抓台式出发技术。

1. 预备姿势　听到“各就位”命令以后，两脚分立与肩同宽，脚趾扣住出发台的前沿，膝关节弯曲成 130 度 ~ 140 度角，上体前屈，臀部抬高，重心落在前脚掌上，两臂放松，两手抓住出发台面前沿，颈部自然放松，眼睛看下方水面（图 21 – 16）。

2. 起跳　听到出发信号时，两臂屈肘向上提拉。上体前倒贴紧大腿，身体重心迅速前移使重心垂线超出台面，有即将落入水中的感觉。接着，两手松开，抬头，两臂迅速前摆，两脚蹬离出发台，使髋、膝、踝三关节完全伸直，腿与水平面构成 15 ~ 20 度的起跳角（图 21 – 17）。

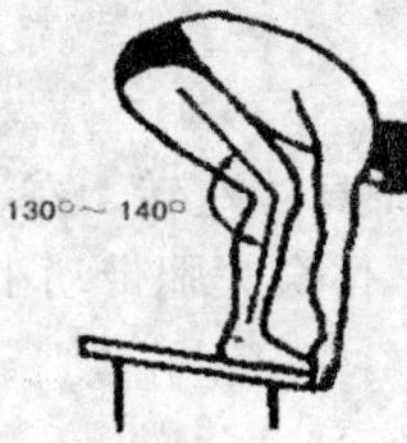

图 21 – 16

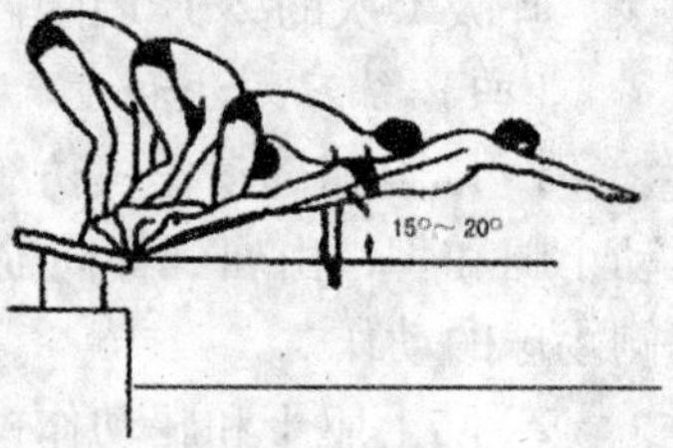

图 21 – 17

3. 腾空和入水　手臂伸直并拢，头略低夹在两臂之间，全身伸展成较好的流线型，身体与水平面成锐角。手、臂、头、躯干、下肢依次入水，入水角为 15 ~ 20 度。

4. 滑行和起游　身体完全浸人水中后，以流线型姿势滑行到速度开始下降时起游。滑行深度与项目有关，短距离自由泳滑行较浅，滑行时间也短，先用快速有力的打水使身体浮出水面，再接划水动作；蛙泳滑行较深，接长划臂动作；蝶泳滑行的深度介于自由泳和蛙泳之间，以海豚腿动作使身体露出，再划水转入途中游。

（二）转身技术

转身技术包括蛙泳转身、蝶泳转身、自由泳转身、仰泳转身和混合泳转身。本书重点介绍蛙泳、蝶泳转身和自由泳转身。

1. 蛙泳、蝶泳转身　蛙泳、蝶泳转身有些相似，规则规定转身时两手须同时触壁、两肩须与水面平行。蛙泳转身后可做一次腿、一次手的潜泳，蝶泳转身后可在水下做多次打腿。蛙泳、蝶泳转身可分为平转式和摆动式。（1）平转式：平转式具有简单易学和速度慢的特点，它是在一个平面和一个方向上的转动，类似于转磨盘的平转。（2）摆动式：摆动式转身速度快，技术略复杂。适合高水平运动员使用。

2. 自由泳转身　自由泳转身有前滚翻和摆动式两种。因为前滚翻速度快，所以运动员在训练和比赛中都采用前滚翻式转身。本书重点介绍前滚翻式转身。前滚翻转身是当代转身技术中速度最快的一种，在自由泳、仰泳比赛中已普遍采用，蛙泳和蝶泳比赛中，部分运动员也采用这种方法。以自由泳时手不触壁的前滚翻转身为例。其技术特点如下：（1）游近池壁——游近池壁不减速，以积极打腿相助；（2）转身——低头、屈体、团身缩短转动半径，加大翻转速度，做偏侧右转；（3）蹬壁——身体右侧成适宜的蹬离池壁姿势，做有力的蹬壁动作；（4）滑行和起动游进——身体保持良好的流线型，在滑行中继续绕纵轴转动成俯卧，身体利用快速打腿升至水面划臂游进。

3. 练习方法　（1）陆上模仿练习：在垫子上做前滚翻，注意滚翻速度要快。（2）水中练习：水中前该翻，要领是迅速向下低头、收腹、提臀转身完成滚翻。注意在低头滚翻时鼻子要吐气，否则鼻腔会进水。游近池壁做前滚翻。尤其要注意在滚翻结束后半转身体俯卧蹬出、否则就会出现仰面朝天的姿式。

第三节　游泳竞赛规则简介

正式比赛游泳池有两种规格。50 米（±0.03 米）×21 米或 25 米，25 米（±0.02 米）×21 米或 25 米，水温 26℃ ±1℃。比赛时，池水必须保持正常水位，水面要平稳，池水要清澈。

一、出　发

自由泳、蛙泳、蝶泳的各项比赛必须从出发台起跳出发，仰泳项目在水中出发。任何一名在出发信号发出前出发的运动员被取消资格。比赛开始前，发令员的短哨音示意运动员脱外衣，长哨音示意上出发台。口令是“各就位”，出发信号是枪声、哨音、电笛或口令。

二、比赛和犯规

运动员必须在本泳道内比赛完毕。比赛中运动员转身时必须使身体的某一部分触及池壁，转身必须从池壁完成，否则犯规。

比赛中除自由泳可以在池底站立外，其他泳式（包括自由泳）均不得跨越或行走。比赛中运动员不得使用或穿戴任何有利于其速度、浮力的器具（如手蹼、脚蹼等，但可戴护目镜）。比赛中，不允许陪游、带游，不允许速度诱导或采取任何能起速度诱导的办法。某项比赛中，不是该项比赛的运动员进入水中也算犯规。接力抢码，如果该运动员重新返回并以身体任何部分触及池壁再行游出时，不作犯规论。

三、各项泳式的比赛规定简介

（一）自由泳

（1）自由泳比赛中，可采用任何泳式。

（2）转身和到达终点时，可用身体任何部分触池壁。

（二）仰　泳

（1）仰泳运动员出发时，两手抓住握手器，两脚应处于水面下。

（2）在整个游进过程中，运动员始终是仰卧姿势，身体的某部分必须露出水面。每次出发和每次转身后，运动员潜泳距离不得超过 15 米。到达终点时，必须以仰泳姿势触壁。

（3）在转身过程中，运动员只有在完成连贯的转身动作过程中才可以改变仰卧姿式，但必须呈仰卧姿式蹬离池壁。

（三）蛙　泳

（1）出发和每次转身后，从第一次手臂动作开始，身体应保持俯卧姿式，两肩须与水面平行。

（2）两臂和两腿的所有动作都应同时在同一水面上进行，不得有交替动作。

（3）两手应同时在水面、水下或水上由胸前伸出，并在水面或水下向后划水，在手臂的完整动作中，两肘不得露出水面。除出发和每次转身后的第一次划水动作外，两手向后划水不得超过臀线。

（4）蹬腿过程中，两脚必须做外翻动作，不允许做剪夹，上下交替打水或向下的海豚式打水动作。

(5) 每次转身和到达终点时，两手应在水面、水上或水下同时触壁，触壁前两肩应与水面平行。

(四) 蝶　泳

(1) 除在做转身动作时，身体必须始终俯卧，从出发和每次转身后的第一次手臂动作开始，游进过程中，两肩应与水面平行，任何时候都不允许转成仰卧姿式。

(2) 两臂必须在水面上同时向前摆动，并同时在水下向后划水。

(3) 两脚的动作必须同时进行．允许两腿和两脚在垂直面上同时做上、下打水动作。两腿和两脚可不在同一水平面上，但不允许有交替动作。

(4) 在每次转身和到达终点时，两手应在水面、水上或水下同时触壁，触壁前两肩应与水面平行。

(5) 在出发和每次转身后，允许运动员在水下做一次或多次打水动作和一次划水动作。这次划水动作必须使身体升到水面。

(五) 混合泳

1. 个人混合泳必须按照蝶泳、仰泳、蛙泳、自由泳（仰泳、蛙泳及蝶泳以外的任何泳式）顺序进行比赛。

2. 混合泳接力须按照仰泳、蛙泳、蝶泳、自由泳（仰泳、蛙泳及蝶泳以外的任何泳式）顺序进行比赛。

第四节　竞技游泳的比赛欣赏

有人认为游泳比赛比较单调，就是这么几种姿势游来游去，缺乏激烈的竞争，不够刺激。俗话说外行看热闹，内行看门道，随着参加游泳活动的人群的扩大，人们对观赏游泳比赛有了新的要求，不但看热闹也要看门道。那么如何观赏游泳比赛呢?

游泳比赛按泳式和距离的不同，共设有男女 32 个竞赛项目（表 21－1），在奥运会比赛中，其金牌数仅次于田径，是奥运会上各国选手金牌的重头戏。

表 21－1　游泳运动竞赛项目表

项目	男子距离	女子距离
自出泳（男女共 10 项）	50 米　100 米　200 米 400 米　1500 米	50 米　100 米　200 米 400 米　1500 米
仰　泳（男女共 4 项）	100 米　200 米	100 米　200 米
蛙　泳（男女共 4 项）	100 米　200 米	100 米　200 米
蝶　泳（男女共 4 项）	200 米　400 米	200 米　400 米
个人混合泳（男女共 4 项	4×100 米混合泳	4×100 米混合泳
接力（男女共 6 项）	4×100 米自由泳 4×200 米自由泳	4×100 米自由泳 4×200 米自由泳

一、培养正确的欣赏观

提高游泳运动欣赏能力，必须积极参与各种游泳运动欣赏活动，树立起正确的游泳运动欣赏观，培养游泳运动欣赏能力。在欣赏过程中，应注意以下几个问题：

1. 明确体育比赛的宗旨　现代奥林匹克运动的格言是“更快、更高、更强”，它充分表达了奥林匹克运动不断进取、永不满足的奋斗精神。游泳比赛中，运动员不断向人类自身极限挑战，在竞争中展示其蓬勃的青春活力，从而不断创造灿烂的运动美。成绩固然重要，但更重要的是蕴涵于竞赛之中的强者风范和进取精神，因为只有它们才是真正促进人类进步与发展的动力。

2. 重要的是参加，而不是取胜　1908 年，伦敦圣・保罗大教堂的一次宗教仪式上，宾夕法尼亚主教说奥林匹克运动会上，取胜不像参加那样重要。游泳运动激烈的竞争和胜负的瞬间转换，常常会引起观众的强烈情感反应。

如果只注重比赛的结果，则往往会导致冲突和暴力事件的发生。欣赏游泳运动，必须树立正确的胜负观。现代奥林匹克运动广为流传的一句名言是“重要的是参加，而不是取胜”。这句话说明，人类举办体育比赛的目的是为了吸引更多的人参与到体育运动中来，通过体育竞赛使人类更团结、更友爱。游泳运动比赛中的胜负结果，我们应以一种平常心来对待，获取胜利不是游泳运动的唯一目的，更不是终极目的。树立正确的胜负观，感受运动员表现出来的技术美、战术美、健康美、意志美等，才是一种正确的欣赏态度，从而提高游泳运动欣赏能力。

二、了解相关的理论知识

游泳运动欣赏的对象不仅包括游泳运动，还包括游泳场设施、游泳运动雕塑、游泳运动工艺品等。为了获得更多的欣赏感受，必须了解相关的理论知识，并在学习过程中提高游泳运动欣赏能力。

欣赏各种美，必须建立在对相关事物有了感性认识的基础上，这样才能形成对事物整体的直觉，才能获得更多的欣赏感受。主动参与游泳运动实践，在实践中了解各种游泳运动项目的特点和裁判规则，了解各种游泳运动设施的结构和功能等都是对游泳运动形成表象认识的主要途径。在此基础上，综合运用已具备的理性知识和欣赏经验，就可以有效地提高游泳运动欣赏能力。

复习思考题

1. 人体在水中运动时所受到的力有哪些？
2. 陆上游泳训练包括哪些内容？
3. 谈谈游泳技术学习过程中，你的学习心得。
4. 蛙泳技术教学中常见的错误有哪些，如何纠正？
5. 欣赏游泳比赛时应注意哪几个方面？
6. 在仰泳比赛中，对仰泳出发和转身技术有哪些具体规则规定？

主要参考书目

梅雪雄编著．游泳［M］．北京：高等教育出版社，2003
周志俊，吴峰主编．大学体育［M］．合肥：安徽人民出版社，2006
温宇红，许琦编著．图解游泳技巧［M］．福州：福建科学技术出版社，2005
许琦著．现代游泳训练方法［M］．北京：北京体育大学出版社，2007

第二十二章　定向运动

第一节　定向运动简介

一、定向运动概述

（一）起　源

定向运动起源于瑞典，最初只是一项军事体育活动。“定向”这两个字在1886年首次使用，意思是在地图和指北针的帮助下，越过不被人所知的地带。

19世纪末20世纪初，欧洲北部斯堪的纳维亚半岛广阔而崎岖不平的土地上覆盖着一望无际的森林，散布着无数的湖泊，城镇、村庄稀疏散落，人们的交通主要是依靠那些隐现在林中湖畔的弯弯曲曲的小路。在这样的地理环境中生活，理所当然地要比别的地方更需要地图和指北针，否则，要想穿越那莽莽林海是十分困难的。正因为如此，那些最经常地在斯堪的纳维亚半岛山林中行动的人们——军队，便成了开展定向运动的先驱。他们深知，如果不具备在山林地辨别方向、选择道路和越野行进的能力，就不能完成保卫国家的重任。1918年，瑞典一位名叫吉兰特（*MaijOr Ernst Killander*）的童子军领袖组织了一次叫做“寻宝游戏”的活动，引起参加者的极大兴趣，这便是定向运动的雏型。

由于这个活动的组织方法简便，不仅对提高野外判定方向的能力及学习使用地图有好处，还能够培养和锻炼人的勇敢顽强精神，提高人的智力、体力水平。开展定向运动不需要象其他体育项目那样在场地与器材上支付大量经费，娱乐性与实用性兼备，因此日益受到军队的重视，并且很快地在民间流传开来。

真正的定向比赛于1895年在瑞典斯德哥尔摩和挪威奥斯陆的军营区举行，这标志着定向运动作为一种体育比赛项目的诞生。

（二）发　展

定向运动本身作为一种体育项目开展是从本世纪初在北欧开始的，到20世纪30年代已在芬兰、挪威、瑞典、丹麦立足。1932年举行了第一次世界定向运动比赛。1961年国际定向联合会（IOF）在丹麦哥本哈根成立，现有成员国98个，国际定向运动联合会（简称国际定联）是世界定向运动的行政实体，是国际体育联合会总会之一，定向运动也是国际承认的奥林匹克体育项目。

（三）定　义

定向运动就是利用地图和指南针到访地图上所指示的各个点标，以最短时间到达所有点标，成绩有效者为胜。定向运动通常设在森林、郊外和城市公园里进行，也可在大学校园里进行。

二、定向运动的分类

（一）按运动工具的不同分类

1. 徒步定向　如传统定向越野跑、接力定向、积分定向、夜间定向、五日定向、公园定向、城市定向等。

2. 工具定向　如滑雪定向、山地自行车定向、摩托车定向、轮椅定向、水中（上、下）定向等。

（二）按性别的不同类

男子组、女子组。

（三）按年龄的不同分类

青年组、老年组、少年组等。

（四）按技术水平的不同分类

初级组（体验组和家庭组）、高级组、精英组等。

（五）按参加人数的不同分类

个人单项、个人双项和集体项。

因此，不论男女只要你喜爱郊野活动，定向运动一定适合你！技巧容易掌握，是只要报名并且可以独立移动者都可以参加的运动。

三、定向运动的益处

定向运动是一项非常健康的智慧型体育项目，是智力与体力并重的运动。它不仅能强健体魄，而且还能培养人独立思考、独立解决所遇到困难的能力及在体力和智力受到压力下做出迅速反应、果断决定的能力。

定向运动是一项学生体育项目。因为它培养学生独立分析解决问题的能力和良好的逻辑思维能力。

定向运动是一项家庭体育项目。周末一家人回归自然，放松身心，自我娱乐，融恰关系，增加乐趣。

定向运动是一项精英人才体育项目。因为它基于挑战和勇于尝试从未被尝试过的方案，并要求全身心地从双腿到大脑以最高时效达到世界顶极目标。

定向运动是一项非常重要的世界军事体育项目，拥有自己的世界锦标赛。

定向运动是一项自然环境体育项目。因为它教会你如何在大自然中行动并把握自己、爱护自然、遵守郊野公园守则。

定向运动是一项不需任何花费的群众性体育项目。所需的只是一张好的定向地图和一个指南针。服装可穿着定向专业套装，也可只是普通运动服装。

定向运动是一项探险寻宝体育项目，给你惊险刺激的人生经历。

定向运动是一项广交朋友的社交性体育项目。在这里，不论男女老少、种族背景、文化阶层、社会地位，都可以相互交流、共享人生。

因此，定向运动吸引了全世界男女老少、各个阶层、各个年龄段人们的广泛参与。

四、主要的世界/国际定向运动赛事

（1）五日定向（*O-Riing 5-days*）。世界最大规模的定向运动赛事，是瑞典独有的一项特别吸引人的比赛项目。比赛共进行五日，比赛路线由若干段组成，每次都单独记录下个人的成绩，最后再算出总成绩。在几十千米或者一百余千米的多条比赛路线中，除设置了许多检查点之外，还设有若干营地，供运动员与观众休息或参加丰富多采的文化娱乐活动。近年来，瑞典的五日定向比赛组织得十分频繁，每次参加比赛的来自世界各地的选手都超过15000人，大大超过了任何一届奥林匹克运动会的选手人数！

（2）世界定向越野锦标赛；定向越野世界杯赛；世界青年定向越野锦标赛；世界老年定向

越野锦标赛。

(3) 世界滑雪定向锦标赛；滑雪定向世界杯赛；世界青年滑雪定向锦标赛；世界老年滑雪定向锦标赛。

五、定向运动在中国

定向运动在我国按国际标准正式做为一项体育活动开展训练和比赛是在1983年，在此之前，做为定向运动基本技术之一的利用地图按方位角行进的训练，只是中国人民解放军的常规军事训练课目之一。20世纪70年代末期，我国的体育报刊上陆续刊登了一些介绍国外定向运动情况的文章，国际定向运动特有的锻炼价值和实用性，逐渐地引起了国内的体育和军事部门的注意。

1983年3月10日，中国人民解放军体育学院首次在广州白云山上组织了一次“定向越野试验比赛”。

1985年9月29日，深圳市体委在解放军体育学院的协助下，与香港野外定向会（HKOC）共同举办了首届“深港杯野外定向85”比赛。参加比赛的有深圳市、香港地区和其他国家的运动员200多人，在六个比赛组别中，中国选手夺得了男子双人组冠军。

1986年1月1至5日“亚洲及太平洋地区定向越野锦标赛”在香港举行。这次比赛结束之后，1月7日深圳市定向运动协会与香港野外定向协会在深圳举行了一次“定向越野国际友谊赛”。

全国体育大会、全国大学生运动会已将定向运动比赛纳入正式比赛项目；全国相当多的高等体育院系已将定向运动列为专业基础课内容；并有部分重点院校招收定向运动员。我们相信，随着我国人民经济和文化生活水平的提高以及体育事业的发展，定向运动这一适应我国人民身体素质的十分有益的体育活动，必将更广泛地在我国开展起来。

第二节　定向越野的具体内容

开展不同等级、不同项目的定向运动，其所需的物质条件也不尽相同。下面介绍的是个人徒步定向越野所需的基本物质条件，原则上它们也适用于其他定向运动项目。

一、器　材

（一）号码布

一般不超过24厘米×20厘米，号码数字的高不小于12厘米，字迹要清晰，字体要端止。正规的比赛还要求将号码布佩戴于前胸及后背两处。

（二）指北针

多由组织者提供，如要求自备，则可能会对其性能、类型做出原则上的规定。当今世界上已出现的指北针类型主要有：简单式；液池式；透明式；照准式；电子式。

（三）地　图

地图是定向越野最重要的器材，它的质量好坏直接影响到运动员比赛的成绩和关系到比赛是否公正，因此，国际定联专门为国际间的定向越野比赛制定了《国际定向运动图制图规范》(*Drawing Specifications for International Orienteering Maps*)。

（四）国际定向越野图的最基本的要求

幅　面——大小根据比赛区域的大小确定，赛区以外的情况不必表示。

比例尺——通常为1:1.5万或1:2万，当需要时，也可采用1:1万或1:2.5万。

等高距——通常为5米，当需要时也可采用2~10米，但在一幅图上不得使用两种等高距。

精　度——至少要使以正常速度奔跑的运动员没有任何不准确的感觉。

磁北线——磁北线（MN 线）是地图上表示地磁的方向线。它不仅可以用来标定地图的方向、测量目标的方位角，还可以用于概略地判明行进路线的方向和距离。磁北线在图上的长度，要求贯通整个赛区。

比赛路线符号——国际定联规定必须在赛前将路线符号加印在比赛用图上，其他等级的比赛则可以用红色圆珠笔手工填绘。

内容表示的重点——详细表示与定向和越野跑直接相关的地物、地貌。要利用颜色、符号等，详细区分通行的难易程度。

二、场　地

（一）比赛区域的地形

是地物和地貌的总称。地物是指地面上的固定性物体，如居民地、建筑物、道路、河流、树木等；地貌是指地面的高低起伏状态，如山地、丘陵、平地、洼地等。由于地形对定向越野比赛的难易程度和用时长短有较大的影响，因此要根据比赛需要选择地形。

（二）对比赛区域地形的要求

（1）要有与比赛的等级相适应的难度，并保证它能够使运动员充分发挥自己的定向越野技能。

（2）比赛区域必须是所有选手都不熟悉或不太熟悉的。至少，应防止赛区当地的选手在比赛中获得明显的好处。为保证这一点，有的国家规定：三年内不得在同一地点举行第二次比赛。

（3）比赛区域的选择与确定在赛前必须严格保密。通常情况下，合格的定向越野比赛地域应具备下列特点：中等起伏的森林地，植被适度；地形变化多样的有限通视地域，生疏的人烟稀少地区。当然，在组织一般的定向越野活动时，城市公园、近郊区以及未耕种或未长成的田地也是可供选择的地点。

（三）起点和终点

定向越野比赛的起点与终点最好设置在同一处，这样能方便比赛的组织工作。起点与终点一般设在地势平坦且面积足够大（与比赛规模相适应）的开阔地上。对于做为终点通道的地段就更要平坦和有足够的长度，这样才能让裁判人员与观众看清楚跑回来的选手。

（四）比赛路线

（1）定向越野比赛路线通常按环形设计。

（2）定向越野比赛路线的距离只是个相对准确的数字。因为它是按从起点经各检查点至终点的图上最短水平距离计算的。比赛路线的距离一般要根据运动员的水平和比赛时间确定。在小型比赛中，路线长度的设计应参考表 22－1 的完成时间：

表 22－1　不同运动水平者的时间（距离）

使用者	时间（距离）	时间（距离）
竞争性	40 分钟以上（4～6 千米）	60 分钟以上（6～8 千米）
初学者	30 分钟以上（2～3 千米）	50 分钟以上（4～5 千米）

（3）比赛路线的质量标准。简单地说就是：具有可选择性，使运动员能够根据自己的能力对前进的方向和路径进行选择；具有可判读性，只有这样才能迫使选手依赖识图用图的能力参加比赛，体现出定向越野的特点。

在比赛中，检查点间最合适的距离应设计在 500～1000 米之间，如果受到地图比例尺或地形条件的限制，检查点间的距离可以适当放宽，但是最短不宜少于 100 米，最长不宜超过 3000 米。通常检查点的数量越多，比赛的难度越大，用的时间就越长；反之，比赛的难度越小，需要的时间就越短。

（五）定向越野的技能

定向运动是一项处在发展和变化中的综合性体育运动，它的技能会因为这个变化而变化。在进行不同项目的定向运动时，由于使用的装备、器材以及组织比赛的方法不同，因而需要的技能也不尽相同。限于篇幅，这里仅介绍典型的定向运动项目的技能。

一名好的定向越野选手的技能可以概括为四个方面：在野外能够迅速地辨别方向；能熟练地使用地图和指北针；善于进行长距离的越野跑；既果断又细心，能够迅速选择最佳行进路线。但是，在任何情况下，运动员的辨别方向和使用地图的能力始终都是最基本的。

1. 野外辨别方向　在自然界，有某些动物是具有辨别方向的本能的，例如鸽子。有关专家经过测验证明，人类的某些成员也具备这种能力，但是绝大多数都不具备，或者仅仅是潜在地具备。因此，人们要在野外确定方向，主要还是依靠经验和工具。

（1）利用地物特征。下述地物可以帮助我们辨别分向：房屋：房屋一般门朝南开，在我国北方尤其如此。庙宇：庙宇通常也南向设门，尤其是庙宇群中的主要殿堂。树木：树木通常朝南的一侧枝叶茂盛，色泽鲜艳，树皮光滑，向北的一侧则相反。同时，朝北一侧的树干上可能生有青苔。凸出地物：例如墙、地埂、石块等，其向北一侧的基部较潮湿，并可能生长苔类植物。凹入地物：例如河流、水塘、坑等，其向北一侧的边缘（岸、边）的情况与凸出地物相同。

（2）利用太阳与时表判定。上午9时至下午4时之间按下面这句话去做，就能较快地辨别出概略的方向："时数折半对太阳，'12'指的是北方"。如在上午9时，应以4时30分的位置对向太阳；如在下午2时40分（即14时40分），则应以7时20分的位置对向太阳，此时"12"字的方向即为北方。为提高判定的准确性，可在"时数折半"的位置上竖一细针或草棍，并使其阴影通过表盘中心，见图22－1。

需要注意的是：①"时数"是按一日24小时而言的，例如下午1时，就是13时；②在判定方向时，时表应平置（表面向上）；③此方法在南、北纬度20°30′之间地区的中午前后不宜使用；④要注意时差的问题。即要采用以标准时的经线为准，每向东15°加1小时，每向西15°减1小时。

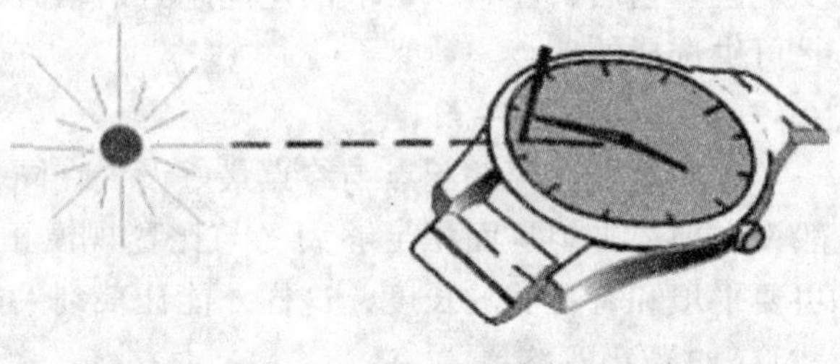

图22－1

（3）利用指北针。当指北针的磁针静止后，其N端（通常都有标志）所指的方向即为北方。利用指北针辨别方向是十分简便快捷的，但是需要注意：①尽量保持指北针水平；②不要距离铁、磁性物质太近；③不要错将磁针的S端当做北方，造成180度的方向误判。

（4）夜间利用星体。①利用北极星。北极星位于正北天空，观察时，其距离地平面的高度约相当于当地的纬度。寻找时，通常要根据北斗七星（大熊星座）或W星（仙后星座）确定。北斗七星是七个比较亮的星，形状象一把勺子，将勺头甲乙两星连一直线向勺口方向延长，约为甲乙两星间隔的五倍处，有一颗略暗的星，即北极星。当地球自转，看不到北斗七星时，则可利用W星寻找。W星由五颗较亮的星组成，形状象个"W"字母，向W字缺口方向延伸约为缺口宽度的两倍处，就是北极星。②利用南十字星。在北纬23°30′以南的地区，夜间有时可以看到南十字星，它也可以用于辨别方向。南十字星由四颗较亮的星组成，形同"十"字。在南十字星的右下方，沿甲乙两星的连线向下延长约该两星的四倍半处（无可见的星），就是正南方。

2. 国际定向越野地图　与其他地图图种相比，国际定向越野使用的地图（以下简称越野图）是一种更为清晰易读，便于在野外行进中使用的专用地图。

（1）越野图的比例尺。比例尺是地图上最重要的参数之一。要想学会识别、使用越野图，首先应懂得地图比例尺。

①比例尺的概念。图上某线段的长度与相应实地水平距离之比，叫地图比例尺，地图比例尺＝图上长/相应实地水平距离。如某幅图的图上长为1厘米，相应实地的水平距离为15000厘米，则这幅地图是将实地缩小15000倍测制的，1与15000之比就是该图比例尺，叫1:15000或1:1.5万地图。

②比例尺的特点。比例尺是一种没有单位的比值，相比的两个量的单位必须相同，单位不同不能成比；比例尺的大小是按比值的大小衡量的。比值的大小，可按比例尺分母来确定，分母小则比值大，比例尺就大；分母大则比值小，比例尺就小。如1:1万大于1:1.5万，1:25万小于1:1万；一幅地图，当图幅面积一定时，比例尺越大，其包括的实地范围就越小，图上显示的内容就越详细；比例尺越小，图幅包括的实地范围就越大，图上显示的内容就越简略；比例尺越大，图上量测的精度越高；比例尺越小，图上量测的精度也就越低。

③图上距离的量算。用直尺量读，当利用刻有“直线比例尺”的指北针量读时，可根据刻在尺上的数值在图上直接读出相应实地的距离（需将结果化算为米或千米）。

如在1:1.5万越野图上量得某两点间的距离为3毫米，则实地水平距离为：3毫米×15000＝45000毫米（45米）。

④越野图的符号。识别越野图的符号对于正确地使用越野图是十分重要的。而识别符号不能靠机械地记忆，需要了解它们的制定原则，了解符号的图形、色彩和表意之间的逻辑联系，这样才能根据符号联想出每一种地面物体的外形、它的特点和它的专门功能。如同其他地形图一样，越野图也要求完整而详细地表示地貌、水系、建筑物、道路、植被和境界，即所谓“地图的六大要素”。

3. 越野图的地貌　地貌就是地表的高低起伏状态，如山地、平地、凹地、谷地等。当然也包括一些附属于它的地物，如小丘、土崖、冲沟等。

越野图采用等高线法表示地貌，能够熟练地应用等高线图形理解地貌是非常重要的。这是因为，越野图上的所有要素都是建立在地貌的基础之上，并与地貌形成各种关系。比如，地物的分布、比赛路线的方向和距离等，都要受到地表起伏与变化的制约和影响，而且，在地物稀少的地方及森林中，地貌就是主要的甚至是唯一的行进参照物。根据许多有经验的运动员的体会，在定向越野的激烈竞争中，只有地貌才是最经常、最稳定、最可靠的向导。

要想认识越野图的地貌，必须弄懂等高线显示地貌的方法和掌握利用等高线研究地貌的方法。

（1）等高线显示地貌的方法。如果切割山体的每个水平截面都具有各自的海拔高度，那么我们就不难看出，等高线实际上就是由高程相等的各点连接而成的曲线。等高线显示地貌的特点：①地图上的每条等高线都是实地等高线的水平投影；它既描绘出地貌的平面轮廓，也表示出地貌的起伏。②在同一条等高线上，各点的高度相等；每条等高线都是闭合曲线。③在同一幅地图上或同一等高距的条件下，等高线多，山就高；等高线少，山就低；凹地的等高线则表示深浅。④在同一幅地图上或同一等高距条件下，等高线间隔密，实地坡度陡；等高线间隔稀，实地坡度缓。

（2）等高距的规定。等高距是相邻两个水平截面之间的垂直距离，如图22－2。等高距的大小，在很大程度上决定着地貌表示的详略，等高距越小，等高线越多，地面表示就越详细；等高距越大，等高线越少，地貌表示得就越概略。

例如，国际定联规定：定向越野地图的标准比例尺为1:1.5万，等高距5米；当其他地物不多，地貌在较大的面积上便于表示时，也可以采用2.5米的等高距，但不得在同一张图上使用两种等高距（见图22－3）。

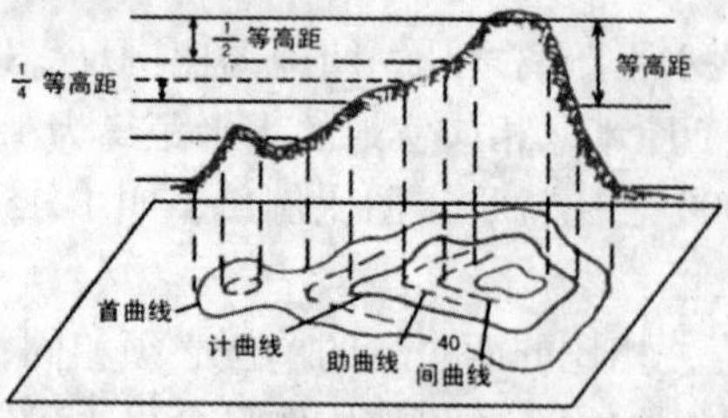

图 22－2

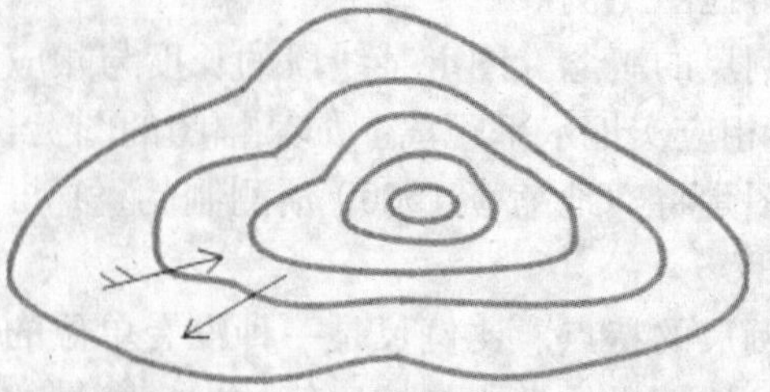

图 22－3

(3) 利用等高线研究地貌的方法。①地貌起伏的判定。学会判定地貌的起伏是对利用等高线研究地貌的最起码的要求。判定地貌的起伏，也就是判定现地地貌的斜坡方向，因此，开始训练识别等高线时，首先就应该注意学会利用示坡线、标高点、河流、等高线注记和图形等，快速判明斜坡的升降方向。

②斜面形状和坡度的判定。判定斜面形状和坡度在定向越野比赛中的作用，主要是可以帮助运动员避开消耗体力过大的地形。同时，特征明显的地貌斜面形状又是良好的行进参照物。根据等高线显示地貌的原理，利用最简单的方法——目估法判定斜面形状和坡度是可能的。

4. 读图的一般规则　(1) 要完整、正确地理解越野图。越野图不是地面客观存在的机械反映，它是通过制图工作者采用取舍、概括、夸大、移位等制图综合方法完成的。因此，图上物体的数量、形状、大小、精确位置等与实地并非总是完全一致的。例如：在多种地物聚集的地方只表示了对运动有价值的，其他地物通常不表示或仅象征性地选择表示；山背上、河岸边的细小凸凹，图上不可能全部表示，仅表示出了它们的概略形状；公路、铁路等线状地物，其符号的宽度是夸大了的。地图比例尺越小夸大程度越高，这必然引起线状地物两旁其他符号的移位，因此这些符号的位置就不可能十分精确。

(2) 要有选择地了解地图的内容。读图时不能漫无边际什么都看，而应有选择地把注意力集中在与解决如何定向和越野跑问题有关的地域和内容上。可以先综合扫视一下图上的比赛地域，而后确定需要重点考察的内容，进而获取需要的信息。

(3) 要对各类符号进行综合阅读。不能孤立地看待地物或地貌的单个符号，而应将它们与地貌和其他地形要素联系起来阅读。不仅要了解它们的性质，还要了解它们之间的方向、距离、高差等空间位置关系，从而明确这些要素对竞赛的综合影响。

(4) 要注意读图与记图的关系。读图时，要边理解边记忆，对在竞赛中可能有助于判定方位与确定站立点的各种要素更应如此。有效的读图应转变为这样一种能力：比赛中不必过多而频繁地查看地图就能在自己的意识中清楚地再现从图上得到的信息，并根据自己的记忆快速而准确地确定自己在图上的他置、下一步的运动路线和方向。

(5) 要考虑现地的可能变化。虽然越野图的测制十分强调现时性，但由于人工或自然的原因造成地形变化是不可避免的，有时甚至是十分迅速的，因此，读图时必须根据图廓外说明注记中注明的测图时间，考虑图上表现内容落后于现地变化的可能性。一般而言，测图时间距离使用时间越久，图上与现地之间的差异就会越大。

5. 国际定向越野图与指北针的使用　熟练地掌握使用国际定向越野图与指北针的各种方法，在定向越野中具有特殊的重要意义。认识越野图是为了正确地使用越野图，因此，在学习定向越野技能的阶段，必须选择最合适的场地、用较多的时间去进行使用越野图与指北针的训练。下述内容中，有的是属于最基本的和必须通过反复练习熟练掌握的，有的则可以根据具体情况，先选择一两种最适用的方法进行训练，以便收到触类旁通、由浅入深、循序渐进的学习效果。

标定地图就是为了使越野图的方位与现地的方向相一致。这是使用越野图的最重要的前提。

（1）概略标定。越野图上的方位是：上北、下南、左西、右东。当我们在现地正确地辨别了方向之后，只要将越野图的上方对向现地的北方，地图即已标定。这种方法简便迅速，是定向越野比赛中最常用的方法。

（2）利用磁北线（MN 线）标定。先使透明式指北针圆盒内的定向箭头“↑”朝向地图上方，并使箭头两侧的平行线与越野图上的磁北线重合（或平行），然后转动地图，使磁针北端对正磁北方向，地图即已标定。

（3）利用直长地物标定。利用直长地物（如道路、土垣、沟渠、高压线等）标定地图，首先应在图上找到这段直长地物，对照两侧地形，使图与现地各地形点的关系位置大致相符，然后转动地图，使图上的直长地物与现地的直长地物方向一致，地图即已标定。

（4）利用明显地形点标定地图。当你位于明显地形点上，并已从图上找到该地形点的位置（自己所在的站立点）时，可以利用明显地形点标定地图。方法：先选择一个图上与现地都有的远方明显地形点（目标），然后转动地图，使图上的站立点至目标的连线与现地的站立点至目标的连线相重合，此时地图即已标定。

（5）对照地形。对照地形，就是要通过仔细的观察，使图上和现地的各种地物、地貌一一“对号入座”，即相互对应。对照地形在定向越野比赛中的作用主要有两个：一是在站立点尚未确定时，只有正确地对照地形，才能在图上找出正确的站立点位置；二是在站立点已经确定，需要变换行进方向时，只有通过对照地形，才能在现地找到已选定的最佳行进路线。

6. 确定站立点　熟练地掌握在图上确定站立点的各种方法是学习使用地图的关键。对于这些方法，除了要记住它们各自的步骤、要领，尤其重要的是要学会根据不同情况，对他们进行选择使用和结合使用。

（1）直接确定。当自己所处位置是在明显地形点上时，只要从图上找出该地形点，站立点即可确定。这是一种在行进中，特别是奔跑中最常用的方法。但是，采用直接确定法的困难在于：在紧张的进程中，怎样才能很快地发现可供利用的明显地形点？当同一种明显的地形点互相靠近的时候，这样才能够正确地区别他们，防止“张冠李戴”？可以称得上是明显地形点的地物主要有：单个的地物；现状地物的拐弯点、交叉点（呈“十”字形）、交汇点（呈“丁”字形）和端点；面状地物的中心或者有特征的边缘。

可以称得上是明显地形点的地貌主要有：山地、鞍部、洼地；特殊的地貌形态：陡崖、冲沟等；谷地的拐弯、交叉和交汇点；山脊、山背线上的转折点、坡度变换点；线状交叉处。

7. 读图与前进方法　（1）记忆法。一般要按行进的顺序，分段地记住路线的方向、距离、经过的地形点、两侧的辅助（参照）物。通过记忆，应该使自己具备这样一种能力：现地的情景能够不断地与记忆的内容“迭影”、印证，即“人在地跑，心在图上移”。

（2）拇指辅行法。先明确自己的站立点和将要运动的路线，到达目标，然后转动地图（身体要随之转动），使地图与现地的方向一致，并用拇指压于站立点一侧，再开始行进。行进中要根据自己所到达的位置，不断移动姆指，转动地图，保持位置、方向的连惯性与正确性。

（3）借线法。当检查点位于线状地形或其附近时，可以采用此法。做为行进的“引导”，使自己运动时更有信心。由于沿着线状地形前进尤如扶着楼梯的栏杆行走，因此国外称这种方法为“扶手法（Handrail）”。

迷失方向怎么办？当在现地找不到目标，同时又无法确定站立点时，就是迷失了方向。下面介绍的是寻找正确方向的几种常用方法：

沿道路行进时——标定地图，对照地形，判明是从哪里开始发生的错误以及偏差有多大，然后根据情况另选迂回的道路前进。如果错得不多，可返回原路再行进。

越野行进时——应尽早停止行进，标定地图后选择最适用的方法确定站立点，然后尽量取捷径插到原来的正确路线上去，不得已时再返回原路。

在山林地中行进时，根据错过的基本方向，测算出大概距离，找出最近的那个开始发生偏差的地点，并以此为基础，确定出站立点的概略位置。如果错得太远，确定不了站立点，又不能返回原路，就要在图上看一看，迷失地区附近是否有较大型或较突出的明显地形（最好是线状的），如果有，就要果断地放弃原行进方向向它靠拢，并利用它确定站立点。如果没有这个条件，那么就继续按原定方向前进，待途中遇到能够确定站立点的机会后，再迅速取捷径插向目的地。在山林中行进，最忌讳在尚未查明差错程度和正确的行进方向都不清楚的情况下，匆忙而轻易地取“捷径”斜插，这样很可能造成在原地兜圈子。

如果在山林地中迷失了方向，甚至连“总的正确方向”都无法确定，那么就需要使用指北针，在迷失的地方漫无目的的搜索将会耽误更多的时间。

8. 越野跑　虽然从总的方面来说定向越野的成绩是由野外定向和识图用图的能力决定的，但问题是，在野外人们应该掌握什么样的奔跑技术，注意哪些问题才能发挥更大的体能优势，在比赛中既有高速度、长距离，又能避免一切可能发生的危险？这就是说，要想取得更好的定向越野成绩，还需要经过科学的越野跑训练。间歇时的正确方法是除非是迷失了方向，在间歇时采取放松性的慢跑要比走好，走又比站着或坐着好。

9. 怎样选择比赛路线　“既果断又细心，能够迅速选择最佳的行进路线”，这是运动员在比赛中取胜的重要手段。当竞争对手之间实力比较接近的时候，能否掌握这个技能就成了关键问题。由于选择最佳行进路线的能力是建立在掌握其他定向越野技能，尤其是识图用图能力基础之上的，是体能与技能在比赛中的综合运用，因此可以这样说：选择路线是更高一层意义上的技能或称“尖端”技能。

选择路线需要考虑许多因素，这里只讲述下列有关的问题：

（1）选择路线的标准：什么是最佳行进路线？简单地说应该是省体力、省时间、最安全、便于发挥自己的技能或体能优势。

（2）选择路线的基本问题：当遇到高地、陡坡、围栏之类的障碍时，是翻越还是绕行？当遇到密林、沼泽、水塘之类的障碍时，是通过还是绕行？

（3）不同地形对运动速度的影响（概略值）见表 22－2。

表 22－2　不同地形对运动速度的影响

每千米用时（分钟）／不同运动形式	公路	空旷地	疏林	山地或树林
走	9	16	19	25
跑	6	8	10	14

（4）因此，选择路线要遵循下述原则：有路不越野，应尽量选择沿道路行进，这是因为在道路上容易确定站立点，使运动员更具信心；地面相对光滑、平坦，有利于提高奔跑速度。

走高不走低，如果不得不越野，应尽量在高处（如山脊、山背）行进，避免在低处（如山谷、凹地）行进。这是因为：地势高，展望好，便于确定站立点和保持行进方向；高处通风、干燥，荆棘、杂草、虫害及其它危险少；人们都习惯在高处行走。因此，像在山脊这样的地方，常常会有放牧、砍柴的人踏出的小路，利用它，便于提高运动速度。

第三节　如何比赛

一、如何参加定向越野比赛

（一）怎样选择组别

能否选择合适的比赛组别直接关系到参赛者是否有获胜的希望，因此必须通过对自己、对竞争者、对地形、对路线等多方面的综合分析，在比赛规定允许的范围内选择有利条件最多的组别。组织工作者在设计比赛分组时，常常依据定向与奔跑在比赛中的比重确定分组，基本原则是：初学组：无明确侧重，定向与奔跑的难度都不大；高龄组：需要较高的识图用图、寻找点标的能力，但地形应易于奔跑；青壮年和高级组：在不同路段有不同的侧重，但定向与奔跑的难度都较大。因此，在一次面向社会的一日比赛（公开赛）中，通常设立下表的比赛组别：

表 22-3　不同组别的越野比赛要求

组别	距离（千米）	检查点的数量	难度
初学者或体验者	1.5~2.5	3~5	容易
女 14~16 岁（男 14 岁以下）	3.5~4.5	4~7	容易或一般
女 17~19 岁和 35 岁以上 （男 15~16 岁和 50 岁以上）	3.5~4.5	4~7	比较难
女 20 岁以上 （男 17~19 岁和 40~50 岁）	6.5~8	7~10	一般或比较难
男 21 岁以上	8~12	9~12	最难

（二）参加比赛注意事项

1. 准备工作　在寄出报名表之后不久，您将收到进一步的详细资料，这时比赛准备即可开始。主要包括下述几点：学习有关比赛的规程、要求；根据自己的目标加强技能、体能训练；购买比赛用品，如红圆珠笔、指北针。准备参加比赛的服装（旧的工装衣裤或长运动服均可）；比赛前夕应充分休息，注意饮食的调养。在比赛的前一天，准备好饮料、干粮和零用钱。

2. 在出发前　出发区之前，您需要做的事情主要有：撕（剪）下检查卡副卡，交给工作人员；如果比赛另有补充规定或通知，应尽快阅读、记熟，并予以正确的理解；将比赛中不用的物品（如行李等）放置于规定的地点；按规定方法佩戴号码布或其他标志；开始做热身、准备活动。当距离您的出发时间还剩 10~15 分钟时，即可以在工作人员（或标志）的指引下前往出发区。到达出发区之后，一般应停止一切活动，静静地等待检录员的呼叫，以便能够按时出发。

注意：在出发区，最重要的是切勿错过或抢超出发时间。同时不要进错通道、拿错地图。

3. 在比赛中　离开出发线之后您应进入赛跑的状态，因为比赛的成绩是从这一时间开始计算的。不过，只把定向越野比赛当做一般的赛跑是不行的，正像有人称它为“思考的运动”、“狡黠的赛跑”那样，在比赛的过程中将有许许多多的问题在等待着您。

4. 在终点　在离开最后一个检查点向终点前进的时候，这已意味着胜利在望，但还不能松劲，因为在这时竞争对手们还将在意志、体力、技能等方面做最后的较量。要再坚持一下。过不久，您将看到那醒目的终点横幅并听到观众为您加油的欢呼声。在越过终线之后，您需要做的第一件事就是迅速将检查卡片交给收卡员，而后以放松性的慢跑沿通道离开终点工作区，到指定地点休息或换衣、洗澡。如果您对比赛的组织工作和其他运动员有意见，或需要对自己的失误进行申辩，应该在离开终点工作区前到“申诉处”向工作人员说明。

在终点工作区的外侧，通常设有成绩公布栏，在您将检查卡片交给收卡员之后，只要您的成绩是有效的，工作人员会在不长时间内将您的成绩公布出来。成绩一公布，您就可以自行离开比赛会场返回了。如果比赛后还有颁奖仪式，那么无论受奖人中是否有您，都应该留下来看看。颁奖仪式是一次比赛最有意义、最激动人心的时刻，可以肯定，它将给您留下终生难忘的美好印象。

（三）定向越野比赛的犯规与处罚

1. 犯规　有下列行为之一者即为犯规，应取消比赛资格：有意妨碍他人比赛（包括犯有同一性质的其他任何不良言行）者；蓄意损坏点标、点签和其他比赛设施者；比赛中搭乘交通工具行进者；未通过全部检查点，而又伪造点签图案者。

2. 违例　有下列行为之一者被视为违例，应给予警告。裁判人员将根据违例的性质和程度，采取从降低成绩直至取消比赛资格的处罚：在出发区越位（提前）取图和抢先出发者；接受别人的帮助，如指路、寻找点标、使用点签者；为别人提供帮助，如指路、寻找点标、使用点签者；为从对手的技术中获利，故意在比赛中与对手同路或跟进者；故意不按比赛规定顺序行进者；不按规定位置佩戴号码布者；有其他违反比赛规则行为者。

3. 成绩无效　有下述情况之一者，比赛成绩将被判为无效：有证据表明在比赛前勘察过路线者；未通过全部检查点，即检查卡片上点签图案不全者；点签图案模糊不清，确实无法辨认者；在检查卡片上不按规定位置使用点签者；在比赛结束（指终点关闭）前不交回检查卡片者；超过比赛规定的终点关闭时间（检查点一般也在同一时间撤收）而尚未返回会场者，如确系迷失方向，应向附近任意一条大路或原检查点位置靠拢，等候工作人员的处置；有意无意地造成国家或他人的重大经济损失和破坏自然风景者，由此带来的一切后果，责任由肇事人承担。

4. 特殊情况的处置办法——仲裁方法参考　在定向越野比赛中，某些特殊的情况是可能出现的，例如：检查点被无关人员拿走或遭自然破坏；检查点的位置与图上的位置不符；比赛中出现个人或团体的成绩完全相等。

（四）进行定向比赛的简单方法（One-2-Go）

One——我在这儿，我要到那儿！是使指北针上的前进方向线与地图上的前进线平行或重叠；2——“红对红”［北对北］，身体与地图相对固定不动，转动身体使“红对红”；Go——前进！指北针上的前进方向即是跑进的方向。

复习思考题

1. 何谓定向运动？
2. 如何阐述“红对红”技术？
3. 定向运动有哪些分类？
4. 通过地物野外辨别方向有哪些基本方法？
5. 简述“One-2-Go”内容。

主要参考书目

周志俊，吴峰主编．大学体育［M］．合肥：安徽人民出版社，2006
王翔．定向运动［M］．北京：高等教育出版社，2005
阳文胜．定向运动与野外生存训练［M］．北京：高等教育出版社，2007